LITUANO

VOCABULÁRIO

PALAVRAS MAIS ÚTEIS

PORTUGUÊS LITUANO

Para alargar o seu léxico e apurar as suas competências linguísticas

9000 palavras

Vocabulário Português-Lituano - 9000 palavras

Por Andrey Taranov

Os vocabulários da T&P Books destinam-se a ajudar a aprender, a memorizar, e a rever palavras estrangeiras. O dicionário é dividido em temas, cobrindo todas as principais esferas de atividades quotidianas, negócios, ciência, cultura, etc.

O processo de aprendizagem, utilizando os dicionários baseados em temáticas da T&P Books dá-lhe as seguintes vantagens:

- Informação de origem corretamente agrupada predetermina o sucesso em fases subsequentes da memorização de palavras
- Disponibilização de palavras derivadas da mesma raiz, o que permite a memorização de unidades de texto (em vez de palavras separadas)
- Pequenas unidades de palavras facilitam o processo de estabelecimento de vínculos associativos necessários para a consolidação do vocabulário
- O nível de conhecimento da língua pode ser estimado pelo número de palavras aprendidas

T&P Books Publishing
www.tpbooks.com

ISBN: 978-1-78400-857-4

Este livro também está disponível em formato E-book.
Por favor visite www.tpbooks.com ou as principais livrarias on-line.

VOCABULÁRIO LITUANO
palavras mais úteis

Os vocabulários da T&P Books destinam-se a ajudar a aprender, a memorizar, e a rever palavras estrangeiras. O vocabulário contém mais de 9000 palavras de uso comum organizadas tematicamente.

O vocabulário contém as palavras mais comummente usadas
Recomendado como adicional para qualquer curso de línguas
Satisfaz as necessidades dos iniciados e dos alunos avançados de línguas estrangeiras
Conveniente para o uso diário, sessões de revisão e atividades de auto-teste
Permite avaliar o seu vocabulário

Características especias do vocabulário

- As palavras estão organizadas de acordo com o seu significado, e não por ordem alfabética
- As palavras são apresentadas em três colunas para facilitar os processos de revisão e auto-teste
- As palavras compostas são divididas em pequenos blocos para facilitar o processo de aprendizagem
- O vocabulário oferece uma transcrição simples e adequada de cada palavra estrangeira

O vocabulário contém 256 tópicos incluindo:

Conceitos básicos, Números, Cores, Meses, Estações do ano, Unidades de medida, Roupas & Acessórios, Alimentos & Nutrição, Restaurante, Membros da Família, Parentes, Caráter, Sentimentos, Emoções, Doenças, Cidade, Passeios, Compras, Dinheiro, Casa, Lar, Escritório, Trabalho no Escritório, Importação & Exportação, Marketing, Pesquisa de Emprego, Desportos, Educação, Computador, Internet, Ferramentas, Natureza, Países, Nacionalidades e muito mais ...

TABELA DE CONTEÚDOS

GUIA DE PRONUNCIAÇÃO

Letra	Exemplo Lituano	Alfabeto fonético T&P	Exemplo Português
Aa	adata	[a]	chamar
Ąą	ąžuolas	[a:]	rapaz
Bb	badas	[b]	barril
Cc	cukrus	[ʦ]	tsé-tsé
Čč	česnakas	[ʧ]	Tchau!
Dd	dumblas	[d]	dentista
Ee	eglė	[æ]	semana
Ęę	vedęs	[æ:]	primavera
Ėė	ėdalas	[e:]	plateia
Ff	fleita	[f]	safári
Gg	gandras	[g]	gosto
Hh	husaras	[ɣ]	agora
I i	ižas	[i]	sinónimo
Į į	mįslė	[i:]	cair
Yy	vynas	[i:]	cair
J j	juokas	[j]	géiser
Kk	kilpa	[k]	kiwi
L l	laisvė	[l]	libra
Mm	mama	[m]	magnólia
Nn	nauda	[n]	natureza
Oo	ola	[o], [o:]	noite
Pp	pirtis	[p]	presente
Rr	ragana	[r]	riscar
Ss	sostinė	[s]	sanita
Šš	šūvis	[ʃ]	mês
Tt	tėvynė	[t]	tulipa
Uu	upė	[u]	bonita
Ųų	siųsti	[u:]	blusa
Ūū	ūmėdė	[u:]	blusa
Vv	vabalas	[ʊ]	fava
Zz	zuikis	[z]	sésamo
Žž	žiurkė	[ʒ]	talvez

Comentários

- Um macron como em (ū), ou um ogonek como em (ą, ę, į, ų) podem ser usados para marcar a extensão de uma vogal em Letão oficial moderno. Os acentos Agudos como em (Áá Ą́ą́), graves como em (Àà), e til como em (Ãã Ą̃ą̃) são usados para indicar acentuações tonais. No entanto, essas acentuações tonais geralmente não se escrevem, exceto em dicionários, gramáticas e quando necessário, para maior clareza na diferenciação de palavras homónimas e no uso em dialetos.

ABREVIATURAS
usadas no vocabulário

Abreviaturas do Português

adj	-	adjetivo
adv	-	advérbio
anim.	-	animado
conj.	-	conjunção
desp.	-	desporto
etc.	-	etecetra
ex.	-	por exemplo
f	-	nome feminino
f pl	-	feminino plural
fem.	-	feminino
inanim.	-	inanimado
m	-	nome masculino
m pl	-	masculino plural
m, f	-	masculino, feminino
masc.	-	masculino
mat.	-	matemática
mil.	-	militar
pl	-	plural
prep.	-	preposição
pron.	-	pronome
sb.	-	sobre
sing.	-	singular
v aux	-	verbo auxiliar
vi	-	verbo intransitivo
vi, vt	-	verbo intransitivo, transitivo
vr	-	verbo reflexivo
vt	-	verbo transitivo

Abreviaturas do Lituano

dgs	-	plural
m	-	nome feminino
m dgs	-	feminino plural
v	-	nome masculino
v dgs	-	masculino plural

CONCEITOS BÁSICOS

Conceitos básicos. Parte 1

1. Pronomes

eu	**àš**	['aʃ]
tu	**tù**	['tu]
ele	**jìs**	[jɪs]
ela	**jì**	[jɪ]
nós	**mẽs**	['mʲæs]
vocês	**jū̃s**	['ju:s]
eles, elas	**jiẽ**	['jiɛ]

2. Cumprimentos. Saudações. Despedidas

Olá!	**Sveĩkas!**	['svʲɛɪkas!]
Bom dia! (formal)	**Sveikì!**	[svʲɛɪ'kʲɪ!]
Bom dia! (de manhã)	**Lãbas rýtas!**	['lʲa:bas 'rʲi:tas!]
Boa tarde!	**Labà dienà!**	[lʲa'ba dʲiɛ'na!]
Boa noite!	**Lãbas vãkaras!**	['lʲa:bas 'va:karas!]
cumprimentar (vt)	**svéikintis**	['svʲɛɪkʲɪntʲɪs]
Olá!	**Lãbas!**	['lʲa:bas!]
saudação (f)	**linkéjimas** (v)	[lʲɪŋ'kʲɛjɪmas]
saudar (vt)	**svéikinti**	['svʲɛɪkʲɪntʲɪ]
Como vai?	**Kaĩp sẽkasi?**	['kʌɪp 'sʲækasʲɪ?]
O que há de novo?	**Kàs naũjo?**	['kas 'nɑʊjɔ?]
Até à vista!	**Ikì pasimãtymo!**	[ɪkʲɪ pasʲɪmatʲi:mo!]
Até breve!	**Ikì greĩto susìtikimo!**	[ɪ'kʲɪ 'grʲɛɪtɔ sʊsʲɪtʲɪ'kʲɪmɔ!]
Adeus!	**Lìkite sveikì!**	['lʲɪkʲɪtʲɛ svʲɛɪ'kʲɪ!]
despedir-se (vr)	**atsisvéikinti**	[atsʲɪ'svʲɛɪkʲɪntʲɪ]
Até logo!	**Ikì!**	[ɪ'kʲɪ!]
Obrigado! -a!	**Ãčiū!**	['a:tʂʲu:!]
Muito obrigado! -a!	**Labaĩ ãčiū!**	[lʲa'bʌɪ 'a:tʂʲu:!]
De nada	**Prãšom.**	['pra:ʃom]
Não tem de quê	**Nevertà padėkõs.**	[nʲɛver'ta padʲe:'ko:s]
De nada	**Nėrà ùž ką̃.**	[nʲe:'ra 'ʊʒ ka:]
Desculpa!	**Atléisk!**	[at'lʲɛɪsk!]
Desculpe!	**Atléiskite!**	[at'lʲɛɪskʲɪtʲɛ!]
desculpar (vt)	**atléisti**	[at'lʲɛɪstʲɪ]
desculpar-se (vr)	**atsiprašýti**	[atsʲɪpra'ʃɪ:tʲɪ]

As minhas desculpas	**Mãno atsiprãšymas.**	['ma:nɔ atsʲɪ'pra:ʃɪ:mas]
Desculpe!	**Atléiskite!**	[at'lʲɛɪskʲɪtʲɛ!]
perdoar (vt)	**atléisti**	[at'lʲɛɪstʲɪ]
Não faz mal	**Niẽko baisaũs.**	['nʲɛkɔ bʌɪ'saʊs]
por favor	**prãšom**	['pra:ʃom]
Não se esqueça!	**Nepamir̃škite!**	[nʲɛpa'mʲɪrʃkʲɪtʲɛ!]
Certamente! Claro!	**Žìnoma!**	['ʒʲɪnoma!]
Claro que não!	**Žìnoma nè!**	['ʒʲɪnoma nʲɛ!]
Está bem! De acordo!	**Sutinkù!**	[sʊtʲɪŋ'kʊ!]
Basta!	**Užtèks!**	[ʊʒ'tʲɛks!]

3. Como se dirigir a alguém

Desculpe (para chamar a atenção)	**Atsiprašau, ...**	[atsʲɪpra'ʃɑʊ, ...]
senhor	**Põnas**	['po:nas]
senhora	**Põne**	['po:nʲɛ]
rapariga	**Panẽlė**	[pa'nʲælʲe:]
rapaz	**Ponáiti**	[po'nʌɪtʲɪ]
menino	**Berniùk**	[bʲɛr'nʲʊk]
menina	**Mergáitė**	[mʲɛr'gʌɪtʲe:]

4. Números cardinais. Parte 1

zero	**nùlis**	['nʊlʲɪs]
um	**víenas**	['vʲiɛnas]
dois	**dù**	['dʊ]
três	**trìs**	['trʲɪs]
quatro	**keturì**	[kʲɛtʊ'rʲɪ]
cinco	**penkì**	[pʲɛŋ'kʲɪ]
seis	**šešì**	[ʃʲɛ'ʃʲɪ]
sete	**septynì**	[sʲɛptʲi:'nʲɪ]
oito	**aštuonì**	[aʃtʊɑ'nʲɪ]
nove	**devynì**	[dʲɛvʲi:'nʲɪ]
dez	**dẽšimt**	['dʲæʃʲɪmt]
onze	**vienúolika**	[vʲiɛ'nʊɑlʲɪka]
doze	**dvýlika**	['dvʲi:lʲɪka]
treze	**trýlika**	['trʲi:lʲɪka]
catorze	**keturiólika**	[kʲɛtʊ'rʲolʲɪka]
quinze	**penkiólika**	[pʲɛŋ'kʲolʲɪka]
dezasseis	**šešiólika**	[ʃʲɛ'ʃʲolʲɪka]
dezassete	**septyniólika**	[sʲɛptʲi:'nʲolʲɪka]
dezoito	**aštuoniólika**	[aʃtʊɑ'nʲolʲɪka]
dezanove	**devyniólika**	[dʲɛvʲi:'nʲolʲɪka]
vinte	**dvìdešimt**	['dvʲɪdʲɛʃʲɪmt]
vinte e um	**dvìdešimt víenas**	['dvʲɪdʲɛʃʲɪmt 'vʲiɛnas]
vinte e dois	**dvìdešimt dù**	['dvʲɪdʲɛʃʲɪmt 'dʊ]

vinte e três	**dvìdešimt trìs**	['dvʲɪdʲɛʃɪmt 'trʲɪs]
trinta	**trìsdešimt**	['trʲɪsdʲɛʃɪmt]
trinta e um	**trìsdešimt víenas**	['trʲɪsdʲɛʃɪmt 'vʲiɛnas]
trinta e dois	**trìsdešimt dù**	['trʲɪsdʲɛʃɪmt 'dʊ]
trinta e três	**trìsdešimt trìs**	['trʲɪsdʲɛʃɪmt 'trʲɪs]
quarenta	**kẽturiasdešimt**	['kʲæturʲæsdʲɛʃɪmt]
quarenta e um	**kẽturiasdešimt víenas**	['kʲæturʲæsdʲɛʃɪmt 'vʲiɛnas]
quarenta e dois	**kẽturiasdešimt dù**	['kʲæturʲæsdʲɛʃɪmt 'dʊ]
quarenta e três	**kẽturiasdešimt trìs**	['kʲæturʲæsdʲɛʃɪmt 'trʲɪs]
cinquenta	**peñkiasdešimt**	['pʲɛŋkʲæsdʲɛʃɪmt]
cinquenta e um	**peñkiasdešimt víenas**	['pʲɛŋkʲæsdʲɛʃɪmt 'vʲiɛnas]
cinquenta e dois	**peñkiasdešimt dù**	['pʲɛŋkʲæsdʲɛʃɪmt 'dʊ]
cinquenta e três	**peñkiasdešimt trìs**	['pʲɛŋkʲæsdʲɛʃɪmt 'trʲɪs]
sessenta	**šẽšiasdešimt**	['ʃæʃæsdʲɛʃɪmt]
sessenta e um	**šẽšiasdešimt víenas**	['ʃæʃæsdʲɛʃɪmt 'vʲiɛnas]
sessenta e dois	**šẽšiasdešimt dù**	['ʃæʃæsdʲɛʃɪmt 'dʊ]
sessenta e três	**šẽšiasdešimt trìs**	['ʃæʃæsdʲɛʃɪmt 'trʲɪs]
setenta	**septýniasdešimt**	[sʲɛp'tʲi:nʲæsdʲɛʃɪmt]
setenta e um	**septýniasdešimt víenas**	[sʲɛp'tʲi:nʲæsdʲɛʃɪmt 'vʲiɛnas]
setenta e dois	**septýniasdešimt dù**	[sʲɛp'tʲi:nʲæsdʲɛʃɪmt 'dʊ]
setenta e três	**septýniasdešimt trìs**	[sʲɛptʲi:nʲæsdʲɛʃɪmt 'trʲɪs]
oitenta	**aštúoniasdešimt**	[aʃ'tʊɑnʲæsdʲɛʃɪmt]
oitenta e um	**aštúoniasdešimt víenas**	[aʃ'tʊɑnʲæsdʲɛʃɪmt 'vʲiɛnas]
oitenta e dois	**aštúoniasdešimt dù**	[aʃ'tʊɑnʲæsdʲɛʃɪmt 'dʊ]
oitenta e três	**aštúoniasdešimt trìs**	[aʃ'tʊɑnʲæsdʲɛʃɪmt 'trʲɪs]
noventa	**devýniasdešimt**	[dʲɛ'vʲi:nʲæsdʲɛʃɪmt]
noventa e um	**devýniasdešimt víenas**	[dʲɛ'vʲi:nʲæsdʲɛʃɪmt 'vʲiɛnas]
noventa e dois	**devýniasdešimt dù**	[dʲɛ'vʲi:nʲæsdʲɛʃɪmt 'dʊ]
noventa e três	**devýniasdešimt trìs**	[dʲɛ'vʲi:nʲæsdʲɛʃɪmt 'trʲɪs]

5. Números cardinais. Parte 2

cem	**šim̃tas**	['ʃɪmtas]
duzentos	**dù šimtaĩ**	['dʊ ʃɪm'tʌɪ]
trezentos	**trìs šimtaĩ**	['trʲɪs ʃɪm'tʌɪ]
quatrocentos	**keturì šimtaĩ**	[kʲɛtʊ'rʲɪ ʃɪm'tʌɪ]
quinhentos	**penkì šimtaĩ**	[pʲɛŋ'kʲɪ ʃɪm'tʌɪ]
seiscentos	**šešì šimtaĩ**	[ʃɛ'ʃɪ ʃɪm'tʌɪ]
setecentos	**septynì šimtaĩ**	[sʲɛptʲi:nʲɪ 'ʃɪmtʌɪ]
oitocentos	**aštuonì šimtaĩ**	[aʃtʊɑ'nʲɪ ʃɪm'tʌɪ]
novecentos	**devynì šimtaĩ**	[dʲɛvʲi:'nʲɪ ʃɪm'tʌɪ]
mil	**tū́kstantis**	['tu:kstantʲɪs]
dois mil	**dù tū́kstančiai**	['dʊ 'tu:kstanʈʂʲɛɪ]
De quem são ...?	**trỹs tū́kstančiai**	['trʲi:s 'tu:kstanʈʂʲɛɪ]
dez mil	**dẽšimt tū́kstančių**	['dʲæʃɪmt 'tu:kstanʈʂʲu:]
cem mil	**šim̃tas tū́kstančių**	['ʃɪmtas 'tu:kstanʈʂʲu:]

um milhão	**milijõnas** (v)	[mʲɪlʲɪ'jɔ:nas]
mil milhões	**milijárdas** (v)	[mʲɪlʲɪ'jardas]

6. Números ordinais

primeiro	**pìrmas**	['pʲɪrmas]
segundo	**añtras**	['antras]
terceiro	**trẽčias**	['trʲætʂʲæs]
quarto	**ketvir̃tas**	[kʲɛt'vʲɪrtas]
quinto	**peñktas**	['pʲɛŋktas]
sexto	**šẽštas**	['ʃæʃtas]
sétimo	**septiñtas**	[sʲɛp'tʲɪntas]
oitavo	**aštuñtas**	[aʃ'tʊntas]
nono	**deviñtas**	[dʲɛ'vʲɪntas]
décimo	**dešim̃tas**	[dʲɛ'ʃɪmtas]

7. Números. Frações

fração (f)	**trùpmena** (m)	['trʊpmʲɛna]
um meio	**víena antróji**	['vʲiɛna an'tro:jɪ]
um terço	**víena trečióji**	['vʲiɛna trʲɛ'tʂʲo:jɪ]
um quarto	**víena ketvirtóji**	['vʲiɛna kʲɛtvʲɪr'to:jɪ]
um oitavo	**víena aštuntóji**	['vʲiɛna aʃtʊn'to:jɪ]
um décimo	**víena dešimtóji**	['vʲiɛna dʲɛʃɪm'to:jɪ]
dois terços	**dvì trẽčioosios**	[dvʲɪ 'trʲætʂʲoosʲos]
três quartos	**trỹs ketvìrtosios**	['trʲi:s kʲɛt'vʲɪrtosʲos]

8. Números. Operações básicas

subtração (f)	**atimtìs** (m)	[atʲɪm'tʲɪs]
subtrair (vi, vt)	**atim̃ti**	[a'tʲɪmtʲɪ]
divisão (f)	**dalýba** (m)	[da'lʲi:ba]
dividir (vt)	**dalìnti**	[da'lʲɪntʲɪ]
adição (f)	**sudėjìmas** (v)	[sʊdʲe:'jɪmas]
somar (vt)	**sudė́ti**	[sʊ'dʲe:tʲɪ]
adicionar (vt)	**pridė́ti**	[prʲɪ'dʲe:tʲɪ]
multiplicação (f)	**daugýba** (m)	[dɑʊ'gʲi:ba]
multiplicar (vt)	**dáuginti**	['dɑʊgʲɪntʲɪ]

9. Números. Diversos

algarismo, dígito (m)	**skaitmuõ** (v)	[skʌɪt'mʊɑ]
número (m)	**skaĩčius** (v)	['skʌɪtʂʲʊs]
numeral (m)	**skaĩtvardis** (v)	['skʌɪtvardʲɪs]
menos (m)	**mìnusas** (v)	['mʲɪnʊsas]

mais (m)	**pliùsas** (v)	['plʲʊsas]
fórmula (f)	**fòrmulė** (m)	['formʊlʲe:]
cálculo (m)	**išskaičiãvimas** (v)	[ɪʃskʌɪ'tʂʲævʲɪmas]
contar (vt)	**skaičiúoti**	[skʌɪ'tʂʲʊɑtʲɪ]
calcular (vt)	**apskaičiúoti**	[apskʌɪ'tʂʲʊɑtʲɪ]
comparar (vt)	**sulýginti**	[sʊ'lʲi:gʲɪntʲɪ]
Quanto, -os, -as?	**Kíek?**	['kʲiɛk?]
soma (f)	**sumà** (m)	[sʊ'ma]
resultado (m)	**rezultãtas** (v)	[rʲɛzʊlʲ'ta:tas]
resto (m)	**likùtis** (v)	[lʲɪ'kʊtʲɪs]
alguns, algumas ...	**kẽletas**	['kʲælʲɛtas]
um pouco de ...	**nedaũg ...**	[nʲɛ'dɑʊg ...]
resto (m)	**vìsa kìta**	['vʲɪsa 'kʲɪta]
um e meio	**pusañtro**	[pʊ'santrɔ]
dúzia (f)	**tùzinas** (v)	['tʊzʲɪnas]
ao meio	**per̃ pùsę**	['pʲɛr 'pʊsʲɛ:]
em partes iguais	**põ lýgiai**	['po: lʲi:gʲɛɪ]
metade (f)	**pùsė** (m)	['pʊsʲe:]
vez (f)	**kártas** (v)	['kartas]

10. Os verbos mais importantes. Parte 1

abrir (vt)	**atidarýti**	[atʲɪda'rʲi:tʲɪ]
acabar, terminar (vt)	**užbaĩgti**	[ʊʒ'bʌɪktʲɪ]
aconselhar (vt)	**patarinéti**	[patarʲɪ'nʲe:tʲɪ]
adivinhar (vt)	**atspéti**	[at'spʲe:tʲɪ]
advertir (vt)	**pérspėti**	['pʲɛrspʲe:tʲɪ]
ajudar (vt)	**padéti**	[pa'dʲe:tʲɪ]
almoçar (vi)	**pietáuti**	[pʲiɛ'tɑʊtʲɪ]
alugar (~ um apartamento)	**núomotis**	['nʊɑmotʲɪs]
amar (vt)	**myléti**	[mʲi:'lʲe:tʲɪ]
ameaçar (vt)	**grasìnti**	[gra'sʲɪntʲɪ]
anotar (escrever)	**užrašinéti**	[ʊʒraʃɪ'nʲe:tʲɪ]
apanhar (vt)	**gáudyti**	['gɑʊdʲi:tʲɪ]
apressar-se (vr)	**skubéti**	[skʊ'bʲe:tʲɪ]
arrepender-se (vr)	**gailétis**	[gʌɪ'lʲe:tʲɪs]
assinar (vt)	**pasirašinéti**	[pasʲɪraʃɪ'nʲe:tʲɪ]
atirar, disparar (vi)	**šáudyti**	['ʃɑʊdʲi:tʲɪ]
brincar (vi)	**juokáuti**	[jʊɑ'kɑʊtʲɪ]
brincar, jogar (crianças)	**žaĩsti**	['ʒʌɪstʲɪ]
buscar (vt)	**ieškóti**	[ɪɛʃ'kotʲɪ]
caçar (vi)	**medžióti**	[mʲɛ'dʒʲotʲɪ]
cair (vi)	**krìsti**	['krʲɪstʲɪ]
cavar (vt)	**raũsti**	['rɑʊstʲɪ]
cessar (vt)	**nustóti**	[nʊ'stotʲɪ]
chamar (~ por socorro)	**kviẽsti**	['kvʲɛstʲɪ]

chegar (vi)	**atvažiúoti**	[atva'ʒʲʊɑtʲɪ]
chorar (vi)	**ver̃kti**	['vʲɛrktʲɪ]
começar (vt)	**pradė́ti**	[pra'dʲe:tʲɪ]
comparar (vt)	**lýginti**	['lʲi:gʲɪntʲɪ]
compreender (vt)	**supràsti**	[sʊp'rastʲɪ]
concordar (vi)	**sutìkti**	[sʊ'tʲɪktʲɪ]
confiar (vt)	**pasitikė́ti**	[pasʲɪtʲɪ'kʲe:tʲɪ]
confundir (equivocar-se)	**suklýsti**	[sʊk'lʲi:stʲɪ]
conhecer (vt)	**pažinóti**	[paʒʲɪ'notʲɪ]
contar (fazer contas)	**skaičiúoti**	[skʌɪ'tʂʲʊɑtʲɪ]
contar com (esperar)	**tikė́tis ...**	[tʲɪ'kʲe:tʲɪs ...]
continuar (vt)	**tę̃sti**	['tʲɛ:stʲɪ]
controlar (vt)	**kontroliúoti**	[kɔntro'lʲʊɑtʲɪ]
convidar (vt)	**kviẽsti**	['kvʲɛstʲɪ]
correr (vi)	**bė́gti**	['bʲe:ktʲɪ]
criar (vt)	**sukùrti**	[sʊ'kʊrtʲɪ]
custar (vt)	**kainúoti**	[kʌɪ'nʊɑtʲɪ]

11. Os verbos mais importantes. Parte 2

dar (vt)	**dúoti**	['dʊɑtʲɪ]
dar uma dica	**užsimiñti**	[ʊʒsʲɪ'mʲɪntʲɪ]
decorar (enfeitar)	**puõšti**	['pʊɑʃtʲɪ]
defender (vt)	**giñti**	['gʲɪntʲɪ]
deixar cair (vt)	**numèsti**	[nʊ'mʲɛstʲɪ]
descer (para baixo)	**léistis**	['lʲɛɪstʲɪs]
desculpar (vt)	**atléisti**	[at'lʲɛɪstʲɪ]
desculpar-se (vr)	**atsiprašinė́ti**	[atsʲɪpraʃɪ'nʲe:tʲɪ]
dirigir (~ uma empresa)	**vadováuti**	[vado'vɑʊtʲɪ]
discutir (notícias, etc.)	**aptarinė́ti**	[aptarʲɪ'nʲætʲɪ]
dizer (vt)	**pasakýti**	[pasa'kʲi:tʲɪ]
duvidar (vt)	**abejóti**	[abʲɛ'jɔtʲɪ]
enganar (vt)	**apgaudinė́ti**	[apgɑʊdʲɪ'nʲe:tʲɪ]
entrar (na sala, etc.)	**įeĩti**	[i:'ɛɪtʲɪ]
enviar (uma carta)	**išsių̃sti**	[ɪʃ'sʲu:stʲɪ]
errar (equivocar-se)	**klýsti**	['klʲi:stʲɪ]
escolher (vt)	**išsiriñkti**	[ɪʃsʲɪ'rʲɪŋktʲɪ]
esconder (vt)	**slė̃pti**	['slʲe:ptʲɪ]
escrever (vt)	**rašýti**	[ra'ʃɪ:tʲɪ]
esperar (o autocarro, etc.)	**láukti**	['lʲɑʊktʲɪ]
esperar (ter esperança)	**tikė́tis**	[tʲɪ'kʲe:tʲɪs]
esquecer (vt)	**užmir̃šti**	[ʊʒ'mʲɪrʃtʲɪ]
estudar (vt)	**studijúoti**	[stʊdʲɪ'jʊɑtʲɪ]
exigir (vt)	**reikaláuti**	[rʲɛɪka'lʲɑʊtʲɪ]
existir (vi)	**egzistúoti**	[ɛgzʲɪs'tʊɑtʲɪ]
explicar (vt)	**paáiškinti**	[pa'ʌɪʃkʲɪntʲɪ]
falar (vi)	**sakýti**	[sa'kʲi:tʲɪ]

faltar (clases, etc.)	**praleidinéti**	[pralʲɛɪdʲɪ'nʲe:tʲɪ]
fazer (vt)	**darýti**	[da'rʲi:tʲɪ]
ficar em silêncio	**tyléti**	[tʲi:'lʲe:tʲɪ]
gabar-se, jactar-se (vr)	**gìrtis**	['gʲɪrtʲɪs]
gostar (apreciar)	**patìkti**	[pa'tʲɪktʲɪ]
gritar (vi)	**šaũkti**	['ʃɑʊktʲɪ]
guardar (cartas, etc.)	**sáugoti**	['sɑʊgotʲɪ]
informar (vt)	**informúoti**	[ɪnfor'mʊɑtʲɪ]
insistir (vi)	**reikaláuti**	[rʲɛɪka'lʲɑʊtʲɪ]
insultar (vt)	**įžeidinéti**	[i:ʒʲɛɪdʲɪ'nʲe:tʲɪ]
interessar-se (vr)	**dométis**	[do'mʲe:tʲɪs]
ir (a pé)	**eĩti**	['ɛɪtʲɪ]
ir nadar	**máudytis**	['mɑʊdʲi:tʲɪs]
jantar (vi)	**vakarieniáuti**	[vakarʲiɛ'nʲæʊtʲɪ]

12. Os verbos mais importantes. Parte 3

ler (vt)	**skaitýti**	[skʌɪ'tʲi:tʲɪ]
libertar (cidade, etc.)	**išláisvinti**	[ɪʃ'lʲʌɪsvʲɪntʲɪ]
matar (vt)	**žudýti**	[ʒʊ'dʲi:tʲɪ]
mencionar (vt)	**minéti**	[mʲɪ'nʲe:tʲɪ]
mostrar (vt)	**ródyti**	['rodʲi:tʲɪ]
mudar (modificar)	**pakeĩsti**	[pa'kʲɛɪstʲɪ]
nadar (vi)	**plaũkti**	['plʲɑʊktʲɪ]
negar-se a ...	**atsisakýti**	[atsʲɪsa'kʲi:tʲɪ]
objetar (vt)	**prieštaráuti**	[prʲiɛʃta'rɑʊtʲɪ]
observar (vt)	**stebéti**	[ste'bʲe:tʲɪ]
ordenar (mil.)	**nurodinéti**	[nʊrodʲɪ'nʲe:tʲɪ]
ouvir (vt)	**girdéti**	[gʲɪr'dʲe:tʲɪ]
pagar (vt)	**mokéti**	[mo'kʲe:tʲɪ]
parar (vi)	**sustóti**	[sʊs'totʲɪ]
participar (vi)	**dalyváuti**	[dalʲi:'vɑʊtʲɪ]
pedir (comida)	**užsakinéti**	[ʊʒsakʲɪ'nʲe:tʲɪ]
pedir (um favor, etc.)	**prašýti**	[pra'ʃɪ:tʲɪ]
pegar (tomar)	**im̃ti**	['ɪmtʲɪ]
pensar (vt)	**galvóti**	[galʲ'votʲɪ]
perceber (ver)	**pastebéti**	[paste'bʲe:tʲɪ]
perdoar (vt)	**atléisti**	[at'lʲɛɪstʲɪ]
perguntar (vt)	**kláusti**	['klʲɑʊstʲɪ]
permitir (vt)	**léisti**	['lʲɛɪstʲɪ]
pertencer a ...	**priklausýti**	[prʲɪklʲɑʊ'sʲi:tʲɪ]
planear (vt)	**planúoti**	[plʲa'nʊɑtʲɪ]
poder (vi)	**galéti**	[ga'lʲe:tʲɪ]
possuir (vt)	**mokéti**	[mo'kʲe:tʲɪ]
preferir (vt)	**teĩkti pirmenýbę**	['tʲɛɪktʲɪ pʲɪrmʲɛ'nʲi:bʲɛ:]
preparar (vt)	**gamìnti**	[ga'mʲɪntʲɪ]
prever (vt)	**numatýti**	[nʊma'tʲi:tʲɪ]

prometer (vt)	**žadė́ti**	[ʒa'dʲe:tʲɪ]
pronunciar (vt)	**ištar̃ti**	[ɪʃ'tartʲɪ]
propor (vt)	**siū́lyti**	['sʲu:lʲi:tʲɪ]
punir (castigar)	**baũsti**	['bɑʊstʲɪ]

13. Os verbos mais importantes. Parte 4

quebrar (vt)	**láužyti**	['lʲɑʊʒʲi:tʲɪ]
queixar-se (vr)	**skų́stis**	['sku:stʲɪs]
querer (desejar)	**norė́ti**	[no'rʲe:tʲɪ]
recomendar (vt)	**rekomendúoti**	[rʲɛkomʲɛn'dʊɑtʲɪ]
repetir (dizer outra vez)	**kartóti**	[kar'totʲɪ]
repreender (vt)	**bárti**	['bartʲɪ]
reservar (~ um quarto)	**rezervúoti**	[rʲɛzʲɛr'vʊɑtʲɪ]
responder (vt)	**atsakýti**	[atsa'kʲi:tʲɪ]
rezar, orar (vi)	**mel̃stis**	['mʲɛlʲstʲɪs]
rir (vi)	**juõktis**	['jʊɑktʲɪs]
roubar (vt)	**võgti**	['vo:ktʲɪ]
saber (vt)	**žinóti**	[ʒʲɪ'notʲɪ]
sair (~ de casa)	**išeĩti**	[ɪ'ʃɛɪtʲɪ]
salvar (vt)	**gélbėti**	['gʲælʲbʲe:tʲɪ]
seguir ...	**sèkti ...**	['sʲɛktʲɪ ...]
sentar-se (vr)	**sė́stis**	['sʲe:stʲɪs]
ser necessário	**bū́ti reikalìngu**	['bu:tʲɪ rʲɛɪka'lʲɪngʊ]
ser, estar	**bū́ti**	['bu:tʲɪ]
significar (vt)	**réikšti**	['rʲɛɪkʃtʲɪ]
sorrir (vi)	**šypsótis**	[ʃʲɪ:p'sotʲɪs]
subestimar (vt)	**neįvértinti**	[nʲɛɪ:'vʲɛrtʲɪntʲɪ]
surpreender-se (vr)	**stebė́tis**	[ste'bʲe:tʲɪs]
tentar (vt)	**bandýti**	[ban'dʲi:tʲɪ]
ter (vt)	**turė́ti**	[tʊ'rʲe:tʲɪ]
ter fome	**norė́ti válgyti**	[no'rʲe:tʲɪ 'valʲgʲi:tʲɪ]
ter medo	**bijóti**	[bʲɪ'jɔtʲɪ]
ter sede	**norė́ti gérti**	[no'rʲe:tʲɪ 'gʲærtʲɪ]
tocar (com as mãos)	**čiupinė́ti**	[tʂʲʊpʲɪ'nʲe:tʲɪ]
tomar o pequeno-almoço	**pùsryčiauti**	['pʊsrʲi:tʂʲɛʊtʲɪ]
trabalhar (vi)	**dìrbti**	['dʲɪrptʲɪ]
traduzir (vt)	**ver̃sti**	['vʲɛrstʲɪ]
unir (vt)	**apjùngti**	[a'pjʊŋktʲɪ]
vender (vt)	**pardavinė́ti**	[pardavʲɪ'nʲe:tʲɪ]
ver (vt)	**matýti**	[ma'tʲi:tʲɪ]
virar (ex. ~ à direita)	**sùkti**	['sʊktʲɪ]
voar (vi)	**skrìsti**	['skrʲɪstʲɪ]

14. Cores

cor (f)	**spalvà** (m)	[spalʲ'va]
matiz (m)	**ãtspalvis** (v)	['a:tspalʲvʲɪs]
tom (m)	**tònas** (v)	['tonas]
arco-íris (m)	**vaivórykštė** (m)	[vʌɪ'vorʲi:kʃtʲe:]
branco	**baltà**	[balʲ'ta]
preto	**juodà**	[jʊɑ'da]
cinzento	**pilkà**	[pʲɪlʲ'ka]
verde	**žalià**	[ʒa'lʲæ]
amarelo	**geltóna**	[gʲɛlʲ'tona]
vermelho	**raudóna**	[rɑʊ'dona]
azul	**mélyna**	['mʲe:lʲi:na]
azul claro	**žydrà**	[ʒʲi:d'ra]
rosa	**rõžinė**	['ro:ʒʲɪnʲe:]
laranja	**oránžinė**	[o'ranʒʲɪnʲe:]
violeta	**violètinė**	[vʲɪjɔ'lʲɛtʲɪnʲe:]
castanho	**rudà**	[rʊ'da]
dourado	**auksìnis**	[ɑʊk'sʲɪnʲɪs]
prateado	**sidabrìnis**	[sʲɪda'brʲɪnʲɪs]
bege	**smė̃lio spalvõs**	['smʲe:lʲɔ spalʲ'vo:s]
creme	**krèminės spalvõs**	['krʲɛmʲɪnʲe:s spalʲ'vo:s]
turquesa	**tur̃kio spalvõs**	['tʊrkʲɔ spalʲ'vo:s]
vermelho cereja	**vỹšnių spalvõs**	[vʲi:ʃnʲu: spalʲ'vo:s]
lilás	**alỹvų spalvõs**	[a'lʲi:vu: spalʲ'vo:s]
carmesim	**aviẽtinės spalvõs**	[a'vʲɛtʲɪnʲe:s spalʲ'vo:s]
claro	**šviesì**	[ʃvʲiɛ'sʲɪ]
escuro	**tamsì**	[tam'sʲɪ]
vivo	**ryškì**	[rʲi:ʃ'kʲɪ]
de cor	**spalvótas**	[spalʲ'votas]
a cores	**spalvótas**	[spalʲ'votas]
preto e branco	**juodaĩ báltas**	[jʊɑ'dʌɪ 'balʲtas]
unicolor	**vienspal̃vis**	[vʲiɛns'palʲvʲɪs]
multicor	**įvairiaspal̃vis**	[i:vʌɪrʲæs'palʲvʲɪs]

15. Questões

Quem?	**Kàs?**	['kas?]
Que?	**Ką̃?**	['ka:?]
Onde?	**Kur̃?**	['kʊr?]
Para onde?	**Kur̃?**	['kʊr?]
De onde?	**Ìš kur̃?**	[ɪʃ 'kʊr?]
Quando?	**Kadà?**	[ka'da?]
Para quê?	**Kám?**	['kam?]
Porquê?	**Kodė̃l?**	[kɔ'dʲe:lʲ?]
Para quê?	**Kám?**	['kam?]

Como?	**Kaĩp?**	['kʌɪp?]
Qual?	**Kóks?**	['koks?]
Qual? (entre dois ou mais)	**Kurìs?**	[kʊ'rʲɪs?]
A quem?	**Kám?**	['kam?]
Sobre quem?	**Apiẽ ką̃?**	[a'pʲɛ 'ka:?]
Do quê?	**Apiẽ ką̃?**	[a'pʲɛ 'ka:?]
Com quem?	**Sù kuõ?**	['sʊ 'kʊɑ?]
Quanto, -os, -as?	**Kíek?**	['kʲiɛk?]
De quem?	**Kienõ?**	[kʲiɛ'no:?]

16. Preposições

com (prep.)	**sù ...**	['sʊ ...]
sem (prep.)	**bè**	['bʲɛ]
a, para (exprime lugar)	**į̃**	[i:]
sobre (ex. falar ~)	**apiẽ**	[a'pʲɛ]
antes de ...	**ikì**	[ɪ'kʲɪ]
diante de ...	**priẽš**	['prʲɛʃ]
sob (debaixo de)	**põ**	['po:]
sobre (em cima de)	**vir̃š**	['vʲɪrʃ]
sobre (~ a mesa)	**añt**	['ant]
de (vir ~ Lisboa)	**ìš**	[ɪʃ]
de (feito ~ pedra)	**ìš**	[ɪʃ]
dentro de (~ dez minutos)	**põ ..., ùž ...**	['po: ...], ['ʊʒ ...]
por cima de ...	**per̃**	['pʲɛr]

17. Palavras funcionais. Advérbios. Parte 1

Onde?	**Kur̃?**	['kʊr?]
aqui	**čià**	['tʂʲæ]
lá, ali	**teñ**	['tʲɛn]
em algum lugar	**kažkur̃**	[kaʒ'kʊr]
em lugar nenhum	**niẽkur**	['nʲɛkʊr]
ao pé de ...	**priẽ ...**	['prʲɛ ...]
ao pé da janela	**priẽ lángo**	['prʲɛ 'lʲangɔ]
Para onde?	**Kur̃?**	['kʊr?]
para cá	**čià**	['tʂʲæ]
para lá	**teñ**	['tʲɛn]
daqui	**ìš čià**	[ɪʃ tʂʲæ]
de lá, dali	**ìš teñ**	[ɪʃ tʲɛn]
perto	**šalià**	[ʃa'lʲæ]
longe	**tolì**	[to'lʲɪ]
perto de ...	**šalià**	[ʃa'lʲæ]
ao lado de	**artì**	[ar'tʲɪ]

perto, não fica longe	**netolì**	[nʲɛ'tolʲɪ]
esquerdo	**kairỹs**	[kʌɪ'rʲi:s]
à esquerda	**ìš kairė̃s**	[ɪʃ kʌɪ'rʲe:s]
para esquerda	**į̃ kaĩrę**	[i: 'kʌɪrʲɛ:]
direito	**dešinỹs**	[dʲɛʃʲɪ'nʲi:s]
à direita	**ìš dešinė̃s**	[ɪʃ deʃʲɪ'nʲe:s]
para direita	**į̃ dẽšinę**	[i: 'dʲæʃʲɪnʲɛ:]
à frente	**príekyje**	['prʲiɛkʲi:jɛ]
da frente	**príekinis**	['prʲiɛkʲɪnʲɪs]
em frente (para a frente)	**pirmỹn**	[pʲɪr'mʲi:n]
atrás de …	**galè**	[ga'lʲɛ]
por detrás (vir ~)	**ìš gãlo**	[ɪʃ 'ga:lʲɔ]
para trás	**atgal̃**	[at'galʲ]
meio (m), metade (f)	**vidurỹs** (v)	[vʲɪdʊ'rʲi:s]
no meio	**per̃ vìdurį**	['pʲɛr 'vʲɪ:dʊrʲɪ:]
de lado	**šóne**	['ʃonʲɛ]
em todo lugar	**visur̃**	[vʲɪ'sʊr]
ao redor (olhar ~)	**aplin̄kui**	[ap'lʲɪŋkʊi]
de dentro	**ìš vidaũs**	[ɪʃ vʲɪ'dɑʊs]
para algum lugar	**kažkur̃**	[kaʒ'kʊr]
diretamente	**tiẽsiai**	['tʲɛsʲɛɪ]
de volta	**atgal̃**	[at'galʲ]
de algum lugar	**ìš kur̃ nórs**	[ɪʃ 'kʊr 'nors]
de um lugar	**ìš kažkur̃**	[ɪʃ kaʒ'kʊr]
em primeiro lugar	**pìrma**	['pʲɪrma]
em segundo lugar	**àntra**	['antra]
em terceiro lugar	**trẽčia**	['trʲætʂʲæ]
de repente	**staigà**	[stʌɪ'ga]
no início	**pradžiõj**	[prad'ʒʲo:j]
pela primeira vez	**pìrmą kar̃tą**	['pʲɪrma: 'karta:]
muito antes de …	**daũg laĩko priẽš …**	['dɑʊg 'lʲʌɪkɔ 'prʲɛʃ …]
de novo, novamente	**ìš naũjo**	[ɪʃ 'nɑʊjɔ]
para sempre	**visám laĩkui**	[vʲɪ'sam 'lʲʌɪkʊi]
nunca	**niekadà**	[nʲiɛkad'a]
de novo	**vė̃l**	['vʲe:lʲ]
agora	**dabar̃**	[da'bar]
frequentemente	**dažnaĩ**	[daʒ'nʌɪ]
então	**tadà**	[ta'da]
urgentemente	**skubiaĩ**	[skʊ'bʲɛɪ]
usualmente	**įprastaĩ**	[i:pras'tʌɪ]
a propósito, …	**bejè, …**	[bɛ'jæ, …]
é possível	**įmãnoma**	[i:'ma:noma]
provavelmente	**tikė́tina**	[tʲɪ'kʲe:tʲɪna]
talvez	**gãli bū̃ti**	['ga:lʲɪ 'bu:tʲɪ]
além disso, …	**bè tõ, …**	['bʲɛ to:, …]

por isso …	**todė̃l …**	[to'dʲe:lʲ …]
apesar de …	**nepáisant …**	[nʲɛ'pʌɪsant …]
graças a …	**… dėkà**	[… dʲe:'ka]
que (pron.)	**kàs**	['kas]
que (conj.)	**kàs**	['kas]
algo	**kažkàs**	[kaʒ'kas]
alguma coisa	**kažkàs**	[kaʒ'kas]
nada	**niẽko**	['nʲɛkɔ]
quem	**kàs**	['kas]
alguém (~ teve uma ideia …)	**kažkàs**	[kaʒ'kas]
alguém	**kažkàs**	[kaʒ'kas]
ninguém	**niẽkas**	['nʲɛkas]
para lugar nenhum	**niẽkur**	['nʲɛkʊr]
de ninguém	**niẽkieno**	['nʲɛ'kʲiɛnɔ]
de alguém	**kažkienõ**	[kaʒkʲiɛ'no:]
tão	**taĩp**	['tʌɪp]
também (gostaria ~ de …)	**taĩp pàt**	['tʌɪp 'pat]
também (~ eu)	**ir̃gi**	['ɪrgʲɪ]

18. Palavras funcionais. Advérbios. Parte 2

Porquê?	**Kodė̃l?**	[kɔ'dʲe:lʲ?]
por alguma razão	**kažkodė̃l**	[kaʒko'dʲe:lʲ]
porque …	**… todė̃l, kàd**	[… to'dʲe:lʲ, 'kad]
por qualquer razão	**kažkodė̃l**	[kaʒko'dʲe:lʲ]
e (tu ~ eu)	**ir̃**	[ɪr]
ou (ser ~ não ser)	**arbà**	[ar'ba]
mas (porém)	**bèt**	['bʲɛt]
demasiado, muito	**pernelýg**	[pʲɛrnʲɛ'lʲi:g]
só, somente	**tiktaĩ**	[tʲɪk'tʌɪ]
exatamente	**tiksliaĩ**	[tʲɪks'lʲɛɪ]
cerca de (~ 10 kg)	**maždaũg**	[maʒ'dɑʊg]
aproximadamente	**apýtikriai**	[a'pʲi:tʲɪkrʲɛɪ]
aproximado	**apýtikriai**	[a'pʲi:tʲɪkrʲɛɪ]
quase	**bevéik**	[bʲɛ'vʲɛɪk]
resto (m)	**vìsa kìta** (m)	['vʲɪsa 'kʲɪta]
cada	**kiekvíenas**	[kʲiɛk'vʲiɛnas]
qualquer	**bèt kurìs**	['bʲɛt kʊ'rʲɪs]
muito	**daũg**	['dɑʊg]
muitas pessoas	**daũgelis**	['dɑʊgʲɛlʲɪs]
todos	**visì**	[vʲɪ'sʲɪ]
em troca de …	**mainaĩs į̃ …**	[mʌɪ'nʌɪs i: ..]
em troca	**mainaĩs**	[mʌɪ'nʌɪs]
à mão	**rañkiniu būdù**	['raŋkʲɪnʲʊ bu:'dʊ]
pouco provável	**kažì**	[ka'ʒʲɪ]

provavelmente	**tikriaúsiai**	[tʲɪk'rʲæʊsʲɛɪ]
de propósito	**týčia**	['tʲi:tʂʲæ]
por acidente	**netýčia**	[nʲɛ'tʲi:tʂʲæ]
muito	**labaĩ**	[lʲa'bʌɪ]
por exemplo	**pãvyzdžiui**	['pa:vʲi:zdʒʲʊi]
entre	**tar̃p**	['tarp]
entre (no meio de)	**tar̃p**	['tarp]
tanto	**tiẽk**	['tʲɛk]
especialmente	**ýpač**	['ɪ:patʂ]

Conceitos básicos. Parte 2

19. Opostos

rico	**turtìngas**	[tʊr'tʲɪngas]
pobre	**skurdùs**	[skʊr'dʊs]
doente	**ser̃gantis**	['sʲɛrgantʲɪs]
são	**sveĩkas**	['svʲɛɪkas]
grande	**dìdelis**	['dʲɪdʲɛlʲɪs]
pequeno	**mãžas**	['ma:ʒas]
rapidamente	**greĩtai**	['grʲɛɪtʌɪ]
lentamente	**lėtaĩ**	[lʲe:'tʌɪ]
rápido	**greĩtas**	['grʲɛɪtas]
lento	**lẽtas**	['lʲe:tas]
alegre	**liñksmas**	['lʲɪŋksmas]
triste	**liū̃dnas**	['lʲu:dnas]
juntos	**kártu**	['kartʊ]
separadamente	**atskiraĩ**	[atskʲɪ'rʌɪ]
em voz alta (ler ~)	**gar̃siai**	['garsʲɛɪ]
para si (em silêncio)	**tỹliai**	['tʲi:lʲɛɪ]
alto	**aũkštas**	['ɑʊkʃtas]
baixo	**žẽmas**	['ʒʲæmas]
profundo	**gilùs**	[gʲɪ'lʲʊs]
pouco fundo	**seklùs**	[sʲɛk'lʲʊs]
sim	**taĩp**	['tʌɪp]
não	**nè**	['nʲɛ]
distante (no espaço)	**tólimas**	['tolʲɪmas]
próximo	**ar̃timas**	['artʲɪmas]
longe	**tolì**	[to'lʲɪ]
perto	**artì**	[ar'tʲɪ]
longo	**ìlgas**	['ɪlʲgas]
curto	**trum̃pas**	['trʊmpas]
bom, bondoso	**gẽras**	['gʲæras]
mau	**pìktas**	['pʲɪktas]
casado	**vẽdęs**	['vʲædʲɛ:s]

solteiro	**nevẽdęs**	[nʲɛ'vʲædʲɛ:s]
proibir (vt)	**uždraũsti**	[ʊʒ'drɑʊstʲɪ]
permitir (vt)	**léisti**	['lʲɛɪstʲɪ]
fim (m)	**pabaigà** (m)	[pabʌɪ'ga]
começo (m)	**pradžià** (m)	[prad'ʒʲæ]
esquerdo	**kairỹs**	[kʌɪ'rʲi:s]
direito	**dešinỹs**	[dʲɛʃɪ'nʲi:s]
primeiro	**pìrmas**	['pʲɪrmas]
último	**paskutìnis**	[paskʊ'tʲɪnʲɪs]
crime (m)	**nusikaltìmas** (v)	[nʊsʲɪkalʲ'tʲɪmas]
castigo (m)	**bausmẽ** (m)	[bɑʊs'mʲe:]
ordenar (vt)	**įsakýti**	[i:sa'kʲi:tʲɪ]
obedecer (vt)	**paklùsti**	[pak'lʲʊstʲɪ]
reto	**tiesùs**	[tʲiɛ'sʊs]
curvo	**kreĩvas**	['krʲɛɪvas]
paraíso (m)	**rõjus** (v)	['ro:jʊs]
inferno (m)	**prãgaras** (v)	['pra:garas]
nascer (vi)	**gìmti**	['gʲɪmtʲɪ]
morrer (vi)	**mir̃ti**	['mʲɪrtʲɪ]
forte	**stiprùs**	[stʲɪp'rʊs]
fraco, débil	**sil̃pnas**	['sʲɪlʲpnas]
idoso	**sẽnas**	['sʲænas]
jovem	**jáunas**	['jɑʊnas]
velho	**sẽnas**	['sʲænas]
novo	**naũjas**	['nɑʊjas]
duro	**kíetas**	['kʲiɛtas]
mole	**mìnkštas**	['mʲɪŋkʃtas]
tépido	**šil̃tas**	['ʃɪlʲtas]
frio	**šáltas**	['ʃalʲtas]
gordo	**stóras**	['storas]
magro	**plónas**	['plʲonas]
estreito	**siaũras**	['sʲɛʊras]
largo	**platùs**	[plʲa'tʊs]
bom	**gẽras**	['gʲæras]
mau	**blõgas**	['blʲo:gas]
valente	**drąsùs**	[dra:'sʊs]
cobarde	**bailùs**	[bʌɪ'lʲʊs]

20. Dias da semana

segunda-feira (f)	**pirmãdienis** (v)	[pʲɪr'ma:dʲiɛnʲɪs]
terça-feira (f)	**antrãdienis** (v)	[an'tra:dʲiɛnʲɪs]
quarta-feira (f)	**trečiãdienis** (v)	[trʲɛ'tʂʲædʲiɛnʲɪs]
quinta-feira (f)	**ketvirtãdienis** (v)	[kʲɛtvʲɪr'ta:dʲiɛnʲɪs]
sexta-feira (f)	**penktãdienis** (v)	[pʲɛŋk'ta:dʲiɛnʲɪs]
sábado (m)	**šeštãdienis** (v)	[ʃʲɛʃ'ta:dʲiɛnʲɪs]
domingo (m)	**sekmãdienis** (v)	[sʲɛk'ma:dʲiɛnʲɪs]
hoje	**šiañdien**	['ʃʲændʲiɛn]
amanhã	**rytój**	[rʲi:'toj]
depois de amanhã	**porýt**	[po'rʲi:t]
ontem	**vãkar**	['va:kar]
anteontem	**ùžvakar**	['ʊʒvakar]
dia (m)	**dienà** (m)	[dʲiɛ'na]
dia (m) de trabalho	**dárbo dienà** (m)	['darbɔ dʲiɛ'na]
feriado (m)	**šveñtinė dienà** (m)	['ʃventʲɪnʲe: dʲiɛ'na]
dia (m) de folga	**išeigìnė dienà** (m)	[ɪʃɛɪ'gʲɪnʲe: dʲiɛ'na]
fim (m) de semana	**savaĩtgalis** (v)	[sa'vʌɪtgalʲɪs]
o dia todo	**vìsą diẽną**	['vʲɪsa: 'dʲɛna:]
no dia seguinte	**sẽkančią diẽną**	['sʲɛ̃kantʂʲæ: 'dʲɛna:]
há dois dias	**priẽš dvì dienàs**	['prʲɛʃ 'dvʲɪ dʲiɛ'nas]
na véspera	**ìšvakarėse**	['ɪʃvakarʲe:se]
diário	**kasdiẽnis**	[kas'dʲɛnʲɪs]
todos os dias	**kasdiẽn**	[kas'dʲɛn]
semana (f)	**savaĩtė** (m)	[sa'vʌɪtʲe:]
na semana passada	**praèitą savaĩtę**	['praʲɛɪta: sa'vʌɪtʲɛ:]
na próxima semana	**ateĩnančią savaĩtę**	[a'tʲɛɪnantʂʲæ: sa'vʌɪtʲɛ:]
semanal	**kassavaĩtinis**	[kassa'vʌɪtʲɪnʲɪs]
cada semana	**kàs savaĩtę**	['kas sa'vʌɪtʲɛ:]
duas vezes por semana	**dù kartùs peř savaĩtę**	['dʊ kar'tʊs pʲɛr sa'vʌɪtʲɛ:]
cada terça-feira	**kiekvíeną antrãdienį**	[kʲiɛk'vʲɪ:ɛna: an'tra:dʲɪ:ɛnʲɪ:]

21. Horas. Dia e noite

manhã (f)	**rýtas** (v)	['rʲi:tas]
de manhã	**rytè**	[rʲi:'tʲɛ]
meio-dia (m)	**vidùrdienis** (v)	[vʲɪ'dʊrdʲiɛnʲɪs]
à tarde	**popiẽt**	[po'pʲɛt]
noite (f)	**vãkaras** (v)	['va:karas]
à noite (noitinha)	**vakarè**	[vaka'rʲɛ]
noite (f)	**naktìs** (m)	[nak'tʲɪs]
à noite	**nãktį**	['na:kti:]
meia-noite (f)	**vidùrnaktis** (v)	[vʲɪ'dʊrnaktʲɪs]
segundo (m)	**sekùndė** (m)	[sʲɛ'kʊndʲe:]
minuto (m)	**minùtė** (m)	[mʲɪ'nʊtʲe:]
hora (f)	**valandà** (m)	[valʲan'da]

meia hora (f)	**pùsvalandis** (v)	['pʊsvalʲandʲɪs]
quarto (m) de hora	**ketvir̃tis valandõs**	[kʲɛt'vʲɪrtʲɪs valʲan'do:s]
quinze minutos	**penkiólika minùčių**	[pʲɛŋ'kʲolʲɪka mʲɪ'nʊʧʲu:]
vinte e quatro horas	**parà** (m)	[pa'ra]
nascer (m) do sol	**sáulės patekė́jimas** (v)	['sɑʊlʲe:s patʲɛ'kʲɛjɪmas]
amanhecer (m)	**aušrà** (m)	[ɑʊʃ'ra]
madrugada (f)	**ankstývas rýtas** (v)	[aŋk'stʲi:vas 'rʲi:tas]
pôr do sol (m)	**saulė́lydis** (v)	[sɑʊ'lʲe:lʲi:dʲɪs]
de madrugada	**ankstì rytè**	[aŋk'stʲɪ rʲi:'tʲɛ]
hoje de manhã	**šiañdien rytè**	['ʃændʲiɛn rʲi:'tʲɛ]
amanhã de manhã	**rytój rytè**	[rʲi:'toj rʲi:'tʲɛ]
hoje à tarde	**šiañdien diẽną**	['ʃæn'dʲɛn 'dʲiɛna:]
à tarde	**popiẽt**	[po'pʲɛt]
amanhã à tarde	**rytój popiẽt**	[rʲi:'toj po'pʲɛt]
hoje à noite	**šiañdien vakarè**	['ʃændʲiɛn vaka'rʲɛ]
amanhã à noite	**rytój vakarè**	[rʲi:'toj vaka'rʲɛ]
às três horas em ponto	**lýgiai trẽčią vãlandą**	['lʲi:gʲɛɪ 'trʲæʧʲæ: 'va:landa:]
por volta das quatro	**apiẽ ketvir̃tą vãlandą**	[a'pʲɛ kʲɛtvʲɪrta: va:lʲanda:]
às doze	**dvýliktai vãlandai**	['dvʲi:lʲɪktʌɪ 'va:landʌɪ]
dentro de vinte minutos	**ùž dvidešimtiẽs minùčių**	['ʊʒ dvʲɪdʲɛʃɪm'tʲɛs mʲɪ'nʊʧʲu:]
dentro duma hora	**ùž valandõs**	['ʊʒ valʲan'do:s]
a tempo	**laikù**	[lʲʌɪ'kʊ]
menos um quarto	**bè ketvir̃čio**	['bʲɛ 'kʲɛtvʲɪrʧʲɔ]
durante uma hora	**valandõs bė̃gyje**	[valʲan'do:s 'bʲe:gʲi:je]
a cada quinze minutos	**kàs penkiólika minùčių**	['kas pʲɛŋ'kʲolʲɪka mʲɪ'nʊʧʲu:]
as vinte e quatro horas	**vìsą pãrą** (m)	['vʲɪsa: 'pa:ra:]

22. Meses. Estações

janeiro (m)	**saũsis** (v)	['sɑʊsʲɪs]
fevereiro (m)	**vasãris** (v)	[va'sa:rʲɪs]
março (m)	**kovàs** (v)	[kɔ'vas]
abril (m)	**balañdis** (v)	[ba'lʲandʲɪs]
maio (m)	**gegužė̃** (m)	[gʲɛgʊ'ʒʲe:]
junho (m)	**biržẽlis** (v)	[bʲɪr'ʒʲælʲɪs]
julho (m)	**líepa** (m)	['lʲiɛpa]
agosto (m)	**rugpjū́tis** (v)	[rʊg'pju:tʲɪs]
setembro (m)	**rugsė́jis** (v)	[rʊg'sʲɛjɪs]
outubro (m)	**spãlis** (v)	['spa:lʲɪs]
novembro (m)	**lãpkritis** (v)	['lʲa:pkrʲɪtʲɪs]
dezembro (m)	**grúodis** (v)	['grʊɑdʲɪs]
primavera (f)	**pavãsaris** (v)	[pa'va:sarʲɪs]
na primavera	**pavãsarį**	[pa'va:sarʲɪ:]
primaveril	**pavasarìnis**	[pavasa'rʲɪnʲɪs]
verão (m)	**vãsara** (m)	['va:sara]

no verão	**vãsarą**	['va:sara:]
de verão	**vasarìnis**	[vasa'rʲɪnʲɪs]
outono (m)	**ruduõ** (v)	[rʊ'dʊɑ]
no outono	**rùdenį**	['rʊdʲɛnʲɪ:]
outonal	**rudenìnis**	[rʊdʲɛ'nʲɪnʲɪs]
inverno (m)	**žiemà** (m)	[ʒʲiɛ'ma]
no inverno	**žiẽmą**	['ʒʲɛma:]
de inverno	**žiemìnis**	[ʒʲiɛ'mʲɪnʲɪs]
mês (m)	**mė́nuo** (v)	['mʲe:nʊɑ]
este mês	**šį̃ mė́nesį**	[ʃʲɪ: 'mʲe:nesʲɪ:]
no próximo mês	**kìtą mė́nesį**	['kʲɪ:ta: 'mʲe:nesʲɪ:]
no mês passado	**pràeitą mė́nesį**	['praʲɛɪta: 'mʲe:nesʲɪ:]
há um mês	**priẽš mė́nesį**	['prʲɪ:ɛʃ 'mʲe:nesʲɪ:]
dentro de um mês	**ùž mė́nesio**	['ʊʒ 'mʲe:nesʲɔ]
dentro de dois meses	**ùž dvejų̃ mė́nesių**	['ʊʒ dve'ju: 'mʲe:nesʲu:]
todo o mês	**vìsą mė́nesį**	['vʲɪsa: 'mʲe:nesʲɪ:]
um mês inteiro	**vìsą mė́nesį**	['vʲɪsa: 'mʲe:nesʲɪ:]
mensal	**kasmėnesìnis**	[kasmʲe:ne'sʲɪnʲɪs]
mensalmente	**kàs mė́nesį**	['kas 'mʲe:nesʲɪ:]
cada mês	**kiekvíeną mė́nesį**	[kʲiɛk'vʲɪ:ɛna: 'mʲe:nesʲɪ:]
duas vezes por mês	**dù kartùs per̃ mė́nesį**	['dʊ kar'tʊs per 'mʲe:nesʲɪ:]
ano (m)	**mẽtai** (v dgs)	['mʲætʌɪ]
este ano	**šiaĩs mẽtais**	['ʃɛɪs 'mʲætʌɪs]
no próximo ano	**kitaĩs mẽtais**	[kʲɪ'tʌɪs 'mʲætʌɪs]
no ano passado	**praeitaĩs mẽtais**	[praʲɛɪ'tʌɪs 'mʲætʌɪs]
há um ano	**priẽš metùs**	['prʲɛʃ mʲɛ'tʊs]
dentro dum ano	**ùž mẽtų**	['ʊʒ 'mʲætu:]
dentro de 2 anos	**ùž dvejų̃ mẽtų**	['ʊʒ dvʲɛ'ju: 'mʲætu:]
todo o ano	**visùs metùs**	[vʲɪ'sʊs mʲɛ'tʊs]
um ano inteiro	**visùs metùs**	[vʲɪ'sʊs mʲɛ'tʊs]
cada ano	**kàs metùs**	['kas mʲɛ'tʊs]
anual	**kasmetìnis**	[kasmʲɛ'tʲɪnʲɪs]
anualmente	**kàs metùs**	['kas mʲɛ'tʊs]
quatro vezes por ano	**kẽturis kartùs per̃ metùs**	['kʲætʊrʲɪs kar'tʊs pʲɛr mʲɛ'tʊs]
data (~ de hoje)	**dienà** (m)	[dʲiɛ'na]
data (ex. ~ de nascimento)	**datà** (m)	[da'ta]
calendário (m)	**kalendõrius** (v)	[kalʲɛn'do:rʲʊs]
meio ano	**pùsė mẽtų**	['pʊsʲe: 'mʲætu:]
seis meses	**pùsmetis** (v)	['pʊsmʲɛtʲɪs]
estação (f)	**sezònas** (v)	[sʲɛ'zonas]
século (m)	**ámžius** (v)	['amʒʲʊs]

23. Tempo. Diversos

tempo (m)	**laĩkas** (v)	['lʲʌɪkas]
momento (m)	**akìmirka** (m)	[a'kʲɪmʲɪrka]
instante (m)	**momentas** (v)	[mo'mʲɛntas]
instantâneo	**staigùs**	[stʌɪ'gʊs]
lapso (m) de tempo	**laĩko tárpas** (v)	['lʲʌɪkɔ 'tarpas]
vida (f)	**gyvẽnimas** (v)	[gʲi:'vʲænʲɪmas]
eternidade (f)	**amžinýbė** (m)	[amʒʲɪ'nʲi:bʲe:]
época (f)	**epochà** (m)	[ɛpo'xa]
era (f)	**erà** (m)	[ɛ'ra]
ciclo (m)	**cìklas** (v)	['tsʲɪklʲas]
período (m)	**periòdas** (v)	[pʲɛrʲɪ'jɔdas]
prazo (m)	**laikótarpis** (v)	[lʲʌɪ'kotarpʲɪs]
futuro (m)	**ateitìs** (m)	[atʲɛɪ'tʲɪs]
futuro	**bùsimas**	['bʊsʲɪmas]
da próxima vez	**kìtą kar̃tą**	['kʲɪta: 'karta:]
passado (m)	**praeitìs** (m)	[praʲɛɪ'tʲɪs]
passado	**praẽjęs**	[pra'e:jɛ:s]
na vez passada	**pràeitą kar̃tą**	['praʲɛɪta: 'karta:]
mais tarde	**vėliaũ**	[vʲe:'lʲɛʊ]
depois	**põ**	['po:]
atualmente	**dabar̃**	[da'bar]
agora	**dabar̃**	[da'bar]
imediatamente	**tuõj pàt**	['tʊɑj 'pat]
em breve, brevemente	**greĩtai**	['grʲɛɪtʌɪ]
de antemão	**ìš añksto**	[ɪʃ 'aŋkstɔ]
há muito tempo	**seniaĩ**	[sʲɛ'nʲɛɪ]
há pouco tempo	**neseniaĩ**	[nʲɛsʲɛ'nʲɛɪ]
destino (m)	**likìmas** (v)	[lʲɪ'kʲɪmas]
recordações (f pl)	**atminìmas** (v)	[atmʲɪ'nʲɪmas]
arquivo (m)	**archỹvas** (v)	[ar'xʲi:vas]
durante ...	**... metu**	[... mʲɛ'tʊ]
durante muito tempo	**ilgaĩ ...**	[ɪlʲ'gʌɪ ...]
pouco tempo	**neilgaĩ**	[nʲɛɪlʲ'gʌɪ]
cedo (levantar-se ~)	**ankstì**	[aŋk'stʲɪ]
tarde (deitar-se ~)	**vėlaĩ**	[vʲe:'lʲʌɪ]
para sempre	**visám laĩkui**	[vʲɪ'sam 'lʲʌɪkʊi]
começar (vt)	**pradėtì**	[pra'dʲe:tʲɪ]
adiar (vt)	**pérkelti**	['pʲɛrkʲɛlʲtʲɪ]
simultaneamente	**tuõ pàt metù**	['tʊɑ 'pat mʲɛ'tʊ]
permanentemente	**vìsą laĩką**	['vʲɪsa: 'lʲʌɪka:]
constante (ruído, etc.)	**nuolatìnis**	[nʊɑlʲa'tʲɪnʲɪs]
temporário	**laĩkinas**	['lʲʌɪkʲɪnas]
às vezes	**kartaĩs**	[kar'tʌɪs]
raramente	**retaĩ**	[rʲɛ'tʌɪ]
frequentemente	**dažnaĩ**	[daʒ'nʌɪ]

24. Linhas e formas

quadrado (m)	**kvadrãtas** (v)	[kvad'ra:tas]
quadrado	**kvadrãtinis**	[kvad'ra:tʲɪnʲɪs]
círculo (m)	**skritulỹs** (v)	[skrʲɪtʊ'lʲi:s]
redondo	**apvalùs**	[apva'lʲʊs]
triângulo (m)	**trìkampis** (v)	['trʲɪkampʲɪs]
triangular	**trikampìnis**	[trʲɪkam'pʲɪnʲɪs]
oval (f)	**ovãlas** (v)	[o'va:lʲas]
oval	**ovalùs**	[ova'lʲʊs]
retângulo (m)	**stačiãkampis** (v)	[sta'tʂʲækampʲɪs]
retangular	**stačiãkampis**	[sta'tʂʲækampʲɪs]
pirâmide (f)	**piramìdė** (m)	[pʲɪra'mʲɪdʲe:]
rombo, losango (m)	**ròmbas** (v)	['rombas]
trapézio (m)	**trapècija** (m)	[tra'pʲɛtsʲɪjɛ]
cubo (m)	**kùbas** (v)	['kʊbas]
prisma (m)	**prìzmė** (m)	['prʲɪzmʲe:]
circunferência (f)	**apskritìmas** (v)	[apskrʲɪ'tʲɪmas]
esfera (f)	**sferà** (m)	[sfʲɛ'ra]
globo (m)	**rutulỹs** (v)	[rʊtʊ'lʲi:s]
diâmetro (m)	**diãmetras** (v)	[dʲɪ'jamʲɛtras]
raio (m)	**spindulỹs** (v)	[spʲɪndʊ'lʲi:s]
perímetro (m)	**perìmetras** (v)	[pʲɛ'rʲɪmʲɛtras]
centro (m)	**ceñtras** (v)	['tsʲɛntras]
horizontal	**horizontalùs**	[ɣorʲɪzonta'lʲʊs]
vertical	**vertikalùs**	[vʲɛrtʲɪka'lʲʊs]
paralela (f)	**paralèlė** (m)	[para'lʲɛlʲe:]
paralelo	**lygiagretùs**	[lʲi:gʲægrʲɛ'tʊs]
linha (f)	**lìnija** (m)	['lʲɪnʲɪjɛ]
traço (m)	**brūkšnỹs** (v)	[bru:kʃ'nʲi:s]
reta (f)	**tiesióji** (m)	[tʲiɛ'sʲo:jɪ]
curva (f)	**kreivė̃** (m)	[krʲɛɪ'vʲe:]
fino (linha ~a)	**plónas**	['plʲonas]
contorno (m)	**kòntūras** (v)	['kontu:ras]
interseção (f)	**sánkirta** (m)	['saŋkʲɪrta]
ângulo (m) reto	**statùsis kam̃pas** (v)	[sta'tʊsʲɪs 'kampas]
segmento (m)	**segmeñtas** (v)	[sʲɛg'mʲɛntas]
setor (m)	**sèktorius** (v)	['sʲɛktorʲʊs]
lado (de um triângulo, etc.)	**pùsė** (m)	['pʊsʲe:]
ângulo (m)	**kam̃pas** (v)	['kampas]

25. Unidades de medida

peso (m)	**svõris** (v)	['svo:rʲɪs]
comprimento (m)	**ìlgis** (v)	[ilʲgʲɪs]
largura (f)	**plõtis** (v)	['plʲo:tʲɪs]
altura (f)	**aũkštis** (v)	['ɑʊkʃtʲɪs]

profundidade (f)	**gỹlis** (v)	['gʲi:lʲɪs]
volume (m)	**tū̃ris** (v)	['tu:rʲɪs]
área (f)	**plótas** (v)	['plʲotas]
grama (m)	**grãmas** (v)	['gra:mas]
miligrama (m)	**miligrãmas** (v)	[mʲɪlʲɪ'gra:mas]
quilograma (m)	**kilogrãmas** (v)	[kʲɪlʲo'gra:mas]
tonelada (f)	**tonà** (m)	[to'na]
libra (453,6 gramas)	**svãras** (v)	['sva:ras]
onça (f)	**ùncija** (m)	['ʊntsʲɪjɛ]
metro (m)	**mètras** (v)	['mʲɛtras]
milímetro (m)	**milimètras** (v)	[mʲɪlʲɪ'mʲɛtras]
centímetro (m)	**centimètras** (v)	[tsʲɛntʲɪ'mʲɛtras]
quilómetro (m)	**kilomètras** (v)	[kʲɪlʲo'mʲɛtras]
milha (f)	**mylià** (m)	[mʲi:lʲæ]
polegada (f)	**cólis** (v)	['tsolʲɪs]
pé (304,74 mm)	**pėdà** (m)	[pʲe:'da]
jarda (914,383 mm)	**járdas** (v)	[jardas]
metro (m) quadrado	**kvadrãtinis mètras** (v)	[kvad'ra:tʲɪnʲɪs 'mʲɛtras]
hectare (m)	**hektãras** (v)	[ɣʲɛk'ta:ras]
litro (m)	**lìtras** (v)	['lʲɪtras]
grau (m)	**láipsnis** (v)	['lʲʌɪpsnʲɪs]
volt (m)	**vòltas** (v)	['volʲtas]
ampere (m)	**ampèras** (v)	[am'pʲɛras]
cavalo-vapor (m)	**árklio galià** (m)	['arklʲɔ ga'lʲæ]
quantidade (f)	**kiẽkis** (v)	['kʲɛkʲɪs]
um pouco de ...	**nedaũg ...**	[nʲɛ'dɑʊg ...]
metade (f)	**pùsė** (m)	['pʊsʲe:]
dúzia (f)	**tùzinas** (v)	['tʊzʲɪnas]
peça (f)	**víenetas** (v)	['vʲiɛnʲɛtas]
dimensão (f)	**dỹdis** (v), **išmatãvimai** (v dgs)	['dʲi:dʲɪs], [iʃma'ta:vʲɪmʌɪ]
escala (f)	**mastẽlis** (v)	[mas'tʲælʲɪs]
mínimo	**minimalùs**	[mʲɪnʲɪma'lʲʊs]
menor, mais pequeno	**mažiáusias**	[ma'ʒʲæʊsʲæs]
médio	**vidutìnis**	[vʲɪdʊ'tʲɪnʲɪs]
máximo	**maksimalùs**	[maksʲɪma'lʲʊs]
maior, mais grande	**didžiáusias**	[dʲɪ'dʒʲæʊsʲæs]

26. Recipientes

boião (m) de vidro	**stiklaĩnis** (v)	[stʲɪk'lʲʌɪnʲɪs]
lata (~ de cerveja)	**skardìnė** (m)	[skar'dʲɪnʲe:]
balde (m)	**kìbiras** (v)	['kʲɪbʲɪras]
barril (m)	**statìnė** (m)	[sta'tʲɪnʲe:]
bacia (~ de plástico)	**dubenė̃lis** (v)	[dʊbe'nʲe:lʲɪs]
tanque (m)	**bãkas** (v)	['ba:kas]

cantil (m) de bolso	**kòlba** (m)	['kolʲba]
bidão (m) de gasolina	**kanìstras** (v)	[ka'nʲɪstras]
cisterna (f)	**bãkas** (v)	['ba:kas]
caneca (f)	**puodẽlis** (v)	[puɑ'dʲælʲɪs]
chávena (f)	**puodẽlis** (v)	[puɑ'dʲælʲɪs]
pires (m)	**lėkštẽlė** (m)	[lʲe:kʃ'tʲælʲe:]
copo (m)	**stìklas** (v)	['stʲɪklʲas]
taça (f) de vinho	**taurẽ** (m)	[tɑʊ'rʲe:]
panela, caçarola (f)	**púodas** (v)	['puɑdas]
garrafa (f)	**bùtelis** (v)	['bʊtʲɛlʲɪs]
gargalo (m)	**kãklas** (v)	['ka:klʲas]
jarro, garrafa (f)	**grafìnas** (v)	[gra'fʲɪnas]
jarro (m) de barro	**ąsõtis** (v)	[a:'so:tʲɪs]
recipiente (m)	**iñdas** (v)	['ɪndas]
pote (m)	**púodas** (v)	['puɑdas]
vaso (m)	**vazà** (m)	[va'za]
frasco (~ de perfume)	**bùtelis** (v)	['bʊtʲɛlʲɪs]
frasquinho (ex. ~ de iodo)	**buteliùkas** (v)	[bʊtʲɛ'lʲʊkas]
tubo (~ de pasta dentífrica)	**tūbà** (m)	[tu:'ba]
saca (ex. ~ de açúcar)	**maĩšas** (v)	['mʌɪʃas]
saco (~ de plástico)	**pakètas** (v)	[pa'kʲɛtas]
maço (m)	**plúoštas** (v)	['plʲuɑʃtas]
caixa (~ de sapatos, etc.)	**dėžė̃** (m)	[dʲe:'ʒʲe:]
caixa (~ de madeira)	**dėžė̃** (m)	[dʲe:'ʒʲe:]
cesta (f)	**krepšỹs** (v)	[krʲɛp'ʃɪ:s]

27. Materiais

material (m)	**mẽdžiaga** (m)	['mʲædʒʲæga]
madeira (f)	**mẽdis** (v)	['mʲædʲɪs]
de madeira	**medìnis**	[mʲɛ'dʲɪnʲɪs]
vidro (m)	**stìklas** (v)	['stʲɪklʲas]
de vidro	**stiklìnis**	[stʲɪk'lʲɪnʲɪs]
pedra (f)	**akmuõ** (v)	[ak'muɑ]
de pedra	**akmenìnis**	[akmʲɛ'nʲɪnʲɪs]
plástico (m)	**plãstikas** (v)	['plʲa:stʲɪkas]
de plástico	**plastikìnis**	[plʲastʲɪ'kʲɪnʲɪs]
borracha (f)	**gumà** (m)	[gʊ'ma]
de borracha	**gumìnis**	[gʊ'mʲɪnʲɪs]
tecido, pano (m)	**audinỹs** (v)	[ɑʊdʲɪ'nʲi:s]
de tecido	**ìš áudinio**	[ɪʃ 'ɑʊdʲɪnʲɔ]
papel (m)	**põpierius** (v)	['po:pʲiɛrʲʊs]
de papel	**popierìnis**	[popʲiɛ'rʲɪnʲɪs]

cartão (m)	**kartònas** (v)	[kar'tonas]
de cartão	**kartòninis**	[kar'tonʲɪnʲɪs]
polietileno (m)	**polietilènas** (v)	[polʲiɛtʲɪ'lʲɛnas]
celofane (m)	**celofãnas** (v)	[tsʲɛlʲo'fa:nas]
linóleo (m)	**linoleùmas** (v)	[lʲɪno'lʲɛʊmas]
contraplacado (m)	**fanerà** (m)	[fanʲɛ'ra]
porcelana (f)	**porceliãnas** (v)	[portsʲɛ'lʲænas]
de porcelana	**porceliãninis**	[portsʲɛ'lʲænʲɪnʲɪs]
barro (f)	**mólis** (v)	['molʲɪs]
de barro	**molìnis**	[mo'lʲɪnʲɪs]
cerâmica (f)	**kerãmika** (m)	[kʲɛ'ra:mʲɪka]
de cerâmica	**keramikìnis**	[kʲɛramʲɪ'kʲɪnʲɪs]

28. Metais

metal (m)	**metãlas** (v)	[mʲɛ'ta:lʲas]
metálico	**metalìnis**	[mʲɛta'lʲɪnʲɪs]
liga (f)	**lydinỹs** (v)	[lʲi:dʲɪ'nʲi:s]
ouro (m)	**áuksas** (v)	['ɑʊksas]
de ouro	**auksìnis**	[ɑʊk'sʲɪnʲɪs]
prata (f)	**sidãbras** (v)	[sʲɪ'da:bras]
de prata	**sidabrìnis**	[sʲɪda'brʲɪnʲɪs]
ferro (m)	**geležìs** (v)	[gʲɛlʲɛ'ʒʲɪs]
de ferro	**geležìnis**	[gʲɛlʲɛ'ʒʲɪnʲɪs]
aço (m)	**pliẽnas** (v)	['plʲɛnas]
de aço	**plienìnis**	[plʲiɛ'nʲɪnʲɪs]
cobre (m)	**vãris** (v)	['va:rʲɪs]
de cobre	**varìnis**	[va'rʲɪnʲɪs]
alumínio (m)	**aliumìnis** (v)	[alʲʊ'mʲɪnʲɪs]
de alumínio	**aliumìninis**	[alʲʊ'mʲɪnʲɪnʲɪs]
bronze (m)	**brònza** (m)	['bronza]
de bronze	**brònzinis**	['bronzʲɪnʲɪs]
latão (m)	**žálvaris** (v)	['ʒalʲvarʲɪs]
níquel (m)	**nìkelis** (v)	['nʲɪkʲɛlʲɪs]
platina (f)	**plãtinà** (m)	[plʲa:tʲɪ'na]
mercúrio (m)	**gývsidabris** (v)	['gʲi:vsʲɪdabrʲɪs]
estanho (m)	**ãlavas** (v)	['a:lʲavas]
chumbo (m)	**švìnas** (v)	['ʃvʲɪnas]
zinco (m)	**cìnkas** (v)	['tsʲɪŋkas]

O SER HUMANO

O ser humano. O corpo

29. Humanos. Conceitos básicos

ser (m) humano	**žmogùs** (v)	[ʒmo'gʊs]
homem (m)	**výras** (v)	['vʲi:ras]
mulher (f)	**móteris** (m)	['motʲɛrʲɪs]
criança (f)	**vaĩkas** (v)	['vʌɪkas]
menina (f)	**mergáitė** (m)	[mʲɛr'gʌɪtʲe:]
menino (m)	**berniùkas** (v)	[bʲɛr'nʲʊkas]
adolescente (m)	**paauglỹs** (v)	[paɑʊ'glʲi:s]
velho (m)	**sẽnis** (v)	['sʲænʲɪs]
velha, anciã (f)	**sẽnė** (m)	['sʲænʲe:]

30. Anatomia humana

organismo (m)	**organìzmas** (v)	[orga'nʲɪzmas]
coração (m)	**širdìs** (m)	[ʃʲɪr'dʲɪs]
sangue (m)	**kraũjas** (v)	['krɑujas]
artéria (f)	**artèrija** (m)	[ar'tʲɛrʲɪjɛ]
veia (f)	**venà** (m)	[vʲɛ'na]
cérebro (m)	**smẽgenys** (v dgs)	['smʲægʲɛnʲi:s]
nervo (m)	**nèrvas** (v)	['nʲɛrvas]
nervos (m pl)	**nèrvai** (v dgs)	['nʲɛrvʌɪ]
vértebra (f)	**slankstẽlis** (v)	[slaŋk'stʲælʲɪs]
coluna (f) vertebral	**stùburas** (v)	['stʊbʊras]
estômago (m)	**skrañdis** (v)	['skrandʲɪs]
intestinos (m pl)	**žarnýnas** (v)	[ʒar'nʲi:nas]
intestino (m)	**žarnà** (m)	[ʒar'na]
fígado (m)	**kẽpenys** (v dgs)	['kʲæpʲɛnʲi:s]
rim (m)	**ìnkstas** (v)	['ɪŋkstas]
osso (m)	**káulas** (v)	['kɑʊlʲas]
esqueleto (m)	**griáučiai** (v)	['grʲæʊtʂʲɛɪ]
costela (f)	**šónkaulis** (v)	['ʃoŋkɑʊlʲɪs]
crânio (m)	**káukolė** (m)	['kɑʊkolʲe:]
músculo (m)	**raumuõ** (v)	[rɑʊ'mʊɑ]
bíceps (m)	**bìcepsas** (v)	['bʲɪtsʲɛpsas]
tríceps (m)	**trìcepsas** (v)	['trʲɪtsʲɛpsas]
tendão (m)	**saũsgyslė** (m)	['sɑʊsgʲi:slʲe:]
articulação (f)	**są́naris** (v)	['sa:narʲɪs]

pulmões (m pl)	**plaũčiai** (v)	['plʲɑʊtʂʲɛɪ]
órgãos (m pl) genitais	**lytìniai òrganai** (v dgs)	[lʲi:'tʲɪnʲɛɪ 'organʌɪ]
pele (f)	**óda** (m)	['oda]

31. Cabeça

cabeça (f)	**galvà** (m)	[galʲ'va]
cara (f)	**véidas** (v)	['vʲɛɪdas]
nariz (m)	**nósis** (m)	['nosʲɪs]
boca (f)	**burnà** (m)	[bʊr'na]
olho (m)	**akìs** (m)	[a'kʲɪs]
olhos (m pl)	**ãkys** (m dgs)	['a:kʲi:s]
pupila (f)	**vyzdỹs** (v)	[vʲi:z'dʲi:s]
sobrancelha (f)	**añtakis** (v)	['antakʲɪs]
pestana (f)	**blakstíena** (m)	[blʲak'stʲiɛna]
pálpebra (f)	**võkas** (v)	['vo:kas]
língua (f)	**liežùvis** (v)	[lʲiɛ'ʒʊvʲɪs]
dente (m)	**dantìs** (v)	[dan'tʲɪs]
lábios (m pl)	**lū̃pos** (m dgs)	['lʲu:pos]
maçãs (f pl) do rosto	**skruostìkauliai** (v dgs)	[skrʊɑ'stʲɪkɑʊlʲɛɪ]
gengiva (f)	**dantenõs** (m dgs)	[dantʲɛ'no:s]
palato (m)	**gomurỹs** (v)	[gomʊ'rʲi:s]
narinas (f pl)	**šnérvės** (m dgs)	['ʃnʲærvʲe:s]
queixo (m)	**smãkras** (v)	['sma:kras]
mandíbula (f)	**žandìkaulis** (v)	[ʒan'dʲɪkɑʊlʲɪs]
bochecha (f)	**skrúostas** (v)	['skrʊɑstas]
testa (f)	**kaktà** (m)	[kak'ta]
têmpora (f)	**smilkinỹs** (v)	[smʲɪlʲkʲɪ'nʲi:s]
orelha (f)	**ausìs** (m)	[ɑʊ'sʲɪs]
nuca (f)	**pakáušis, sprándas** (v)	[pa'kɑʊʃʲɪs], ['sprandas]
pescoço (m)	**kãklas** (v)	['ka:klʲas]
garganta (f)	**gerklė̃** (m)	[gʲɛrk'lʲe:]
cabelos (m pl)	**plaukaĩ** (v dgs)	[plʲɑʊ'kʌɪ]
penteado (m)	**šukúosena** (m)	[ʃʊ'kʊɑsʲɛna]
corte (m) de cabelo	**kirpìmas** (v)	[kʲɪr'pʲɪmas]
peruca (f)	**perùkas** (v)	[pʲɛ'rʊkas]
bigode (m)	**ū̃sai** (v dgs)	['u:sʌɪ]
barba (f)	**barzdà** (m)	[barz'da]
usar, ter (~ barba, etc.)	**nešióti**	[nʲɛ'ʃotʲɪ]
trança (f)	**kasà** (m)	[ka'sa]
suíças (f pl)	**žándenos** (m dgs)	['ʒandʲɛnos]
ruivo	**rùdis**	['rʊdʲɪs]
grisalho	**žìlas**	['ʒʲɪlʲas]
calvo	**plìkas**	['plʲɪkas]
calva (f)	**plìkė** (m)	['plʲɪkʲe:]
rabo-de-cavalo (m)	**uodegà** (m)	[ʊɑdʲɛ'ga]
franja (f)	**kir̃pčiai** (v dgs)	['kʲɪrptʂʲɛɪ]

32. Corpo humano

mão (f)	**plãštaka** (m)	['plʲa:ʃtaka]
braço (m)	**rankà** (m)	[raŋ'ka]
dedo (m)	**piȓštas** (v)	['pʲɪrʃtas]
polegar (m)	**nykštỹs** (v)	[nʲi:kʃ'tʲi:s]
dedo (m) mindinho	**mažàsis piȓštas** (v)	[ma'ʒasʲɪs 'pʲɪrʃtas]
unha (f)	**nãgas** (v)	['na:gas]
punho (m)	**kùmštis** (v)	['kʊmʃtʲɪs]
palma (f) da mão	**délnas** (v)	['dʲɛlʲnas]
pulso (m)	**ríešas** (v)	['rʲiɛʃas]
antebraço (m)	**dìlbis** (v)	['dʲɪlʲbʲɪs]
cotovelo (m)	**alkū̃nė** (m)	[alʲ'ku:nʲe:]
ombro (m)	**petìs** (v)	[pʲɛ'tʲɪs]
perna (f)	**kója** (m)	['koja]
pé (m)	**pėdà** (m)	[pʲe:'da]
joelho (m)	**kẽlias** (v)	['kʲælʲæs]
barriga (f) da perna	**blauzdà** (m)	[blʲɑʊz'da]
anca (f)	**šlaunìs** (m)	[ʃlʲɑʊ'nʲɪs]
calcanhar (m)	**kul̃nas** (v)	['kʊlʲnas]
corpo (m)	**kū̃nas** (v)	['ku:nas]
barriga (f)	**pil̃vas** (v)	['pʲɪlʲvas]
peito (m)	**krūtìnė** (m)	[kru:'tʲɪnʲe:]
seio (m)	**krūtìs** (m)	[kru:'tʲɪs]
lado (m)	**šónas** (v)	['ʃonas]
costas (f pl)	**nùgara** (m)	['nʊgara]
região (f) lombar	**juosmuõ** (v)	[jʊɑs'mʊɑ]
cintura (f)	**liemuõ** (v)	[lʲiɛ'mʊɑ]
umbigo (m)	**bámba** (m)	['bamba]
nádegas (f pl)	**sédmenys** (v dgs)	['sʲe:dmenʲi:s]
traseiro (m)	**pastùrgalis, ùžpakalis** (v)	[pas'tʊrgalʲɪs], ['ʊʒpakalʲɪs]
sinal (m)	**ãpgamas** (v)	['a:pgamas]
sinal (m) de nascença	**ãpgamas** (v)	['a:pgamas]
tatuagem (f)	**tatuiruõtė** (m)	[tatʊi'rʊɑtʲe:]
cicatriz (f)	**rándas** (v)	['randas]

Vestuário & Acessórios

33. Roupa exterior. Casacos

roupa (f)	**aprangà** (m)	[apran'ga]
roupa (f) exterior	**viršutìniai drabùžiai** (v dgs)	[vʲɪrʃʊ'tʲɪnʲɛɪ dra'bʊʒʲɛɪ]
roupa (f) de inverno	**žiemìniai drabùžiai** (v)	[ʒʲiɛ'mʲɪnʲɛɪ dra'bʊʒʲɛɪ]
sobretudo (m)	**páltas** (v)	['palʲtas]
casaco (m) de peles	**kailiniaĩ** (v dgs)	[kʌɪlʲɪ'nʲɛɪ]
casaco curto (m) de peles	**pùskailiniai** (v)	['pʊskʌɪlʲɪnʲɛɪ]
casaco (m) acolchoado	**pūkìnė** (m)	[pu:'kʲɪnʲe:]
casaco, blusão (m)	**striùkė** (m)	['strʲʊkʲe:]
impermeável (m)	**apsiaũstas** (v)	[ap'sʲɛʊstas]
impermeável	**nepéršlampamas**	[nʲɛ'pʲɛrʃlʲampamas]

34. Vestuário de homem & mulher

camisa (f)	**marškiniaĩ** (v dgs)	[marʃkʲɪ'nʲɛɪ]
calças (f pl)	**kélnės** (m dgs)	['kʲɛlʲnʲe:s]
calças (f pl) de ganga	**džìnsai** (v dgs)	['dʒʲɪnsʌɪ]
casaco (m) de fato	**švar̃kas** (v)	['ʃvarkas]
fato (m)	**kostiùmas** (v)	[kɔs'tʲʊmas]
vestido (ex. ~ vermelho)	**suknẽlė** (m)	[sʊk'nʲælʲe:]
saia (f)	**sijõnas** (v)	[sʲɪ'jɔ:nas]
blusa (f)	**palaidìnė** (m)	[palʲʌɪ'dʲɪnʲe:]
casaco (m) de malha	**sùsegamas megztìnis** (v)	['sʊsʲɛgamas mʲɛgz'tʲɪnʲɪs]
casaco, blazer (m)	**žakètas, švarkẽlis** (v)	[ʒa'kʲɛtas], [ʃvar'kʲælʲɪs]
T-shirt, camiseta (f)	**fùtbolininko marškiniaĩ** (v)	['fʊtbolʲɪnʲɪŋkɔ marʃkʲɪ'nʲɛɪ]
calções (Bermudas, etc.)	**šórtai** (v dgs)	['ʃortʌɪ]
fato (m) de treino	**spòrtinis kostiùmas** (v)	['sportʲɪnʲɪs kɔs'tʲʊmas]
roupão (m) de banho	**chalãtas** (v)	[xa'lʲa:tas]
pijama (m)	**pižamà** (m)	[pʲɪʒa'ma]
suéter (m)	**nertìnis** (v)	[nʲɛr'tʲɪnʲɪs]
pulôver (m)	**megztìnis** (v)	[mʲɛgz'tʲɪnʲɪs]
colete (m)	**liemẽnė** (m)	[lʲiɛ'mʲænʲe:]
fraque (m)	**frãkas** (v)	['fra:kas]
smoking (m)	**smòkingas** (v)	['smokʲɪngas]
uniforme (m)	**unifòrma** (m)	[ʊnʲɪ'forma]
roupa (f) de trabalho	**dárbo drabùžiai** (v)	['darbɔ dra'bʊʒʲɛɪ]
fato-macaco (m)	**kombinezònas** (v)	[kɔmbʲɪnʲɛ'zɔnas]
bata (~ branca, etc.)	**chalãtas** (v)	[xa'lʲa:tas]

35. Vestuário. Roupa interior

roupa (f) interior	**baltiniaĩ** (v dgs)	[balʲtʲɪ'nʲɛɪ]
camisola (f) interior	**apatìniai marškinė̃liai** (v dgs)	[apa'tʲɪnʲɛɪ marʃkʲɪ'nʲe:lʲɛɪ]
peúgas (f pl)	**kójinės** (m dgs)	['ko:jɪnʲe:s]
camisa (f) de noite	**naktìniai marškiniaĩ** (v dgs)	[nak'tʲɪnʲɛɪ marʃkʲɪ'nʲɛɪ]
sutiã (m)	**liemenė̃lė** (m)	[lʲiɛme'nʲe:lʲe:]
meias longas (f pl)	**gòlfai** (v)	['golʲfʌɪ]
meia-calça (f)	**pė́dkelnės** (m dgs)	['pʲe:dkʲɛlʲnʲe:s]
meias (f pl)	**kójinės** (m dgs)	['ko:jɪnʲe:s]
fato (m) de banho	**máudymosi kostiumė̃lis** (v)	['maʊdʲi:mosʲɪ kostʲʊ'mʲe:lʲɪs]

36. Adereços de cabeça

chapéu (m)	**kepùrė** (m)	[kʲɛ'pʊrʲe:]
chapéu (m) de feltro	**skrybėlė̃** (m)	[skrʲi:bʲe:'lʲe:]
boné (m) de beisebol	**beĩsbolo lazdà** (m)	['bʲɛɪsbolʲɔ lʲaz'da]
boné (m)	**kepùrė** (m)	[kʲɛ'pʊrʲe:]
boina (f)	**berètė** (m)	[bʲɛ'rʲɛtʲe:]
capuz (m)	**gobtùvas** (v)	[gop'tʊvas]
panamá (m)	**panamà** (m)	[pana'ma]
gorro (m) de malha	**megztà kepuráitė** (m)	[mʲɛgz'ta kepʊ'rʌɪtʲe:]
lenço (m)	**skarà** (m), **skarė̃lė** (m)	[ska'ra], [ska'rʲælʲe:]
chapéu (m) de mulher	**skrybėláitė** (m)	[skrʲi:bʲe:'lʲʌɪtʲe:]
capacete (m) de proteção	**šálmas** (v)	['ʃalʲmas]
bibico (m)	**pilòtė** (m)	[pʲɪ'lʲotʲe:]
capacete (m)	**šálmas** (v)	['ʃalʲmas]
chapéu-coco (m)	**katiliùkas** (v)	[katʲɪ'lʲʊkas]
chapéu (m) alto	**cilìndras** (v)	[tsʲɪ'lʲɪndras]

37. Calçado

calçado (m)	**ãvalynė** (m)	['a:valʲi:nʲe:]
botinas (f pl)	**bãtai** (v)	['ba:tʌɪ]
sapatos (de salto alto, etc.)	**batẽliai** (v)	[ba'tʲælʲɛɪ]
botas (f pl)	**aulìniai bãtai** (v)	[aʊ'lʲɪnʲɛɪ 'ba:tʌɪ]
pantufas (f pl)	**šlepẽtės** (m dgs)	[ʃlʲɛ'pʲætʲe:s]
ténis (m pl)	**spòrtbačiai** (v dgs)	['sportbatʂʲɛɪ]
sapatilhas (f pl)	**spòrtbačiai** (v dgs)	['sportbatʂʲɛɪ]
sandálias (f pl)	**sandãlai** (v dgs)	[san'da:lʲʌɪ]
sapateiro (m)	**batsiuvỹs** (v)	[batsʲʊ'vʲi:s]
salto (m)	**kul̃nas** (v)	['kʊlʲnas]
par (m)	**porà** (m)	[po'ra]
atacador (m)	**bãtraištis** (v)	['ba:trʌɪʃtʲɪs]

apertar os atacadores	**vá̃rstyti**	['varstʲi:tʲɪ]
calçadeira (f)	**šáukštas** (v)	['ʃɑʊkʃtas]
graxa (f) para calçado	**ãvalynės krèmas** (v)	['a:valʲi:nʲe:s 'krʲɛmas]

38. Têxtil. Tecidos

algodão (m)	**mẽdvilnė** (m)	['mʲædvʲɪlʲnʲe:]
de algodão	**ìš mẽdvilnės**	[ɪʃ 'mʲædvʲɪlʲnʲe:s]
linho (m)	**lìnas** (v)	['lʲɪnas]
de linho	**ìš lìno**	[ɪʃ 'lʲɪno]
seda (f)	**šìlkas** (v)	['ʃɪlʲkas]
de seda	**šilkìnis**	[ʃɪlʲ'kʲɪnʲɪs]
lã (f)	**vìlna** (m)	['vʲɪlʲna]
de lã	**vilnõnis**	[vʲɪlʲ'no:nʲɪs]
veludo (m)	**aksómas** (v)	[ak'somas]
camurça (f)	**zòmša** (m)	['zomʃa]
bombazina (f)	**velvètas** (v)	[vʲɛlʲ'vʲɛtas]
náilon (m)	**nailònas** (v)	[nʌɪ'lʲonas]
de náilon	**ìš nailòno**	[ɪʃ nʌɪ'lʲono]
poliéster (m)	**poliestéris** (v)	[polʲiɛ'stʲærʲɪs]
de poliéster	**ìš poliestéro**	[ɪʃ polʲiɛ'stʲæro]
couro (m)	**óda** (m)	['oda]
de couro	**ìš ódos**	[ɪʃ 'odos]
pele (f)	**káilis** (v)	['kʌɪlʲɪs]
de peles, de pele	**kailìnis**	[kʌɪ'lʲɪnʲɪs]

39. Acessórios pessoais

luvas (f pl)	**pi̇̃rštinės** (m dgs)	['pʲɪrʃtʲɪnʲe:s]
mitenes (f pl)	**kùmštinės** (m dgs)	['kʊmʃtʲɪnʲe:s]
cachecol (m)	**šãlikas** (v)	['ʃa:lʲɪkas]
óculos (m pl)	**akiniaĩ** (dgs)	[akʲɪ'nʲɛɪ]
armação (f) de óculos	**rėmẽliai** (v dgs)	[rʲe:'mʲælʲɛɪ]
guarda-chuva (m)	**skė̃tis** (v)	['skʲe:tʲɪs]
bengala (f)	**lazdẽlė** (m)	[laz'dʲælʲe:]
escova (f) para o cabelo	**plaukų̃ šepetỹs** (v)	[plʲɑʊ'ku: ʃɛpʲɛ'tʲi:s]
leque (m)	**vėduõklė** (m)	[vʲe:'dʊɑklʲe:]
gravata (f)	**kaklãraištis** (v)	[kak'lʲa:rʌɪʃtʲɪs]
gravata-borboleta (f)	**petelìškė** (m)	[pʲɛtʲɛ'lʲɪʃkʲe:]
suspensórios (m pl)	**pẽtnešos** (m dgs)	['pʲætnʲɛʃos]
lenço (m)	**nósinė** (m)	['nosʲɪnʲe:]
pente (m)	**šùkos** (m dgs)	['ʃʊkos]
travessão (m)	**segtùkas** (v)	[sʲɛk'tʊkas]
gancho (m) de cabelo	**plaukų̃ segtùkas** (v)	[plʲɑʊ'ku: sʲɛk'tʊkas]
fivela (f)	**sagtìs** (m)	[sak'tʲɪs]

cinto (m) — **dir̃žas** (v) — ['dʲɪrʒas]
correia (f) — **dir̃žas** (v) — ['dʲɪrʒas]

mala (f) — **rankinùkas** (v) — [raŋkʲɪ'nʊkas]
mala (f) de senhora — **rankinùkas** (v) — [raŋkʲɪ'nʊkas]
mochila (f) — **kuprìnė** (m) — [kʊ'prʲɪnʲe:]

40. Vestuário. Diversos

moda (f) — **madà** (m) — [ma'da]
na moda — **madìngas** — [ma'dʲɪngas]
estilista (m) — **modeliúotojas** (v) — [modʲɛ'lʲuato:jɛs]

colarinho (m), gola (f) — **apýkaklė** (m) — [a'pʲi:kaklʲe:]
bolso (m) — **kišẽnė** (m) — [kʲɪ'ʃænʲe:]
de bolso — **kišenìnis** — [kʲɪʃɛ'nʲɪnʲɪs]
manga (f) — **rankóvė** (m) — [raŋ'kovʲe:]
alcinha (f) — **pakabà** (m) — [paka'ba]
braguilha (f) — **klỹnas** (v) — ['klʲi:nas]

fecho (m) de correr — **užtrauktùkas** (v) — [ʊʒtraʊk'tʊkas]
fecho (m), colchete (m) — **užsegìmas** (v) — [ʊʒsʲɛ'gʲɪmas]
botão (m) — **sagà** (m) — [sa'ga]
casa (f) de botão — **kìlpa** (m) — ['kʲɪlʲpa]
soltar-se (vr) — **atplýšti** — [at'plʲi:ʃtʲɪ]

coser, costurar (vi) — **siū̃ti** — ['sʲu:tʲɪ]
bordar (vt) — **siuvinė́ti** — [sʲʊvʲɪ'nʲe:tʲɪ]
bordado (m) — **siuvinė́jimas** (v) — [sʲʊvʲɪ'nʲɛjɪmas]
agulha (f) — **ãdata** (m) — ['a:data]
fio (m) — **siū̃las** (v) — ['sʲu:lʲas]
costura (f) — **siū̃lė** (m) — ['sʲu:lʲe:]

sujar-se (vr) — **išsitèpti** — [ɪʃsʲɪ'tʲɛptʲɪ]
mancha (f) — **dėmė̃** (m) — [dʲe:'mʲe:]
engelhar-se (vr) — **susiglámžyti** — [sʊsʲɪ'glʲa mʒʲi:tʲɪ]
rasgar (vt) — **suplė́šyti** — [sʊp'lʲe:ʃɪ:tʲɪ]
traça (f) — **kan̄dis** (v) — ['kandʲɪs]

41. Cuidados pessoais. Cosméticos

pasta (f) de dentes — **dantų̃ pastà** (m) — [dan'tu: pas'ta]
escova (f) de dentes — **dantų̃ šepetė̃lis** (v) — [dan'tu: ʃepe'tʲe:lʲɪs]
escovar os dentes — **valýti dantìs** — [va'lʲi:tʲɪ dan'tʲɪs]

máquina (f) de barbear — **skustùvas** (v) — [skʊ'stʊvas]
creme (m) de barbear — **skutìmosi krèmas** (v) — [skʊ'tʲɪmosʲɪ 'krʲɛmas]
barbear-se (vr) — **skùstis** — ['skʊstʲɪs]

sabonete (m) — **muĩlas** (v) — ['mʊɪlʲas]
champô (m) — **šampū̃nas** (v) — [ʃam'pu:nas]
tesoura (f) — **žìrklės** (m dgs) — ['ʒʲɪrklʲe:s]

lima (f) de unhas	**dìldė** (m) **nagáms**	['dʲɪlʲdʲe: na'gams]
corta-unhas (m)	**gnybtùkai** (v)	[gnʲi:p'tʊkʌɪ]
pinça (f)	**pincètas** (v)	[pʲɪn'tsʲɛtas]
cosméticos (m pl)	**kosmètika** (m)	[kɔs'mʲɛtʲɪka]
máscara (f) facial	**kaũkė** (m)	['kaʊkʲe:]
manicura (f)	**manikiū̃ras** (v)	[manʲɪ'kʲu:ras]
fazer a manicura	**darýti manikiū̃rą**	[da'rʲi:tʲɪ manʲɪ'kʲu:ra:]
pedicure (f)	**pedikiū̃ras** (v)	[pʲɛdʲɪ'kʲu:ras]
mala (f) de maquilhagem	**kosmètinė** (m)	[kɔs'mʲɛtʲɪnʲe:]
pó (m)	**pudrà** (m)	[pʊd'ra]
caixa (f) de pó	**pùdrinė** (m)	['pʊdrʲɪnʲe:]
blush (m)	**skaistalaĩ** (v dgs)	[skʌɪsta'lʲaĩ]
perfume (m)	**kvepalaĩ** (v dgs)	[kvʲɛpa'lʲaĩ]
água (f) de toilette	**tualètinis vanduõ** (v)	[tʊa'lʲɛtʲɪnʲɪs van'dʊɑ]
loção (f)	**losjònas** (v)	[lʲo'sjɔ nas]
água-de-colónia (f)	**odekolònas** (v)	[odʲɛko'lʲonas]
sombra (f) de olhos	**vokų̃ šešéliai** (v)	[vo'ku: ʃe'ʃe:lʲɛɪ]
lápis (m) delineador	**akių̃ pieštùkas** (v)	[a'kʲu: pʲiɛʃ'tʊkas]
máscara (f), rímel (m)	**tùšas** (v)	['tʊʃas]
batom (m)	**lū́pų dažaĩ** (v)	['lʲu:pu: da'ʒʌɪ]
verniz (m) de unhas	**nagų̃ lãkas** (v)	[na'gu: 'lʲa:kas]
laca (f) para cabelos	**plaukų̃ lãkas** (v)	[plʲaʊ'ku: 'lʲa:kas]
desodorizante (m)	**dezodorántas** (v)	[dʲɛzodo'rantas]
creme (m)	**krèmas** (v)	['krʲɛmas]
creme (m) de rosto	**véido krèmas** (v)	['vʲɛɪdɔ 'krʲɛmas]
creme (m) de mãos	**rañkų krèmas** (v)	['raŋku: 'krʲɛmas]
creme (m) antirrugas	**krèmas** (v) **nuõ raukšlių̃**	['krʲɛmas nʊɑ raʊkʃ'lʲu:]
creme (m) de dia	**dienìnis krèmas** (v)	[dʲiɛ'nʲɪnʲɪs 'krʲɛmas]
creme (m) de noite	**naktìnis krèmas** (v)	[nak'tʲɪnʲɪs 'krʲɛmas]
de dia	**dienìnis**	[dʲiɛ'nʲɪnʲɪs]
da noite	**naktìnis**	[nak'tʲɪnʲɪs]
tampão (m)	**tampònas** (v)	[tam'ponas]
papel (m) higiénico	**tualètinis põpierius** (v)	[tʊa'lʲɛtʲɪnʲɪs 'po:pʲiɛrʲʊs]
secador (m) elétrico	**fènas** (v)	['fʲɛnas]

42. Joalheria

joias (f pl)	**brangenýbės** (m dgs)	[brange'nʲi:bʲe:s]
precioso	**brangùs**	[bran'gʊs]
marca (f) de contraste	**prabà** (m)	[pra'ba]
anel (m)	**žíedas** (v)	['ʒʲiɛdas]
aliança (f)	**vestùvinis žíedas** (v)	[vʲɛs'tʊvʲɪnʲɪs 'ʒʲiɛdas]
pulseira (f)	**apýrankė** (m)	[a'pʲi:raŋkʲe:]
brincos (m pl)	**auskaraĩ** (v)	[aʊska'rʌɪ]
colar (m)	**vėrinýs** (v)	[vʲe:rʲɪ'nʲi:s]

coroa (f)	**karūnà** (m)	[karu:'na]
colar (m) de contas	**karõliai** (v dgs)	[ka'ro:lʲɛɪ]
diamante (m)	**briliántas** (v)	[brʲɪlʲɪ'jantas]
esmeralda (f)	**smarãgdas** (v)	[sma'ra:gdas]
rubi (m)	**rubìnas** (v)	[rʊ'bʲɪnas]
safira (f)	**safỹras** (v)	[sa'fʲi:ras]
pérola (f)	**per̃las** (v)	['pʲɛrlʲas]
âmbar (m)	**giñtaras** (v)	['gʲɪntaras]

43. Relógios de pulso. Relógios

relógio (m) de pulso	**laĩkrodis** (v)	['lʲʌɪkrodʲɪs]
mostrador (m)	**ciferblãtas** (v)	[tsʲɪfʲɛr'blʲa:tas]
ponteiro (m)	**rodỹklė** (m)	[ro'dʲi:klʲe:]
bracelete (f) em aço	**apýrankė** (m)	[a'pʲi:raŋkʲe:]
bracelete (f) em couro	**dir̃želis** (v)	[dʲɪr'ʒʲælʲɪs]
pilha (f)	**elemeñtas** (v)	[ɛlʲɛ'mʲɛntas]
descarregar-se	**išsikráuti**	[ɪʃsʲɪ'kraʊtʲɪ]
trocar a pilha	**pakeĩsti elemeñtą**	[pa'kʲɛɪstʲɪ ɛlʲɛ'mʲɛnta:]
estar adiantado	**skubė́ti**	[skʊ'bʲe:tʲɪ]
estar atrasado	**atsilìkti**	[atsʲɪ'lʲɪktʲɪ]
relógio (m) de parede	**síeninis laĩkrodis** (v)	['sʲiɛnʲɪnʲɪs 'lʲʌɪkrodʲɪs]
ampulheta (f)	**smė̃lio laĩkrodis** (v)	['smʲe:lʲɔ 'lʌɪkrodʲɪs]
relógio (m) de sol	**sáulės laĩkrodis** (v)	['saʊlʲe:s 'lʌɪkrodʲɪs]
despertador (m)	**žadintùvas** (v)	[ʒadʲɪn'tʊvas]
relojoeiro (m)	**laĩkrodininkas** (v)	['lʲʌɪkrodʲɪnʲɪŋkas]
reparar (vt)	**taisýti**	[tʌɪ'sʲi:tʲɪ]

Alimentação. Nutrição

44. Comida

carne (f)	**mėsà** (m)	[mʲe:'sa]
galinha (f)	**vištà** (m)	[vʲɪʃ'ta]
frango (m)	**viščiùkas** (v)	[vʲɪʃ'tʂʲʊkas]
pato (m)	**ántis** (m)	['antʲɪs]
ganso (m)	**žą̃sinas** (v)	['ʒa:sʲɪnas]
caça (f)	**žvėríena** (m)	[ʒvʲe:'rʲiɛna]
peru (m)	**kalakutíena** (m)	[kalʲakʊ'tʲiɛna]
carne (f) de porco	**kiaulíena** (m)	[kʲɛʊ'lʲiɛna]
carne (f) de vitela	**veršíena** (m)	[vʲɛr'ʃʲiɛna]
carne (f) de carneiro	**avíena** (m)	[a'vʲiɛna]
carne (f) de vaca	**jáutiena** (m)	['jɑʊtʲiɛna]
carne (f) de coelho	**triùšis** (v)	['trʲʊʃʲɪs]
chouriço, salsichão (m)	**dešrà** (m)	[dʲɛʃ'ra]
salsicha (f)	**dešrẽlė** (m)	[dʲɛʃ'rʲælʲe:]
bacon (m)	**bekònas** (v)	[bʲɛ'konas]
fiambre (f)	**kum̃pis** (v)	['kʊmpʲɪs]
presunto (m)	**kum̃pis** (v)	['kʊmpʲɪs]
patê (m)	**paštètas** (v)	[paʃ'tʲɛtas]
fígado (m)	**kẽpenys** (m dgs)	[kʲɛpe'nʲi:s]
carne (f) moída	**fáršas** (v)	['farʃas]
língua (f)	**liežùvis** (v)	[lʲiɛ'ʒʊvʲɪs]
ovo (m)	**kiaušìnis** (v)	[kʲɛʊ'ʃʲɪnʲɪs]
ovos (m pl)	**kiaušìniai** (v dgs)	[kʲɛʊ'ʃʲɪnʲɛɪ]
clara (f) do ovo	**báltymas** (v)	['balʲtʲi:mas]
gema (f) do ovo	**trynỹs** (v)	[trʲi:'nʲi:s]
peixe (m)	**žuvìs** (m)	[ʒʊ'vʲɪs]
mariscos (m pl)	**jū́ros gėrýbės** (m dgs)	['ju:ros gʲe:'rʲi:bʲe:s]
crustáceos (m pl)	**vėžiãgyviai** (v dgs)	[vʲe:'ʒʲægʲi:vʲɛɪ]
caviar (m)	**ìkrai** (v dgs)	['ɪkrʌɪ]
caranguejo (m)	**krãbas** (v)	['kra:bas]
camarão (m)	**krevètė** (m)	[krʲɛ'vʲɛtʲe:]
ostra (f)	**áustrė** (m)	['ɑʊstrʲe:]
lagosta (f)	**langùstas** (v)	[lʲan'gʊstas]
polvo (m)	**aštuonkõjis** (v)	[aʃtʊɑŋ'ko:jis]
lula (f)	**kalmãras** (v)	[kalʲma:ras]
esturjão (m)	**eršketíena** (m)	[ɛrʃkʲɛ'tʲiɛna]
salmão (m)	**lašišà** (m)	[lʲaʃʲɪ'ʃa]
halibute (m)	**õtas** (v)	['o:tas]
bacalhau (m)	**ménkė** (m)	['mʲɛŋkʲe:]

cavala, sarda (f)	**skùmbrė** (m)	['skʊmbrʲe:]
atum (m)	**tùnas** (v)	['tʊnas]
enguia (f)	**ungurỹs** (v)	[ʊngʊ'rʲi:s]
truta (f)	**upétakis** (v)	[ʊ'pʲe:takʲɪs]
sardinha (f)	**sardìnė** (m)	[sar'dʲɪnʲe:]
lúcio (m)	**lydekà** (m)	[lʲi:dʲɛ'ka]
arenque (m)	**sĩlkė** (m)	['sʲɪlʲkʲe:]
pão (m)	**dúona** (m)	['dʊɑna]
queijo (m)	**sū̃ris** (v)	['su:rʲɪs]
açúcar (m)	**cùkrus** (v)	['tsʊkrʊs]
sal (m)	**druskà** (m)	[drʊs'ka]
arroz (m)	**rỹžiai** (v)	['rʲi:ʒʲɛɪ]
massas (f pl)	**makarõnai** (v dgs)	[maka'ro:nʌɪ]
talharim (m)	**lãkštiniai** (v dgs)	['lʲa:kʃtʲɪnʲɛɪ]
manteiga (f)	**svíestas** (v)	['svʲiɛstas]
óleo (m) vegetal	**augalìnis aliẽjus** (v)	[ɑʊgalʲɪnʲɪs a'lʲɛjʊs]
óleo (m) de girassol	**saulégrąžų aliẽjus** (v)	[sɑʊ'lʲe:gra:ʒu: a'lʲɛjʊs]
margarina (f)	**margarìnas** (v)	[marga'rʲɪnas]
azeitonas (f pl)	**alỹvuogės** (m dgs)	[a'lʲi:vʊɑgʲe:s]
azeite (m)	**alỹvuogių aliẽjus** (v)	[a'lʲi:vʊɑgʲu: a'lʲɛjʊs]
leite (m)	**píenas** (v)	['pʲiɛnas]
leite (m) condensado	**sutir̃štintas píenas** (v)	[sʊ'tʲɪrʃtʲɪntas 'pʲiɛnas]
iogurte (m)	**jogùrtas** (v)	[jɔ'gʊrtas]
nata (f) azeda	**grietìnė** (m)	[grʲiɛ'tʲɪnʲe:]
nata (f) do leite	**grietinė̃lė** (m)	[grʲiɛtʲɪ'nʲe:lʲe:]
maionese (f)	**majonèzas** (v)	[majɔ'nʲɛzas]
creme (m)	**krèmas** (v)	['krʲɛmas]
grãos (m pl) de cereais	**kruõpos** (m dgs)	['krʊɑpos]
farinha (f)	**mìltai** (v dgs)	['mʲɪlʲtʌɪ]
enlatados (m pl)	**konsèrvai** (v dgs)	[kɔn'sʲɛrvʌɪ]
flocos (m pl) de milho	**kukurū̃zų drìbsniai** (v dgs)	[kʊkʊ'ru:zu: 'drʲɪbsnʲɛɪ]
mel (m)	**medùs** (v)	[mʲɛ'dʊs]
doce (m)	**džèmas** (v)	['dʒʲɛmas]
pastilha (f) elástica	**kram̃tomoji gumà** (m)	[kramto'mojɪ gʊ'ma]

45. Bebidas

água (f)	**vanduõ** (v)	[van'dʊɑ]
água (f) potável	**gẽriamas vanduõ** (v)	['gʲærʲæmas van'dʊɑ]
água (f) mineral	**minerãlinis vanduõ** (v)	[mʲɪnʲɛ'ra:lʲɪnʲɪs van'dʊɑ]
sem gás	**bè gãzo**	['bʲɛ 'ga:zɔ]
gaseificada	**gazúotas**	[ga'zʊɑtas]
com gás	**gazúotas**	[ga'zʊɑtas]
gelo (m)	**lẽdas** (v)	['lʲædas]

com gelo	**sù ledaĩs**	['sʊ lʲɛ'dʌɪs]
sem álcool	**nealkohòlinis**	[nʲɛalʲko'ɣolonʲɪs]
bebida (f) sem álcool	**nealkohòlinis gérimas** (v)	[nʲɛalʲko'ɣolonʲɪs 'gʲe:rʲɪmas]
refresco (m)	**gaivùsis gérimas** (v)	[gʌɪ'vʊsʲɪs 'gʲe:rʲɪmas]
limonada (f)	**limonãdas** (v)	[lʲɪmo'na:das]
bebidas (f pl) alcoólicas	**alkohòliniai gérimai** (v dgs)	[alʲko'ɣolʲɪnʲɛɪ 'gʲe:rʲɪmʌɪ]
vinho (m)	**vỹnas** (v)	['vʲi:nas]
vinho (m) branco	**báltas vỹnas** (v)	['balʲtas 'vʲi:nas]
vinho (m) tinto	**raudónas vỹnas** (v)	[rɑʊ'donas 'vʲi:nas]
licor (m)	**lìkeris** (v)	['lʲɪkʲɛrʲɪs]
champanhe (m)	**šampãnas** (v)	[ʃam'pa:nas]
vermute (m)	**vèrmutas** (v)	['vʲɛrmʊtas]
uísque (m)	**vìskis** (v)	['vʲɪskʲɪs]
vodka (f)	**degtìnė** (m)	[dʲɛk'tʲɪnʲe:]
gim (m)	**džìnas** (v)	['dʒʲɪnas]
conhaque (m)	**konjãkas** (v)	[kɔn'ja:kas]
rum (m)	**ròmas** (v)	['romas]
café (m)	**kavà** (m)	[ka'va]
café (m) puro	**juodà kavà** (m)	[jʊɑ'da ka'va]
café (m) com leite	**kavà sù píenu** (m)	[ka'va 'sʊ 'pʲiɛnʊ]
cappuccino (m)	**kapučìno kavà** (m)	[kapu'tʂɪnɔ ka'va]
café (m) solúvel	**tirpì kavà** (m)	[tʲɪr'pʲɪ ka'va]
leite (m)	**píenas** (v)	['pʲiɛnas]
coquetel (m)	**kokteĩlis** (v)	[kok'tʲɛɪlʲɪs]
batido (m) de leite	**píeniškas kokteĩlis** (v)	['pʲiɛnʲɪʃkas kok'tʲɛɪlʲɪs]
sumo (m)	**sùltys** (m dgs)	['sʊlʲtʲi:s]
sumo (m) de tomate	**pomidòrų sùltys** (m dgs)	[pomʲɪ'doru: 'sʊlʲtʲi:s]
sumo (m) de laranja	**apelsìnų sùltys** (m dgs)	[apʲɛlʲ'sʲɪnu: 'sʊlʲtʲi:s]
sumo (m) fresco	**šviežiaĩ spáustos sùltys** (m dgs)	[ʃvʲiɛ'ʒʲɛɪ 'spɑʊstos 'sʊlʲtʲi:s]
cerveja (f)	**alùs** (v)	[a'lʲʊs]
cerveja (f) clara	**šviesùs alùs** (v)	[ʃvʲiɛ'sʊs a'lʲʊs]
cerveja (f) preta	**tamsùs alùs** (v)	[tam'sʊs a'lʲʊs]
chá (m)	**arbatà** (m)	[arba'ta]
chá (m) preto	**juodà arbatà** (m)	[jʊɑ'da arba'ta]
chá (m) verde	**žalià arbatà** (m)	[ʒa'lʲæ arba'ta]

46. Vegetais

legumes (m pl)	**daržóvės** (m dgs)	[dar'ʒovʲe:s]
verduras (f pl)	**žalumýnai** (v)	[ʒalʲʊ'mʲi:nʌɪ]
tomate (m)	**pomidòras** (v)	[pomʲɪ'doras]
pepino (m)	**agur̃kas** (v)	[a'gʊrkas]
cenoura (f)	**morkà** (m)	[mor'ka]
batata (f)	**bùlvė** (m)	['bʊlʲvʲe:]

cebola (f)	**svogū̃nas** (v)	[svo'gu:nas]
alho (m)	**česnãkas** (v)	[tʂʲɛs'na:kas]
couve (f)	**kopū̃stas** (v)	[kɔ'pu:stas]
couve-flor (f)	**kalafiòras** (v)	[kalʲa'fʲoras]
couve-de-bruxelas (f)	**briùselio kopū̃stas** (v)	['brʲʊsʲɛlʲɔ ko'pu:stas]
brócolos (m pl)	**bròkolių kopū̃stas** (v)	['brokolʲu: ko'pu:stas]
beterraba (f)	**ruñkelis, burõkas** (v)	['rʊŋkʲɛlʲɪs], [bʊ'ro:kas]
beringela (f)	**baklažãnas** (v)	[baklʲa'ʒa:nas]
curgete (f)	**agurõtis** (v)	[agʊ'ro:tʲɪs]
abóbora (f)	**rópė** (m)	['ropʲe:]
nabo (m)	**moliū̃gas** (v)	[mo'lʲu:gas]
salsa (f)	**petrãžolė** (m)	[pʲɛ'tra:ʒolʲe:]
funcho, endro (m)	**krãpas** (v)	['kra:pas]
alface (f)	**salõta** (m)	[sa'lʲo:ta]
aipo (m)	**saliẽras** (v)	[sa'lʲɛras]
espargo (m)	**smìdras** (v)	['smʲɪdras]
espinafre (m)	**špinãtas** (v)	[ʃpʲɪ'na:tas]
ervilha (f)	**žìrniai** (v dgs)	['ʒʲɪrnʲɛɪ]
fava (f)	**pùpos** (m dgs)	['pʊpos]
milho (m)	**kukurū̃zas** (v)	[kʊkʊ'ru:zas]
feijão (m)	**pupẽlės** (m dgs)	[pʊ'pʲælʲe:s]
pimentão (m)	**pipìras** (v)	[pʲɪ'pʲɪras]
rabanete (m)	**ridìkas** (v)	[rʲɪ'dʲɪkas]
alcachofra (f)	**artišòkas** (v)	[artʲɪ'ʃokas]

47. Frutos. Nozes

fruta (f)	**vaĩsius** (v)	['vʌɪsʲʊs]
maçã (f)	**obuolỹs** (v)	[obʊɑ'lʲi:s]
pera (f)	**kriáušė** (m)	['krʲæʊʃe:]
limão (m)	**citrinà** (m)	[tsʲɪtrʲɪ'na]
laranja (f)	**apelsìnas** (v)	[apʲɛlʲ'sʲɪnas]
morango (m)	**brãškė** (m)	['bra:ʃkʲe:]
tangerina (f)	**mandarìnas** (v)	[manda'rʲɪnas]
ameixa (f)	**slyvà** (m)	[slʲi:'va]
pêssego (m)	**pèrsikas** (v)	['pʲɛrsʲɪkas]
damasco (m)	**abrikòsas** (v)	[abrʲɪ'kosas]
framboesa (f)	**aviẽtė** (m)	[a'vʲɛtʲe:]
ananás (m)	**ananãsas** (v)	[ana'na:sas]
banana (f)	**banãnas** (v)	[ba'na:nas]
melancia (f)	**arbū̃zas** (v)	[ar'bu:zas]
uva (f)	**vỹnuogės** (m dgs)	['vʲi:nʊɑgʲe:s]
ginja (f)	**vyšnià** (m)	[vʲi:ʃ'nʲæ]
cereja (f)	**trẽšnė** (m)	['trʲæʃnʲe:]
meloa (f)	**meliònas** (v)	[mʲɛ'lʲonas]
toranja (f)	**greĩpfrutas** (v)	['grʲɛɪpfrʊtas]
abacate (m)	**avokàdas** (v)	[avo'kadas]

papaia (f)	**papája** (m)	[pa'pa ja]
manga (f)	**mángo** (v)	['mangɔ]
romã (f)	**granãtas** (v)	[gra'na:tas]
groselha (f) vermelha	**raudoníeji serbeñtai** (v dgs)	[raʊdo'nʲɛji sʲɛr'bʲɛntʌɪ]
groselha (f) preta	**juodíeji serbeñtai** (v dgs)	[jʊɑ'dʲiɛjɪ sʲɛr'bʲɛntʌɪ]
groselha (f) espinhosa	**agrãstas** (v)	[ag'ra:stas]
mirtilo (m)	**mėlỹnės** (m dgs)	[mʲe:'lʲi:nʲe:s]
amora silvestre (f)	**gérvuogės** (m dgs)	['gʲɛrvʊɑgʲe:s]
uvas (f pl) passas	**razìnos** (m dgs)	[ra'zʲɪnos]
figo (m)	**figà** (m)	[fʲɪ'ga]
tâmara (f)	**datùlė** (m)	[da'tʊlʲe:]
amendoim (m)	**žẽmės riešutaĩ** (v)	['ʒʲæmʲe:s rʲiɛʃʊ'tʌɪ]
amêndoa (f)	**migdõlas** (v)	[mʲɪg'do:lʲas]
noz (f)	**graĩkinis ríešutas** (v)	['grʌɪkʲɪnʲɪs 'rʲiɛʃʊtas]
avelã (f)	**ríešutas** (v)	['rʲiɛʃʊtas]
coco (m)	**kòkoso ríešutas** (v)	['kokosɔ 'rʲiɛʃʊtas]
pistáchios (m pl)	**pistãcijos** (m dgs)	[pʲɪs'ta:tsʲɪjɔs]

48. Pão. Bolaria

pastelaria (f)	**konditèrijos gaminiaĩ** (v)	[kɔndʲɪ'tʲɛrʲɪjɔs gamʲɪ'nʲɛɪ]
pão (m)	**dúona** (m)	['dʊɑna]
bolacha (f)	**sausaĩniai** (v)	[saʊ'sʌɪnʲɛɪ]
chocolate (m)	**šokolãdas** (v)	[ʃoko'lʲa:das]
de chocolate	**šokolãdinis**	[ʃoko'lʲa:dʲɪnʲɪs]
rebuçado (m)	**saldaĩnis** (v)	[salʲ'dʌʲɪnʲɪs]
bolo (cupcake, etc.)	**pyragáitis** (v)	[pʲi:ra'gʌɪtʲɪs]
bolo (m) de aniversário	**tòrtas** (v)	['tortas]
tarte (~ de maçã)	**pyrãgas** (v)	[pʲi:'ra:gas]
recheio (m)	**į́daras** (v)	['i:daras]
doce (m)	**uogiẽnė** (m)	[ʊɑ'gʲɛnʲe:]
geleia (f) de frutas	**marmelãdas** (v)	[marmʲɛ'lʲa:das]
waffle (m)	**vãfliai** (v dgs)	['va:flʲɛɪ]
gelado (m)	**ledaĩ** (v dgs)	[lʲɛ'dʌɪ]
pudim (m)	**pùdingas** (v)	['pʊdʲɪngas]

49. Pratos cozinhados

prato (m)	**pãtiekalas** (v)	['pa:tʲiɛkalʲas]
cozinha (~ portuguesa)	**virtùvė** (m)	[vʲɪr'tʊvʲe:]
receita (f)	**recèptas** (v)	[rʲɛ'tsʲɛptas]
porção (f)	**pòrcija** (m)	['portsʲɪjɛ]
salada (f)	**salõtos** (m)	[sa'lʲo:tos]
sopa (f)	**sriubà** (m)	[srʲʊ'ba]
caldo (m)	**sultinỹs** (v)	[sʊlʲtʲɪ'nʲi:s]

sandes (f) **sumuštìnis** (v) [sʊmʊʃ'tʲɪnʲɪs]
ovos (m pl) estrelados **kiaušiniẽnė** (m) [kʲɛʊʃɪ'nʲɛnʲe:]

hambúrguer (m) **mėsaĩnis** (v) [mʲe:'sʌɪnʲɪs]
bife (m) **bifštèksas** (v) [bʲɪf'ʃtʲɛksas]

conduto (m) **garnýras** (v) [gar'nʲi:ras]
espaguete (m) **spagèčiai** (v dgs) [spa'gʲɛtʂʲɛɪ]
puré (m) de batata **bul̃vių kõšė** (m) ['bʊlʲvʲu: 'ko:ʃe:]
pizza (f) **picà** (m) [pʲɪ'tsa]
papa (f) **kõšė** (m) ['ko:ʃe:]
omelete (f) **omlètas** (v) [om'lʲɛtas]

cozido em água **vìrtas** ['vʲɪrtas]
fumado **rūkýtas** [ru:'kʲi:tas]
frito **kẽptas** ['kʲæptas]
seco **džiovìntas** [dʒʲo'vʲɪntas]
congelado **šáldytas** ['ʃalʲdʲi:tas]
em conserva **marinúotas** [marʲɪ'nʊɑtas]

doce (açucarado) **saldùs** [salʲ'dʊs]
salgado **sūrùs** [su:'rʊs]
frio **šáltas** ['ʃalʲtas]
quente **kárštas** ['karʃtas]
amargo **kartùs** [kar'tʊs]
gostoso **skanùs** [ska'nʊs]

cozinhar (em água a ferver) **vìrti** ['vʲɪrtʲɪ]
fazer, preparar (vt) **gamìnti** [ga'mʲɪntʲɪ]
fritar (vt) **kèpti** ['kʲɛptʲɪ]
aquecer (vt) **pašìldyti** [pa'ʃɪlʲdʲi:tʲɪ]

salgar (vt) **sū́dyti** ['su:dʲi:tʲɪ]
apimentar (vt) **įber̃ti pipìrų** [i:'bʲɛrtʲɪ pʲɪ'pʲɪ:ru:]
ralar (vt) **tarkúoti** [tar'kʊɑtʲɪ]
casca (f) **lúoba** (m) ['lʲʊɑba]
descascar (vt) **lùpti bùlves** ['lʊptʲɪ 'bʊlʲvʲɛs]

50. Especiarias

sal (m) **druskà** (m) [drʊs'ka]
salgado **sūrùs** [su:'rʊs]
salgar (vt) **sū́dyti** ['su:dʲi:tʲɪ]

pimenta (f) preta **juodíeji pipìrai** (v) [jʊɑ'dʲiɛjɪ pʲɪ'pʲɪrʌɪ]
pimenta (f) vermelha **raudoníeji pipìrai** (v) [rɑʊdo'nʲiɛjɪ pʲɪ'pʲɪrʌɪ]
mostarda (f) **garstýčios** (v) [gar'stʲi:tʂʲos]
raiz-forte (f) **krienaĩ** (v dgs) [krʲiɛ'nʌɪ]

condimento (m) **príeskonis** (v) ['prʲiɛskonʲɪs]
especiaria (f) **príeskonis** (v) ['prʲiɛskonʲɪs]
molho (m) **pãdažas** (v) ['pa:daʒas]
vinagre (m) **ãctas** (v) ['a:tstas]
anis (m) **anýžius** (v) [a'nʲi:ʒʲʊs]

manjericão (m)	**bazìlikas** (v)	[ba'zʲɪlʲɪkas]
cravo (m)	**gvazdìkas** (v)	[gvaz'dʲɪkas]
gengibre (m)	**im̃bieras** (v)	['ɪmbʲiɛras]
coentro (m)	**kaléndra** (m)	[ka'lʲɛndra]
canela (f)	**cinamònas** (v)	[tsʲɪna'monas]
sésamo (m)	**sezãmas** (v)	[sʲɛ'za:mas]
folhas (f pl) de louro	**láuro lãpas** (v)	['lʲɑʊrɔ 'lʲa:pas]
páprica (f)	**pãprika** (m)	['pa:prʲɪka]
cominho (m)	**km̃ynai** (v)	['kmʲi:nʌɪ]
açafrão (m)	**šafrãnas** (v)	[ʃaf'ra:nas]

51. Refeições

comida (f)	**val̃gis** (v)	['valʲgʲɪs]
comer (vt)	**válgyti**	['valʲgʲi:tʲɪ]
pequeno-almoço (m)	**pùsryčiai** (v dgs)	['pʊsrʲi:tʂʲɛɪ]
tomar o pequeno-almoço	**pùsryčiauti**	['pʊsrʲi:tʂʲɛʊtʲɪ]
almoço (m)	**piẽtūs** (v)	['pʲɛ'tu:s]
almoçar (vi)	**pietáuti**	[pʲiɛ'tɑʊtʲɪ]
jantar (m)	**vakariẽnė** (m)	[vaka'rʲɛnʲe:]
jantar (vi)	**vakarieniáuti**	[vakarʲiɛ'nʲæʊtʲɪ]
apetite (m)	**apetìtas** (v)	[apʲɛ'tʲɪtas]
Bom apetite!	**Gẽro apetìto!**	['gʲærɔ apʲɛ'tʲɪtɔ!]
abrir (~ uma lata, etc.)	**atidarýti**	[atʲɪda'rʲi:tʲɪ]
derramar (vt)	**išpìlti**	[ɪʃ'pʲɪlʲtʲɪ]
derramar-se (vr)	**išsipìlti**	[ɪʃsʲɪ'pʲɪlʲtʲɪ]
ferver (vi)	**vìrti**	['vʲɪrtʲɪ]
ferver (vt)	**vìrinti**	['vʲɪrʲɪntʲɪ]
fervido	**vìrintas**	['vʲɪrʲɪntas]
arrefecer (vt)	**atvėsìnti**	[atvʲe:'sʲɪntʲɪ]
arrefecer-se (vr)	**vėsìnti**	[vʲe:'sʲɪntʲɪ]
sabor, gosto (m)	**skõnis** (v)	['sko:nʲɪs]
gostinho (m)	**príeskonis** (v)	['prʲiɛskonʲɪs]
fazer dieta	**laikýti diẽtos**	[lʲʌɪ'kʲi:tʲɪ 'dʲɛtos]
dieta (f)	**dietà** (m)	[dʲiɛ'ta]
vitamina (f)	**vitamìnas** (v)	[vʲɪta'mʲɪnas]
caloria (f)	**kalòrija** (m)	[ka'lʲorʲɪjɛ]
vegetariano (m)	**vegetãras** (v)	[vʲɛgʲɛ'ta:ras]
vegetariano	**vegetãriškas**	[vʲɛgʲɛ'ta:rʲɪʃkas]
gorduras (f pl)	**riebalaĩ** (v dgs)	[rʲiɛba'lʲʌɪ]
proteínas (f pl)	**baltymaĩ** (v dgs)	[balʲtʲi:'mʌɪ]
carboidratos (m pl)	**angliãvandeniai** (v dgs)	[an'glʲævandʲɛnʲɛɪ]
fatia (~ de limão, etc.)	**griežinỹs** (v)	[grʲiɛʒʲɪ'nʲi:s]
pedaço (~ de bolo)	**gãbalas** (v)	['ga:balʲas]
migalha (f)	**trupinỹs** (v)	[trʊpʲɪ'nʲi:s]

52. Por a mesa

colher (f)	**šáukštas** (v)	[ˈʃɑʊkʃtas]
faca (f)	**peĩlis** (v)	[ˈpʲɛɪlʲɪs]
garfo (m)	**šakùtė** (m)	[ʃaˈkʊtʲe:]
chávena (f)	**puodùkas** (v)	[pʊɑˈdʊkas]
prato (m)	**lėkštẽ** (m)	[lʲe:kʃtʲe:]
pires (m)	**lėkštẽlė** (m)	[lʲe:kʃtʲælʲe:]
guardanapo (m)	**servetẽlė** (m)	[sʲɛrveˈtʲe:lʲe:]
palito (m)	**dantų̃ krapštùkas** (v)	[danˈtu: krapʃˈtʊkas]

53. Restaurante

restaurante (m)	**restorãnas** (v)	[rʲɛstoˈra:nas]
café (m)	**kavìnė** (m)	[kaˈvʲɪnʲe:]
bar (m), cervejaria (f)	**bãras** (v)	[ˈba:ras]
salão (m) de chá	**arbãtos salònas** (v)	[arˈba:tos saˈlʲonas]
empregado (m) de mesa	**padavéjas** (v)	[padaˈvʲe:jas]
empregada (f) de mesa	**padavéja** (m)	[padaˈvʲe:ja]
barman (m)	**bármenas** (v)	[ˈbarmʲɛnas]
ementa (f)	**meniù** (v)	[mʲɛˈnʲʊ]
lista (f) de vinhos	**výnų žemélapis** (v)	[ˈvʲi:nu: ʒeˈmʲe:lʲapʲɪs]
reservar uma mesa	**rezervúoti staliùką**	[rʲɛzʲɛrˈvʊɑtʲɪ staˈlʲʊka:]
prato (m)	**pãtiekalas** (v)	[ˈpa:tʲiɛkalʲas]
pedir (vt)	**užsisakýti**	[ʊʒsʲɪsakʲi:tʲɪ]
fazer o pedido	**padarýti užsãkymą**	[padaˈrʲi:tʲɪ ʊʒˈsa:kʲi:ma:]
aperitivo (m)	**aperitỹvas** (v)	[apʲɛrʲɪˈtʲi:vas]
entrada (f)	**ùžkandis** (v)	[ˈʊʒkandʲɪs]
sobremesa (f)	**desèrtas** (v)	[dʲɛˈsʲɛrtas]
conta (f)	**są́skaita** (m)	[ˈsa:skʌɪta]
pagar a conta	**apmokéti są́skaitą**	[apmoˈkʲe:tʲɪ ˈsa:skʌɪta:]
dar o troco	**dúoti grąžõs**	[ˈdʊɑtʲɪ gra:ˈʒo:s]
gorjeta (f)	**arbãtpinigiai** (v dgs)	[arˈba:tpʲɪnʲɪgʲɛɪ]

Família, parentes e amigos

54. Informação pessoal. Formulários

nome (m)	**var̃das** (v)	['vardas]
apelido (m)	**pavardė̃** (m)	[pavar'dʲe:]
data (f) de nascimento	**gimìmo datà** (m)	[gʲɪ'mʲɪmɔ da'ta]
local (m) de nascimento	**gimìmo vietà** (m)	[gʲɪ'mʲɪmɔ vʲiɛ'ta]
nacionalidade (f)	**tautýbė** (m)	[tɑʊ'tʲi:bʲe:]
lugar (m) de residência	**gyvẽnamoji vietà** (m)	[gʲi:vʲæna'mojɪ vʲiɛ'ta]
país (m)	**šal̃is** (m)	[ʃa'lʲɪs]
profissão (f)	**profèsija** (m)	[profʲɛsʲɪjɛ]
sexo (m)	**lýtis** (m)	['lʲi:tʲɪs]
estatura (f)	**ū̃gis** (v)	['u:gʲɪs]
peso (m)	**svõris** (v)	['svo:rʲɪs]

55. Membros da família. Parentes

mãe (f)	**mótina** (m)	['motʲɪna]
pai (m)	**tė́vas** (v)	['tʲe:vas]
filho (m)	**sūnùs** (v)	[su:'nʊs]
filha (f)	**dukrà, duktė̃** (m)	[dʊk'ra], [dʊk'tʲe:]
filha (f) mais nova	**jaunesnióji duktė̃** (m)	[jɛʊnes'nʲo:jɪ dʊk'tʲe:]
filho (m) mais novo	**jaunesnỹsis sūnùs** (v)	[jɛʊnʲɛs'nʲi:sʲɪs su:'nʊs]
filha (f) mais velha	**vyresnióji duktė̃** (m)	[vʲi:res'nʲo:jɪ dʊk'tʲe:]
filho (m) mais velho	**vyresnỹsis sūnùs** (v)	[vʲi:rʲɛs'nʲi:sʲɪs su:'nʊs]
irmão (m)	**brólis** (v)	['brolʲɪs]
irmão (m) mais velho	**vyresnỹsis brólis** (v)	[vʲi:rʲɛs'nʲi:sʲɪs 'brolʲɪs]
irmão (m) mais novo	**jaunesnỹsis brólis** (v)	[jɛʊnʲɛs'nʲi:sʲɪs 'brolʲɪs]
irmã (f)	**sesuõ** (m)	[sʲɛ'sʊɑ]
irmã (f) mais velha	**vyresnióji sesuõ** (m)	[vʲi:rʲɛs'nʲo:jɪ sʲɛ'sʊɑ]
irmã (f) mais nova	**jaunesnióji sesuõ** (m)	[jɛʊnʲɛs'nʲo:jɪ sʲɛ'sʊɑ]
primo (m)	**pùsbrolis** (v)	['pʊsbrolʲɪs]
prima (f)	**pùsseserė** (m)	['pʊsseserʲe:]
mamã (f)	**mamà** (m)	[ma'ma]
papá (m)	**tė̃tis** (v)	['tʲe:tʲɪs]
pais (pl)	**tėvaĩ** (v)	[tʲe:'vʌɪ]
criança (f)	**vaĩkas** (v)	['vʌɪkas]
crianças (f pl)	**vaikaĩ** (v)	[vʌɪ'kʌɪ]
avó (f)	**senẽlė** (m)	[sʲɛ'nʲælʲe:]
avô (m)	**senẽlis** (v)	[sʲɛ'nʲælʲɪs]
neto (m)	**anū̃kas** (v)	[a'nu:kas]

neta (f)	**anūkė** (m)	[a'nu:kʲe:]
netos (pl)	**anūkai** (v)	[a'nu:kʌɪ]
tio (m)	**dėdė** (v)	['dʲe:dʲe:]
tia (f)	**tetà** (m)	[tʲɛ'ta]
sobrinho (m)	**sūnénas** (v)	[su:'nʲe:nas]
sobrinha (f)	**dukteréčia** (m)	[dʊkte'rʲe:tʂʲæ]
sogra (f)	**úošvė** (m)	['ʊɑʃvʲe:]
sogro (m)	**úošvis** (v)	['ʊɑʃvʲɪs]
genro (m)	**žéntas** (v)	['ʒʲɛntas]
madrasta (f)	**pãmotė** (m)	['pa:motʲe:]
padrasto (m)	**patévis** (v)	[pa'tʲe:vʲɪs]
criança (f) de colo	**kūdikis** (v)	['ku:dʲɪkʲɪs]
bebé (m)	**naujãgimis** (v)	[nɑʊ'ja:gʲɪmʲɪs]
menino (m)	**vaĩkas** (v)	['vʌɪkas]
mulher (f)	**žmonà** (m)	[ʒmo'na]
marido (m)	**výras** (v)	['vʲi:ras]
esposo (m)	**sutuoktìnis** (v)	[sʊtʊɑk'tʲɪnʲɪs]
esposa (f)	**sutuoktìnė** (m)	[sʊtʊɑk'tʲɪnʲe:]
casado	**vẽdęs**	['vʲædʲɛ:s]
casada	**ištekéjusi**	[ɪʃtʲɛ'kʲe:jʊsʲɪ]
solteiro	**vienguñgis**	[vʲiɛŋ'gʊŋgʲɪs]
solteirão (m)	**vienguñgis** (v)	[vʲiɛŋ'gʊŋgʲɪs]
divorciado	**išsiskýręs**	[ɪʃsʲɪ'skʲi:rʲɛ:s]
viúva (f)	**našlẽ** (m)	[naʃ'lʲe:]
viúvo (m)	**našlỹs** (v)	[naʃ'lʲi:s]
parente (m)	**gimináitis** (v)	[gʲɪmʲɪ'nʌɪtʲɪs]
parente (m) próximo	**artimas giminaitis** (v)	['artʲɪmas gʲɪmʲɪ'nʌɪtʲɪs]
parente (m) distante	**tólimas giminaitis** (v)	['tolʲɪmas gʲɪmʲɪ'nʌɪtʲɪs]
parentes (m pl)	**gìminės** (m dgs)	['gʲɪmʲɪnʲe:s]
órfão (m), órfã (f)	**našláitis** (v)	[naʃ'lʲʌɪtʲɪs]
tutor (m)	**globéjas** (v)	[glʲo'bʲe:jas]
adotar (um filho)	**įsūnyti**	[i:'su:nʲɪ:tʲɪ]
adotar (uma filha)	**įdùkrinti**	[i:'dʊkrʲɪntʲɪ]

56. Amigos. Colegas de trabalho

amigo (m)	**draũgas** (v)	['drɑʊgas]
amiga (f)	**draugẽ** (m)	[drɑʊ'gʲe:]
amizade (f)	**draugỹstė** (m)	[drɑʊ'gʲi:stʲe:]
ser amigos	**draugáuti**	[drɑʊ'gɑʊtʲɪ]
amigo (m)	**pažįstamas** (v)	[pa'ʒʲɪ:stamas]
amiga (f)	**pažįstamà** (m)	[paʒʲɪ:sta'ma]
parceiro (m)	**pártneris** (v)	['partnʲɛrʲɪs]
chefe (m)	**šèfas** (v)	['ʃʲɛfas]
superior (m)	**vir̃šininkas** (v)	['vʲɪrʃʲɪnʲɪŋkas]

proprietário (m)	**saviniñkas** (v)	[savʲɪ'nʲɪŋkas]
subordinado (m)	**pavaldinỹs** (v)	[pavalʲdʲɪ'nʲi:s]
colega (m)	**kolegà** (v)	[kɔlʲɛ'ga]
conhecido (m)	**pažį́stamas** (v)	[pa'ʒʲɪ:stamas]
companheiro (m) de viagem	**pakeleĩvis** (v)	[pakʲɛ'lʲɛɪvʲɪs]
colega (m) de classe	**klasiõkas** (v)	[klʲa'sʲo:kas]
vizinho (m)	**kaimýnas** (v)	[kʌɪ'mʲi:nas]
vizinha (f)	**kaimýnė** (m)	[kʌɪ'mʲi:nʲe:]
vizinhos (pl)	**kaimýnai** (v)	[kʌɪ'mʲi:nʌɪ]

57. Homem. Mulher

mulher (f)	**móteris** (m)	['motʲɛrʲɪs]
rapariga (f)	**panẽlė** (m)	[pa'nʲælʲe:]
noiva (f)	**núotaka** (m)	['nʊɑtaka]
bonita	**gražì**	[gra'ʒʲɪ]
alta	**aukštà**	[ɑʊkʃ'ta]
esbelta	**lieknà**	[lʲiɛk'na]
de estatura média	**neáukšto ū̃gio**	[nʲɛ'ɑʊkʃtɔ 'u:gʲɔ]
loura (f)	**blondìnė** (m)	[blʲon'dʲɪnʲe:]
morena (f)	**brunètė** (m)	[brʲʊ'nʲɛtʲe:]
de senhora	**dãmų**	['da:mu:]
virgem (f)	**skaistuõlė** (m)	[skʌɪs'tʊɑlʲe:]
grávida	**nėščià**	[nʲe:ʃ'tɕʲæ]
homem (m)	**výras** (v)	['vʲi:ras]
louro (m)	**blondìnas** (v)	[blʲon'dʲɪnas]
moreno (m)	**brunètas** (v)	[brʲʊ'nʲɛtas]
alto	**áukštas**	['ɑʊkʃtas]
de estatura média	**neáukšto ū̃gio**	[nʲɛ'ɑʊkʃtɔ 'u:gʲɔ]
rude	**grubùs**	[grʊ'bʊs]
atarracado	**petìngas**	[pʲɛ'tʲɪngas]
robusto	**tvìrtas**	['tvʲɪrtas]
forte	**stiprùs**	[stʲɪp'rʊs]
força (f)	**jėgà** (m)	[je:'ga]
gordo	**stambùs**	[stam'bʊs]
moreno	**tamsaũs gỹmio**	[tam'sɑʊs 'gʲi:mʲɔ]
esbelto	**liẽknas**	['lʲɛknas]
elegante	**elegántiškas**	[ɛlʲɛ'gantʲɪʃkas]

58. Idade

idade (f)	**ámžius** (v)	['amʒʲʊs]
juventude (f)	**jaunỹstė** (m)	[jɛʊ'nʲi:stʲe:]
jovem	**jáunas**	['jɑʊnas]

mais novo	**jaunèsnis (-ė̃)**	[jɛʊ'nʲɛsnʲɪs]
mais velho	**vyrèsnis**	[vʲi:'rʲɛsnʲɪs]
jovem (m)	**jaunuõlis** (v)	[jɛʊ'nʊalʲɪs]
adolescente (m)	**paauglỹs** (v)	[paɑʊ'glʲi:s]
rapaz (m)	**vaikìnas** (v)	[vʌɪ'kʲɪnas]
velho (m)	**sẽnis** (v)	['sʲænʲɪs]
velhota (f)	**sẽnė** (m)	['sʲænʲe:]
adulto	**suáugęs**	[sʊ'ɑʊgʲɛ:s]
de meia-idade	**vidutìnio ámžiaus**	[vʲɪdʊ'tʲɪnʲɔ 'amʒʲɛʊs]
idoso, de idade	**pagyvẽnęs**	[pagʲi:'vʲænʲɛ:s]
velho	**sẽnas**	['sʲænas]
reforma (f)	**peñsija** (m)	['pʲɛnsʲɪjɛ]
reformar-se (vr)	**išeĩti į peñsiją**	[ɪ'ʃɛɪtʲɪ i: 'pʲɛnsʲɪja:]
reformado (m)	**peñsininkas** (v)	['pʲɛnsʲɪnʲɪŋkas]

59. Crianças

criança (f)	**vaĩkas** (v)	['vʌɪkas]
crianças (f pl)	**vaikaĩ** (v)	[vʌɪ'kʌɪ]
gémeos (m pl)	**dvyniaĩ** (v dgs)	[dvʲi:'nʲɛɪ]
berço (m)	**lopšỹs** (v)	[lʲop'ʃɪ:s]
guizo (m)	**bar̃škalas** (v)	['barʃkalʲas]
fralda (f)	**výstyklas** (v)	['vʲi:stʲi:klʲas]
chupeta (f)	**čiulptùkas** (v)	[tʂʲʊlʲp'tʊkas]
carrinho (m) de bebé	**vežimė̃lis** (v)	[vʲɛʒʲɪ'mʲe:lʲɪs]
jardim (m) de infância	**vaikų̃ daržė̃lis** (v)	[vʌɪ'ku: dar'ʒʲælʲɪs]
babysitter (f)	**áuklė** (m)	['ɑʊklʲe:]
infância (f)	**vaikỹstė** (m)	[vʌɪ'kʲi:stʲe:]
boneca (f)	**lėlė̃** (m)	[lʲe:'lʲe:]
brinquedo (m)	**žaĩslas** (v)	['ʒʌɪslʲas]
jogo (m) de armar	**konstrùktorius** (v)	[kɔns'trʊktorʲʊs]
bem-educado	**išáuklėtas**	[ɪʃɑʊklʲe:tas]
mal-educado	**neišáuklėtas**	[nʲɛɪ'ʃɑʊklʲe:tas]
mimado	**išlẽpintas**	[ɪʃ'lʲæpʲɪntas]
ser travesso	**dū̃kti**	['du:ktʲɪ]
travesso, traquinas	**padū̃kęs**	[pa'du:kʲɛ:s]
travessura (f)	**išdáiga** (m)	[ɪʃ'dʌɪga]
criança (f) travessa	**padykėlis** (v)	[padʲi:'kʲe:lʲɪs]
obediente	**paklusnùs**	[paklʲʊs'nʊs]
desobediente	**nepaklusnùs**	[nʲɛpaklʲʊs'nʊs]
dócil	**išmintìngas**	[ɪʃmʲɪn'tʲɪngas]
inteligente	**protìngas**	[pro'tʲɪngas]
menino (m) prodígio	**vùnderkindas** (v)	['vʊndʲɛrkʲɪndas]

60. Casais. Vida de família

beijar (vt)	**bučiúoti**	[bʊ'tʂʲʊatʲɪ]
beijar-se (vr)	**bučiúotis**	[bʊ'tʂʲʊatʲɪs]
família (f)	**šeimà** (m)	[ʃɛɪ'ma]
familiar	**šeimýninis**	[ʃɛɪ'mʲi:nʲɪnʲɪs]
casal (m)	**porà** (m)	[po'ra]
matrimónio (m)	**sántuoka** (m)	['santʊaka]
lar (m)	**namų̃ židinỹs** (v)	[na'mu: ʒʲɪdʲɪ'nʲi:s]
dinastia (f)	**dinãstija** (m)	[dʲɪ'na:stʲɪjɛ]
encontro (m)	**pasimãtymas** (v)	[pasʲɪ'ma:tʲi:mas]
beijo (m)	**bučinỹs** (v)	[bʊtʂʲɪ'nʲi:s]
amor (m)	**meĩlė** (m)	['mʲɛilʲe:]
amar (vt)	**mylė́ti**	[mʲi:'lʲe:tʲɪ]
amado, querido	**mýlimas**	['mʲi:lʲɪmas]
ternura (f)	**švelnùmas** (v)	[ʃvʲɛlʲ'nʊmas]
terno, afetuoso	**švelnùs**	[ʃvʲɛlʲ'nʊs]
fidelidade (f)	**ištikimýbė** (m)	[ɪʃtʲɪkʲɪ'mʲi:bʲe:]
fiel	**ìštikimas**	['ɪʃtʲɪkʲɪmas]
cuidado (m)	**rū̃pestis** (v)	['ru:pʲɛstʲɪs]
carinhoso	**rūpestìngas**	[ru:pʲɛs'tʲɪngas]
recém-casados (m pl)	**jaunavedžiaĩ** (v dgs)	[jɛʊnavʲɛ'dʒʲɛɪ]
lua de mel (f)	**medaũs mė́nuo** (v)	[mʲɛ'daʊs 'mʲe:nʊa]
casar-se (com um homem)	**ištekė́ti**	[ɪʃtʲɛ'kʲe:tʲɪ]
casar-se (com uma mulher)	**vèsti**	['vʲɛstʲɪ]
boda (f)	**vestùvės** (m dgs)	[vʲɛs'tʊvʲe:s]
bodas (f pl) de ouro	**auksìnės vestùvės** (m dgs)	[aʊk'sʲɪnʲe:s ve'stʊvʲe:s]
aniversário (m)	**mẽtinės** (m dgs)	['mʲætʲɪnʲe:s]
amante (m)	**meilùžis** (v)	[mʲɛɪ'lʲʊʒʲɪs]
adultério (m)	**neištikimýbė** (m)	[nʲɛɪʃtʲɪkʲɪ'mʲi:bʲe:]
cometer adultério	**išdúoti**	[ɪʃ'dʊatʲɪ]
ciumento	**pavydùs**	[pavʲi:'dʊs]
ser ciumento	**pavyduliáuti**	[pavʲi:dʊ'lʲæʊtʲɪ]
divórcio (m)	**skyrýbos** (m)	[skʲi:'rʲi:bos]
divorciar-se (vr)	**išsiskìrti**	[ɪʃsʲɪ'skʲɪrtʲɪ]
brigar (discutir)	**bártis**	['bartʲɪs]
fazer as pazes	**susitáikyti**	[susʲɪ'tʌɪkʲi:tʲɪ]
juntos	**kartù**	[kar'tʊ]
sexo (m)	**sèksas** (v)	['sʲɛksas]
felicidade (f)	**láimė** (m)	['lʲʌɪmʲe:]
feliz	**laimìngas**	[lʲʌɪ'mʲɪngas]
infelicidade (f)	**neláimė** (m)	[nʲɛ'lʲʌɪmʲe:]
infeliz	**nelaimìngas**	[nʲɛlʲʌɪ'mʲɪngas]

Caráter. Sentimentos. Emoções

61. Sentimentos. Emoções

sentimento (m)	**jaũsmas** (v)	['jɛʊsmas]
sentimentos (m pl)	**jausmaĩ** (v)	[jɛʊs'mʌɪ]
sentir (vt)	**jaũsti**	['jaʊstʲɪ]
fome (f)	**bãdas** (v)	['ba:das]
ter fome	**norė́ti válgyti**	[no'rʲe:tʲɪ 'valʲgʲi:tʲɪ]
sede (f)	**troškulỹs** (v)	[troʃkʊ'lʲi:s]
ter sede	**norė́ti gérti**	[no'rʲe:tʲɪ 'gʲærtʲɪ]
sonolência (f)	**mieguistùmas** (v)	[mʲiɛgʊis'tʊmas]
estar sonolento	**norė́ti miegóti**	[no'rʲe:tʲɪ mʲiɛ'gotʲɪ]
cansaço (m)	**núovargis** (v)	['nʊɑvargʲɪs]
cansado	**pavar̃gęs**	[pa'vargʲɛ:s]
ficar cansado	**pavar̃gti**	[pa'varktʲɪ]
humor (m)	**núotaika** (m)	['nʊɑtʌɪka]
tédio (m)	**nuobodulỹs** (v)	[nʊɑbodʊ'lʲi:s]
aborrecer-se (vr)	**ilgė́tis**	[ɪlʲ'gʲe:tʲɪs]
isolamento (m)	**atsiskyrìmas** (v)	[atsʲɪskʲi:'rʲɪmas]
isolar-se	**atsiskìrti**	[atsʲɪ'skʲɪrtʲɪ]
preocupar (vt)	**jáudinti**	['jaʊdʲɪntʲɪ]
preocupar-se (vr)	**jáudintis**	['jaʊdʲɪntʲɪs]
preocupação (f)	**jaudulỹs** (v)	[jɛʊdʊ'lʲi:s]
ansiedade (f)	**neramùmas** (v)	[nʲɛra'mʊmas]
preocupado	**susirū̃pinęs**	[sʊsʲɪ'ru:pʲɪnʲɛ:s]
estar nervoso	**nèrvintis**	['nʲɛrvʲɪntʲɪs]
entrar em pânico	**panikúoti**	[panʲɪ'kʊɑtʲɪ]
esperança (f)	**viltìs** (m)	[vʲɪlʲ'tʲɪs]
esperar (vt)	**tikė́tis**	[tʲɪ'kʲe:tʲɪs]
certeza (f)	**pasitikė́jimas** (v)	[pasʲɪtʲɪ'kʲɛjɪmas]
certo	**įsitìkinęs**	[i:sʲɪ'tʲɪ:kʲɪnʲɛ:s]
indecisão (f)	**neaiškùmas** (v)	[nʲɛʌɪʃ'kʊmas]
indeciso	**neįsitìkinęs**	[nʲɛɪ:sʲɪ'tʲɪ:kʲɪnʲɛ:s]
ébrio, bêbado	**gìrtas**	['gʲɪrtas]
sóbrio	**blaĩvas**	['blʲʌɪvas]
fraco	**sil̃pnas**	['sʲɪlʲpnas]
feliz	**sėkmìngas**	[sʲe:k'mʲɪngas]
assustar (vt)	**išgą́sdinti**	[ɪʃ'ga:sdʲɪntʲɪ]
fúria (f)	**pasiutìmas** (v)	[pasʲʊ'tʲɪmas]
ira, raiva (f)	**įneršis** (v)	[i:nʲɛrʃɪs]
depressão (f)	**deprèsija** (m)	[dʲɛp'rʲɛsʲɪjɛ]
desconforto (m)	**diskomfòrtas** (v)	[dʲɪskom'fortas]

conforto (m)	**komfòrtas** (v)	[kɔm'fortas]
arrepender-se (vr)	**gailė́tis**	[gʌɪ'lʲe:tʲɪs]
arrependimento (m)	**gaĩlestis** (v)	['gʌɪlʲɛstʲɪs]
azar (m), má sorte (f)	**nesėkmė̃** (m)	[nʲɛsʲe:k'mʲe:]
tristeza (f)	**nusivylìmas** (v)	[nʊsʲɪvʲi:'lʲɪmas]
vergonha (f)	**gė́da** (m)	['gʲe:da]
alegria (f)	**linksmýbė** (m)	[lʲɪŋks'mʲi:bʲe:]
entusiasmo (m)	**entuziãzmas** (v)	[ɛntʊzʲɪ'jazmas]
entusiasta (m)	**entuziãstas** (v)	[ɛntʊzʲɪ'jastas]
mostrar entusiasmo	**paródyti entuziãzmą**	[pa'rodʲi:tʲɪ ɛntʊzʲɪ'jazma:]

62. Caráter. Personalidade

caráter (m)	**charãkteris** (v)	[xa'ra:ktʲɛrʲɪs]
falha (f) de caráter	**trū́kumas** (v)	['tru:kʊmas]
mente (f)	**prõtas** (v)	['pro:tas]
razão (f)	**išmintìs** (m)	[ɪʃmʲɪn'tʲɪs]
consciência (f)	**są́žinė** (m)	['sa:ʒʲɪnʲe:]
hábito (m)	**į́protis** (v)	['i:protʲɪs]
habilidade (f)	**gebė́jimas** (v)	[gʲɛ'bʲɛjɪmas]
saber (~ nadar, etc.)	**mokė́ti**	[mo'kʲe:tʲɪ]
paciente	**kantrùs**	[kant'rʊs]
impaciente	**nekantrùs**	[nʲɛkant'rʊs]
curioso	**smalsùs**	[smalʲ'sʊs]
curiosidade (f)	**smalsùmas** (v)	[smalʲ'sʊmas]
modéstia (f)	**kuklùmas** (v)	[kʊk'lʲʊmas]
modesto	**kuklùs**	[kʊk'lʲʊs]
imodesto	**nekuklùs**	[nʲɛkʊk'lʲʊs]
preguiçoso	**tingùs**	[tʲɪn'gʊs]
preguiçoso (m)	**tinginỹs** (v)	[tʲɪngʲɪ'nʲi:s]
astúcia (f)	**gudrùmas** (v)	[gʊd'rʊmas]
astuto	**gudrùs**	[gʊd'rʊs]
desconfiança (f)	**nepasitikė́jimas** (v)	[nʲɛpasʲɪtʲɪ'kʲɛjɪmas]
desconfiado	**nepatiklùs**	[nʲɛpatʲɪk'lʲʊs]
generosidade (f)	**dosnùmas** (v)	[dos'nʊmas]
generoso	**dosnùs**	[dos'nʊs]
talentoso	**talentìngas**	[talʲɛn'tʲɪngas]
talento (m)	**tãlentas** (v)	['ta:lʲɛntas]
corajoso	**drąsùs**	[dra:'sʊs]
coragem (f)	**drąsà** (m)	[dra:'sa]
honesto	**sąžinìngas**	[sa:ʒʲɪ'nʲɪngas]
honestidade (f)	**są́žinė** (m)	['sa:ʒʲɪnʲe:]
prudente	**atsargùs**	[atsar'gʊs]
valente	**narsùs**	[nar'sʊs]
sério	**rìmtas**	['rʲɪmtas]

severo	**gríežtas**	['grʲiɛʒtas]
decidido	**ryžtìngas**	[rʲi:ʒ'tʲɪngas]
indeciso	**neryžtìngas**	[nʲɛrʲi:ʒ'tʲɪngas]
tímido	**drovùs**	[dro'vʊs]
timidez (f)	**drovùmas** (v)	[dro'vʊmas]
confiança (f)	**pasitikė́jimas** (v)	[pasʲɪtʲɪ'kʲɛjɪmas]
confiar (vt)	**tikė́ti**	[tʲɪ'kʲe:tʲɪ]
crédulo	**patiklùs**	[patʲɪk'lʲʊs]
sinceramente	**nuoširdžiaĩ**	[nʊɑʃɪr'dʒʲɛɪ]
sincero	**nuoširdùs**	[nʊɑʃɪr'dʊs]
sinceridade (f)	**nuoširdùmas** (v)	[nʊɑʃɪr'dʊmas]
aberto	**ãtviras**	['a:tvʲɪras]
calmo	**ramùs**	[ra'mʊs]
franco	**ãtviras**	['a:tvʲɪras]
ingénuo	**naivùs**	[nʌɪ'vʊs]
distraído	**išsiblãškęs**	[ɪʃsʲɪ'blʲa:ʃkʲɛ:s]
engraçado	**juokìngas**	[jʊɑ'kʲɪngas]
ganância (f)	**gobšùmas** (v)	[gop'ʃʊmas]
ganancioso	**gobšùs**	[gop'ʃʊs]
avarento	**šykštùs**	[ʃʲɪ:kʃ'tʊs]
mau	**pìktas**	['pʲɪktas]
teimoso	**užsispýręs**	[ʊʒsʲɪs'pʲi:rʲɛ:s]
desagradável	**nemalonùs**	[nʲɛmalʲo'nʊs]
egoísta (m)	**egoìstas** (v)	[ɛgo'ʲɪstas]
egoísta	**egoìstiškas**	[ɛgo'ʲɪstʲɪʃkas]
cobarde (m)	**bailỹs** (v)	[bʌɪ'lʲi:s]
cobarde	**bailùs**	[bʌɪ'lʲʊs]

63. O sono. Sonhos

dormir (vi)	**miegóti**	[mʲiɛ'gotʲɪ]
sono (m)	**miẽgas** (v)	['mʲɛgas]
sonho (m)	**sãpnas** (v)	['sa:pnas]
sonhar (vi)	**sapnúoti**	[sap'nʊɑtʲɪ]
sonolento	**mieguìstas**	[mʲiɛ'gʊistas]
cama (f)	**lóva** (m)	['lʲova]
colchão (m)	**čiužinỹs** (v)	[tʂʲʊʒʲɪ'nʲi:s]
cobertor (m)	**užklótas** (v)	[ʊʒ'klʲotas]
almofada (f)	**pagálvė** (m)	[pa'galʲvʲe:]
lençol (m)	**paklõdė** (m)	[pak'lʲo:dʲe:]
insónia (f)	**nẽmiga** (m)	['nʲæmʲɪga]
insone	**bemiẽgis**	[bʲɛ'mʲɛgʲɪs]
sonífero (m)	**mìgdomieji** (v)	['mʲɪgdomʲiɛji]
tomar um sonífero	**išgérti mìgdomuosius**	[ɪʃ'gʲɛrtʲɪ 'mʲɪgdomʊɑsʲʊs]
estar sonolento	**noréti miegóti**	[no'rʲe:tʲɪ mʲiɛ'gotʲɪ]
bocejar (vi)	**žióvauti**	['ʒʲovɑʊtʲɪ]

ir para a cama	**eĩti miegóti**	['ɛɪtʲɪ mʲiɛ'gotʲɪ]
fazer a cama	**klóti lóvą**	['klʲotʲɪ 'lʲova:]
adormecer (vi)	**užmìgti**	[ʊʒ'mʲɪktʲɪ]
pesadelo (m)	**košmãras** (v)	[koʃ'ma:ras]
ronco (m)	**knarkìmas** (v)	[knar'kʲɪmas]
roncar (vi)	**knar̃kti**	['knarktʲɪ]
despertador (m)	**žadintùvas** (v)	[ʒadʲɪn'tʊvas]
acordar, despertar (vt)	**pažãdinti**	[pa'ʒa:dʲɪntʲɪ]
acordar (vi)	**atsibùsti**	[atsʲɪ'bʊstʲɪ]
levantar-se (vr)	**kéltis**	['kʲɛlʲtʲɪs]
lavar-se (vr)	**praũstis**	['praʊstʲɪs]

64. Humor. Riso. Alegria

humor (m)	**hùmoras** (v)	['ɣʊmoras]
sentido (m) de humor	**jaũsmas** (v)	['jɛʊsmas]
divertir-se (vr)	**lìnksmintis**	['lʲɪŋksmʲɪntʲɪs]
alegre	**liñksmas**	['lʲɪŋksmas]
alegria (f)	**linksmýbė** (m)	[lʲɪŋks'mʲi:bʲe:]
sorriso (m)	**šỹpsena** (m)	['ʃʲɪ:psʲɛna]
sorrir (vi)	**šypsótis**	[ʃʲɪ:p'sotʲɪs]
começar a rir	**nusijuõkti**	[nʊsʲɪ'jʊaktʲɪ]
rir (vi)	**juõktis**	['jʊaktʲɪs]
riso (m)	**juõkas** (v)	['jʊakas]
anedota (f)	**anekdòtas** (v)	[anʲɛk'dotas]
engraçado	**juokìngas**	[jʊa'kʲɪngas]
ridículo	**juokìngas**	[jʊa'kʲɪngas]
brincar, fazer piadas	**juokáuti**	[jʊa'kaʊtʲɪ]
piada (f)	**juõkas** (v)	['jʊakas]
alegria (f)	**džiaũgsmas** (v)	['dʒʲɛʊgsmas]
regozijar-se (vr)	**džiaũgtis**	['dʒʲɛʊktʲɪs]
alegre	**džiaugsmìngas**	[dʒʲɛʊgs'mʲɪngas]

65. Discussão, conversação. Parte 1

comunicação (f)	**bendrãvimas** (v)	[bʲɛn'dra:vʲɪmas]
comunicar-se (vr)	**bendráuti**	[bʲɛn'draʊtʲɪ]
conversa (f)	**pókalbis** (v)	['pokalʲbʲɪs]
diálogo (m)	**dialògas** (v)	[dʲɪja'lʲogas]
discussão (f)	**diskùsija** (m)	[dʲɪs'kʊsʲɪjɛ]
debate (m)	**giñčas** (v)	['gʲɪntʂas]
debater (vt)	**giñčytis**	['gʲɪntʂʲi:tʲɪs]
interlocutor (m)	**pašnekõvas** (v)	[paʃnʲɛ'ko:vas]
tema (m)	**temà** (m)	[tʲɛ'ma]
ponto (m) de vista	**póžiūris** (v)	['poʒʲu:rʲɪs]

opinião (f)	**núomonė** (m)	['nʊɑmonʲe:]
discurso (m)	**kalbà** (m)	[kalʲ'ba]
discussão (f)	**aptarìmas** (v)	[apta'rʲɪmas]
discutir (vt)	**aptar̃ti**	[ap'tartʲɪ]
conversa (f)	**pókalbis** (v)	['pokalʲbʲɪs]
conversar (vi)	**kalbéti**	[kalʲ'bʲe:tʲɪs]
encontro (m)	**susìtikimas** (v)	[sʊ'sʲɪtʲɪkʲɪmas]
encontrar-se (vr)	**susitikinéti**	[sʊsʲɪtʲɪkʲɪ'nʲe:tʲɪ]
provérbio (m)	**patarlẽ** (m)	[patar'lʲe:]
ditado (m)	**príežodis** (v)	['prʲiɛʒodʲɪs]
adivinha (f)	**mįslẽ** (m)	[mʲɪ:s'lʲe:]
dizer uma adivinha	**įmiñti mį̃slę**	[i:'mʲɪntʲɪ 'mʲɪ:slʲɛ:]
senha (f)	**slaptãžodis** (v)	[slʲap'ta:ʒodʲɪs]
segredo (m)	**paslaptìs** (m)	[paslʲap'tʲɪs]
juramento (m)	**príesaika** (m)	['prʲiɛsʌɪka]
jurar (vi)	**prisiekinéti**	[prʲɪsʲiɛkʲɪ'nʲe:tʲɪ]
promessa (f)	**pãžadas** (v)	['pa:ʒadas]
prometer (vt)	**žadéti**	[ʒa'dʲe:tʲɪ]
conselho (m)	**patarìmas** (v)	[pata'rʲɪmas]
aconselhar (vt)	**patar̃ti**	[pa'tartʲɪ]
escutar (~ os conselhos)	**paklausýti**	[paklʲɑʊ'sʲi:tʲɪ]
novidade, notícia (f)	**naujíena** (m)	[nɑʊ'jiɛna]
sensação (f)	**sensãcija** (m)	[sʲɛn'sa:tsʲɪjɛ]
informação (f)	**dúomenys** (v dgs)	['dʊɑmʲɛnʲi:s]
conclusão (f)	**ìšvada** (m)	['ɪʃvada]
voz (f)	**bal̃sas** (v)	['balʲsas]
elogio (m)	**komplimeñtas** (v)	[komplʲɪ'mʲɛntas]
amável	**mandagùs**	[manda'gʊs]
palavra (f)	**žõdis** (v)	['ʒo:dʲɪs]
frase (f)	**reãkcija** (m)	[rʲɛ'a:ktsʲɪjɛ]
resposta (f)	**atsãkymas** (v)	[a'tsa:kʲi:mas]
verdade (f)	**tiesà** (m)	[tʲiɛ'sa]
mentira (f)	**mẽlas** (v)	['mʲælʲas]
pensamento (m)	**mintìs** (m)	[mʲɪn'tʲɪs]
ideia (f)	**idėja** (m)	[ɪ'dʲe:ja]
fantasia (f)	**fantãzija** (m)	[fan'ta:zʲɪjɛ]

66. Discussão, conversação. Parte 2

estimado	**ger̃biamas**	['gʲɛrbʲæmas]
respeitar (vt)	**ger̃bti**	['gʲɛrptʲɪ]
respeito (m)	**pagarbà** (m)	[pagar'ba]
Estimado ..., Caro ...	**Gerbiamàsis ...**	[gʲɛrbʲæ'masʲɪs ...]
apresentar (vt)	**supažìndinti**	[sʊpa'ʒʲɪndʲɪntʲɪ]
travar conhecimento	**susipažìnti**	[sʊsʲɪpa'ʒʲɪntʲɪ]

intenção (f)	**ketìnimas** (v)	[kʲɛ'tʲɪnʲɪmas]
tencionar (vt)	**ketìnti**	[kʲɛ'tʲɪntʲɪ]
desejo (m)	**palinkė́jimas** (v)	[palʲɪŋ'kʲɛjɪmas]
desejar (ex. ~ boa sorte)	**palinkė́ti**	[palʲɪŋ'kʲe:tʲɪ]
surpresa (f)	**núostaba** (m)	['nʊɑstaba]
surpreender (vt)	**stẽbinti**	['stʲæbʲɪntʲɪ]
surpreender-se (vr)	**stebė́tis**	[ste'bʲe:tʲɪs]
dar (vt)	**dúoti**	['dʊɑtʲɪ]
pegar (tomar)	**im̃ti**	['ɪmtʲɪ]
devolver (vt)	**grąžìnti**	[gra:'ʒʲɪntʲɪ]
retornar (vt)	**atidúoti**	[atʲɪ'dʊɑtʲɪ]
desculpar-se (vr)	**atsiprašinė́ti**	[atsʲɪpraʃɪ'nʲe:tʲɪ]
desculpa (f)	**atsiprãšymas** (v)	[atsʲɪ'pra:ʃɪ:mas]
perdoar (vt)	**atléisti**	[at'lʲɛɪstʲɪ]
falar (vi)	**kalbė́ti**	[kalʲ'bʲe:tʲɪ]
escutar (vt)	**klausýti**	[klʲɑʊ'sʲi:tʲɪ]
ouvir até o fim	**išklausýti**	[ɪʃklʲɑʊ'sʲi:tʲɪ]
compreender (vt)	**supràsti**	[sʊp'rastʲɪ]
mostrar (vt)	**paródyti**	[pa'rodʲi:tʲɪ]
olhar para ...	**žiūrė́ti į̃ ...**	[ʒʲu:'rʲe:tʲɪ i: ..]
chamar (dizer em voz alta o nome)	**pakviẽsti**	[pak'vʲɛstʲɪ]
distrair (vt)	**trukdýti**	[trʊk'dʲi:tʲɪ]
perturbar (vt)	**trukdýti**	[trʊk'dʲi:tʲɪ]
entregar (~ em mãos)	**pérduoti**	['pʲɛrdʊɑtʲɪ]
pedido (m)	**prãšymas** (v)	['pra:ʃɪ:mas]
pedir (ex. ~ ajuda)	**prašýti**	[pra'ʃɪ:tʲɪ]
exigência (f)	**reikalãvimas** (v)	[rʲɛɪka'lʲa:vʲɪmas]
exigir (vt)	**reikaláuti**	[rʲɛɪka'lʲɑʊtʲɪ]
chamar nomes (vt)	**érzinti**	['ɛrzʲɪntʲɪ]
zombar (vt)	**šaipýtis**	[ʃʌɪ'pʲi:tʲɪs]
zombaria (f)	**pajuokà** (m)	[pajʊɑ'ka]
alcunha (f)	**pravardė̃** (m)	[pravar'dʲe:]
insinuação (f)	**užúomina** (m)	[ʊ'ʒʊɑmʲɪna]
insinuar (vt)	**užsimiñti**	[ʊʒsʲɪ'mʲɪntʲɪ]
subentender (vt)	**numanýti**	[nʊma'nʲi:tʲɪ]
descrição (f)	**aprãšymas** (v)	[ap'ra:ʃɪ:mas]
descrever (vt)	**aprašýti**	[apra'ʃɪ:tʲɪ]
elogio (m)	**pagyrìmas** (v)	[pagʲi:'rʲɪmas]
elogiar (vt)	**pagìrti**	[pa'gʲɪrtʲɪ]
desapontamento (m)	**nusivylìmas** (v)	[nʊsʲɪvʲi:'lʲɪmas]
desapontar (vt)	**nuvìlti**	[nʊ'vʲɪlʲtʲɪ]
desapontar-se (vr)	**nusivìlti**	[nʊsʲɪ'vʲɪlʲtʲɪ]
suposição (f)	**príelaida** (m)	['prʲiɛlʲʌɪda]
supor (vt)	**numanýti**	[nʊma'nʲi:tʲɪ]

advertência (f)	**į́spėjìmas** (v)	[i:sp'e:'jɪmas]
advertir (vt)	**įspė́ti**	[i:s'p'e:t'ɪ]

67. Discussão, conversação. Parte 3

convencer (vt)	**įkalbė́ti**	[i:kal'b'e:t'ɪ]
acalmar (vt)	**ramìnti, gúosti**	[ra'm'ɪnt'ɪ], ['gʊast'ɪ]
silêncio (o ~ é de ouro)	**tylė́jimas** (v)	[t'i:'l'ɛjɪmas]
ficar em silêncio	**tylė́ti**	[t'i:'l'e:t'ɪ]
sussurrar (vt)	**sušnabždė́ti**	[sʊʃnabʒ'd'e:t'ɪ]
sussurro (m)	**šnabždesỹs** (v)	[ʃnabʒd'ɛ's'i:s]
francamente	**atviraĩ**	[atv'ɪ'rʌɪ]
a meu ver ...	**màno núomone ...**	['manɔ 'nʊamon'ɛ ...]
detalhe (~ da história)	**išsamùmas** (v)	[ɪʃsa'mʊmas]
detalhado	**išsamùs**	[ɪʃsa'mʊs]
detalhadamente	**išsamiaĩ**	[ɪʃsa'm'ɛɪ]
dica (f)	**užúomina** (m)	[ʊ'ʒʊam'ɪna]
dar uma dica	**pasakinė́ti**	[pasak'ɪ'n'e:t'ɪ]
olhar (m)	**žvìlgsnis** (v)	['ʒv'ɪl'gsn'ɪs]
dar uma vista de olhos	**žvìlgtelėti**	['ʒv'ɪl'ktel'e:t'ɪ]
fixo (olhar ~)	**nèjudantis**	['n'ɛjʊdant'ɪs]
piscar (vi)	**mirksė́ti**	[m'ɪrk's'e:t'ɪ]
pestanejar (vt)	**mìrktelėti**	['m'ɪrktel'e:t'ɪ]
acenar (com a cabeça)	**lìnktelėti**	['l'ɪŋktel'e:t'ɪ]
suspiro (m)	**ìškvėpis** (v)	['ɪʃkv'e:p'ɪs]
suspirar (vi)	**įkvė̃pti**	[i:k'v'e:pt'ɪ]
estremecer (vi)	**krū̃pčioti**	['kru:ptʂ'ot'ɪ]
gesto (m)	**gèstas** (v)	['g'ɛstas]
tocar (com as mãos)	**prisiliẽ̖sti**	[pr'ɪs'ɪ'l'ɛst'ɪ]
agarrar (~ pelo braço)	**griẽ̖bti**	['gr'ɛpt'ɪ]
bater de leve	**plekšnóti**	[pl'ɛkʃ'not'ɪ]
Cuidado!	**Atsargiaĩ!**	[atsar'g'ɛɪ!]
A sério?	**Nejaũgi?**	[n'ɛ'jɛʊg'ɪ?]
Tem certeza?	**Tù įsitìkinęs?**	['tʊ i:s'ɪ't'ɪ:k'ɪn'ɛ:s?]
Boa sorte!	**Sėkmė̃s!**	[s'e:k'm'e:s!]
Compreendi!	**Áišku!**	['ʌɪʃkʊ!]
Que pena!	**Gaĩla!**	['gʌɪl'a!]

68. Acordo. Recusa

consentimento (~ mútuo)	**sutikìmas** (v)	[sʊt'ɪ'k'ɪmas]
consentir (vi)	**sutìkti**	[sʊ't'ɪkt'ɪ]
aprovação (f)	**pritarìmas** (v)	[pr'ɪta'r'ɪmas]
aprovar (vt)	**pritar̃ti**	[pr'ɪ'tart'ɪ]
recusa (f)	**atsisãkymas** (v)	[ats'ɪ'sa:k'i:mas]

negar-se (vt)	**atsisakýti**	[atsʲɪsa'kʲi:tʲɪ]
Está ótimo!	**Puikù!**	[pʊi'kʊ!]
Muito bem!	**Geraĩ!**	[gʲɛ'rʌɪ!]
Está bem! De acordo!	**Geraĩ!**	[gʲɛ'rʌɪ!]
proibido	**ùždraustas**	['ʊʒdrɑʊstas]
é proibido	**negalimà**	[nʲɛgalʲɪ'ma]
é impossível	**neįmãnoma**	[nʲɛɪ:'ma:noma]
incorreto	**neteisìngas**	[nʲɛtʲɛɪ'sʲɪngas]
rejeitar (~ um pedido)	**atmèsti**	[at'mʲɛstʲɪ]
apoiar (vt)	**palaikýti**	[palʲʌɪ'kʲi:tʲɪ]
aceitar (desculpas, etc.)	**priim̃ti**	[prʲɪ'imtʲɪ]
confirmar (vt)	**patvìrtinti**	[pat'vʲɪrtʲɪntʲɪ]
confirmação (f)	**patvìrtinimas** (v)	[pat'vʲɪrtʲɪnʲɪmas]
permissão (f)	**leidìmas** (v)	[lʲɛɪ'dʲɪmas]
permitir (vt)	**léisti**	['lʲɛɪstʲɪ]
decisão (f)	**sprendìmas** (v)	[sprʲɛn'dʲɪmas]
não dizer nada	**nutyléti**	[nʊtʲi:'lʲe:tʲɪ]
condição (com uma ~)	**są́lyga** (m)	['sa:lʲi:ga]
pretexto (m)	**atsikalbinéjimas** (v)	[atsʲɪkalʲbʲɪ'nʲɛjɪmas]
elogio (m)	**pagyrìmas** (v)	[pagʲi:'rʲɪmas]
elogiar (vt)	**gìrti**	['gʲɪrtʲɪ]

69. Sucesso. Boa sorte. Insucesso

êxito, sucesso (m)	**sėkmė̃** (m)	[sʲe:k'mʲe:]
com êxito	**sėkmìngai**	[sʲe:k'mʲɪngʌɪ]
bem sucedido	**sėkmìngas**	[sʲe:k'mʲɪngas]
sorte (fortuna)	**sėkmė̃** (m)	[sʲe:k'mʲe:]
Boa sorte!	**Sėkmė̃s!**	[sʲe:k'mʲe:s!]
de sorte	**sėkmìngas**	[sʲe:k'mʲɪngas]
sortudo, felizardo	**sėkmìngas**	[sʲe:k'mʲɪngas]
fracasso (m)	**nesėkmė̃** (m)	[nʲɛsʲe:k'mʲe:]
pouca sorte (f)	**nesėkmė̃** (m)	[nʲɛsʲe:k'mʲe:]
azar (m), má sorte (f)	**nesėkmė̃** (m)	[nʲɛsʲe:k'mʲe:]
mal sucedido	**nesėkmìngas**	[nʲɛsʲe:k'mʲɪngas]
catástrofe (f)	**katastrofà** (m)	[katastro'fa]
orgulho (m)	**išdidùmas** (v)	[ɪʃdʲɪ'dʊmas]
orgulhoso	**išdidùs**	[ɪʃdʲɪ'dʊs]
estar orgulhoso	**didžiúotis**	[dʲɪ'dʒʲʊɑtʲɪs]
vencedor (m)	**nugalétojas** (v)	[nʊga'lʲe:to:jɛs]
vencer (vi)	**nugaléti**	[nʊga'lʲe:tʲɪ]
perder (vt)	**pralaiméti**	[pralʲʌɪ'mʲe:tʲɪ]
tentativa (f)	**bañdymas** (v)	['bandʲi:mas]
tentar (vt)	**bandýti**	[ban'dʲi:tʲɪ]
chance (m)	**šánsas** (v)	['ʃansas]

70. Conflitos. Emoções negativas

grito (m)	**rìksmas** (v)	['rʲɪksmas]
gritar (vi)	**rė̃kti**	['rʲe:ktʲɪ]
começar a gritar	**užrìkti**	[ʊʒ'rʲɪktʲɪ]
discussão (f)	**bar̃nis** (v)	['barnʲɪs]
discutir (vt)	**bárti**	['bartʲɪs]
escândalo (m)	**skandãlas** (v)	[skan'da:lʲas]
criar escândalo	**kélti skandãlą**	['kʲɛlʲtʲɪ skanda:la:]
conflito (m)	**konflìktas** (v)	[kɔn'flʲɪktas]
mal-entendido (m)	**nesusipratìmas** (v)	[nʲɛsʊsʲɪpra'tʲɪmas]
insulto (m)	**įžeidìmas** (v)	[i:ʒʲɛɪ'dʲɪ:mas]
insultar (vt)	**įžeidinė́ti**	[i:ʒʲɛɪdʲɪ'nʲe:tʲɪ]
insultado	**į̃žeistas**	['i:ʒʲɛɪstas]
ofensa (f)	**núoskauda** (m)	['nʊɑskɑʊda]
ofender (vt)	**nuskriaũsti**	[nʊ'skrʲɛʊstʲɪ]
ofender-se (vr)	**įsižeĩsti**	[i:sʲɪ'ʒʲɛɪstʲɪ]
indignação (f)	**pasipìktinimas** (v)	[pasʲɪ'pʲɪktʲɪnʲɪmas]
indignar-se (vr)	**pasipìktinti**	[pasʲɪ'pʲɪktʲɪntʲɪ]
queixa (f)	**skuñdas** (v)	['skʊndas]
queixar-se (vr)	**skų́stis**	['sku:stʲɪs]
desculpa (f)	**atsiprãšymas** (v)	[atsʲɪ'pra:ʃɪ:mas]
desculpar-se (vr)	**atsiprašynė́ti**	[atsʲɪ'praʃɪ:nʲe:tʲɪ]
pedir perdão	**prašýti atleidìmo**	[pra'ʃɪ:tʲɪ atlʲɛɪ'dʲɪmɔ]
crítica (f)	**krìtika** (m)	['krʲɪtʲɪka]
criticar (vt)	**kritikúoti**	[krʲɪtʲɪ'kʊɑtʲɪ]
acusação (f)	**káltinimas** (v)	['kalʲtʲɪnʲɪmas]
acusar (vt)	**káltinti**	['kalʲtʲɪntʲɪ]
vingança (f)	**ker̃štas** (v)	['kʲɛrʃtas]
vingar (vt)	**ker̃šyti**	['kʲɛrʃɪ:tʲɪ]
vingar-se (vr)	**atker̃šyti**	[at'kʲɛrʃɪ:tʲɪ]
desprezo (m)	**pasmerkìmas** (v)	[pasmʲɛr'kʲɪmas]
desprezar (vt)	**smer̃kti**	['smʲɛrktʲɪ]
ódio (m)	**neapýkanta** (m)	[nʲɛa'pʲi:kanta]
odiar (vt)	**nekę̃sti**	[nʲɛ'kʲɛ:stʲɪ]
nervoso	**nervúotas**	[nʲɛr'vʊɑtas]
estar nervoso	**nèrvintis**	['nʲɛrvʲɪntʲɪs]
zangado	**pìktas**	['pʲɪktas]
zangar (vt)	**supýkdyti**	[sʊ'pʲi:kdʲi:tʲɪ]
humilhação (f)	**žẽminimas** (v)	['ʒʲæmʲɪnʲɪmas]
humilhar (vt)	**žẽminti**	['ʒʲæmʲɪntʲɪ]
humilhar-se (vr)	**žẽmintis**	['ʒʲæmʲɪntʲɪs]
choque (m)	**šòkas** (v)	['ʃokas]
chocar (vt)	**šokirúoti**	[ʃokʲɪ'rʊɑtʲɪ]
aborrecimento (m)	**nemalonùmas** (v)	[nʲɛmalʲo'nʊmas]

desagradável	**nemalonùs**	[nʲɛmalʲo'nʊs]
medo (m)	**báimė** (m)	['bʌɪmʲe:]
terrível (tempestade, etc.)	**baisùs**	[bʌɪ'sʊs]
assustador (ex. história ~a)	**baisùs**	[bʌɪ'sʊs]
horror (m)	**siaũbas** (v)	['sʲɛʊbas]
horrível (crime, etc.)	**siaubìngas**	[sʲɛʊ'bʲɪngas]
começar a tremer	**suvirpéti**	[sʊvʲɪr'pʲe:tʲɪ]
chorar (vi)	**ver̃kti**	['vʲɛrktʲɪ]
começar a chorar	**pradéti ver̃kti**	[pra'dʲe:tʲɪ 'verktʲɪ]
lágrima (f)	**ãšara** (m)	['a:ʃara]
falta (f)	**kaltẽ** (m)	[kalʲ'tʲe:]
culpa (f)	**kaltẽ** (m)	[kalʲ'tʲe:]
desonra (f)	**géda** (m)	['gʲe:da]
protesto (m)	**protèstas** (v)	[pro'tʲɛstas]
stresse (m)	**strèsas** (v)	['strʲɛsas]
perturbar (vt)	**trukdýti**	[trʊk'dʲi:tʲɪ]
zangar-se com ...	**pỹkti**	['pʲi:ktʲɪ]
zangado	**pìktas**	['pʲɪktas]
terminar (vt)	**nutráukti**	[nʊ'traʊktʲɪ]
praguejar	**bártis**	['bartʲɪs]
assustar-se	**baugìntis**	[baʊ'gʲɪntʲɪs]
golpear (vt)	**treñkti**	['trʲɛŋktʲɪ]
brigar (na rua, etc.)	**mùštis**	['mʊʃtʲɪs]
resolver (o conflito)	**sureguliúoti**	[sʊrʲɛgʊ'lʲʊatʲɪ]
descontente	**nepaténkintas**	[nʲɛpa'tʲɛŋkʲɪntas]
furioso	**įnir̃šęs**	[i:'nʲɪrʃʲɛ:s]
Não está bem!	**Negeraĩ!**	[nʲɛgʲɛ'rʌɪ!]
É mau!	**Negeraĩ!**	[nʲɛgʲɛ'rʌɪ!]

Medicina

71. Doenças

doença (f)	**ligà** (m)	[lʲɪ'ga]
estar doente	**sir̃gti**	['sʲɪrktʲɪ]
saúde (f)	**sveikatà** (m)	[svʲɛɪka'ta]
nariz (m) a escorrer	**slogà** (m)	[slʲo'ga]
amigdalite (f)	**anginà** (m)	[angʲɪ'na]
constipação (f)	**péršalimas** (v)	['pʲɛrʃalʲɪmas]
constipar-se (vr)	**péršalti**	['pʲɛrʃalʲtʲɪ]
bronquite (f)	**bronchìtas** (v)	[bron'xʲɪtas]
pneumonia (f)	**plaũčių uždegìmas** (v)	['plʲɑʊtʂʲuː ʊʒdʲɛ'gʲɪmas]
gripe (f)	**grìpas** (v)	['grʲɪpas]
míope	**trumparẽgis**	[trʊmpa'rʲægʲɪs]
presbita	**toliarẽgis**	[tolʲæ'rʲægʲɪs]
estrabismo (m)	**žvairùmas** (v)	[ʒvʌɪ'rʊmas]
estrábico	**žvaĩras**	['ʒvʌɪras]
catarata (f)	**kataraktà** (m)	[katarak'ta]
glaucoma (m)	**glaukomà** (m)	[glʲɑʊko'ma]
AVC (m), apoplexia (f)	**insùltas** (v)	[ɪn'sʊlʲtas]
ataque (m) cardíaco	**infárktas** (v)	[ɪn'farktas]
enfarte (m) do miocárdio	**miokar̃da infárktas** (v)	[mʲɪjɔ'karda in'farktas]
paralisia (f)	**paralỹžius** (v)	[para'lʲiːʒʲʊs]
paralisar (vt)	**paraližúoti**	[paralʲɪ'ʒʊɑtʲɪ]
alergia (f)	**alèrgija** (m)	[a'lʲɛrgʲɪjɛ]
asma (f)	**astmà** (m)	[ast'ma]
diabetes (f)	**diabètas** (v)	[dʲɪja'bʲɛtas]
dor (f) de dentes	**dantų̃ skaũsmas** (v)	[dan'tuː 'skɑʊsmas]
cárie (f)	**kãriesas** (v)	['kaːrʲiɛsas]
diarreia (f)	**diarė́ja** (m)	[dʲɪjarʲeːja]
prisão (f) de ventre	**vidurių̃ užkietė́jimas** (v)	[vʲɪdʊ'rʲuː ʊʒkʲiɛ'tʲɛjɪmas]
desarranjo (m) intestinal	**skrañdžio sutrikìmas** (v)	['skrandʒʲɔ sʊtrʲɪ'kʲɪmas]
intoxicação (f) alimentar	**apsinuõdijimas** (v)	[apsʲɪ'nʊɑdʲɪjimas]
intoxicar-se	**apsinuõdyti**	[apsʲɪ'nʊɑdʲiːtʲɪ]
artrite (f)	**artrìtas** (v)	[art'rʲɪtas]
raquitismo (m)	**rachìtas** (v)	[ra'xʲɪtas]
reumatismo (m)	**reumatìzmas** (v)	[rʲɛʊma'tʲɪzmas]
arteriosclerose (f)	**ateroskleròzė** (m)	[ateroskIʲɛ'rozʲeː]
gastrite (f)	**gastrìtas** (v)	[gas'trʲɪtas]
apendicite (f)	**apendicìtas** (v)	[apʲɛndʲɪ'tsʲɪtas]

colecistite (f)	**cholecistìtas** (v)	[xolʲɛtsʲɪs'tʲɪtas]
úlcera (f)	**opà** (m)	[o'pa]
sarampo (m)	**tymaĩ** (v)	[tʲi:'mʌɪ]
rubéola (f)	**raudoniùkė** (m)	[rɑʊdo'nʲʊkʲe:]
iterícia (f)	**geltà** (m)	[gʲɛlʲ'ta]
hepatite (f)	**hepatìtas** (v)	[ɣʲɛpa'tʲɪtas]
esquizofrenia (f)	**šizofrènija** (m)	[ʃʲɪzo'frʲɛnʲɪjɛ]
raiva (f)	**pasiùtligė** (m)	[pa'sʲʊtlʲɪgʲe:]
neurose (f)	**neuròzė** (m)	[nʲɛʊ'rozʲe:]
comoção (f) cerebral	**smegenų̃ sutrenkìmas** (v)	[smʲɛgʲɛ'nu: sʊtrʲɛŋ'kʲɪmas]
cancro (m)	**vėžỹs** (v)	[vʲe:'ʒʲi:s]
esclerose (f)	**skleròzė** (m)	[sklʲɛ'rozʲe:]
esclerose (f) múltipla	**išsėtìnė skleròzė** (m)	[ɪʃsʲe:'tʲɪnʲe: sklʲɛ'rozʲe:]
alcoolismo (m)	**alkoholìzmas** (v)	[alʲkoɣo'lʲɪzmas]
alcoólico (m)	**alokoholikas** (v)	[aloko'ɣolʲɪkas]
sífilis (f)	**sìfilis** (v)	['sʲɪfʲɪlʲɪs]
SIDA (f)	**ŽIV** (v)	['ʒʲɪv]
tumor (m)	**auglỹs** (v)	[ɑʊg'lʲi:s]
febre (f)	**kar̃štligė** (m)	['karʃtlʲɪgʲe:]
malária (f)	**maliãrija** (m)	[ma'lʲærʲɪjɛ]
gangrena (f)	**gangrenà** (m)	[gangrʲɛ'na]
enjoo (m)	**jū́ros ligà** (m)	['ju:ros lʲɪ'ga]
epilepsia (f)	**epilèpsija** (m)	[ɛpʲɪ'lʲɛpsʲɪjɛ]
epidemia (f)	**epidèmija** (m)	[ɛpʲɪ'dʲɛmʲɪjɛ]
tifo (m)	**šil̃tinė** (m)	['ʃʲɪlʲtʲɪnʲe:]
tuberculose (f)	**tuberkuliòzė** (m)	[tʊberkʊ'lʲozʲe:]
cólera (f)	**chòlera** (m)	['xolʲɛra]
peste (f)	**mãras** (v)	['ma:ras]

72. Sintomas. Tratamentos. Parte 1

sintoma (m)	**simptòmas** (v)	[sʲɪmp'tomas]
temperatura (f)	**temperatūrà** (m)	[tʲɛmpʲɛratu:'ra]
febre (f)	**aukštà temperatūrà** (m)	[ɑʊkʃ'ta tʲɛmpʲɛratu:'ra]
pulso (m)	**pùlsas** (v)	['pʊlʲsas]
vertigem (f)	**galvõs svaigìmas** (v)	[galʲ'vo:s svʌɪ'gʲɪmas]
quente (testa, etc.)	**kárštas**	['karʃtas]
calafrio (m)	**drebulỹs** (v)	[drʲɛbʊ'lʲi:s]
pálido	**išbãlęs**	[ɪʃ'ba:lʲɛ:s]
tosse (f)	**kosulỹs** (v)	[kɔsʊ'lʲi:s]
tossir (vi)	**kósėti**	['kosʲe:tʲɪ]
espirrar (vi)	**čiáudėti**	['tʂʲæʊdʲe:tʲɪ]
desmaio (m)	**nual̃pimas** (v)	[nʊ'alʲpʲɪmas]
desmaiar (vi)	**nual̃pti**	[nʊ'alʲptʲɪ]
nódoa (f) negra	**mėlỹnė** (m)	[mʲe:'lʲi:nʲe:]
galo (m)	**gùzas** (v)	['gʊzas]

magoar-se (vr)	**atsitreñkti**	[atsʲɪ'trʲɛŋktʲɪ]
pisadura (f)	**sumušìmas** (v)	[sʊmʊ'ʃʲɪmas]
aleijar-se (vr)	**susimùšti**	[sʊsʲɪ'mʊʃtʲɪ]
coxear (vi)	**šlubúoti**	[ʃlʲʊ'bʊɑtʲɪ]
deslocação (f)	**išnirìmas** (v)	[ɪʃnʲɪ'rʲɪmas]
deslocar (vt)	**išnarìnti**	[ɪʃna'rʲɪntʲɪ]
fratura (f)	**lū̃žis** (v)	['lʲu:ʒʲɪs]
fraturar (vt)	**susiláužyti**	[sʊsʲɪ'lʲɑʊʒʲi:tʲɪ]
corte (m)	**įpjovìmas** (v)	[i:pjɔ'vʲɪ:mas]
cortar-se (vr)	**įsipjáuti**	[i:sʲɪ'pjɑʊtʲɪ]
hemorragia (f)	**kraujãvimas** (v)	[krɑʊ'ja:vʲɪmas]
queimadura (f)	**nudegìmas** (v)	[nʊdʲɛ'gʲɪmas]
queimar-se (vr)	**nusidẽginti**	[nʊsʲɪ'dʲægʲɪntʲɪ]
picar (vt)	**įdùrti**	[i:'dʊrtʲɪ]
picar-se (vr)	**įsidùrti**	[i:sʲɪ'dʊrtʲɪ]
lesionar (vt)	**susižalóti**	[sʊsʲɪʒa'lʲotʲɪ]
lesão (m)	**sužalójimas** (v)	[sʊʒa'lʲo:jɪmas]
ferida (f), ferimento (m)	**žaizdà** (m)	[ʒʌɪz'da]
trauma (m)	**tráuma** (m)	['trɑʊma]
delirar (vi)	**sapalióti**	[sapa'lʲotʲɪ]
gaguejar (vi)	**mikčióti**	[mʲɪk'tʂʲotʲɪ]
insolação (f)	**sáulės smū̃gis** (v)	['sɑʊlʲe:s 'smu:gʲɪs]

73. Sintomas. Tratamentos. Parte 2

dor (f)	**skaũsmas** (v)	['skɑʊsmas]
farpa (no dedo)	**rakštìs** (m)	[rakʃ'tʲɪs]
suor (m)	**prãkaitas** (v)	['pra:kʌɪtas]
suar (vi)	**prakaitúoti**	[prakʌɪ'tʊɑtʲɪ]
vómito (m)	**pỹkinimas** (v)	['pʲi:kʲɪnʲɪmas]
convulsões (f pl)	**traukùliai** (v)	[trɑʊ'kʊlʲɛɪ]
grávida	**nėščià**	[nʲe:ʃ'tʂʲæ]
nascer (vi)	**gìmti**	['gʲɪmtʲɪ]
parto (m)	**gim̃dymas** (v)	['gʲɪmdʲi:mas]
dar à luz	**gimdýti**	[gʲɪm'dʲi:tʲɪ]
aborto (m)	**abòrtas** (v)	[a'bortas]
respiração (f)	**kvėpãvimas** (v)	[kvʲe:'pa:vʲɪmas]
inspiração (f)	**įkvėpis** (v)	['i:kvʲe:pʲɪs]
expiração (f)	**iškvėpìmas** (v)	[ɪʃkvʲe:'pʲɪmas]
expirar (vi)	**iškvė̃pti**	[ɪʃ'kvʲe:ptʲɪ]
inspirar (vi)	**įkvė̃pti**	[i:k'vʲe:ptʲɪ]
inválido (m)	**invalìdas** (v)	[ɪnva'lʲɪdas]
aleijado (m)	**luošỹs** (v)	[lʲʊɑ'ʃʲɪ:s]
toxicodependente (m)	**narkomãnas** (v)	[narko'ma:nas]
surdo	**kur̃čias**	['kʊrtʂʲæs]

mudo	**nebylỹs**	[nʲɛbʲiːˈlʲiːs]
surdo-mudo	**kur̃čnebylis**	[ˈkʊrtʂnʲɛbʲiːlʲɪs]
louco (adj.)	**pamìšęs**	[paˈmʲɪʃɛːs]
louco (m)	**pamìšęs** (v)	[paˈmʲɪʃɛːs]
louca (f)	**pamìšusi** (m)	[paˈmʲɪʃʊsʲɪ]
ficar louco	**išprotė́ti**	[ɪʃproˈtʲeːtʲɪ]
gene (m)	**gènas** (v)	[ˈgʲɛnas]
imunidade (f)	**imunitètas** (v)	[ɪmʊnʲɪˈtʲɛtas]
hereditário	**pavéldimas**	[paˈvʲɛlʲdʲɪmas]
congénito	**į̃gimtas**	[ˈiːgʲɪmtas]
vírus (m)	**vìrusas** (v)	[ˈvʲɪrʊsas]
micróbio (m)	**mikròbas** (v)	[mʲɪkˈrobas]
bactéria (f)	**baktèrija** (m)	[bakˈtʲɛrʲɪjɛ]
infeção (f)	**infèkcija** (m)	[ɪnˈfʲɛktsʲɪjɛ]

74. Sintomas. Tratamentos. Parte 3

hospital (m)	**ligóninė** (m)	[lʲɪˈgonʲɪnʲeː]
paciente (m)	**paciefitas** (v)	[paˈtsʲiɛntas]
diagnóstico (m)	**diagnòzė** (m)	[dʲɪjagˈnozʲeː]
cura (f)	**gýdymas** (v)	[ˈgʲiːdʲiːmas]
tratamento (m) médico	**gýdymas** (v)	[ˈgʲiːdʲiːmas]
curar-se (vr)	**gýdytis**	[ˈgʲiːdʲiːtʲɪs]
tratar (vt)	**gýdyti**	[ˈgʲiːdʲiːtʲɪ]
cuidar (pessoa)	**slaugýti**	[slʲaʊˈgʲiːtʲɪ]
cuidados (m pl)	**slaugà** (m)	[slʲaʊˈga]
operação (f)	**operãcija** (m)	[opʲɛˈraːtsʲɪjɛ]
enfaixar (vt)	**pérrišti**	[ˈpʲɛrrʲɪʃtʲɪ]
enfaixamento (m)	**pérrišimas** (v)	[ˈpʲɛrrʲɪʃɪmas]
vacinação (f)	**skiẽpas** (v)	[ˈskʲɛpas]
vacinar (vt)	**skiẽpyti**	[ˈskʲɛpʲiːtʲɪ]
injeção (f)	**įdūrìmas** (v)	[iːduːˈrʲɪːmas]
dar uma injeção	**suléisti vaĩstus**	[sʊˈlʲɛɪstʲɪ ˈvʌɪstʊs]
ataque (~ de asma, etc.)	**príepuolis** (v)	[ˈprʲiɛpʊɑlʲɪs]
amputação (f)	**amputãcija** (m)	[ampʊˈtaːtsʲɪjɛ]
amputar (vt)	**amputúoti**	[ampʊˈtʊɑtʲɪ]
coma (f)	**komà** (m)	[kɔˈma]
estar em coma	**bū́ti kõmoje**	[ˈbuːtʲɪ ˈkõmojɛ]
reanimação (f)	**reanimãcija** (m)	[rʲɛanʲɪˈmaːtsʲɪjɛ]
recuperar-se (vr)	**sveĩkti ...**	[ˈsvʲɛɪktʲɪ ...]
estado (~ de saúde)	**bū́klė** (m)	[ˈbuːklʲeː]
consciência (f)	**są́monė** (m)	[ˈsaːmonʲeː]
memória (f)	**atmintìs** (m)	[atmʲɪnˈtʲɪs]
tirar (vt)	**šãlinti**	[ˈʃaːlʲɪntʲɪ]
chumbo (m), obturação (f)	**plòmba** (m)	[ˈplʲomba]

chumbar, obturar (vt)	**plombúoti**	[plʲom'bʊɑtʲɪ]
hipnose (f)	**hipnòzė** (m)	[ɣʲɪp'nozʲe:]
hipnotizar (vt)	**hipnotizúoti**	[ɣʲɪpnotʲɪ'zʊɑtʲɪ]

75. Médicos

médico (m)	**gýdytojas** (v)	['gʲi:dʲi:to:jɛs]
enfermeira (f)	**medicìnos sesẽlė** (m)	[mʲɛdʲɪ'tsʲɪnos se'sʲælʲe:]
médico (m) pessoal	**asmenìnis gýdytojas** (v)	[asmʲɛ'nʲɪnʲɪs 'gʲi:dʲi:to:jɛs]
dentista (m)	**dantìstas** (v)	[dan'tʲɪstas]
oculista (m)	**okulìstas** (v)	[okʊ'lʲɪstas]
terapeuta (m)	**terapèutas** (v)	[tʲɛra'pʲɛʊtas]
cirurgião (m)	**chirùrgas** (v)	[xʲɪ'rʊrgas]
psiquiatra (m)	**psichiãtras** (v)	[psʲɪxʲɪ'jatras]
pediatra (m)	**pediãtras** (v)	[pʲɛ'dʲɪ'jatras]
psicólogo (m)	**psicholѐgas** (v)	[psʲɪxo'lʲogas]
ginecologista (m)	**ginekolѐgas** (v)	[gʲɪnʲɛko'lʲogas]
cardiologista (m)	**kardiolѐgas** (v)	[kardʲɪjɔ'lʲogas]

76. Medicina. Drogas. Acessórios

medicamento (m)	**váistas** (v)	['vʌɪstas]
remédio (m)	**príemonė** (m)	['prʲiɛmonʲe:]
receitar (vt)	**išrašýti**	[ɪʃra'ʃɪ:tʲɪ]
receita (f)	**recèptas** (v)	[rʲɛ'tsʲɛptas]
comprimido (m)	**tablètė** (m)	[tab'lʲɛtʲe:]
pomada (f)	**tẽpalas** (v)	['tʲæpalʲas]
ampola (f)	**ámpulė** (m)	['ampʊlʲe:]
preparado (m)	**mikstūrà** (m)	[mʲɪkstu:'ra]
xarope (m)	**sìrupas** (v)	['sʲɪrʊpas]
cápsula (f)	**piliùlė** (m)	[pʲɪ'lʲʊlʲe:]
remédio (m) em pó	**miltẽliai** (v dgs)	[mʲɪlʲ'tʲælʲɛɪ]
ligadura (f)	**bìntas** (v)	['bʲɪntas]
algodão (m)	**vatà** (m)	[va'ta]
iodo (m)	**jòdas** (v)	[jɔ das]
penso (m) rápido	**pléistras** (v)	['plʲɛɪstras]
conta-gotas (m)	**pipètė** (m)	[pʲɪ'pʲɛtʲe:]
termómetro (m)	**termomètras** (v)	[tʲɛrmo'mʲɛtras]
seringa (f)	**švìrkštas** (v)	['ʃvʲɪrkʃtas]
cadeira (f) de rodas	**neįgaliójo vežimėlis** (v)	[nʲɛɪ:ga'lʲojɔ vʲɛ'ʒʲɪmʲe:lʲɪs]
muletas (f pl)	**ramentai** (v dgs)	[ra'mʲɛntʌɪ]
analgésico (m)	**skaũsmą malšìnantys váistai** (v dgs)	['skɑʊsma: malʲ'ʃɪnantʲi:s 'vʌɪstʌɪ]
laxante (m)	**láisvinantys váistai** (v dgs)	['lʲʌɪsvʲɪnantʲi:s 'vʌɪstʌɪ]
álcool (m) etílico	**spìritas** (v)	['spʲɪrʲɪtas]

ervas (f pl) medicinais	**žolė̃** (m)	[ʒo'lʲe:]
de ervas (chá ~)	**žolìnis**	[ʒo'lʲɪnʲɪs]

77. Fumar. Produtos tabágicos

tabaco (m)	**tabõkas** (v)	[ta'bo:kas]
cigarro (m)	**cigarètė** (m)	[tsʲɪga'rʲɛtʲe:]
charuto (m)	**cigãras** (v)	[tsʲɪ'ga:ras]
cachimbo (m)	**pýpkė** (m)	['pʲi:pkʲe:]
maço (~ de cigarros)	**pakelìs** (v)	[pakʲɛ'lʲɪs]
fósforos (m pl)	**degtùkai** (v)	[dʲɛg'tʊkʌɪ]
caixa (f) de fósforos	**degtùkų dėžùtė** (m)	[dʲɛg'tʊku: dʲe:'ʒʊtʲe:]
isqueiro (m)	**žiebtuvė̃lis** (v)	[ʒʲiɛptʊ'vʲe:lʲɪs]
cinzeiro (m)	**pelenìnė** (m)	[pʲɛlʲɛ'nʲɪnʲe:]
cigarreira (f)	**portsigãras** (v)	[portsʲɪ'ga:ras]
boquilha (f)	**kandìklis** (v)	[kan'dʲɪklʲɪs]
filtro (m)	**fìltras** (v)	['fʲɪlʲtras]
fumar (vi, vt)	**rūkýti**	[ru:'kʲi:tʲɪ]
acender um cigarro	**užrūkýti**	[ʊʒru:'kʲi:tʲɪ]
tabagismo (m)	**rū̃kymas** (v)	['ru:kʲi:mas]
fumador (m)	**rūkõrius** (v)	[ru:'ko:rʲʊs]
beata (f)	**núorūka** (m)	['nʊɑru:ka]
fumo (m)	**dū́mas** (v)	['du:mas]
cinza (f)	**pelenaĩ** (v dgs)	[pʲɛlʲɛ'nʌɪ]

HABITAT HUMANO

Cidade

78. Cidade. Vida na cidade

cidade (f)	**miẽstas** (v)	['mʲɛstas]
capital (f)	**sóstinė** (m)	['sostʲɪnʲe:]
aldeia (f)	**káimas** (v)	['kʌɪmas]
mapa (m) da cidade	**miẽsto plãnas** (v)	['mʲɛstɔ 'plʲa:nas]
centro (m) da cidade	**miẽsto ceñtras** (v)	['mʲɛstɔ 'tsʲɛntras]
subúrbio (m)	**príemiestis** (v)	['prʲiɛmʲɛstʲɪs]
suburbano	**príemiesčio**	['prʲiɛmʲiɛstʂʲɔ]
periferia (f)	**pakraštỹs** (v)	[pakraʃ'tʲi:s]
arredores (m pl)	**apýlinkės** (m dgs)	[a'pʲi:lʲɪŋkʲe:s]
quarteirão (m)	**kvartãlas** (v)	[kvar'ta:lʲas]
quarteirão (m) residencial	**gyvẽnamas kvartãlas** (v)	[gʲi:'vʲænamas kvar'ta:lʲas]
tráfego (m)	**judė́jimas** (v)	[jʊ'dʲɛjɪmas]
semáforo (m)	**šviesofòras** (v)	[ʃvʲiɛso'foras]
transporte (m) público	**miẽsto transpòrtas** (v)	['mʲɛstɔ trans'portas]
cruzamento (m)	**sánkryža** (m)	['saŋkrʲi:ʒa]
passadeira (f)	**pérėja** (m)	['pʲɛrʲe:ja]
passagem (f) subterrânea	**požemìnė pérėja** (m)	[poʒe'mʲɪnʲe: 'pʲærʲe:ja]
cruzar, atravessar (vt)	**péreiti**	['pʲɛrʲɛɪtʲɪ]
peão (m)	**pė́stysis** (v)	['pʲe:stʲi:sʲɪs]
passeio (m)	**šalìgatvis** (v)	[ʃa'lʲɪgatvʲɪs]
ponte (f)	**tìltas** (v)	['tʲɪlʲtas]
margem (f) do rio	**krantìnė** (m)	[kran'tʲɪnʲe:]
alameda (f)	**alė́ja** (m)	[a'lʲe:ja]
parque (m)	**párkas** (v)	['parkas]
bulevar (m)	**bulvãras** (v)	[bʊlʲ'va:ras]
praça (f)	**aikštė̃** (m)	[ʌɪkʃ'tʲe:]
avenida (f)	**prospèktas** (v)	[pros'pʲɛktas]
rua (f)	**gãtvė** (m)	['ga:tvʲe:]
travessa (f)	**sker̃sgatvis** (v)	['skʲɛrsgatvʲɪs]
beco (m) sem saída	**tupìkas** (v)	[tʊ'pʲɪkas]
casa (f)	**nãmas** (v)	['na:mas]
edifício, prédio (m)	**pãstatas** (v)	['pa:statas]
arranha-céus (m)	**dangóraižis** (v)	[dan'gorʌɪʒʲɪs]
fachada (f)	**fasãdas** (v)	[fa'sa:das]
telhado (m)	**stógas** (v)	['stogas]

janela (f)	**lángas** (v)	['lʲangas]
arco (m)	**árka** (m)	['arka]
coluna (f)	**kolonà** (m)	[kɔlʲo'na]
esquina (f)	**kam̃pas** (v)	['kampas]
montra (f)	**vitrinà** (m)	[vʲɪtrʲɪ'na]
letreiro (m)	**ìškaba** (m)	['ɪʃkaba]
cartaz (m)	**afišà** (m)	[afʲɪ'ʃa]
cartaz (m) publicitário	**reklãminis plakãtas** (v)	[rʲɛk'lʲa:mʲɪnʲɪs plʲa'ka:tas]
painel (m) publicitário	**reklãminis skỹdas** (v)	[rʲɛk'lʲa:mʲɪnʲɪs 'skʲi:das]
lixo (m)	**šiùkšlės** (m dgs)	['ʃʊkʃlʲe:s]
cesta (f) do lixo	**ùrna** (m)	['ʊrna]
jogar lixo na rua	**šiùkšlinti**	['ʃʊkʃlʲɪntʲɪ]
aterro (m) sanitário	**sąvartýnas** (v)	[sa:var'tʲi:nas]
cabine (f) telefónica	**telefòno bùdelė** (m)	[tʲɛlʲɛ'fonɔ 'bʊdelʲe:]
candeeiro (m) de rua	**žibiñto stul̃pas** (v)	[ʒʲɪ'bʲɪntɔ 'stʊlʲpas]
banco (m)	**súolas** (v)	['sʊɑlʲas]
polícia (m)	**polìcininkas** (v)	[po'lʲɪtsʲɪnʲɪŋkas]
polícia (instituição)	**polìcija** (m)	[po'lʲɪtsʲɪjɛ]
mendigo (m)	**skur̃džius** (v)	['skʊrdʒʲʊs]
sem-abrigo (m)	**benãmis** (v)	[bʲɛ'na:mʲɪs]

79. Instituições urbanas

loja (f)	**parduotùvė** (m)	[pardʊɑ'tʊvʲe:]
farmácia (f)	**váistinė** (m)	['vʌɪstʲɪnʲe:]
ótica (f)	**òptika** (m)	['optʲɪka]
centro (m) comercial	**prekýbos ceñtras** (v)	[prʲɛ'kʲi:bos 'tsʲɛntras]
supermercado (m)	**supermárketas** (v)	[sʊpʲɛr'markʲɛtas]
padaria (f)	**bandẽlių kráutuvė** (m)	[ban'dʲælʲu: 'krɑʊtʊvʲe:]
padeiro (m)	**kepė́jas** (v)	[kʲɛ'pʲe:jas]
pastelaria (f)	**konditèrija** (m)	[kɔndʲɪ'tʲɛrʲɪjɛ]
mercearia (f)	**bakalė́ja** (m)	[baka'lʲe:ja]
talho (m)	**mėsõs kráutuvė** (m)	[mʲe:'so:s 'krɑʊtʊvʲe:]
loja (f) de legumes	**daržóvių kráutuvė** (m)	[dar'ʒovʲu: 'krɑʊtʊvʲe:]
mercado (m)	**prekývietė** (m)	[prʲɛ'kʲi:vʲiɛtʲe:]
café (m)	**kavìnė** (m)	[ka'vʲɪnʲe:]
restaurante (m)	**restorãnas** (v)	[rʲɛsto'ra:nas]
bar (m), cervejaria (f)	**alùdė** (m)	[a'lʲʊdʲe:]
pizzaria (f)	**picèrija** (m)	[pʲɪ'tsʲɛrʲɪjɛ]
salão (m) de cabeleireiro	**kirpyklà** (m)	[kʲɪrpʲi:k'lʲa]
correios (m pl)	**pãštas** (v)	['pa:ʃtas]
lavandaria (f)	**valyklà** (m)	[valʲi:k'la]
estúdio (m) fotográfico	**fotoateljė̃** (v)	[fotoate'lʲje:]
sapataria (f)	**ãvalynės parduotùvė** (m)	['a:valʲi:nʲe:s pardʊɑ'tʊvʲe:]
livraria (f)	**knygýnas** (v)	[knʲi:'gʲi:nas]

loja (f) de artigos de desporto	**spòrtinių prẽkių parduotuvė** (m)	['sportʲɪnʲu: 'prʲækʲu: pardʊɑ'tʊvʲe:]
reparação (f) de roupa	**drabùžių taisyklà** (m)	[dra'bʊʒʲu: tʌɪsʲi:k'lʲa]
aluguer (m) de roupa	**drabùžių núoma** (m)	[dra'bʊʒʲu: 'nʊɑma]
aluguer (m) de filmes	**fìlmų núoma** (m)	['fʲɪlʲmu: 'nʊɑma]
circo (m)	**cìrkas** (v)	['tsʲɪrkas]
jardim (m) zoológico	**zoològijos sõdas** (v)	[zoo'lʲogʲɪjɔs 'so:das]
cinema (m)	**kìno teãtras** (v)	['kʲɪnɔ tʲɛ'a:tras]
museu (m)	**muziẽjus** (v)	[mʊ'zʲɛjʊs]
biblioteca (f)	**bibliotekà** (m)	[bʲɪblʲɪjɔtʲɛ'ka]
teatro (m)	**teãtras** (v)	[tʲɛ'a:tras]
ópera (f)	**òpera** (m)	['opʲɛra]
clube (m) noturno	**naktìnis klùbas** (v)	[nak'tʲɪnʲɪs 'klʲʊbas]
casino (m)	**kazinò** (v)	[kazʲɪ'no]
mesquita (f)	**mečètė** (m)	[mʲɛ'tʂʲɛtʲe:]
sinagoga (f)	**sinagogà** (m)	[sʲɪnago'ga]
catedral (f)	**kãtedra** (m)	['ka:tʲɛdra]
templo (m)	**šventyklà** (m)	[ʃvʲɛntʲi:k'lʲa]
igreja (f)	**bažnýčia** (m)	[baʒ'nʲi:tʂʲæ]
instituto (m)	**institùtas** (v)	[ɪnstʲɪ'tʊtas]
universidade (f)	**universitètas** (v)	[ʊnʲɪvʲɛrsʲɪ'tʲɛtas]
escola (f)	**mokyklà** (m)	[mokʲi:k'lʲa]
prefeitura (f)	**prefektūrà** (m)	[prʲɛfʲɛk'tu:'ra]
câmara (f) municipal	**savivaldýbė** (m)	[savʲɪvalʲ'dʲi:bʲe:]
hotel (m)	**viẽšbutis** (v)	['vʲɛʃbʊtʲɪs]
banco (m)	**bánkas** (v)	['baŋkas]
embaixada (f)	**ambasadà** (m)	[ambasa'da]
agência (f) de viagens	**turìzmo agentūrà** (m)	[tʊ'rʲɪzmɔ agʲɛntu:'ra]
agência (f) de informações	**informãcijos biùras** (v)	[ɪnfor'ma:tsʲɪjɔs 'bʲʊras]
casa (f) de câmbio	**keityklà** (m)	[kʲɛɪtʲi:k'lʲa]
metro (m)	**metrò**	[mʲɛ'tro]
hospital (m)	**ligóninė** (m)	[lʲɪ'gonʲɪnʲe:]
posto (m) de gasolina	**degalìnė** (m)	[dʲɛga'lʲɪnʲe:]
parque (m) de estacionamento	**stovéjimo aikštẽlė** (m)	[sto'vʲɛjɪmɔ ʌɪkʃ'tʲælʲe:]

80. Sinais

letreiro (m)	**ìškaba** (m)	['ɪʃkaba]
inscrição (f)	**ùžrašas** (v)	['ʊʒraʃas]
cartaz, póster (m)	**plakãtas** (v)	[plʲa'ka:tas]
sinal (m) informativo	**núoroda** (m)	['nʊɑroda]
seta (f)	**rodỹklė** (m)	[ro'dʲi:klʲe:]
aviso (advertência)	**pérspėjimas** (v)	['pʲɛrspʲe:jimas]
sinal (m) de aviso	**įspėjìmas** (v)	[i:spʲe:'jɪmas]
avisar, advertir (vt)	**įspéti**	[i:s'pʲe:tʲɪ]

dia (m) de folga	**išeigìnė dienà** (m)	[ɪʃɛɪ'gʲɪnʲe: dʲiɛ'na]
horário (m)	**tvarkãraštis** (v)	[tvar'ka:raʃtʲɪs]
horário (m) de funcionamento	**dárbo valandõs** (m dgs)	['darbɔ valʲan'do:s]
BEM-VINDOS!	**SVEIKÌ ATVÝKĘ!**	[svʲɛɪ'kʲɪ at'vʲi:kʲɛ:!]
ENTRADA	**ĮĖJÌMAS**	[i:ʲɛ:'jɪmas]
SAÍDA	**IŠĖJÌMAS**	[ɪʃe:'jɪmas]
EMPURRE	**STÙMTI**	['stʊmtʲɪ]
PUXE	**TRÁUKTI**	['traʊktʲɪ]
ABERTO	**ATIDARÝTA**	[atʲɪda'rʲi:ta]
FECHADO	**UŽDARÝTA**	[ʊʒda'rʲi:ta]
MULHER	**MÓTERIMS**	['motʲɛrʲɪms]
HOMEM	**VÝRAMS**	['vʲi:rams]
DESCONTOS	**NÚOLAIDOS**	['nʊɑlʲʌɪdos]
SALDOS	**IŠPARDAVÌMAS**	[ɪʃparda'vʲɪmas]
NOVIDADE!	**NAUJÍENA!**	[nɑʊ'jiɛna!]
GRÁTIS	**NEMÓKAMAI**	[nʲɛ'mokamʌɪ]
ATENÇÃO!	**DĖMESIO!**	['dʲe:mesʲɔ!]
NÃO HÁ VAGAS	**VIẼTŲ NĖRA**	['vʲɛtu: 'nʲe:ra]
RESERVADO	**REZERVÚOTA**	[rʲɛzʲɛr'vʊɑta]
ADMINISTRAÇÃO	**ADMINISTRÃCIJA**	[admʲɪnʲɪs'tratsʲɪja]
SOMENTE PESSOAL AUTORIZADO	**TÌK PERSONÃLUI**	['tʲɪk pʲɛrso'nalʲʊi]
CUIDADO CÃO FEROZ	**PIKTAS ŠUO**	['pʲɪktas 'ʃʊɑ]
PROIBIDO FUMAR!	**RŪKÝTI DRAŪDŽIAMA**	[ru:'kʲi:tʲɪ 'drɑʊdʒʲæma]
NÃO TOCAR	**NELIẼSTI!**	[nʲɛ'lʲɛstʲɪ!]
PERIGOSO	**PAVOJÌNGA**	[pavo'jɪnga]
PERIGO	**PAVÕJUS**	[pa'vo:jʊs]
ALTA TENSÃO	**AUKŠTÀ ĮTAMPA**	[ɑʊkʃ'ta 'i:tampa]
PROIBIDO NADAR	**MÁUDYTIS DRAŪDŽIAMA**	['mɑʊdʲi:tʲɪs 'drɑʊdʒʲæma]
AVARIADO	**NEVEĨKIA**	[nʲɛ'vʲɛɪkʲɛ]
INFLAMÁVEL	**DEGÙ**	[dʲɛ'gʊ]
PROIBIDO	**DRAŪDŽIAMA**	['drɑʊdʒʲæma]
ENTRADA PROIBIDA	**PRAĖJÌMAS DRAŪDŽIAMAS**	[prae:'jɪmas 'drɑʊdʒʲæmas]
CUIDADO TINTA FRESCA	**NUDAŽYTA**	[nʊda'ʒʲi:ta]

81. Transportes urbanos

autocarro (m)	**autobùsas** (v)	[ɑʊto'bʊsas]
elétrico (m)	**tramvãjus** (v)	[tram'va:jʊs]
troleicarro (m)	**troleibùsas** (v)	[trolʲɛɪ'bʊsas]
itinerário (m)	**maršrùtas** (v)	[marʃ'rʊtas]
número (m)	**nùmeris** (v)	['nʊmʲɛrʲɪs]
ir de … (carro, etc.)	**važiúoti …**	[va'ʒʲʊɑtʲɪ …]
entrar (~ no autocarro)	**įlìpti į …**	[i:'lʲɪ:ptʲɪ i: …]

descer de ...	**išlìpti ìš ...**	[ɪʃ'lʲɪptʲɪ ɪʃ ...]
paragem (f)	**stotẽlė** (m)	[sto'tʲælʲe:]
próxima paragem (f)	**kità stotẽlė** (m)	[kʲɪ'ta sto'tʲælʲe:]
ponto (m) final	**galutìnė stotẽlė** (m)	[galʊ'tʲɪnʲe: sto'tʲælʲe:]
horário (m)	**tvarkãraštis** (v)	[tvar'ka:raʃtʲɪs]
esperar (vt)	**láukti**	['lʲɑʊktʲɪ]
bilhete (m)	**bìlietas** (v)	['bʲɪlʲiɛtas]
custo (m) do bilhete	**bìlieto káina** (m)	['bʲɪlʲiɛtɔ 'kʌɪna]
bilheteiro (m)	**kãsininkas** (v)	['ka:sʲɪnʲɪŋkas]
controlo (m) dos bilhetes	**kontròlė** (m)	[kɔn'trolʲe:]
revisor (m)	**kontroliẽrius** (v)	[kɔntro'lʲɛrʲʊs]
atrasar-se (vr)	**vėlúoti**	[vʲe:'lʲʊɑtʲɪ]
perder (o autocarro, etc.)	**pavėlúoti**	[pavʲe:'lʲʊɑtʲɪ]
estar com pressa	**skubéti**	[skʊ'bʲe:tʲɪ]
táxi (m)	**taksì** (v)	[tak'sʲɪ]
taxista (m)	**taksìstas** (v)	[tak'sʲɪstas]
de táxi (ir ~)	**sù taksì**	['sʊ tak'sʲɪ]
praça (f) de táxis	**taksì stovéjimo aikštẽlė** (m)	[tak'sʲɪ sto'vʲɛjɪmɔ ʌɪkʃ'tʲælʲe:]
chamar um táxi	**iškviẽsti taksì**	[ɪʃk'vʲɛstʲɪ tak'sʲɪ]
apanhar um táxi	**įsėsti į̃ taksì**	[i:sʲes'tʲɪ: i: tak'sʲɪ:]
tráfego (m)	**gãtvės judéjimas** (v)	['ga:tvʲe:s jʊ'dʲɛjɪmas]
engarrafamento (m)	**kam̃štis** (v)	['kamʃtʲɪs]
horas (f pl) de ponta	**pìko vãlandos** (m dgs)	['pʲɪkɔ 'va:lʲandos]
estacionar (vi)	**parkúotis**	[par'kʊɑtʲɪs]
estacionar (vt)	**parkúoti**	[par'kʊɑtʲɪ]
parque (m) de estacionamento	**stovéjimo aikštẽlė** (m)	[sto'vʲɛjɪmɔ ʌɪkʃ'tʲælʲe:]
metro (m)	**metrò**	[mʲɛ'tro]
estação (f)	**stotìs** (m)	[sto'tʲɪs]
ir de metro	**važiúoti metrò**	[va'ʒʲʊɑtʲɪ mʲɛ'trɔ]
comboio (m)	**traukinỹs** (v)	[trɑʊkʲɪ'nʲi:s]
estação (f)	**stotìs** (m)	[sto'tʲɪs]

82. Turismo

monumento (m)	**pamiñklas** (v)	[pa'mʲɪŋklʲas]
fortaleza (f)	**tvirtóvė** (m)	[tvʲɪr'tovʲe:]
palácio (m)	**rū̃mai** (v)	['ru:mʌɪ]
castelo (m)	**pilìs** (m)	[pʲɪ'lʲɪs]
torre (f)	**bókštas** (v)	['bokʃtas]
mausoléu (m)	**mauzoliẽjus** (v)	[mɑʊzo'lʲɛjʊs]
arquitetura (f)	**architektūrà** (m)	[arxʲɪtʲɛktu:'ra]
medieval	**vidùramžių**	[vʲɪ'dʊramʒʲu:]
antigo	**senóvinis**	[sʲɛ'novʲɪnʲɪs]
nacional	**nacionãlinis**	[natsʲɪjɔ'na:lʲɪnʲɪs]
conhecido	**žymùs**	[ʒʲi:'mʊs]
turista (m)	**turìstas** (v)	[tʊ'rʲɪstas]
guia (pessoa)	**gìdas** (v)	['gʲɪdas]

excursão (f)	**ekskùrsija** (m)	[ɛks'kʊrsʲɪjɛ]
mostrar (vt)	**ródyti**	['rodʲi:tʲɪ]
contar (vt)	**pãsakoti**	['pa:sakotʲɪ]
encontrar (vt)	**ràsti**	['rastʲɪ]
perder-se (vr)	**pasiklýsti**	[pasʲɪ'klʲi:stʲɪ]
mapa (~ do metrô)	**schemà** (m)	[sxʲɛ'ma]
mapa (~ da cidade)	**plãnas** (v)	['plʲa:nas]
lembrança (f), presente (m)	**suvenỹras** (v)	[sʊvʲɛ'nʲi:ras]
loja (f) de presentes	**suvenỹrų parduotùvė** (m)	[sʊve'nʲi:ru: pardʊɑ'tʊvʲe:]
fotografar (vt)	**fotografúoti**	[fotogra'fʊɑtʲɪ]
fotografar-se	**fotografúotis**	[fotogra'fʊɑtʲɪs]

83. Compras

comprar (vt)	**piȓkti**	['pʲɪrktʲɪ]
compra (f)	**pirkinỹs** (v)	[pʲɪrkʲɪ'nʲi:s]
fazer compras	**apsipiȓkti**	[apsʲɪ'pʲɪrktʲɪ]
compras (f pl)	**apsipirkìmas** (v)	[apsʲɪpʲɪr'kʲɪmas]
estar aberta (loja, etc.)	**veĩkti**	['vʲɛɪktʲɪ]
estar fechada	**užsidarýti**	[ʊʒsʲɪda'rʲi:tʲɪ]
calçado (m)	**ãvalynė** (m)	['a:valʲi:nʲe:]
roupa (f)	**drabùžiai** (v)	[dra'bʊʒʲɛɪ]
cosméticos (m pl)	**kosmètika** (m)	[kɔs'mʲɛtʲɪka]
alimentos (m pl)	**prodùktai** (v)	[pro'dʊktʌɪ]
presente (m)	**dovanà** (m)	[dova'na]
vendedor (m)	**pardavéjas** (v)	[parda'vʲe:jas]
vendedora (f)	**pardavéja** (m)	[parda'vʲe:ja]
caixa (f)	**kasà** (m)	[ka'sa]
espelho (m)	**véidrodis** (v)	['vʲɛɪdrodʲɪs]
balcão (m)	**prekýstalis** (v)	[prʲɛ'kʲi:stalʲɪs]
cabine (f) de provas	**matãvimosi kabinà** (m)	[ma'ta:vʲɪmosʲɪ kabʲɪ'na]
provar (vt)	**matúoti**	[ma'tʊɑtʲɪ]
servir (vi)	**tìkti**	['tʲɪktʲɪ]
gostar (apreciar)	**patìkti**	[pa'tʲɪktʲɪ]
preço (m)	**káina** (m)	['kʌɪna]
etiqueta (f) de preço	**kainýnas** (v)	[kʌɪ'nʲi:nas]
custar (vt)	**kainúoti**	[kʌɪ'nʊɑtʲɪ]
Quanto?	**Kíek?**	['kʲiɛk?]
desconto (m)	**núolaida** (m)	['nʊɑlʲʌɪda]
não caro	**nebrangùs**	[nʲɛbran'gʊs]
barato	**pigùs**	[pʲɪ'gʊs]
caro	**brangùs**	[bran'gʊs]
É caro	**Taĩ brangù.**	['tʌɪ bran'gʊ]
aluguer (m)	**núoma** (m)	['nʊɑma]
alugar (vestidos, etc.)	**išsinúomoti**	[ɪʃsʲɪ'nʊɑmotʲɪ]

crédito (m) — **kredìtas** (v) — [krʲɛ'dʲɪtas]
a crédito — **kreditù** — [krʲɛdʲɪ'tʊ]

84. Dinheiro

dinheiro (m) — **pinigaĩ** (v) — [pʲɪnʲɪ'gʌɪ]
câmbio (m) — **keitìmas** (v) — [kʲɛɪ'tʲɪmas]
taxa (f) de câmbio — **kùrsas** (v) — ['kʊrsas]
Caixa Multibanco (m) — **bankomãtas** (v) — [baŋko'ma:tas]
moeda (f) — **monetà** (m) — [monʲɛ'ta]

dólar (m) — **dóleris** (v) — ['dolʲɛrʲɪs]
euro (m) — **eũras** (v) — ['ɛʊ̃ras]

lira (f) — **lirà** (m) — [lʲɪ'ra]
marco (m) — **márkė** (m) — ['markʲe:]
franco (m) — **fránkas** (v) — ['fraŋkas]
libra (f) esterlina — **svãras** (v) — ['sva:ras]
iene (m) — **jenà** (m) — [jɛ'na]

dívida (f) — **skolà** (m) — [sko'lʲa]
devedor (m) — **skõlininkas** (v) — ['sko:lʲɪnʲɪŋkas]
emprestar (vt) — **dúoti į̃ skõlą** — ['dʊɑtʲɪ i: 'sko:lʲa:]
pedir emprestado — **im̃ti į̃ skõlą** — ['ɪmtʲɪ i: 'sko:lʲa:]

banco (m) — **bánkas** (v) — ['baŋkas]
conta (f) — **są́skaita** (m) — ['sa:skʌɪta]
depositar na conta — **dė́ti į̃ są́skaitą** — ['dʲe:tʲɪ i: 'sa:skʌɪta:]
levantar (vt) — **im̃ti ìš są́skaitos** — ['ɪmtʲɪ ɪʃ 'sa:skʌɪtos]

cartão (m) de crédito — **kredìtinė kortẽlė** (m) — [krʲɛ'dʲɪtʲɪnʲe: kor'tʲælʲe:]
dinheiro (m) vivo — **gryníeji pinigaĩ** (v) — [grʲi:'nʲiɛjɪ pʲɪnʲɪ'gʌɪ]
cheque (m) — **čèkis** (v) — ['tʂʲɛkʲɪs]
passar um cheque — **išrašýti čèkį** — [ɪʃra'ʃʲɪ:tʲɪ 'tʂʲɛkʲɪ:]
livro (m) de cheques — **čèkių knygẽlė** (m) — ['tʂʲɛkʲu: knʲi:'gʲælʲe:]

carteira (f) — **pinigìnė** (m) — [pʲɪnʲɪ'gʲɪnʲe:]
porta-moedas (m) — **pinigìnė** (m) — [pʲɪnʲɪ'gʲɪnʲe:]
cofre (m) — **seĩfas** (v) — ['sʲɛɪfas]

herdeiro (m) — **paveldė́tojas** (v) — [pavelʲ'dʲe:to:jɛs]
herança (f) — **palikìmas** (v) — [palʲɪ'kʲɪmas]
fortuna (riqueza) — **tur̃tas** (v) — ['tʊrtas]

arrendamento (m) — **núoma** (m) — ['nʊɑma]
renda (f) de casa — **bùto mókestis** (v) — ['bʊtɔ 'mokʲɛstʲɪs]
alugar (vt) — **núomotis** — ['nʊɑmotʲɪs]

preço (m) — **káina** (m) — ['kʌɪna]
custo (m) — **káina** (m) — ['kʌɪna]
soma (f) — **sumà** (m) — [sʊ'ma]

gastar (vt) — **léisti** — ['lʲɛɪstʲɪ]
gastos (m pl) — **są́naudos** (m dgs) — ['sa:nɑʊdos]

economizar (vi)	**taupýti**	[taʊ'pʲi:tʲɪ]
económico	**taupùs**	[taʊ'pʊs]
pagar (vt)	**mokė́ti**	[mo'kʲe:tʲɪ]
pagamento (m)	**apmokė́jimas** (v)	[apmo'kʲɛjɪmas]
troco (m)	**grąžà** (m)	[gra:'ʒa]
imposto (m)	**mókestis** (v)	['mokʲɛstʲɪs]
multa (f)	**baudà** (m)	[baʊ'da]
multar (vt)	**baũsti**	['baʊstʲɪ]

85. Correios. Serviço postal

correios (m pl)	**pãštas** (v)	['pa:ʃtas]
correio (m)	**pãštas** (v)	['pa:ʃtas]
carteiro (m)	**pãštininkas** (v)	['pa:ʃtʲɪnʲɪŋkas]
horário (m)	**dárbo valandõs** (m dgs)	['darbɔ valʲan'do:s]
carta (f)	**láiškas** (v)	['lʲʌɪʃkas]
carta (f) registada	**užsakýtas láiškas** (v)	[ʊʒsa'kʲi:tas 'lʲʌɪʃkas]
postal (m)	**atvirùtė** (m)	[atvʲɪ'rʊtʲe:]
telegrama (m)	**telegramà** (m)	[tʲɛlʲɛgra'ma]
encomenda (f) postal	**siuntinỹs** (v)	[sʲʊntʲɪ'nʲi:s]
remessa (f) de dinheiro	**piniginìs pavedìmas** (v)	[pʲɪnʲɪ'gʲɪnʲɪs pavʲɛ'dʲɪmas]
receber (vt)	**gáuti**	['gaʊtʲɪ]
enviar (vt)	**išsių̃sti**	[ɪʃ'sʲu:stʲɪ]
envio (m)	**išsiuntìmas** (v)	[ɪʃsʲʊn'tʲɪmas]
endereço (m)	**ãdresas** (v)	['a:drʲɛsas]
código (m) postal	**iñdeksas** (v)	['ɪndʲɛksas]
remetente (m)	**siuntė́jas** (v)	[sʲʊn'tʲe:jas]
destinatário (m)	**gavė́jas** (v)	[ga'vʲe:jas]
nome (m)	**var̃das** (v)	['vardas]
apelido (m)	**pavardė̃** (m)	[pavar'dʲe:]
tarifa (f)	**tarìfas** (v)	[ta'rʲɪfas]
ordinário	**į̃prastas**	['i:prastas]
económico	**taupùs**	[taʊ'pʊs]
peso (m)	**svõris** (v)	['svo:rʲɪs]
pesar (estabelecer o peso)	**sver̃ti**	['svʲɛrtʲɪ]
envelope (m)	**võkas** (v)	['vo:kas]
selo (m)	**markùtė** (m)	[mar'kʊtʲe:]

Moradia. Casa. Lar

86. Casa. Habitação

casa (f)	**nãmas** (v)	['na:mas]
em casa	**namuosè**	[namʊɑ'sʲɛ]
pátio (m)	**kiẽmas** (v)	['kʲɛmas]
cerca (f)	**tvorà** (m)	[tvo'ra]
tijolo (m)	**plytà** (m)	[plʲi:'ta]
de tijolos	**plýtinis**	['plʲi:tʲɪnʲɪs]
pedra (f)	**akmuõ** (v)	[ak'mʊɑ]
de pedra	**akmenìnis**	[akmʲɛ'nʲɪnʲɪs]
betão (m)	**betònas** (v)	[bʲɛ'tonas]
de betão	**betòninis**	[bʲɛ'tonʲɪnʲɪs]
novo	**naũjas**	['nɑʊjas]
velho	**sẽnas**	['sʲæenas]
decrépito	**senàsis**	[sʲɛ'nasʲɪs]
moderno	**šiuolaikìnis**	[ʃʲʊolʲʌɪ'kʲɪnʲɪs]
de muitos andares	**daugiaaũkštis**	[dɑʊgʲæ'ɑʊkʃtʲɪs]
alto	**áukštas**	['ɑʊkʃtas]
andar (m)	**aũkštas** (v)	['ɑʊkʃtas]
de um andar	**vienaaũkštis**	[vʲiɛna'ɑʊkʃtʲɪs]
andar (m) de baixo	**apatìnis aũkštas** (v)	[apa'tʲɪnʲɪs 'ɑʊkʃtas]
andar (m) de cima	**viršutìnis aũkštas** (v)	[vʲɪrʃʊ'tʲɪnʲɪs 'ɑʊkʃtas]
telhado (m)	**stógas** (v)	['stogas]
chaminé (f)	**vam̃zdis** (v)	['vamzdʲɪs]
telha (f)	**čérpė** (m)	['tʂʲærpʲe:]
de telha	**čérpinis**	['tʂʲɛrpʲɪnʲɪs]
sótão (m)	**palépė** (m)	[pa'lʲe:pʲe:]
janela (f)	**lángas** (v)	['lʲangas]
vidro (m)	**stìklas** (v)	['stʲɪklʲas]
parapeito (m)	**palángė** (m)	[pa'lʲangʲe:]
portadas (f pl)	**langìnės** (m dgs)	[lʲan'gʲɪnʲe:s]
parede (f)	**síena** (m)	['sʲiɛna]
varanda (f)	**balkònas** (v)	[balʲ'konas]
tubo (m) de queda	**stógvamzdis** (v)	['stogvamzdʲɪs]
em cima	**viršujè**	[vʲɪrʃʊ'jæ]
subir (~ as escadas)	**kìlti**	['kʲɪlʲtʲɪ]
descer (vi)	**léistis**	['lʲɛɪstʲɪs]
mudar-se (vr)	**pérvažiuoti**	['pʲɛrvaʒʲʊotʲɪ]

87. Casa. Entrada. Elevador

entrada (f)	**laiptinė** (m)	['lʲʌɪptʲɪnʲe:]
escada (f)	**laiptai** (v dgs)	['lʲʌɪptʌɪ]
degraus (m pl)	**laiptai** (v)	['lʲʌɪptʌɪ]
corrimão (m)	**turėklai** (v dgs)	[tʊ'rʲe:klʲʌɪ]
hall (m) de entrada	**holas** (v)	['ɣolʲas]
caixa (f) de correio	**pašto dėžutė** (m)	['pa:ʃtɔ dʲe:'ʒʊtʲe:]
caixote (m) do lixo	**šiukšlių bakas** (v)	['ʃʊkʃlʲu: 'ba:kas]
conduta (f) do lixo	**šiukšliavamzdis** (v)	[ʃʊkʃ'lʲævamzdʲɪs]
elevador (m)	**liftas** (v)	['lʲɪftas]
elevador (m) de carga	**krovininis liftas** (v)	[krovʲɪ'nʲɪnʲɪs lʲɪftas]
cabine (f)	**kabina** (m)	[kabʲɪ'na]
pegar o elevador	**važiuoti liftu**	[va'ʒʲʊatʲɪ lʲɪf'tʊ]
apartamento (m)	**butas** (v)	['bʊtas]
moradores (m pl)	**gyventojai** (v dgs)	[gʲi:'vʲɛnto:jɛi]
vizinho (m)	**kaimynas** (v)	[kʌɪ'mʲi:nas]
vizinha (f)	**kaimynė** (m)	[kʌɪ'mʲi:nʲe:]
vizinhos (pl)	**kaimynai** (v dgs)	[kʌɪ'mʲi:nʌɪ]

88. Casa. Eletricidade

eletricidade (f)	**elektra** (m)	[ɛlʲɛkt'ra]
lâmpada (f)	**lemputė** (m)	[lʲɛm'pʊtʲe:]
interruptor (m)	**jungiklis** (v)	[jʊn'gʲɪklʲɪs]
fusível (m)	**kamštis** (v)	['kamʃtʲɪs]
fio, cabo (m)	**laidas** (v)	['lʲʌɪdas]
instalação (f) elétrica	**instaliacija** (m)	[ɪnsta'lʲætsʲɪjɛ]
contador (m) de eletricidade	**skaitliukas** (v)	[skʌɪt'lʲʊkas]
indicação (f), registo (m)	**parodymas** (v)	[pa'rodʲi:mas]

89. Casa. Portas. Fechaduras

porta (f)	**durys** (m dgs)	['dʊrʲi:s]
portão (m)	**vartai** (v)	['vartʌɪ]
maçaneta (f)	**rankena** (m)	['raŋkʲɛna]
destrancar (vt)	**atrakinti**	[atra'kʲɪntʲɪ]
abrir (vt)	**atidaryti**	[atʲɪda'rʲi:tʲɪ]
fechar (vt)	**uždaryti**	[ʊʒda'rʲi:tʲɪ]
chave (f)	**raktas** (v)	['ra:ktas]
molho (m)	**ryšulys** (v)	[rʲi:ʃʊ'lʲi:s]
ranger (vi)	**girgždėti**	[gʲɪrgʒ'dʲe:tʲɪ]
rangido (m)	**girgždesys** (v)	[gʲɪrgʒdʲɛ'sʲi:s]
dobradiça (f)	**vyris** (v)	['vi:rʲɪs]
tapete (m) de entrada	**kilimas** (v)	['kʲɪlʲɪmas]
fechadura (f)	**spyna** (m)	[spʲi:'na]

buraco (m) da fechadura	**spynõs skylùtė** (m)	[spʲiː'noːs skʲiː'lʲʊtʲeː]
ferrolho (m)	**sklą̃stis** (v)	['sklʲaːstʲɪs]
fecho (ferrolho pequeno)	**sklendė̃** (m)	[sklʲɛn'dʲeː]
cadeado (m)	**pakabìnama spynà** (m)	[paka'bʲɪnama spʲiː'na]
tocar (vt)	**skam̃binti**	['skambʲɪntʲɪ]
toque (m)	**skambùtis** (v)	[skam'bʊtʲɪs]
campainha (f)	**skambùtis** (v)	[skam'bʊtʲɪs]
botão (m)	**mygtùkas** (v)	[mʲiːk'tʊkas]
batida (f)	**beldìmas** (v)	[bʲɛlʲ'dʲɪmas]
bater (vi)	**baladóti**	[balʲa'dotʲɪ]
código (m)	**kòdas** (v)	['kodas]
fechadura (f) de código	**kodúota spynà** (m)	[kɔ'dʊɑta spʲiː'na]
telefone (m) de porta	**domofònas** (v)	[domo'fonas]
número (m)	**nùmeris** (v)	['nʊmʲɛrʲɪs]
placa (f) de porta	**lentẽlė** (m)	[lʲɛn'tʲælʲeː]
vigia (f), olho (m) mágico	**akùtė** (m)	[a'kʊtʲeː]

90. Casa de campo

aldeia (f)	**káimas** (v)	['kʌɪmas]
horta (f)	**dar̃žas** (v)	['darʒas]
cerca (f)	**tvorà** (m)	[tvo'ra]
paliçada (f)	**aptvarà** (m)	[aptva'ra]
cancela (f) do jardim	**vartẽliai** (v dgs)	[var'tʲælʲɛɪ]
celeiro (m)	**klė́tis** (v)	['klʲeːtʲɪs]
adega (f)	**pógrindis** (v)	['pogrʲɪndʲɪs]
galpão, barracão (m)	**daržinė̃** (m)	[darʒʲɪ'nʲeː]
poço (m)	**šulinỹs** (v)	[ʃʊlʲɪ'nʲiːs]
fogão (m)	**pečiùs** (v)	[pʲɛ'tʂʲʊs]
atiçar o fogo	**kūrénti**	[kuː'rʲɛntʲɪ]
lenha (carvão ou ~)	**málkos** (m dgs)	['malʲkos]
acha (lenha)	**málka** (m)	['malʲka]
varanda (f)	**veránda** (m)	[vʲɛ'randa]
alpendre (m)	**terasà** (m)	[tʲɛra'sa]
degraus (m pl) de entrada	**príeangis** (v)	['prʲiɛangʲɪs]
balouço (m)	**supynė̃s** (m dgs)	[sʊpʲiː'nʲeːs]

91. Moradia. Mansão

casa (f) de campo	**ùžmiesčio nãmas** (v)	['ʊʒmʲiɛstʂʲɔ 'naːmas]
vila (f)	**vilà** (m)	[vʲɪ'lʲa]
ala (~ do edifício)	**spar̃nas** (v)	['sparnas]
jardim (m)	**sõdas** (v)	['soːdas]
parque (m)	**párkas** (v)	['parkas]
estufa (f)	**oranžèrija** (m)	[oran'ʒʲɛrʲɪjɛ]
cuidar de …	**prižiūrė́ti**	[prʲɪʒʲuː'rʲeːtʲɪ]

piscina (f)	**baseĩnas** (v)	[ba'sʲɛɪnas]
ginásio (m)	**spòrto sãlė** (m)	['sportɔ sa:'lʲe:]
campo (m) de ténis	**tèniso kòrtas** (v)	['tʲɛnʲɪsɔ 'kortas]
cinema (m)	**kìno teãtras** (v)	['kʲɪnɔ tʲɛ'a:tras]
garagem (f)	**garãžas** (v)	[ga'ra:ʒas]
propriedade (f) privada	**asmenìnė nuosavýbė** (m)	[asme'nʲɪnʲe: nʊɑsa'vʲi:bʲe:]
terreno (m) privado	**asmenìnės valdõs** (m)	[asme'nʲɪnʲe:s 'valʲdo:s]
advertência (f)	**pérspėjimas** (v)	['pʲɛrspʲe:jimas]
sinal (m) de aviso	**įspė́jantis ùžrašas** (v)	[i:s'pʲe:jantʲɪs 'ʊʒraʃas]
guarda (f)	**apsaugà** (m)	[apsɑʊ'ga]
guarda (m)	**apsaugìnis** (v)	[apsɑʊ'gʲɪnʲɪs]
alarme (m)	**signalizãcija** (m)	[sʲɪgnalʲɪ'za:tsʲɪjɛ]

92. Castelo. Palácio

castelo (m)	**pilìs** (m)	[pʲɪ'lʲɪs]
palácio (m)	**rū́mai** (v)	['ru:mʌɪ]
fortaleza (f)	**tvirtóvė** (m)	[tvʲɪr'tovʲe:]
muralha (f)	**síena** (m)	['sʲiɛna]
torre (f)	**bókštas** (v)	['bokʃtas]
calabouço (m)	**pagrindìnė síena** (m)	[pagrʲɪn'dʲɪnʲe: 'sʲiɛna]
grade (f) levadiça	**pakeliamì var̃tai** (v)	[pakʲɛlʲæ'mʲɪ 'vartʌɪ]
passagem (f) subterrânea	**požẽminis praėjìmas** (v)	[poʒʲe:mʲɪnʲɪs praʲe:'jɪmas]
fosso (m)	**griovỹs** (v)	[grʲo'vʲi:s]
corrente, cadeia (f)	**grandìs** (m)	[gran'dʲɪs]
seteira (f)	**šáudymo angà** (m)	['ʃɑʊdʲi:mɔ an'ga]
magnífico	**nuostabùs**	[nʊɑsta'bʊs]
majestoso	**didìngas**	[dʲɪ'dʲɪngas]
inexpugnável	**neprieĩnamas**	[nʲɛprʲi'ɛɪnamas]
medieval	**vidùramžių**	[vʲɪ'dʊramʒʲu:]

93. Apartamento

apartamento (m)	**bùtas** (v)	['bʊtas]
quarto (m)	**kambarỹs** (v)	[kamba'rʲi:s]
quarto (m) de dormir	**miegamàsis** (v)	[mʲiɛga'masʲɪs]
sala (f) de jantar	**valgomàsis** (v)	[valʲgo'masʲɪs]
sala (f) de estar	**svečių̃ kambarỹs** (v)	[svʲɛ'tʂʲu: kamba'rʲi:s]
escritório (m)	**kabinètas** (v)	[kabʲɪ'nʲɛtas]
antessala (f)	**príeškambaris** (v)	['prʲiɛʃkambarʲɪs]
quarto (m) de banho	**voniõs kambarỹs** (v)	[vo'nʲo:s kamba'rʲi:s]
toilette (lavabo)	**tualètas** (v)	[tʊa'lʲɛtas]
teto (m)	**lùbos** (m dgs)	['lʲʊbos]
chão, soalho (m)	**grìndys** (m dgs)	['grʲɪndʲi:s]
canto (m)	**kam̃pas** (v)	['kampas]

94. Apartamento. Limpeza

arrumar, limpar (vt)	**tvarkýti**	[tvar'kʲi:tʲɪ]
guardar (no armário, etc.)	**tvarkýti (išnèšti)**	[tvar'kʲi:tʲɪ]
pó (m)	**dùlkės** (m dgs)	['dʊlʲkʲe:s]
empoeirado	**dulkė́tas**	[dʊlʲ'kʲe:tas]
limpar o pó	**valýti dùlkes**	[va'lʲi:tʲɪ 'dʊlʲkʲɛs]
aspirador (m)	**dùlkių siurblỹs** (v)	['dʊlʲkʲu: sʲʊr'blʲi:s]
aspirar (vt)	**siur̃bti**	['sʲʊrptʲɪ]
varrer (vt)	**šlúoti**	['ʃlʲʊatʲɪ]
sujeira (f)	**šiùkšlės** (m dgs)	['ʃʊkʃlʲe:s]
arrumação (f), ordem (f)	**tvarkà** (m)	[tvar'ka]
desordem (f)	**netvarkà** (m)	[nʲɛtvar'ka]
esfregão (m)	**plaušìnė šlúota** (m)	[plʲaʊ'ʃɪnʲe: 'ʃlʲʊata]
pano (m), trapo (m)	**skùduras** (v)	['skʊdʊras]
vassoura (f)	**šlúota** (m)	['ʃlʲʊata]
pá (f) de lixo	**semtuvė̃lis** (v)	[sʲɛmtʊvʲe:lʲɪs]

95. Mobiliário. Interior

mobiliário (m)	**bal̃dai** (v)	['balʲdʌɪ]
mesa (f)	**stãlas** (v)	['sta:lʲas]
cadeira (f)	**kėdė̃** (m)	[kʲe:'dʲe:]
cama (f)	**lóva** (m)	['lʲova]
divã (m)	**sofà** (m)	[so'fa]
cadeirão (m)	**fòtelis** (v)	['fotʲɛlʲɪs]
estante (f)	**spìnta** (m)	['spʲɪnta]
prateleira (f)	**lentýna** (m)	[lʲɛn'tʲi:na]
guarda-vestidos (m)	**drabùžių spìnta** (m)	[dra'bʊʒʲu: 'spʲɪnta]
cabide (m) de parede	**pakabà** (m)	[paka'ba]
cabide (m) de pé	**kabyklà** (m)	[kabʲi:k'lʲa]
cómoda (f)	**komodà** (m)	[kɔmo'da]
mesinha (f) de centro	**žurnãlinis staliùkas** (v)	[ʒʊr'na:lʲɪnʲɪs sta'lʲʊkas]
espelho (m)	**véidrodis** (v)	['vʲɛɪdrodʲɪs]
tapete (m)	**kìlimas** (v)	['kʲɪlʲɪmas]
tapete (m) pequeno	**kilimė̃lis** (v)	[kʲɪlʲɪ'mʲe:lʲɪs]
lareira (f)	**židinỹs** (v)	[ʒʲɪdʲɪ'nʲi:s]
vela (f)	**žvãkė** (m)	['ʒva:kʲe:]
castiçal (m)	**žvakìdė** (m)	[ʒva'kʲɪdʲe:]
cortinas (f pl)	**užúolaidos** (m dgs)	[ʊ'ʒʊalʲʌɪdos]
papel (m) de parede	**tapètai** (v)	[ta'pʲɛtʌɪ]
estores (f pl)	**žãliuzės** (m dgs)	['ʒa:lʲʊzʲe:s]
candeeiro (m) de mesa	**stalìnė lémpa** (m)	[sta'lʲɪnʲe: 'lʲɛmpa]
candeeiro (m) de parede	**šviestùvas** (v)	[ʃvʲiɛ'stʊvas]

candeeiro (m) de pé	**toršeras** (v)	[tor'ʃɛras]
lustre (m)	**sietýnas** (v)	[sʲiɛ'tʲi:nas]
pé (de mesa, etc.)	**kojýtė** (m)	[kɔ'ji:tʲe:]
braço (m)	**rañktūris** (v)	['raŋktu:rʲɪs]
costas (f pl)	**ãtlošas** (v)	['a:tlʲoʃas]
gaveta (f)	**stálčius** (v)	['stalʲtʂʲʊs]

96. Quarto de dormir

roupa (f) de cama	**pãtalynė** (m)	['pa:talʲi:nʲe:]
almofada (f)	**pagálvė** (m)	[pa'galʲvʲe:]
fronha (f)	**ùžvalkalas** (v)	['ʊʒvalʲkalas]
cobertor (m)	**užklótas** (v)	[ʊʒ'klʲotas]
lençol (m)	**paklõdė** (m)	[pak'lʲo:dʲe:]
colcha (f)	**lovãtiesė** (m)	[lʲo'va:tʲiɛsʲe:]

97. Cozinha

cozinha (f)	**virtùvė** (m)	[vʲɪr'tʊvʲe:]
gás (m)	**dùjos** (m dgs)	['dʊjɔs]
fogão (m) a gás	**dùjinė** (m)	['dʊjinʲe:]
fogão (m) elétrico	**elektrìnė** (m)	[ɛlʲɛk'trʲɪnʲe:]
forno (m)	**órkaitė** (m)	['orkʌɪtʲe:]
forno (m) de micro-ondas	**mikrobangų̃ krosnẽlė** (m)	[mʲɪkroban'gu: kros'nʲælʲe:]
frigorífico (m)	**šaldytùvas** (v)	[ʃalʲdʲi:'tʊvas]
congelador (m)	**šáldymo kãmera** (m)	['ʃalʲdʲi:mɔ 'ka:mʲɛra]
máquina (f) de lavar louça	**iñdų plovìmo mašinà** (m)	['ɪndu: plʲo'vʲɪmɔ maʃʲɪ'na]
moedor (m) de carne	**mẽsmalė** (m)	['mʲe:smalʲe:]
espremedor (m)	**sulčiãspaudė** (m)	[sʊlʲ'tʂʲæspaʊdʲe:]
torradeira (f)	**tòsteris** (v)	['tostʲɛrʲɪs]
batedeira (f)	**mìkseris** (v)	['mʲɪksʲɛrʲɪs]
máquina (f) de café	**kavõs aparãtas** (v)	[ka'vo:s apa'ra:tas]
cafeteira (f)	**kavinùkas** (v)	[kavʲɪ'nʊkas]
moinho (m) de café	**kavãmalė** (m)	[ka'va:malʲe:]
chaleira (f)	**arbatinùkas** (v)	[arbatʲɪ'nʊkas]
bule (m)	**arbãtinis** (v)	[arba:'tʲɪnʲɪs]
tampa (f)	**dangtẽlis** (v)	[daŋk'tʲælʲɪs]
coador (m) de chá	**sietẽlis** (v)	[sʲiɛ'tʲælʲɪs]
colher (f)	**šáukštas** (v)	['ʃaʊkʃtas]
colher (f) de chá	**arbãtinis šaukštẽlis** (v)	[ar'ba:tʲɪnʲɪs ʃaʊkʃ'tʲælʲɪs]
colher (f) de sopa	**válgomasis šáukštas** (v)	['valʲgomasʲɪs 'ʃaʊkʃtas]
garfo (m)	**šakùtė** (m)	[ʃa'kʊtʲe:]
faca (f)	**peĩlis** (v)	['pʲɛɪlʲɪs]
louça (f)	**iñdai** (v)	['ɪndʌɪ]
prato (m)	**lėkštė̃** (m)	[lʲe:kʃ'tʲe:]

pires (m)	**lėkštẽlė** (m)	[lʲe:kʃ'tʲælʲe:]
cálice (m)	**taurẽlė** (m)	[tɑʊ'rʲælʲe:]
copo (m)	**stiklìnė** (m)	[stʲɪk'lʲɪnʲe:]
chávena (f)	**puodùkas** (v)	[pʊɑ'dʊkas]
açucareiro (m)	**cùkrinė** (m)	['tsʊkrʲɪnʲe:]
saleiro (m)	**drùskinė** (m)	['drʊskʲɪnʲe:]
pimenteiro (m)	**pipìrinė** (m)	[pʲɪ'pʲɪrʲɪnʲe:]
manteigueira (f)	**svíestinė** (m)	['svʲiɛstʲɪnʲe:]
panela, caçarola (f)	**púodas** (v)	['pʊɑdas]
frigideira (f)	**keptùvė** (m)	[kʲɛp'tʊvʲe:]
concha (f)	**sámtis** (v)	['samtʲɪs]
passador (m)	**kiaurãsamtis** (v)	[kʲɛʊ'ra:samtʲɪs]
bandeja (f)	**padẽklas** (v)	[pa'dʲe:klʲas]
garrafa (f)	**bùtelis** (v)	['bʊtʲɛlʲɪs]
boião (m) de vidro	**stiklaĩnis** (v)	[stʲɪk'lʲʌʲɪnʲɪs]
lata (f)	**skardìnė** (m)	[skar'dʲɪnʲe:]
abre-garrafas (m)	**atidarytùvas** (v)	[atʲɪdarʲi:'tʊvas]
abre-latas (m)	**konsèrvų atidarytùvas** (v)	[kɔn'sʲɛrvu: atʲɪdarʲi:'tʊvas]
saca-rolhas (m)	**kamščiãtraukis** (v)	[kamʃtʂʲætraʊkʲɪs]
filtro (m)	**fìltras** (v)	['fʲɪlʲtras]
filtrar (vt)	**filtrúoti**	[fʲɪlʲ'trʊatʲɪ]
lixo (m)	**šiùkšlės** (m dgs)	['ʃʊkʃlʲe:s]
balde (m) do lixo	**šiùkšlių kìbiras** (v)	['ʃʊkʃlʲu: 'kʲɪbʲɪras]

98. Casa de banho

quarto (m) de banho	**voniõs kambarỹs** (v)	[vo'nʲo:s kamba'rʲi:s]
água (f)	**vanduõ** (v)	[van'dʊɑ]
torneira (f)	**čiáupas** (v)	['tʂʲæʊpas]
água (f) quente	**kárštas vanduõ** (v)	['karʃtas van'dʊɑ]
água (f) fria	**šáltas vanduõ** (v)	['ʃalʲtas van'dʊɑ]
pasta (f) de dentes	**dantų̃ pastà** (m)	[dan'tu: pas'ta]
escovar os dentes	**valýti dantìs**	[va'lʲi:tʲɪ dan'tʲɪs]
escova (f) de dentes	**dantų̃ šepetẽlis** (v)	[dan'tu: ʃepe'tʲe:lʲɪs]
barbear-se (vr)	**skùstis**	['skʊstʲɪs]
espuma (f) de barbear	**skutìmosi pùtos** (m dgs)	[skʊ'tʲɪmosʲɪ 'pʊtos]
máquina (f) de barbear	**skutìmosi peiliùkas** (v)	[skʊ'tʲɪmosʲɪ pʲɛɪ'lʲʊkas]
lavar (vt)	**pláuti**	['plʲɑʊtʲɪ]
lavar-se (vr)	**máudytis, praũstis**	['mɑʊdʲi:tʲɪs], ['prɑʊstʲɪs]
duche (m)	**dùšas** (v)	['dʊʃas]
tomar um duche	**praũstis dušè**	['prɑʊstʲɪs dʊ'ʃɛ]
banheira (f)	**vonià** (m)	[vo'nʲæ]
sanita (f)	**unitãzas** (v)	[ʊnʲɪ'ta:zas]
lavatório (m)	**kriauklė̃** (m)	[krʲɛʊk'lʲe:]
sabonete (m)	**muĩlas** (v)	['mʊɪlʲas]

saboneteira (f)	**muĩlinė** (m)	['mʊɪlʲɪnʲe:]
esponja (f)	**kempìnė** (m)	[kʲɛm'pʲɪnʲe:]
champô (m)	**šampū̃nas** (v)	[ʃam'pu:nas]
toalha (f)	**rañkšluostis** (v)	['raŋkʃlʲʊɑstʲɪs]
roupão (m) de banho	**chalãtas** (v)	[xa'lʲa:tas]
lavagem (f)	**skalbìmas** (v)	[skalʲ'bʲɪmas]
máquina (f) de lavar	**skalbìmo mašinà** (m)	[skalʲ'bʲɪmɔ maʃɪ'na]
lavar a roupa	**skal̃bti báltinius**	['skʌlʲptʲɪ 'ba lʲtʲɪnʲʊs]
detergente (m)	**skalbìmo miltẽliai** (v dgs)	[skalʲ'bʲɪmɔ mʲɪlʲ'tʲælʲɛɪ]

99. Eletrodomésticos

televisor (m)	**televìzorius** (v)	[tʲɛlʲɛ'vʲɪzorʲʊs]
gravador (m)	**magnetofònas** (v)	[magnʲɛto'fonas]
videogravador (m)	**video magnetofònas** (v)	[vʲɪdʲɛɔ magnʲɛto'fonas]
rádio (m)	**imtùvas** (v)	[ɪm'tʊvas]
leitor (m)	**grotùvas** (v)	[gro'tʊvas]
projetor (m)	**video projèktorius** (v)	['vʲɪdʲɛɔ pro'jæktorʲʊs]
cinema (m) em casa	**namų̃ kìno teãtras** (v)	[na'mu: 'kʲɪnɔ tʲɛ'a:tras]
leitor (m) de DVD	**DVD grotùvas** (v)	[dʲɪvʲɪ'dʲɪ gro'tʊvas]
amplificador (m)	**stiprintùvas** (v)	[stʲɪprʲɪn'tʊvas]
console (f) de jogos	**žaidìmų príedėlis** (v)	[ʒʌɪ'dʲɪmu: 'prʲiɛdʲe:lʲɪs]
câmara (f) de vídeo	**videokãmera** (m)	[vʲɪdʲɛo'ka:mʲɛra]
máquina (f) fotográfica	**fotoaparãtas** (v)	[fotoapa'ra:tas]
câmara (f) digital	**skaitmenìnis fotoaparãtas** (v)	[skʌɪtmʲɛ'nʲɪnʲɪs fotoapa'ra:tas]
aspirador (m)	**dùlkių siurblỹs** (v)	['dʊlʲkʲu: sʲʊr'blʲi:s]
ferro (m) de engomar	**lygintùvas** (v)	[lʲi:gʲɪn'tʊvas]
tábua (f) de engomar	**lýginimo lentà** (m)	['lʲi:gʲɪnʲɪmɔ lʲɛn'ta]
telefone (m)	**telefònas** (v)	[tʲɛlʲɛ'fonas]
telemóvel (m)	**mobilùsis telefònas** (v)	[mobʲɪ'lʊsʲɪs tʲɛlʲɛ'fonas]
máquina (f) de escrever	**rãšymo mašinė̃lė** (m)	['ra:ʃɪ:mɔ maʃɪ'nʲe:lʲe:]
máquina (f) de costura	**siuvìmo mašinà** (m)	[sʲʊ'vʲɪmɔ maʃɪ'na]
microfone (m)	**mikrofònas** (v)	[mʲɪkro'fonas]
auscultadores (m pl)	**ausìnės** (m dgs)	[ɑʊ'sʲɪnʲe:s]
controlo remoto (m)	**pùltas** (v)	['pʊlʲtas]
CD (m)	**kompãktinis dìskas** (v)	[kɔm'pa:ktʲɪnʲɪs 'dʲɪskas]
cassete (f)	**kasètė** (m)	[ka'sʲɛtʲe:]
disco (m) de vinil	**plokštẽlė** (m)	[plokʃ'tʲælʲe:]

100. Reparações. Renovação

renovação (f)	**remòntas** (v)	[rʲɛ'montas]
renovar (vt), fazer obras	**darýti remòntą**	[da'rʲi:tʲɪ rʲɛ'monta:]
reparar (vt)	**remontúoti**	[rʲɛmon'tʊɑtʲɪ]

consertar (vt)	**tvarkýti**	[tvar'kʲi:tʲɪ]
refazer (vt)	**pérdaryti**	['pʲɛrdarʲi:tʲɪ]
tinta (f)	**dažaĩ** (v dgs)	[da'ʒʌɪ]
pintar (vt)	**dažýti**	[da'ʒʲi:tʲɪ]
pintor (m)	**dažýtojas** (v)	[da'ʒʲi:to:jɛs]
pincel (m)	**teptùkas** (v)	[tʲɛp'tʊkas]
cal (f)	**báltinimas** (v)	['balʲtʲɪnʲɪmas]
caiar (vt)	**bãlinti**	['ba:lʲɪntʲɪ]
papel (m) de parede	**tapètai** (v)	[ta'pʲɛtʌɪ]
colocar papel de parede	**tapetúoti**	[tapʲɛ'tʊɑtʲɪ]
verniz (m)	**lãkas** (v)	['lʲa:kas]
envernizar (vt)	**lakúoti**	[lʲa'kʊɑtʲɪ]

101. Canalizações

água (f)	**vanduõ** (v)	[van'dʊɑ]
água (f) quente	**kárštas vanduõ** (v)	['karʃtas van'dʊɑ]
água (f) fria	**šáltas vanduõ** (v)	['ʃalʲtas van'dʊɑ]
torneira (f)	**čiáupas** (v)	['tʂʲæʊpas]
gota (f)	**lãšas** (v)	['lʲa:ʃas]
gotejar (vi)	**lašnóti**	[lʲaʃ'notʲɪ]
vazar (vt)	**varvéti**	[var'vʲe:tʲɪ]
vazamento (m)	**tekéti**	[tʲɛ'kʲe:tʲɪ]
poça (f)	**balà** (m)	[ba'lʲa]
tubo (m)	**vam̃zdis** (v)	['vamzdʲɪs]
válvula (f)	**ventìlis** (v)	[vʲɛn'tʲɪlʲɪs]
entupir-se (vr)	**užsiter̃šti**	[ʊʒsʲɪ'tʲɛrʃtʲɪ]
ferramentas (f pl)	**įrankiai** (v dgs)	['i:raŋkʲɛɪ]
chave (f) inglesa	**skečiamàsis rãktas** (v)	[skʲɛtʂʲæ'masʲɪs 'ra:ktas]
desenroscar (vt)	**atsùkti**	[at'sʊktʲɪ]
enroscar (vt)	**užsùkti**	[ʊʒ'sʊktʲɪ]
desentupir (vt)	**valýti**	[va'lʲi:tʲɪ]
canalizador (m)	**santèchnikas** (v)	[san'tʲɛxnʲɪkas]
cave (f)	**rūsỹs** (v)	[ru:'sʲi:s]
sistema (m) de esgotos	**kanalizãcija** (m)	[kanalʲɪ'za:tsʲɪjɛ]

102. Fogo. Deflagração

incêndio (m)	**ugnìs** (v)	[ʊg'nʲɪs]
chama (f)	**liepsnà** (m)	[lʲiɛps'na]
faísca (f)	**žíežirba** (m)	['ʒʲiɛʒʲɪrba]
fumo (m)	**dū́mas** (v)	['du:mas]
tocha (f)	**fãkelas** (v)	['fa:kʲɛlʲas]
fogueira (f)	**láužas** (v)	['lʲɑʊʒas]
gasolina (f)	**benzìnas** (v)	[bʲɛn'zʲɪnas]

querosene (m) **žìbalas** (v) ['ʒʲɪbalʲas]
inflamável **degùs** [dʲɛ'gʊs]
explosivo **sprógus** ['sprogʊs]
PROIBIDO FUMAR! **NERŪKÝTI!** [nʲɛru:'kʲi:tʲɪ]

segurança (f) **saugùmas** (v) [sɑʊ'gʊmas]
perigo (m) **pavõjus** (v) [pa'vo:jʊs]
perigoso **pavojìngas** [pavo'jɪngas]

incendiar-se (vr) **užsidègti** [ʊʒsʲɪ'dʲɛktʲɪ]
explosão (f) **sprogìmas** (v) [spro'gʲɪmas]
incendiar (vt) **padègti** [pa'dʲɛktʲɪ]
incendiário (m) **padegė́jas** (v) [padʲɛ'gʲe:jas]
incêndio (m) criminoso **padegìmas** (v) [padʲɛ'gʲɪmas]

arder (vi) **liepsnóti** [lʲiɛps'notʲɪ]
queimar (vi) **dė́gti** ['dʲe:ktʲɪ]
queimar tudo (vi) **sudègti** [sʊ'dʲɛktʲɪ]

chamar os bombeiros **iškviẽsti gaĩsrininkus** [ɪʃk'vʲɛstʲɪ 'gʌɪsrʲɪnʲɪŋkʊs]
bombeiro (m) **gaisrìnis** ['gʌɪsrʲɪnʲɪs]
carro (m) de bombeiros **gaĩsrinė mašinà** (m) [gʌɪsrʲɪnʲe: maʃʲɪ'na]
corpo (m) de bombeiros **gaĩsrinė kománda** (m) ['gʌɪsrʲɪnʲe: ko'manda]
escada (f) extensível **gaisrìnės kópėčios** (m dgs) ['gʌɪsrʲɪnʲe:s 'kopʲe:tʂʲos]

mangueira (f) **žarnà** (m) [ʒar'na]
extintor (m) **gesintùvas** (v) [gʲɛsʲɪn'tʊvas]
capacete (m) **šálmas** (v) ['ʃalʲmas]
sirene (f) **sirenà** (m) [sʲɪrʲɛ'na]

gritar (vi) **šaũkti** ['ʃɑʊktʲɪ]
chamar por socorro **kviẽsti pagálbą** ['kvʲɛstʲɪ pa'galʲba:]
salvador (m) **gélbėtojas** (v) ['gʲælʲbʲe:to:jɛs]
salvar, resgatar (vt) **gélbėti** ['gʲælʲbʲe:tʲɪ]

chegar (vi) **atvažiúoti** [atva'ʒʲʊɑtʲɪ]
apagar (vt) **gesìnti** [gʲɛ'sʲɪntʲɪ]
água (f) **vanduõ** (v) [van'dʊɑ]
areia (f) **smė̃lis** (v) ['smʲe:lʲɪs]

ruínas (f pl) **griuvė̃siai** (v dgs) [grʲʊ'vʲe:sʲɛɪ]
ruir (vi) **nugriū̃ti** [nʊ'grʲu:tʲɪ]
desmoronar (vi) **nuvir̃sti** [nʊ'vʲɪrstʲɪ]
desabar (vi) **apgriūti** [ap'grʲu:tʲɪ]

fragmento (m) **núolauža** (m) ['nʊɑlʲɑʊʒa]
cinza (f) **pelenaĩ** (v dgs) [pʲɛlʲɛ'nʌɪ]

sufocar (vi) **uždùsti** [ʊʒ'dʊstʲɪ]
perecer (vi) **žū́ti** ['ʒu:tʲɪ]

ATIVIDADES HUMANAS

Emprego. Negócios. Parte 1

103. Escritório. O trabalho no escritório

Português	Lituano	Pronúncia
escritório (~ de advogados)	**òfisas** (v)	['ofʲɪsas]
escritório (do diretor, etc.)	**kabinètas** (v)	[kabʲɪ'nʲɛtas]
receção (f)	**registratūrà** (m)	[rʲɛgʲɪstratu:'ra]
secretário (m)	**sekretõrius** (v)	[sʲɛkrʲɛ'to:rʲʊs]
diretor (m)	**dirèktorius** (v)	[dʲɪ'rʲɛktorʲʊs]
gerente (m)	**vadýbininkas** (v)	[va'dʲi:bʲɪnʲɪŋkas]
contabilista (m)	**buhálteris** (v)	[bʊ'ɣalʲtʲɛrʲɪs]
empregado (m)	**bendradar̃bis** (v)	[bʲɛndra'darbʲɪs]
mobiliário (m)	**bal̃dai** (v)	['balʲdʌɪ]
mesa (f)	**stãlas** (v)	['sta:lʲas]
cadeira (f)	**fòtelis** (v)	['fotʲɛlʲɪs]
bloco (m) de gavetas	**spintẽlė** (m)	[spʲɪn'tʲælʲe:]
cabide (m) de pé	**kabyklà** (m)	[kabʲi:k'lʲa]
computador (m)	**kompiùteris** (v)	[kɔm'pʲʊtʲɛrʲɪs]
impressora (f)	**spausdintùvas** (v)	[spɑʊsdʲɪn'tʊvas]
fax (m)	**fãksas** (v)	['fa:ksas]
fotocopiadora (f)	**kopijãvimo aparãtas** (v)	[kɔpʲɪ'ja:vʲɪmɔ apa'ra:tas]
papel (m)	**põpierius** (v)	['po:pʲiɛrʲʊs]
artigos (m pl) de escritório	**kanceliãriniai reĩkmenys** (v dgs)	[kantsʲɛ'lʲærʲɪnʲɛɪ 'rʲɛɪkmʲɛnʲi:s]
tapete (m) de rato	**kilimė̃lis** (v)	[kʲɪlʲɪ'mʲe:lʲɪs]
folha (f) de papel	**lãpas** (v)	['lʲa:pas]
pasta (f)	**pãpkė** (m)	['pa:pkʲe:]
catálogo (m)	**katalògas** (v)	[kata'lʲogas]
diretório (f) telefónico	**žinýnas** (v)	[ʒʲɪ'nʲi:nas]
documentação (f)	**dokumentãcija** (m)	[dokʊmʲɛn'ta:tsʲɪjɛ]
brochura (f)	**brošiūrà** (m)	[broʃu:'ra]
flyer (m)	**skrajùtė** (m)	[skra'jʊtʲe:]
amostra (f)	**pavyzdỹs** (v)	[pavʲi:z'dʲi:s]
formação (f)	**trèningas** (v)	['trʲɛnʲɪngas]
reunião (f)	**pasitarìmas** (v)	[pasʲɪta'rʲɪmas]
hora (f) de almoço	**pietų̃ pértrauka** (m)	[pʲiɛ'tu: 'pʲɛrtrɑʊka]
fazer uma cópia	**darýti kòpiją**	[da'rʲi:tʲɪ 'kopʲɪja:]
tirar cópias	**dáuginti**	['dɑʊgʲɪntʲɪ]
receber um fax	**gáuti fãksą**	['gɑʊtʲɪ 'fa:ksa:]
enviar um fax	**sių̃sti fãksą**	['sʲu:stʲɪ 'fa:ksa:]

fazer uma chamada	**skam̃binti**	['skambʲɪntʲɪ]
responder (vt)	**atsiliẽpti**	[atsʲɪ'lʲɛptʲɪ]
passar (vt)	**sujùngti**	[sʊ'jʊŋktʲɪ]
marcar (vt)	**skìrti**	['skʲɪrtʲɪ]
demonstrar (vt)	**demonstrúoti**	[dʲɛmons'trʊɑtʲɪ]
estar ausente	**nebū́ti**	[nʲɛ'bu:tʲɪ]
ausência (f)	**praleidìmas** (v)	[pralʲɛɪ'dʲɪmas]

104. Processos negociais. Parte 1

negócio (m)	**ver̃slas** (v)	['vʲɛrslʲas]
ocupação (f)	**veiklà** (m)	[vʲɛɪk'lʲa]
firma, empresa (f)	**fìrma** (m)	['fʲɪrma]
companhia (f)	**kompãnija** (m)	[kɔm'pa:nʲɪjɛ]
corporação (f)	**korporãcija** (m)	[kɔrpo'ra:tsʲɪjɛ]
empresa (f)	**į́monė** (m)	['i:monʲe:]
agência (f)	**agentūrà** (m)	[agʲɛntu:'ra]
acordo (documento)	**sutartìs** (m)	[sʊtar'tʲɪs]
contrato (m)	**kontrãktas** (v)	[kɔn'tra:ktas]
acordo (transação)	**sándėris** (v)	['sandʲe:rʲɪs]
encomenda (f)	**užsãkymas** (v)	[ʊʒ'sa:kʲi:mas]
cláusulas (f pl), termos (m pl)	**są́lyga** (m)	['sa:lʲi:ga]
por grosso (adv)	**didmenomìs**	[dʲɪdmʲɛno'mʲɪs]
por grosso (adj)	**didmenìnis**	[dʲɪdmʲɛ'nʲɪnʲɪs]
venda (f) por grosso	**didmenìnė prekýba** (m)	[dʲɪdme'nʲɪnʲe: pre'kʲi:ba]
a retalho	**mažmenìnis**	[maʒmʲɛ'nʲɪnʲɪs]
venda (f) a retalho	**mažmenìnė prekýba** (m)	[maʒme'nʲɪnʲe: pre'kʲi:ba]
concorrente (m)	**konkureñtas** (v)	[kɔŋkʊ'rʲɛntas]
concorrência (f)	**konkureñcija** (m)	[kɔŋkʊ'rʲɛntsʲɪjɛ]
competir (vi)	**konkurúoti**	[kɔŋkʊ'rʊɑtʲɪ]
sócio (m)	**pártneris** (v)	['partnʲɛrʲɪs]
parceria (f)	**partnerỹstė** (m)	[partnʲɛ'rʲi:stʲe:]
crise (f)	**krìzė** (m)	['krʲɪzʲe:]
bancarrota (f)	**bankròtas** (v)	[baŋk'rotas]
entrar em falência	**bankrutúoti**	[baŋkrʊ'tʊɑtʲɪ]
dificuldade (f)	**sunkùmas** (v)	[sʊŋ'kʊmas]
problema (m)	**problemà** (m)	[problʲɛ'ma]
catástrofe (f)	**katastrofà** (m)	[katastro'fa]
economia (f)	**ekonòmika** (m)	[ɛko'nomʲɪka]
económico	**ekonòminis**	[ɛko'nomʲɪnʲɪs]
recessão (f) económica	**ekonòminis nuósmukis** (v)	[ɛko'nomʲɪnʲɪs 'nʊɑsmʊkʲɪs]
objetivo (m)	**tìkslas** (v)	['tʲɪkslʲas]
tarefa (f)	**užduotìs** (m)	[ʊʒdʊɑ'tʲɪs]
comerciar (vi, vt)	**prekiáuti**	[prʲɛ'kʲæʊtʲɪ]
rede (de distribuição)	**tiñklas** (v)	['tʲɪŋklʲas]

estoque (m)	**sándėlis** (v)	['sandʲe:lʲɪs]
sortimento (m)	**asortimeñtas** (v)	[asortʲɪ'mʲɛntas]
líder (m)	**lýderis** (v)	['lʲi:dʲɛrʲɪs]
grande (~ empresa)	**dìdelė**	['dʲɪdʲɛlʲe:]
monopólio (m)	**monopòlija** (m)	[mono'polʲɪjɛ]
teoria (f)	**teòrija** (m)	[tʲɛ'orʲɪjɛ]
prática (f)	**prãktika** (m)	['pra:ktʲɪka]
experiência (falar por ~)	**patirtìs** (m)	[patʲɪr'tʲɪs]
tendência (f)	**tendeñcija** (m)	[tʲɛn'dʲɛntsʲɪjɛ]
desenvolvimento (m)	**výstymasis** (v)	['vʲi:stʲi:masʲɪs]

105. Processos negociais. Parte 2

rentabilidade (f)	**naudà** (m)	[nɑʊ'da]
rentável	**naudìngas**	[nɑʊ'dʲɪngas]
delegação (f)	**delegãcija** (m)	[dʲɛlʲɛ'ga:tsʲɪjɛ]
salário, ordenado (m)	**dárbo ùžmokestis** (v)	['darbɔ 'ʊʒmokʲɛstʲɪs]
corrigir (um erro)	**taisýti**	[tʌɪ'sʲi:tʲɪ]
viagem (f) de negócios	**komandiruõtė** (m)	[kɔmandʲɪ'rʊɑtʲe:]
comissão (f)	**komìsija** (m)	[kɔ'mʲɪsʲɪjɛ]
controlar (vt)	**kontroliúoti**	[kɔntro'lʲʊɑtʲɪ]
conferência (f)	**konfereñcija** (m)	[kɔnfʲɛ'rʲɛntsʲɪjɛ]
licença (f)	**liceñzija** (m)	[lʲɪ'tsʲɛnzʲɪjɛ]
confiável	**pàtikimas**	['patʲɪkʲɪmas]
empreendimento (m)	**pradžià** (m)	[prad'ʒʲæ]
norma (f)	**nòrma** (m)	['norma]
circunstância (f)	**aplinkýbė** (m)	[aplʲɪŋ'kʲi:bʲe:]
dever (m)	**pareigà** (m)	[parʲɛɪ'ga]
empresa (f)	**organizãcija** (m)	[organʲɪ'za:tsʲɪjɛ]
organização (f)	**organizãvimas** (v)	[organʲɪ'za:vʲɪmas]
organizado	**organizúotas**	[organʲɪ'zʊɑtas]
anulação (f)	**atšaukìmas** (v)	[atʃɑʊ'kʲɪmas]
anular, cancelar (vt)	**atšaũkti**	[at'ʃɑʊktʲɪ]
relatório (m)	**atãskaita** (m)	[a'ta:skʌɪta]
patente (f)	**pãtentas** (v)	['pa:tʲɛntas]
patentear (vt)	**patentúoti**	[patʲɛn'tʊɑtʲɪ]
planear (vt)	**planúoti**	[plʲa'nʊɑtʲɪ]
prémio (m)	**prèmija** (m)	['prʲɛmʲɪjɛ]
profissional	**profesionalùs**	[profʲɛsʲɪjɔna'lʲʊs]
procedimento (m)	**procedūrà** (m)	[protsʲɛdu:'ra]
examinar (a questão)	**išnagrinéti**	[ɪʃnagrʲɪ'nʲe:tʲɪ]
cálculo (m)	**apskaità** (m)	[apskʌɪ'ta]
reputação (f)	**reputãcija** (m)	[rʲɛpʊ'ta:tsʲɪjɛ]
risco (m)	**rìzika** (m)	['rʲɪzʲɪka]
dirigir (~ uma empresa)	**vadováuti**	[vado'vɑʊtʲɪ]

informação (f)	**dúomenys** (v dgs)	['dʊɑmʲɛnʲi:s]
propriedade (f)	**nuosavýbė** (m)	[nʊɑsa'vʲi:bʲe:]
união (f)	**sąjunga** (m)	['sa:jʊnga]
seguro (m) de vida	**gyvýbės draudìmas** (v)	[gʲi:'vʲi:bʲe:s drɑʊ'dʲɪmas]
fazer um seguro	**draũsti**	['drɑʊstʲɪ]
seguro (m)	**draudìmas** (v)	[drɑʊ'dʲɪmas]
leilão (m)	**varžýtinės** (m dgs)	[var'ʒʲi:tʲɪnʲe:s]
notificar (vt)	**pranèšti**	[pra'nʲɛʃtʲɪ]
gestão (f)	**vaĩdymas** (v)	['valʲdʲi:mas]
serviço (indústria de ~s)	**paslaugà** (m)	[paslʲɑʊ'ga]
fórum (m)	**fòrumas** (v)	['forʊmas]
funcionar (vi)	**funkcionúoti**	[fʊŋktsʲɪjɔ'nʊɑtʲɪ]
estágio (m)	**etãpas** (v)	[ɛ'ta:pas]
jurídico	**jurìdinis**	[jʊ'rʲɪdʲɪnʲɪs]
jurista (m)	**téisininkas** (v)	['tʲɛɪsʲɪnʲɪŋkas]

106. Produção. Trabalhos

usina (f)	**gamyklà** (m)	[gamʲi:k'lʲa]
fábrica (f)	**fãbrikas** (v)	['fa:brʲɪkas]
oficina (f)	**cèchas** (v)	['tsʲɛxas]
local (m) de produção	**gamýba** (m)	[ga'mʲi:ba]
indústria (f)	**prãmonė** (m)	['pra:monʲe:]
industrial	**pramonìnis**	[pramo'nʲɪnʲɪs]
indústria (f) pesada	**sunkióji prãmonė** (m)	[sʊŋ'kʲo:jɪ 'pra:monʲe:]
indústria (f) ligeira	**lengvóji prãmonė** (m)	[lʲɛng'vo:jɪ 'pra:monʲe:]
produção (f)	**prodùkcija** (m)	[pro'dʊktsʲɪjɛ]
produzir (vt)	**gamìnti**	[ga'mʲɪntʲɪ]
matérias-primas (f pl)	**žãliava** (m)	['ʒa:lʲæva]
chefe (m) de brigada	**brigãdininkas** (v)	[brʲɪ'ga:dʲɪnʲɪŋkas]
brigada (f)	**brigadà** (m)	[brʲɪga'da]
operário (m)	**darbiniñkas** (v)	[darbʲɪ'nʲɪŋkas]
dia (m) de trabalho	**dárbo dienà** (m)	['darbɔ dʲiɛ'na]
pausa (f)	**pértrauka** (m)	['pʲɛrtrɑʊka]
reunião (f)	**susirinkìmas** (v)	[sʊsʲɪrʲɪŋ'kʲɪmas]
discutir (vt)	**svarstýti**	[svar'stʲi:tʲɪ]
plano (m)	**plãnas** (v)	['plʲa:nas]
cumprir o plano	**įvýkdyti plãną**	[i:'vʲɪ:kdʲɪ:tʲɪ 'plʲa:na:]
taxa (f) de produção	**nòrma** (m)	['norma]
qualidade (f)	**kokýbė** (m)	[kɔ'kʲi:bʲe:]
controlo (m)	**kontròlė** (m)	[kɔn'trolʲe:]
controlo (m) da qualidade	**kokýbės kontròlė** (m)	[kɔ'kʲi:bʲe:s kon'trolʲe:]
segurança (f) no trabalho	**dárbo saugà** (m)	['darbɔ sɑʊ'ga]
disciplina (f)	**drausmẽ** (m)	['drɑʊsmʲe:]
infração (f)	**pažeidìmas** (v)	[paʒʲɛɪ'dʲɪmas]

violar (as regras)	**pažeĩsti**	[pa'ʒʲɛɪstʲɪ]
greve (f)	**streĩkas** (v)	['strʲɛɪkas]
grevista (m)	**streĩkininkas** (v)	['strʲɛʲɪkʲɪnʲɪŋkas]
estar em greve	**streikúoti**	[strʲɛɪ'kʊɑtʲɪ]
sindicato (m)	**profsą́junga** (m)	[prof'sa:jʊnga]
inventar (vt)	**išradinė́ti**	[ɪʃradʲɪ'nʲe:tʲɪ]
invenção (f)	**išradìmas** (v)	[ɪʃra'dʲɪmas]
pesquisa (f)	**tyrinė́jimas** (v)	[tʲi:rʲɪ'nʲɛjɪmas]
melhorar (vt)	**gẽrinti**	['gʲærʲɪntʲɪ]
tecnologia (f)	**technològija** (m)	[tʲɛxno'lʲogʲɪjɛ]
desenho (m) técnico	**brėžinỹs** (v)	[brʲe:ʒʲɪ'nʲi:s]
carga (f)	**krovinỹs** (v)	[krovʲɪ'nʲi:s]
carregador (m)	**krovė́jas** (v)	[kro'vʲe:jas]
carregar (vt)	**kráuti**	['krɑʊtʲɪ]
carregamento (m)	**krovìmas** (v)	[kro'vʲɪmas]
descarregar (vt)	**iškráuti**	[ɪʃ'krɑʊtʲɪ]
descarga (f)	**iškrovìmas** (v)	[ɪʃkro'vʲɪmas]
transporte (m)	**transpòrtas** (v)	[trans'portas]
companhia (f) de transporte	**transpòrto kompãnija** (m)	[trans'portɔ kom'pa:nʲɪjɛ]
transportar (vt)	**transportúoti**	[transpor'tʊɑtʲɪ]
vagão (m) de carga	**vagònas** (v)	[va'gonas]
cisterna (f)	**cistèrna** (m)	[tsʲɪs'tʲɛrna]
camião (m)	**suñkvežimis** (v)	['sʊŋkvʲɛʒʲɪmʲɪs]
máquina-ferramenta (f)	**stãklės** (m dgs)	['sta:klʲe:s]
mecanismo (m)	**mechanìzmas** (v)	[mʲɛxa'nʲɪzmas]
resíduos (m pl) industriais	**atliekõs** (m dgs)	[at'lʲiɛko:s]
embalagem (f)	**pakãvimas** (v)	[pa'ka:vʲɪmas]
embalar (vt)	**supakúoti**	[sʊpa'kʊɑtʲɪ]

107. Contrato. Acordo

contrato (m)	**kontrãktas** (v)	[kɔn'tra:ktas]
acordo (m)	**susitarìmas** (v)	[sʊsʲɪta'rʲɪmas]
adenda (f), anexo (m)	**priẽdas** (v)	['prʲɛdas]
assinar o contrato	**sudarýti sùtartį**	[sʊda'rʲi:tʲɪ 'sʊtartʲɪ:]
assinatura (f)	**pãrašas** (v)	['pa:raʃas]
assinar (vt)	**pasirašýti**	[pasʲɪra'ʃʲi:tʲɪ]
carimbo (m)	**añtspaudas** (v)	['antspɑʊdas]
objeto (m) do contrato	**sutartiẽs dalỹkas** (v)	[sʊtar'tʲɛs da'lʲi:kas]
cláusula (f)	**pùnktas** (v)	['pʊŋktas]
partes (f pl)	**šãlys** (m dgs)	['ʃa:lʲi:s]
morada (f) jurídica	**jurìdinis ãdresas** (v)	[jʊ'rʲɪdʲɪnʲɪs 'a:drʲɛsas]
violar o contrato	**pažeĩsti sùtartį**	[pa'ʒʲɛɪstʲɪ 'sʊtartʲɪ:]
obrigação (f)	**įsipareigójimas** (v)	[i:sʲɪparʲɛɪ'go:jɪmas]
responsabilidade (f)	**atsakomýbė** (m)	[atsako'mʲi:bʲe:]

força (f) maior	**nenugalimóji jėgà** (m)	[nʲɛnʊgalʲɪ'mo:jɪ je:'ga]
litígio (m), disputa (f)	**giñčas** (v)	['gʲɪntʂas]
multas (f pl)	**baudìnės sánkcijos** (m dgs)	[bɑʊ'dʲɪnʲe:s 'saŋktsʲɪjɔs]

108. Importação & Exportação

importação (f)	**impòrtas** (v)	[ɪm'portas]
importador (m)	**importúotojas** (v)	[ɪmpor'tʊɑto:jɛs]
importar (vt)	**importúoti**	[ɪmpor'tʊɑtʲɪ]
de importação	**impòrtinis**	[ɪm'portʲɪnʲɪs]
exportador (m)	**eksportúotojas** (v)	[ɛkspor'tʊɑto:jɛs]
exportar (vt)	**eksportúoti**	[ɛkspor'tʊɑtʲɪ]
mercadoria (f)	**prẽkė** (m)	['prʲækʲe:]
lote (de mercadorias)	**pártija** (m)	['partʲɪjɛ]
peso (m)	**svõris** (v)	['svo:rʲɪs]
volume (m)	**tū̃ris** (v)	['tu:rʲɪs]
metro (m) cúbico	**kùbinis mètras** (v)	['kʊbʲɪnʲɪs 'mʲɛtras]
produtor (m)	**gamìntojas** (v)	[ga'mʲɪnto:jɛs]
companhia (f) de transporte	**transpòrto kompãnija** (m)	[trans'portɔ kom'pa:nʲɪjɛ]
contentor (m)	**kontéineris** (v)	[kɔn'tʲɛɪnʲɛrʲɪs]
fronteira (f)	**síena** (m)	['sʲiɛna]
alfândega (f)	**muĩtinė** (m)	['mʊɪtʲɪnʲe:]
taxa (f) alfandegária	**muĩtinės riñkliava** (m)	['mʊɪtʲɪnʲe:s 'rʲɪŋklʲæva]
funcionário (m) da alfândega	**muĩtininkas** (v)	['mʊɪtʲɪnʲɪŋkas]
contrabando (atividade)	**kontrabánda** (m)	[kɔntra'banda]
contrabando (produtos)	**kontrabánda** (m)	[kɔntra'banda]

109. Finanças

ação (f)	**ãkcija** (m)	['a:ktsʲɪjɛ]
obrigação (f)	**obligãcija** (m)	[oblʲɪ'ga:tsʲɪjɛ]
nota (f) promissória	**vèkselis** (v)	['vʲɛksʲɛlʲɪs]
bolsa (f)	**bìržа** (m)	['bʲɪrʒa]
cotação (m) das ações	**ãkcijų kùrsas** (v)	['a:ktsʲɪju: 'kʊrsas]
tornar-se mais barato	**atpìgti**	[at'pʲɪktʲɪ]
tornar-se mais caro	**pabrángti**	[pa'braŋktʲɪ]
parte (f)	**ãkcija** (m)	['a:ktsʲɪjɛ]
participação (f) maioritária	**kontròlinis pakètas** (v)	[kɔn'trolʲɪnʲɪs pa'kʲɛtas]
investimento (m)	**investìcijos** (m dgs)	[ɪnvʲɛs'tʲɪtsʲɪjɔs]
investir (vt)	**investúoti**	[ɪnvʲɛs'tʊɑtʲɪ]
percentagem (f)	**pròcentas** (v)	['protsʲɛntas]
juros (m pl)	**pròcentai** (v dgs)	['protsʲɛntʌɪ]
lucro (m)	**peĩnas** (v)	['pʲɛɪ̃nas]
lucrativo	**pelnìngas**	[pʲɛlʲ'nʲɪngas]

imposto (m)	**mókestis** (v)	['mokʲɛstʲɪs]
divisa (f)	**valiutà** (m)	[valʲʊ'ta]
nacional	**nacionãlinis**	[natsʲɪjɔ'na:lʲɪnʲɪs]
câmbio (m)	**keitìmas** (v)	[kʲɛɪ'tʲɪmas]
contabilista (m)	**buhálteris** (v)	[bʊ'ɣalʲtʲɛrʲɪs]
contabilidade (f)	**buhaltèrija** (m)	[bʊɣalʲ'tʲɛrʲɪjɛ]
bancarrota (f)	**bankròtas** (v)	[baŋk'rotas]
falência (f)	**subankrutãvimas** (v)	[sʊbaŋkrʊ'ta:vʲɪmas]
ruína (f)	**nuskurdìmas** (v)	[nʊskʊr'dʲɪmas]
arruinar-se (vr)	**nuskur̃sti**	[nʊ'skʊrstʲɪ]
inflação (f)	**infliãcija** (m)	[ɪn'flʲætsʲɪjɛ]
desvalorização (f)	**devalvãcija** (m)	[dʲɛvalʲ'va:tsʲɪjɛ]
capital (m)	**kapitãlas** (v)	[kapʲɪ'ta:lʲas]
rendimento (m)	**pãjamos** (m dgs)	['pa:jamos]
volume (m) de negócios	**apývarta** (m)	[a'pʲi:varta]
recursos (m pl)	**ištekliaĩ** (v dgs)	[ɪʃtʲɛ'klʲɛɪ]
recursos (m pl) financeiros	**piniginės lė́šos** (m dgs)	[pʲɪnʲɪ'gʲɪnʲe:s 'lʲe:ʃos]
despesas (f pl) gerais	**pridėtìnės ìšlaidos** (m dgs)	[prʲɪdʲe:'tʲɪnʲe:s 'ɪʃlʲʌɪdos]
reduzir (vt)	**sumãžinti**	[sʊ'ma:ʒʲɪntʲɪ]

110. Marketing

marketing (m)	**rinkódara** (m)	[rʲɪŋ'kodara]
mercado (m)	**rinkà** (m)	[rʲɪŋ'ka]
segmento (m) do mercado	**riñkos segmeñtas** (v)	['rʲɪŋkos sʲɛg'mʲɛntas]
produto (m)	**prodùktas** (v)	[pro'dʊktas]
mercadoria (f)	**prẽkė** (m)	['prʲækʲe:]
marca (f)	**brendas** (v)	[brʲɛndas]
marca (f) comercial	**prẽkės žénklas** (v)	[prʲækʲe:s 'ʒʲæŋklʲas]
logotipo (m)	**fìrmos žénklas** (v)	['fʲɪrmos 'ʒʲɛŋklʲas]
logo (m)	**logotìpas** (v)	[lʲogo'tʲɪpas]
demanda (f)	**paklausà** (m)	[paklʲɑʊ'sa]
oferta (f)	**pasiūlà** (m)	[pasʲu:'lʲa]
necessidade (f)	**póreikis** (v)	['porʲɛɪkʲɪs]
consumidor (m)	**vartótojas** (v)	[var'toto:jɛs]
análise (f)	**anãlizė** (m)	[a'na:lʲɪzʲe:]
analisar (vt)	**analizúoti**	[analʲɪ'zʊɑtʲɪ]
posicionamento (m)	**pozicionãvimas** (v)	[pozʲɪtsʲɪjɔ'na:vʲɪmas]
posicionar (vt)	**pozicionúoti**	[pozʲɪtsʲɪjɔ'nʊɑtʲɪ]
preço (m)	**káina** (m)	['kʌɪna]
política (f) de preços	**káinų polìtika** (m)	['kʌɪnu: po'lʲɪtʲɪka]
formação (f) de preços	**káinų formãvimas** (v)	['kʌɪnu: for'ma:vʲɪmas]

111. Publicidade

publicidade (f)	**reklamà** (m)	[rʲɛklʲa'ma]
publicitar (vt)	**reklamúoti**	[rʲɛklʲa'mʊɑtʲɪ]
orçamento (m)	**biudžètas** (v)	[bʲʊ'dʒʲɛtas]
anúncio (m) publicitário	**reklamà** (m)	[rʲɛklʲa'ma]
publicidade (f) televisiva	**telereklamà** (m)	[tʲɛlʲɛrʲɛkla'ma]
publicidade (f) na rádio	**rãdijo reklamà** (m)	['ra:dʲɪjɔ rʲɛklʲa'ma]
publicidade (f) exterior	**išorìnė reklamà** (m)	[ɪʃɔ'rʲɪnʲe: reklʲa'ma]
comunicação (f) de massa	**žiniãsklaida** (m)	[ʒʲɪ'nʲæsklʲʌɪda]
periódico (m)	**periòdinis leidinỹs** (v)	[pʲɛrʲɪ'jɔdʲɪnʲɪs lʲɛɪdʲɪ'nʲi:s]
imagem (f)	**įvaizdis** (v)	['i:vʌɪzdʲɪs]
slogan (m)	**šū̃kis** (v)	['ʃu:kʲɪs]
mote (m), divisa (f)	**devìzas** (v)	[dʲɛ'vʲɪzas]
campanha (f)	**kampãnija** (m)	[kam'pa:nʲɪjɛ]
companha (f) publicitária	**reklãmos kampãnija** (m)	[rʲɛklʲa:mos kam'pa:nʲɪjɛ]
grupo (m) alvo	**tikslìnė auditòrija** (m)	[tʲɪks'lʲɪnʲe: ɑʊdʲɪ'torʲɪjɛ]
cartão (m) de visita	**vizìtinė kortẽlė** (m)	[vʲɪ'zʲɪtʲɪnʲe: kor'tʲælʲe:]
flyer (m)	**lapẽlis** (v)	[la'pʲælʲɪs]
brochura (f)	**brošiūrà** (m)	[broʃu:'ra]
folheto (m)	**lankstinùkas** (v)	[lʲaŋkstʲɪ'nʊkas]
boletim (~ informativo)	**biuletènis** (v)	[bʲʊlʲɛ'tʲɛnʲɪs]
letreiro (m)	**ìškaba** (m)	['ɪʃkaba]
cartaz, póster (m)	**plakãtas** (v)	[plʲa'ka:tas]
painel (m) publicitário	**skỹdas** (v)	['skʲi:das]

112. Banca

banco (m)	**bánkas** (v)	['baŋkas]
sucursal, balcão (f)	**skỹrius** (v)	['skʲi:rʲʊs]
consultor (m)	**konsultántas** (v)	[kɔnsʊlʲ'tantas]
gerente (m)	**valdýtojas** (v)	[valʲ'dʲi:to:jɛs]
conta (f)	**są́skaita** (m)	['sa:skʌɪta]
número (m) da conta	**są́skaitos nùmeris** (v)	['sa:skʌɪtos 'nʊmʲɛrʲɪs]
conta (f) corrente	**einamóji są́skaita** (m)	[ɛɪna'mo:jɪ 'sa:skʌɪta]
conta (f) poupança	**kaupiamóji są́skaita** (m)	[kɑʊpʲæ'mo:jɪ 'sa:skʌɪta]
abrir uma conta	**atidarýti są́skaitą**	[atʲɪda'rʲi:tʲɪ 'sa:skʌɪta:]
fechar uma conta	**uždarýti są́skaitą**	[ʊʒda'rʲi:tʲɪ 'sa:skʌɪta:]
depositar na conta	**padė́ti į są́skaitą**	[pa'dʲe:tʲɪ i: 'sa:skʌɪta:]
levantar (vt)	**paim̃ti ìš są́skaitos**	['pʌɪmtʲɪ ɪʃ 'sa:skʌɪtos]
depósito (m)	**iñdėlis** (v)	['ɪndʲe:lʲɪs]
fazer um depósito	**įnèšti iñdėlį**	[i:'nʲɛʃtʲɪ 'indʲe:lʲɪ:]
transferência (f) bancária	**pavedìmas** (v)	[pavʲɛ'dʲɪmas]

transferir (vt) — **atlìkti pavedìmą** — [atʲlʲɪktʲɪ pavʲɛ'dʲɪma:]
soma (f) — **sumà** (m) — [sʊ'ma]
Quanto? — **Kíek?** — ['kʲiɛk?]

assinatura (f) — **pãrašas** (v) — ['pa:raʃas]
assinar (vt) — **pasirašýti** — [pasʲɪra'ʃɪ:tʲɪ]

cartão (m) de crédito — **kredìtinė kortẽlė** (m) — [krʲɛ'dʲɪtʲɪnʲe: kor'tʲælʲe:]
código (m) — **kòdas** (v) — ['kodas]
número (m) do cartão de crédito — **kredìtinės kortẽlės nùmeris** (v) — [krʲɛ'dʲɪtʲɪnʲe:s kor'tʲælʲe:s 'nʊmerʲɪs]
Caixa Multibanco (m) — **bankomãtas** (v) — [baŋko'ma:tas]

cheque (m) — **kvìtas** (v) — ['kvʲɪtas]
passar um cheque — **išrašýti kvìtą** — [ɪʃra'ʃɪ:tʲɪ 'kvʲɪta:]
livro (m) de cheques — **čèkių knygẽlė** (m) — ['tʂʲɛkʲu: knʲi:'gʲælʲe:]

empréstimo (m) — **kredìtas** (v) — [krʲɛ'dʲɪtas]
pedir um empréstimo — **kreĩptis dė̃l kredìto** — ['krʲɛɪptʲɪs dʲe:lʲ krʲɛ'dʲɪto]
obter um empréstimo — **im̃ti kredìtą** — ['ɪmtʲɪ krʲɛ'dʲɪta:]
conceder um empréstimo — **suteĩkti kredìtą** — [sʊ'tʲɛɪktʲɪ krʲɛ'dʲɪta:]
garantia (f) — **garántija** (m) — [ga'rantʲɪjɛ]

113. Telefone. Conversação telefónica

telefone (m) — **telefònas** (v) — [tʲɛlʲɛ'fonas]
telemóvel (m) — **mobilùsis telefònas** (v) — [mobʲɪ'lʊsʲɪs tʲɛlʲɛ'fonas]
secretária (f) electrónica — **autoatsakìklis** (v) — [ɑʊtoatsa'kʲɪklʲɪs]

fazer uma chamada — **skam̃binti** — ['skambʲɪntʲɪ]
chamada (f) — **skambùtis** (v) — [skam'bʊtʲɪs]

marcar um número — **suriñkti nùmerį** — [sʊ'rʲɪŋktʲɪ 'nʊmʲɛrʲɪ:]
Alô! — **Alió!** — [a'lʲo!]
perguntar (vt) — **pakláusti** — [pak'lʲɑʊstʲɪ]
responder (vt) — **atsakýti** — [atsa'kʲi:tʲɪ]

ouvir (vt) — **girdė́ti** — [gʲɪr'dʲe:tʲɪ]
bem — **geraĩ** — [gʲɛ'rʌɪ]
mal — **prastaĩ** — [pras'tʌɪ]
ruído (m) — **trukdžiaĩ** (v dgs) — [trʊk'dʒʲɛɪ]

auscultador (m) — **ragẽlis** (v) — [ra'gʲælʲɪs]
pegar o telefone — **pakélti ragẽlį** — [pa'kʲɛlʲtʲɪ ra'gʲælʲɪ:]
desligar (vi) — **padė́ti ragẽlį** — [pa'dʲe:tʲɪ ra'gʲælʲɪ:]

ocupado — **ùžimtas** — ['ʊʒʲɪmtas]
tocar (vi) — **skambė́ti** — [skam'bʲe:tʲɪ]
lista (f) telefónica — **telefònų knygà** (m) — [tʲɛlʲɛ'fonu: knʲi:'ga]
local — **viẽtinis** — ['vʲiɛtʲɪnʲɪs]
chamada (f) local — **viẽtinis skambùtis** (v) — ['vʲiɛtʲɪnʲɪs skam'bʊtʲɪs]
de longa distância — **tarpmiestìnis** — [tarpmʲiɛs'tʲɪnʲɪs]
chamada (f) de longa distância — **tarpmiestìnis skambùtis** (v) — [tarpmʲiɛs'tʲɪnʲɪs skam'bʊtʲɪs]

internacional	**tarptautìnis**	[tarptɑʊ'tʲɪnʲɪs]
chamada (f) internacional	**tarptautìnis skambùtis** (v)	[tarptɑʊ'tʲɪnʲɪs skam'bʊtʲɪs]

114. Telefone móvel

telemóvel (m)	**mobilùsis telefònas** (v)	[mobʲɪ'lʊsʲɪs tʲɛlʲɛ'fonas]
ecrã (m)	**ekrãnas** (v)	[ɛk'ra:nas]
botão (m)	**mygtùkas** (v)	[mʲi:k'tʊkas]
cartão SIM (m)	**SIM-kortẽlė** (m)	[sʲɪm-kor'tʲælʲe:]
bateria (f)	**akumuliãtorius** (v)	[akʊmʊ'lʲætorʲʊs]
descarregar-se	**išsikráuti**	[ɪʃsʲɪ'krɑʊtʲɪ]
carregador (m)	**įkrovìklis** (v)	[i:kro'vʲɪ:klʲɪs]
menu (m)	**valgiãraštis** (v)	[valʲ'gʲæraʃtʲɪs]
definições (f pl)	**nustãtymai** (v dgs)	[nʊ'sta:tʲi:mʌɪ]
melodia (f)	**melòdija** (m)	[mʲɛ'lʲodʲɪjɛ]
escolher (vt)	**pasiriñkti**	[pasʲɪ'rʲɪŋktʲɪ]
calculadora (f)	**skaičiuotùvas** (v)	[skʌɪʦʲʊo'tʊvas]
correio (m) de voz	**bal̃so pãštas** (v)	['balʲsɔ 'pa:ʃtas]
despertador (m)	**žadintùvas** (v)	[ʒadʲɪn'tʊvas]
contatos (m pl)	**telefònų knygà** (m)	[tʲɛlʲɛ'fonu: knʲi:'ga]
mensagem (f) de texto	**SMS žinùtė** (m)	[ɛsɛ'mɛs ʒʲɪnʊtʲe:]
assinante (m)	**aboneñtas** (v)	[abo'nʲɛntas]

115. Estacionário

caneta (f)	**automãtinis šratinùkas** (v)	[ɑʊto'ma:tʲɪnʲɪs ʃratʲɪ'nʊkas]
caneta (f) tinteiro	**plunksnãkotis** (v)	[plʲʊŋk'sna:kotʲɪs]
lápis (m)	**pieštùkas** (v)	[pʲiɛʃ'tʊkas]
marcador (m)	**žymẽklis** (v)	[ʒʲi:'mʲæklʲɪs]
caneta (f) de feltro	**flomãsteris** (v)	[flʲo'ma:stʲɛrʲɪs]
bloco (m) de notas	**bloknòtas** (v)	[blʲok'notas]
agenda (f)	**dienóraštis** (v)	[dʲiɛ'noraʃtʲɪs]
régua (f)	**liniuõtė** (m)	[lʲɪ'nʲʊo:tʲe:]
calculadora (f)	**skaičiuotùvas** (v)	[skʌɪʦʲʊo'tʊvas]
borracha (f)	**trintùkas** (v)	[trʲɪn'tʊkas]
pionés (m)	**smeigtùkas** (v)	[smʲɛɪk'tʊkas]
clipe (m)	**sąvaržẽlė** (m)	[sa:var'ʒʲe:lʲe:]
cola (f)	**klijaĩ** (v dgs)	[klʲɪ'jʌɪ]
agrafador (m)	**segìklis** (v)	[sʲɛ'gʲɪklʲɪs]
furador (m)	**skylãmušis** (v)	[skʲi:'lʲa:mʊʃɪs]
afia-lápis (m)	**drožtùkas** (v)	[droʒ'tʊkas]

116. Vários tipos de documentos

Português	Lituano	Pronúncia
relatório (m)	**atãskaita** (m)	[a'ta:skʌɪta]
acordo (m)	**susitarìmas** (v)	[sʊsʲɪta'rʲɪmas]
ficha (f) de inscrição	**paraiškà** (m)	[parʌɪʃ'ka]
autêntico	**tìkras**	['tʲɪkras]
crachá (m)	**kortẽlė** (m)	[kɔr'tʲælʲe:]
cartão (m) de visita	**vizìtinė kortẽlė** (m)	[vʲɪ'zʲɪtʲɪnʲe: kor'tʲælʲe:]
certificado (m)	**sertifikãtas** (v)	[sʲɛrtʲɪfʲɪ'ka:tas]
cheque (m)	**kvìtas** (v)	['kvʲɪtas]
conta (f)	**sąskaita** (m)	['sa:skʌɪta]
constituição (f)	**konstitùcija** (m)	[kɔnstʲɪ'tʊtsʲɪjɛ]
contrato (m)	**sutartìs** (m)	[sʊtar'tʲɪs]
cópia (f)	**kòpija** (m)	['kopʲɪjɛ]
exemplar (m)	**egzempliõrius** (v)	[ɛgzʲɛm'plʲɪjɔ:rʲʊs]
declaração (f) alfandegária	**deklarãcija** (m)	[dʲɛklʲa'ra:tsʲɪjɛ]
documento (m)	**dokumeñtas** (v)	[dokʊ'mʲɛntas]
carta (f) de condução	**vairúotojo pažymė́jimas** (v)	[vʌɪ'rʊɑtojɔ paʒʲi:'mʲɛjɪmas]
adenda (ao contrato)	**priẽdas** (v)	['prʲɛdas]
questionário (m)	**anketà** (m)	[aŋkʲɛ'ta]
bilhete (m) de identidade	**pažymė́jimas** (v)	[paʒʲi:'mʲɛjɪmas]
inquérito (m)	**paklausìmas** (v)	[paklʲɑʊ'sʲɪmas]
convite (m)	**kvietìmas** (v)	[kvʲiɛ'tʲɪmas]
fatura (f)	**sąskaita** (m)	['sa:skʌɪta]
lei (f)	**įstãtymas** (v)	[i:'sta:ti:mas]
carta (correio)	**láiškas** (v)	['lʲʌɪʃkas]
papel (m) timbrado	**blánkas** (v)	['blʲaŋkas]
lista (f)	**są́rašas** (v)	['sa:raʃas]
manuscrito (m)	**rañkraštis** (v)	['raŋkraʃtʲɪs]
boletim (~ informativo)	**biuletènis** (v)	[bʲʊlʲɛ'tʲɛnʲɪs]
bilhete (mensagem breve)	**rãštas** (v)	['ra:ʃtas]
passe (m)	**leidìmas** (v)	[lʲɛɪ'dʲɪmas]
passaporte (m)	**pãsas** (v)	['pa:sas]
permissão (f)	**leidìmas** (v)	[lʲɛɪ'dʲɪmas]
CV, currículo (m)	**gyvẽnimo aprãšymas** (v)	[gʲi:'vʲænʲɪmɔ ap'ra:ʃɪ:mas]
vale (nota promissória)	**pakvitãvimas** (v)	[pakvʲɪ'ta:vʲɪmas]
recibo (m)	**kvìtas** (v)	['kvʲɪtas]
talão (f)	**kvìtas** (v)	['kvʲɪtas]
relatório (m)	**rãportas** (v)	['ra:portas]
mostrar (vt)	**pateĩkti**	[pa'tʲɛɪktʲɪ]
assinar (vt)	**pasirašýti**	[pasʲɪra'ʃɪ:tʲɪ]
assinatura (f)	**pãrašas** (v)	['pa:raʃas]
carimbo (m)	**añtspaudas** (v)	['antspɑʊdas]
texto (m)	**tèkstas** (v)	['tʲɛkstas]
bilhete (m)	**bìlietas** (v)	['bʲɪlʲiɛtas]
riscar (vt)	**nubraũkti**	[nʊ'brɑʊktʲɪ]
preencher (vt)	**užpìldyti**	[ʊʒ'pʲɪlʲdʲi:tʲɪ]

guia (f) de remessa	**važtaraštis** (v)	[vaʒ'ta:raʃtʲɪs]
testamento (m)	**testamentas** (v)	[tʲɛsta'mʲɛntas]

117. Tipos de negócios

serviços (m pl) de contabilidade	**buhalterinės paslaugos** (m dgs)	[bʊɣalʲ'tʲɛrʲɪnʲe:s 'pa:slɑʊgos]
publicidade (f)	**reklama** (m)	[rʲɛklʲa'ma]
agência (f) de publicidade	**reklamos agentūra** (m)	[rʲɛk'lʲa:mos agʲɛntu:'ra]
ar (m) condicionado	**kondicionieriai** (v dgs)	[kɔndʲɪtsʲɪjɔ'nʲɛrʲɛɪ]
companhia (f) aérea	**aviakompanija** (m)	[avʲækom'pa:nʲɪjɛ]
bebidas (f pl) alcoólicas	**alkoholiniai gėrimai** (v dgs)	[alʲko'ɣolʲɪnʲɛɪ 'gʲe:rʲɪmʌɪ]
comércio (m) de antiguidades	**antikvariatas** (v)	[antʲɪkvarʲɪ'jatas]
galeria (f) de arte	**galerija** (m)	[ga'lʲɛrʲɪjɛ]
serviços (m pl) de auditoria	**auditorių paslaugos** (m dgs)	[ɑʊ'dʲɪtorʲu: 'pa:slʲɑʊgos]
negócios (m pl) bancários	**bankinis verslas** (v)	['baŋkʲɪnʲɪs 'vʲɛrslʲas]
bar (m)	**baras** (v)	['ba:ras]
salão (m) de beleza	**grožio salonas** (v)	['gro:ʒʲɔ sa'lʲonas]
livraria (f)	**knygynas** (v)	[knʲi:'gʲi:nas]
cervejaria (f)	**alaus darykla** (m)	[a'lʲɑʊs darʲi:k'lʲa]
centro (m) de escritórios	**verslo centras** (v)	['vʲɛrslʲɔ 'tsʲɛntras]
escola (f) de negócios	**verslo mokykla** (m)	['vʲɛrslʲɔ mokʲi:k'lʲa]
casino (m)	**kazino** (v)	[kazʲɪ'no]
construção (f)	**statyba** (m)	[sta'tʲi:ba]
serviços (m pl) de consultoria	**konsultavimas** (v)	[kɔnsʊlʲ'ta:vʲɪmas]
estomatologia (f)	**stomatologija** (m)	[stomato'lʲogʲɪjɛ]
design (m)	**dizainas** (v)	[dʲɪ'zʌɪnas]
farmácia (f)	**vaistinė** (m)	['vʌɪstʲɪnʲe:]
lavandaria (f)	**cheminė valykla** (m)	['xʲɛmʲɪnʲe: valʲi:k'la]
agência (f) de emprego	**darbuotojų paieškos agentūra** (m)	[dar'bʊɑto:ju: paʲiɛʃko:s agʲɛntu:'ra]
serviços (m pl) financeiros	**finansinės paslaugos** (m dgs)	[fʲɪ'nansʲɪnʲe:s 'pa:slʲɑʊgos]
alimentos (m pl)	**maisto produktai** (v dgs)	['mʌɪstɔ pro'dʊktʌɪ]
agência (f) funerária	**laidojimo biuras** (v)	['lʲʌɪdojɪmɔ 'bʲʊras]
mobiliário (m)	**baldai** (v)	['balʲdʌɪ]
roupa (f)	**drabužiai** (v dgs), **rūbai** (v dgs)	[dra'bʊʒʲɛɪ], ['ru:bʌɪ]
hotel (m)	**viešbutis** (v)	['vʲɛʃbʊtʲɪs]
gelado (m)	**ledai** (v dgs)	[lʲɛ'dʌɪ]
indústria (f)	**pramonė** (m)	['pra:monʲe:]
seguro (m)	**draudimas** (v)	[drɑʊ'dʲɪmas]
internet (f)	**internetas** (v)	[ɪntʲɛr'nʲɛtas]
investimento (m)	**investicijos** (m dgs)	[ɪnvʲɛs'tʲɪtsʲɪjɔs]
joalheiro (m)	**juvelyras** (v)	[jʊvʲɛ'lʲi:ras]
joias (f pl)	**juvelyriniai dirbiniai** (v dgs)	[jʊvʲɛ'lʲi:rʲɪnʲɛɪ dʲɪrbʲɪ'nʲɛɪ]
lavandaria (f)	**skalbykla** (m)	[skalʲbʲi:k'la]
serviços (m pl) jurídicos	**juridinės paslaugos** (m dgs)	[jʊ'rʲɪdʲɪnʲe:s paslʲɑʊ'go:s]
indústria (f) ligeira	**lengvoji pramonė** (m)	[lʲɛng'vo:jɪ 'pra:monʲe:]

revista (f)	**žurnãlas** (v)	[ʒʊr'na:lʲas]
vendas (f pl) por catálogo	**prekýba pagal̃ katalògą** (m)	[prʲɛ'kʲi:ba pa'galʲ kata'lʲoga:]
medicina (f)	**medicinà** (m)	[mʲɛdʲɪtsʲɪ'na]
cinema (m)	**kìno teãtras** (v)	['kʲɪnɔ tʲɛ'a:tras]
museu (m)	**muziẽjus** (v)	[mʊ'zʲɛjʊs]
agência (f) de notícias	**informãcijos agentūrà** (m)	[ɪnfor'ma:tsʲɪjɔs agʲɛntu:'ra]
jornal (m)	**laĩkraštis** (v)	['lʲʌɪkraʃtʲɪs]
clube (m) noturno	**naktìnis klùbas** (v)	[nak'tʲɪnʲɪs 'klʲʊbas]
petróleo (m)	**naftà** (m)	[naf'ta]
serviço (m) de encomendas	**kùrjerių tarnýba** (m)	['kʊrjɛrʲu: tar'nʲi:ba]
indústria (f) farmacêutica	**farmãcija** (m)	[far'ma:tsʲɪjɛ]
poligrafia (f)	**poligrãfija** (m)	[polʲɪ'gra:fʲɪjɛ]
editora (f)	**leidyklà** (m)	[lʲɛɪdʲi:k'la]
rádio (m)	**rãdijas** (v)	['ra:dʲɪjas]
imobiliário (m)	**nekilnójamasis tur̃tas** (v)	[nʲɛkʲɪlʲ'nojamasʲɪs 'tʊrtas]
restaurante (m)	**restorãnas** (v)	[rʲɛsto'ra:nas]
empresa (f) de segurança	**saugõs tarnýba** (m)	[sɑʊ'go:s tar'nʲi:ba]
desporto (m)	**spòrtas** (v)	['sportas]
bolsa (f)	**bìrža** (m)	['bʲɪrʒa]
loja (f)	**parduotùvė** (m)	[pardʊɑ'tʊvʲe:]
supermercado (m)	**prekýbos cen̄tras** (v)	[prʲɛ'kʲi:bos 'tsʲɛntras]
piscina (f)	**baseĩnas** (v)	[ba'sʲɛɪnas]
alfaiataria (f)	**ateljẽ** (m)	[ate'lʲje:]
televisão (f)	**telèvizija** (m)	[tʲɛlʲɛ'vʲɪzʲɪjɛ]
teatro (m)	**teãtras** (v)	[tʲɛ'a:tras]
comércio (atividade)	**prekýba** (m)	[prʲɛ'kʲi:ba]
serviços (m pl) de transporte	**pérvežimai** (v dgs)	['pʲɛrvʲɛʒʲɪmʌɪ]
viagens (f pl)	**turìzmas** (v)	[tʊ'rʲɪzmas]
veterinário (m)	**veterinãras** (v)	[vʲɛtʲɛrʲɪ'na:ras]
armazém (m)	**sándėlis** (v)	['sandʲe:lʲɪs]
recolha (f) do lixo	**šiùkšlių išvežìmas** (v)	['ʃʊkʃlʲu: iʃvʲɛ'ʒʲɪmas]

Emprego. Negócios. Parte 2

118. Espetáculo. Feira

feira (f)	**parodà** (m)	[paro'da]
feira (f) comercial	**prekýbos parodà** (m)	[prʲɛ'kʲi:bos paro'da]
participação (f)	**dalyvãvimas** (v)	[dalʲi:'va:vʲɪmas]
participar (vi)	**dalyváuti**	[dalʲi:'vɑʊtʲɪ]
participante (m)	**dalỹvis** (v)	[da'lʲi:vʲɪs]
diretor (m)	**dirèktorius** (v)	[dʲɪ'rʲɛktorʲʊs]
organizador (m)	**organizãtorius** (v)	[organʲɪ'za:torʲʊs]
organizar (vt)	**organizúoti**	[organʲɪ'zʊɑtʲɪ]
ficha (f) de inscrição	**paraiškà dalyvãvimui** (m)	[parʌɪʃka dalʲi:'va:vʲɪmʊi]
preencher (vt)	**užpìldyti**	[ʊʒ'pʲɪlʲdʲi:tʲɪ]
detalhes (m pl)	**smùlkmenos** (m dgs)	['smʊlʲkmʲɛnos]
informação (f)	**informãcija** (m)	[ɪnfor'ma:tsʲɪjɛ]
preço (m)	**káina** (m)	['kʌɪna]
incluindo	**įskaĩtant**	[i:s'kʌɪtant]
incluir (vt)	**įskaičiúoti**	[i:skʌɪ'tʂʲʊɑtʲɪ]
pagar (vt)	**mokė́ti**	[mo'kʲe:tʲɪ]
taxa (f) de inscrição	**registrãcijos mókestis** (v)	[rʲɛgʲɪs'tra:tsʲɪjɔs 'mokʲɛstʲɪs]
entrada (f)	**įėjìmas** (v)	[i:ʲɛ:'jɪmas]
pavilhão (m)	**paviljònas** (v)	[pavʲɪ'lʲjɔ nas]
inscrever (vt)	**registrúoti**	[rʲɛgʲɪs'trʊɑtʲɪ]
crachá (m)	**kortẽlė** (m)	[kɔr'tʲælʲe:]
stand (m)	**steñdas** (v)	['stʲɛndas]
reservar (vt)	**rezervúoti**	[rʲɛzʲɛr'vʊɑtʲɪ]
vitrina (f)	**vitrinà** (m)	[vʲɪtrʲɪ'na]
foco, spot (m)	**šviestùvas** (v)	[ʃvʲiɛ'stʊvas]
design (m)	**dizáinas** (v)	[dʲɪ'zʌɪnas]
pôr, colocar (vt)	**apgyvéndinti, išdė́styti**	[apgʲi:'vʲɛndʲɪntʲɪ], [iʃ'dʲe:stʲi:tʲɪ]
ser colocado, -a	**įsikùrti**	[i:sʲɪ'kʊrtʲɪ]
distribuidor (m)	**plãtintojas** (v)	['plʲa:tʲɪnto:jɛs]
fornecedor (m)	**tiekė́jas** (v)	[tʲiɛ'kʲe:jas]
fornecer (vt)	**tiẽkti**	['tʲɛktʲɪ]
país (m)	**šalìs** (m)	[ʃa'lʲɪs]
estrangeiro	**ùžsienio**	['ʊʒsʲiɛnʲɔ]
produto (m)	**prodùktas** (v)	[pro'dʊktas]
associação (f)	**asociãcija** (m)	[asotsʲɪ'jatsʲɪjɛ]
sala (f) de conferências	**konfereñcijų sãlė** (m)	[kɔnfe'rentsʲɪju: 'sa:lʲe:]
congresso (m)	**kongrèsas** (v)	[kɔn'grʲɛsas]

concurso (m)	**konkùrsas** (v)	[kɔŋ'kʊrsas]
visitante (m)	**lankýtojas** (v)	[lʲaŋ'kʲi:to:jɛs]
visitar (vt)	**lankýti**	[lʲaŋ'kʲi:tʲɪ]
cliente (m)	**užsakõvas** (v)	[ʊʒsa'ko:vas]

119. Media

jornal (m)	**laĩkraštis** (v)	['lʲʌɪkraʃtʲɪs]
revista (f)	**žurnãlas** (v)	[ʒʊr'na:lʲas]
imprensa (f)	**spaudà** (m)	[spɑʊ'da]
rádio (m)	**rãdijas** (v)	['ra:dʲɪjas]
estação (f) de rádio	**rãdijo stotìs** (m)	['ra:dʲɪjɔ sto'tʲɪs]
televisão (f)	**televìzija** (m)	[tʲɛlʲɛ'vʲɪzʲɪjɛ]
apresentador (m)	**vedéjas** (v)	[vʲɛ'dʲe:jas]
locutor (m)	**dìktorius** (v)	['dʲɪktorʲʊs]
comentador (m)	**komentãtorius** (v)	[kɔmʲɛn'ta:torʲʊs]
jornalista (m)	**žurnalìstas** (v)	[ʒʊrna'lʲɪstas]
correspondente (m)	**korespondeñtas** (v)	[kɔrʲɛspon'dʲɛntas]
repórter (m) fotográfico	**fotokorespondeñtas** (v)	[fotokorʲɛspon'dʲɛntas]
repórter (m)	**repòrteris** (v)	[rʲɛ'portʲɛrʲɪs]
redator (m)	**redãktorius** (v)	[rʲɛ'da:ktorʲʊs]
redator-chefe (m)	**vyriáusiasis redãktorius** (v)	[vʲi:'rʲæʊsʲæsʲɪs rʲɛ'da:ktorʲʊs]
assinar a ...	**užsiprenumerúoti**	[ʊʒsʲɪprʲɛnʊmʲɛ'rʊɑtʲɪ]
assinatura (f)	**prenumeratà** (m)	[prʲɛnʊmʲɛra'ta]
assinante (m)	**prenumerãtorius** (v)	[prʲɛnʊmʲɛ'ra:torʲʊs]
ler (vt)	**skaitýti**	[skʌɪ'tʲi:tʲɪ]
leitor (m)	**skaitýtojas** (v)	[skʌɪ'tʲi:to:jɛs]
tiragem (f)	**tirãžas** (v)	[tʲɪ'ra:ʒas]
mensal	**mėnesìnis**	[mʲe:nesʲɪnʲɪs]
semanal	**saváitinis**	[sa'vʌɪtʲɪnʲɪs]
número (jornal, revista)	**nùmeris** (v)	['nʊmʲɛrʲɪs]
recente	**naũjas**	['nɑʊjas]
manchete (f)	**añtraštė** (m)	['antraʃtʲe:]
pequeno artigo (m)	**straipsnẽlis** (v)	[strʌɪp'snʲælʲɪs]
coluna (~ semanal)	**rùbrika** (m)	['rʊbrʲɪka]
artigo (m)	**stráipsnis** (v)	['strʌɪpsnʲɪs]
página (f)	**pùslapis** (v)	['pʊslʲapʲɪs]
reportagem (f)	**reportãžas** (v)	[rʲɛpor'ta:ʒas]
evento (m)	**į́vykis** (v)	['i:vʲɪ:kʲɪs]
sensação (f)	**sensãcija** (m)	[sʲɛn'sa:tsʲɪjɛ]
escândalo (m)	**skandãlas** (v)	[skan'da:lʲas]
escandaloso	**skandalìngas**	[skanda'lʲɪngas]
grande	**garsùs**	[gar'sʊs]
programa (m) de TV	**laidà** (m)	[lʲʌɪ'da]
entrevista (f)	**interviù** (v)	[ɪntʲɛrv'jʊ]
transmissão (f) em direto	**tiesióginė transliãcija** (m)	[tʲiɛ'sʲogʲɪnʲe: trans'lʲætsʲɪjɛ]
canal (m)	**kanãlas** (v)	[ka'na:lʲas]

120. Agricultura

agricultura (f) **žẽmės ū́kis** (v) ['ʒʲæmʲe:s 'u:kʲɪs]
camponês (m) **valstiẽtis** (v) [valʲs'tʲɛtʲɪs]
camponesa (f) **valstiẽtė** (m) [valʲs'tʲɛtʲe:]
agricultor (m) **fèrmeris** (v) ['fʲɛrmʲɛrʲɪs]

trator (m) **trãktorius** (v) ['tra:ktorʲʊs]
ceifeira-debulhadora (f) **kombáinas** (v) [kɔm'bʌɪnas]

arado (m) **plū̃gas** (v) ['plʲu:gas]
arar (vt) **ãrti** ['a:rtʲɪ]
campo (m) lavrado **dirvà** (m) [dʲɪr'va]
rego (m) **vagà** (m) [va'ga]

semear (vt) **sė́ti** ['sʲe:tʲɪ]
semeadora (f) **sėjamóji mašinà** (m) [sʲe:ja'mo:jɪ maʃʲɪ'na]
semeadura (f) **sėjìmas** (v) [sʲe:'jɪmas]

gadanha (f) **dal̃gis** (v) ['dalʲgʲɪs]
gadanhar (vt) **pjáuti** ['pjɑʊtʲɪ]

pá (f) **kastùvas** (v) [kas'tʊvas]
cavar (vt) **kàsti** ['kastʲɪ]

enxada (f) **kapõklė** (m) [ka'po:klʲe:]
carpir (vt) **ravė́ti** [ra'vʲe:tʲɪ]
erva (f) daninha **pìktžolė** (m) ['pʲɪktʒolʲe:]

regador (m) **laistytùvas** (v) [lʲʌɪstʲi:'tʊvas]
regar (vt) **láistyti** ['lʲʌɪstʲi:tʲɪ]
rega (f) **láistymas** (v) ['lʲʌɪstʲi:mas]

forquilha (f) **šãkės** (m dgs) ['ʃa:kʲe:s]
ancinho (m) **grėblỹs** (v) [grʲe:b'lʲi:s]

fertilizante (m) **trąšà** (m) [tra:'ʃa]
fertilizar (vt) **trę̃šti** ['trʲɛ:ʃtʲɪ]
estrume (m) **mė́šlas** (v) ['mʲe:ʃlʲas]

campo (m) **laũkas** (v) ['lʲɑʊkas]
prado (m) **píeva** (m) ['pʲiɛva]
horta (f) **dar̃žas** (v) ['darʒas]
pomar (m) **sõdas** (v) ['so:das]

pastar (vt) **ganýti** [ga'nʲi:tʲɪ]
pastor (m) **piemuõ** (v) [pʲiɛ'mʊɑ]
pastagem (f) **ganyklà** (m) [ganʲi:k'lʲa]

pecuária (f) **gyvulininkỹstė** (m) [gʲi:vʊlʲɪnʲɪŋ'kʲi:stʲe:]
criação (f) de ovelhas **avininkỹstė** (m) [avʲɪnʲɪŋ'kʲi:stʲe:]

plantação (f) **plantãcija** (m) [plʲan'ta:tsʲɪjɛ]
canteiro (m) **lýsvė** (m) ['lʲi:svʲe:]
invernadouro (m) **šiltãdaržis** (v) [ʃʲɪlʲ'ta:darʒʲɪs]

seca (f) — **sausrà** (m) — [sɑʊs'ra]
seco (verão ~) — **sausrìngas** — [sɑʊs'rʲɪngas]

cereal (m) — **grū̃das** (v) — ['gru:das]
cereais (m pl) — **javaĩ** (v dgs) — [ja'vʌɪ]
colher (vt) — **nuim̃ti** — ['nʊimtʲɪ]

moleiro (m) — **malū̃nininkas** (v) — [ma'lʲu:nʲɪnʲɪŋkas]
moinho (m) — **malū̃nas** (v) — [ma'lʲu:nas]
moer (vt) — **málti grū̃dus** — ['malʲtʲɪ 'gru:dʊs]
farinha (f) — **mìltai** (v dgs) — ['mʲɪlʲtʌɪ]
palha (f) — **šiaudaĩ** (v dgs) — [ʃʲɛʊ'dʌɪ]

121. Construção. Processo de construção

canteiro (m) de obras — **statýbvietė** (m) — [sta'tʲi:bvʲiɛtʲe:]
construir (vt) — **statýti** — [sta'tʲi:tʲɪ]
construtor (m) — **statýbininkas** (v) — [sta'tʲi:bʲɪnʲɪŋkas]

projeto (m) — **projèktas** (v) — [pro'jæktas]
arquiteto (m) — **architèktas** (v) — [arxʲɪ'tʲɛktas]
operário (m) — **darbiniñkas** (v) — [darbʲɪ'nʲɪŋkas]

fundação (f) — **fundamen̄tas** (v) — [fʊnda'mʲɛntas]
telhado (m) — **stógas** (v) — ['stogas]
estaca (f) — **põlis** (v) — ['po:lʲɪs]
parede (f) — **síena** (m) — ['sʲiɛna]

varões (m pl) para betão — **armatūrà** (m) — [armatu:'ra]
andaime (m) — **statýbiniai pastõliai** (v dgs) — [sta'tʲi:bʲɪnʲɛɪ pas'to:lʲɛɪ]

betão (m) — **betònas** (v) — [bʲɛ'tonas]
granito (m) — **granìtas** (v) — [gra'nʲɪtas]
pedra (f) — **akmuõ** (v) — [ak'mʊɑ]
tijolo (m) — **plytà** (m) — [plʲi:'ta]

areia (f) — **smėlis** (v) — ['smʲe:lʲɪs]
cimento (m) — **cemen̄tas** (v) — [tsʲɛ'mʲɛntas]
emboço (m) — **tìnkas** (v) — ['tʲɪŋkas]
emboçar (vt) — **tinkúoti** — [tʲɪŋ'kʊɑtʲɪ]

tinta (f) — **dažaĩ** (v dgs) — [da'ʒʌɪ]
pintar (vt) — **dažýti** — [da'ʒʲi:tʲɪ]
barril (m) — **statìnė** (m) — [sta'tʲɪnʲe:]

grua (f), guindaste (m) — **krãnas** (v) — ['kra:nas]
erguer (vt) — **kélti** — ['kʲɛlʲtʲɪ]
baixar (vt) — **nuléisti** — [nʊ'lʲɛɪstʲɪ]

buldózer (m) — **buldòzeris** (v) — [bʊlʲ'dozʲɛrʲɪs]
escavadora (f) — **ekskavãtorius** (v) — [ɛkska'va:torʲʊs]
caçamba (f) — **káušas** (v) — ['kɑʊʃas]
escavar (vt) — **kàsti** — ['kastʲɪ]
capacete (m) de proteção — **šálmas** (v) — ['ʃalʲmas]

122. Ciência. Investigação. Cientistas

ciência (f)	**mókslas** (v)	['mokslʲas]
científico	**mókslinis**	['mokslʲɪnʲɪs]
cientista (m)	**mókslininkas** (v)	['mokslʲɪnʲɪŋkas]
teoria (f)	**teòrija** (m)	[tʲɛ'orʲɪjɛ]
axioma (m)	**aksiomà** (m)	[aksʲɪjɔ'ma]
análise (f)	**anãlizė** (m)	[a'na:lʲɪzʲe:]
analisar (vt)	**analizúoti**	[analʲɪ'zʊɑtʲɪ]
argumento (m)	**argumeñtas** (v)	[argʊ'mʲɛntas]
substância (f)	**mẽdžiaga** (m)	['mʲædʒʲæga]
hipótese (f)	**hipotèzė** (m)	[ɣʲɪpo'tʲɛzʲe:]
dilema (m)	**dilemà** (m)	[dʲɪlʲɛ'ma]
tese (f)	**disertãcija** (m)	[dʲɪsʲɛr'ta:tsʲɪjɛ]
dogma (m)	**dogmà** (m)	[dog'ma]
doutrina (f)	**doktrinà** (m)	[doktrʲɪ'na]
pesquisa (f)	**tyrinéjimas** (v)	[tʲi:rʲɪ'nʲɛjɪmas]
pesquisar (vt)	**tyrinéti**	[tʲi:rʲɪ'nʲe:tʲɪ]
teste (m)	**kontròlė** (m)	[kɔn'trolʲe:]
laboratório (m)	**laboratòrija** (m)	[lʲabora'torʲɪjɛ]
método (m)	**metòdas** (v)	[mʲɛ'todas]
molécula (f)	**molèkulė** (m)	[mo'lʲɛkʊlʲe:]
monitoramento (m)	**monitòringas** (v)	[monʲɪ'torʲɪngas]
descoberta (f)	**atradìmas** (v)	[atra'dʲɪmas]
postulado (m)	**postulãtas** (v)	[postʊ'lʲa:tas]
princípio (m)	**prìncipas** (v)	['prʲɪntsʲɪpas]
prognóstico (previsão)	**prognòzė** (m)	[prog'nozʲe:]
prognosticar (vt)	**prognozúoti**	[progno'zʊɑtʲɪ]
síntese (f)	**siñtezė** (m)	['sʲɪntezʲe:]
tendência (f)	**tendeñcija** (m)	[tʲɛn'dʲɛntsʲɪjɛ]
teorema (m)	**teoremà** (m)	[tʲɛorʲɛ'ma]
ensinamentos (m pl)	**mókslas** (v)	['mokslʲas]
facto (m)	**fãktas** (v)	['fa:ktas]
expedição (f)	**ekspedìcija** (m)	[ɛkspʲɛ'dʲɪtsʲɪjɛ]
experiência (f)	**eksperimeñtas** (v)	[ɛkspʲɛrʲɪ'mʲɛntas]
académico (m)	**akadèmikas** (v)	[aka'dʲɛmʲɪkas]
bacharel (m)	**bakaláuras** (v)	[baka'lʲɑʊras]
doutor (m)	**dãktaras** (v)	['da:ktaras]
docente (m)	**doceñtas** (v)	[do'tsʲɛntas]
mestre (m)	**magìstras** (v)	[ma'gʲɪstras]
professor (m) catedrático	**profèsorius** (v)	[pro'fʲɛsorʲʊs]

Profissões e ocupações

123. Procura de emprego. Demissão

trabalho (m)	**dárbas** (v)	['darbas]
equipa (f)	**etãtai** (dgs)	[ɛ'ta:tʌɪ]
pessoal (m)	**personãlas** (v)	[pʲɛrso'na:las]
carreira (f)	**karjerà** (m)	[karjɛ'ra]
perspetivas (f pl)	**perspektyvà** (m)	[pʲɛrspʲɛktʲi:'va]
mestria (f)	**meistriškùmas** (v)	[mʲɛɪstrʲɪʃ'kʊmas]
seleção (f)	**atrankà** (m)	[atraŋ'ka]
agência (f) de emprego	**darbúotojų paieškõs agentūrà** (m)	[dar'bʊɑto:ju: paʲiɛʃ'ko:s agʲɛntu:'ra]
CV, currículo (m)	**gyvẽnimo aprãšymas** (v)	[gʲi:'vʲænʲɪmɔ ap'ra:ʃɪ:mas]
entrevista (f) de emprego	**pókalbis** (v)	['pokalʲbʲɪs]
vaga (f)	**laisvà dárbo vietà** (m)	[lʲʌɪs'va 'darbɔ vʲiɛ'ta]
salário (m)	**dárbo ùžmokestis** (v)	['darbɔ 'ʊʒmokʲɛstʲɪs]
salário (m) fixo	**algà** (m)	[alʲ'ga]
pagamento (m)	**atlýginimas** (v)	[at'lʲi:gʲɪnʲɪmas]
posto (m)	**páreigos** (m dgs)	['parʲɛɪgos]
dever (do empregado)	**pareigà** (m)	[parʲɛɪ'ga]
gama (f) de deveres	**srìtis** (m)	[srʲɪ'tʲɪs]
ocupado	**ùžimtas**	['ʊʒʲɪmtas]
despedir, demitir (vt)	**atléisti**	[at'lʲɛɪstʲɪ]
demissão (f)	**atleidìmas** (v)	[atlʲɛɪ'dʲɪmas]
desemprego (m)	**bedarbỹstė** (m)	[bʲɛdar'bʲi:stʲe:]
desempregado (m)	**bedar̃bis** (v)	[bʲɛ'darbʲɪs]
reforma (f)	**peñsija** (m)	['pʲɛnsʲɪjɛ]
reformar-se	**išeĩti į peñsiją**	[ɪ'ʃɛɪtʲɪ i: 'pʲɛnsʲɪja:]

124. Gente de negócios

diretor (m)	**dirèktorius** (v)	[dʲɪ'rʲɛktorʲʊs]
gerente (m)	**valdýtojas** (v)	[valʲ'dʲi:to:jɛs]
patrão, chefe (m)	**vadõvas** (v)	[va'do:vas]
superior (m)	**vir̃šininkas** (v)	['vʲɪrʃɪnʲɪŋkas]
superiores (m pl)	**vadovýbė** (m)	[vado'vʲi:bʲe:]
presidente (m)	**prezideñtas** (v)	[prʲɛzʲɪ'dʲɛntas]
presidente (m) de direção	**pìrmininkas** (v)	['pʲɪrmʲɪnʲɪŋkas]
substituto (m)	**pavadúotojas** (v)	[pava'dʊɑto:jɛs]
assistente (m)	**padėjė́jas** (v)	[padʲe:'je:jas]

secretário (m)	**sekretõrius** (v)	[sʲɛkrʲɛ'to:rʲʊs]
secretário (m) pessoal	**asmenìnis sekretõrius** (v)	[asmʲɛ'nʲɪnʲɪs sʲɛkrʲɛ'to:rʲʊs]
homem (m) de negócios	**komersántas** (v)	[kɔmʲɛr'santas]
empresário (m)	**ver̃slininkas** (v)	['vʲɛrslʲɪnʲɪŋkas]
fundador (m)	**steigė́jas** (v)	[stʲɛɪ'gʲe:jas]
fundar (vt)	**įsteĩgti**	[i:'stʲɛɪktʲɪ]
fundador, sócio (m)	**steigė́jas** (v)	[stʲɛɪ'gʲe:jas]
parceiro, sócio (m)	**pártneris** (v)	['partnʲɛrʲɪs]
acionista (m)	**ãkcininkas** (v)	['a:ktsʲɪnʲɪŋkas]
milionário (m)	**milijoniẽrius** (v)	[mʲɪlʲɪjɔ'nʲɛrʲʊs]
bilionário (m)	**milijardiẽrius** (v)	[mʲɪlʲɪjar'dʲɛrʲʊs]
proprietário (m)	**valdýtojas** (v)	[valʲ'dʲi:to:jɛs]
proprietário (m) de terras	**žẽmės saviniñkas** (v)	['ʒʲæmʲe:s savʲɪ'nʲɪŋkas]
cliente (m)	**kliẽntas** (v)	['klʲiɛntas]
cliente (m) habitual	**pastovùs kliẽntas** (v)	[pasto'vʊs klʲi'ɛntas]
comprador (m)	**pirkė́jas** (v)	[pʲɪr'kʲe:jas]
visitante (m)	**lankýtojas** (v)	[lʲaŋ'kʲi:to:jɛs]
profissional (m)	**profesionãlas** (v)	[profʲɛsʲɪjɔ'na:lʲas]
perito (m)	**ekspèrtas** (v)	[ɛks'pʲɛrtas]
especialista (m)	**specialìstas** (v)	[spʲɛtsʲɪja'lʲɪstas]
banqueiro (m)	**bánkininkas** (v)	['baŋkʲɪnʲɪŋkas]
corretor (m)	**bròkeris** (v)	['brokʲɛrʲɪs]
caixa (m, f)	**kãsininkas** (v)	['ka:sʲɪnʲɪŋkas]
contabilista (m)	**buhálteris** (v)	[bʊ'ɣalʲtʲɛrʲɪs]
guarda (m)	**apsauginiñkas** (v)	[apsɑʊgʲɪ'nʲɪŋkas]
investidor (m)	**investúotojas** (v)	[ɪnvʲɛs'tʊɑto:jɛs]
devedor (m)	**skõlininkas** (v)	['sko:lʲɪnʲɪŋkas]
credor (m)	**kredìtorius** (v)	[krʲɛ'dʲɪtorʲʊs]
mutuário (m)	**paskolõs gavė́jas** (v)	[pasko'lʲo:s ga'vʲe:jas]
importador (m)	**importúotojas** (v)	[ɪmpor'tʊɑto:jɛs]
exportador (m)	**eksportúotojas** (v)	[ɛkspor'tʊɑto:jɛs]
produtor (m)	**gamìntojas** (v)	[ga'mʲɪnto:jɛs]
distribuidor (m)	**plãtintojas** (v)	['plʲa:tʲɪnto:jɛs]
intermediário (m)	**tárpininkas** (v)	['tarpʲɪnʲɪŋkas]
consultor (m)	**konsultántas** (v)	[kɔnsʊlʲ'tantas]
representante (m)	**atstõvas** (v)	[at'sto:vas]
agente (m)	**ageñtas** (v)	[a'gʲɛntas]
agente (m) de seguros	**draudìmo ageñtas** (v)	[drɑʊ'dʲɪmɔ a'gʲɛntas]

125. Profissões de serviços

cozinheiro (m)	**virė́jas** (v)	[vʲɪ'rʲe:jas]
cozinheiro chefe (m)	**vyriáusiasis virė́jas** (v)	[vʲi:'rʲæʊsʲæsʲɪs vʲɪ'rʲe:jas]

padeiro (m)	**kepė́jas** (v)	[kʲɛ'pʲe:jas]
barman (m)	**bármenas** (v)	['barmʲɛnas]
empregado (m) de mesa	**padavė́jas** (v)	[pada'vʲe:jas]
empregada (f) de mesa	**padavė́ja** (m)	[pada'vʲe:ja]
advogado (m)	**advokãtas** (v)	[advo'ka:tas]
jurista (m)	**jur̃istas** (v)	[jʊ'rʲɪstas]
notário (m)	**notãras** (v)	[no'ta:ras]
eletricista (m)	**mònteris** (v)	['montʲɛrʲɪs]
canalizador (m)	**santèchnikas** (v)	[san'tʲɛxnʲɪkas]
carpinteiro (m)	**dailìdė** (v)	[dʌɪ'lʲɪdʲe:]
massagista (m)	**masažìstas** (v)	[masa'ʒʲɪstas]
massagista (f)	**masažìstė** (m)	[masa'ʒʲɪstʲe:]
médico (m)	**gýdytojas** (v)	['gʲi:dʲi:to:jɛs]
taxista (m)	**taksìstas** (v)	[tak'sʲɪstas]
condutor (automobilista)	**vairúotojas** (v)	[vʌɪ'rʊɑto:jɛs]
entregador (m)	**kùrjeris** (v)	['kʊrjɛrʲɪs]
camareira (f)	**kambarìnė** (m)	[kamba'rʲɪnʲe:]
guarda (m)	**apsauginiñkas** (v)	[apsɑʊgʲɪ'nʲɪŋkas]
hospedeira (f) de bordo	**stiuardèsė** (m)	[stʲʊar'dʲɛsʲe:]
professor (m)	**mókytojas** (v)	['mokʲi:to:jɛs]
bibliotecário (m)	**bibliotèkininkas** (v)	[bʲɪblʲɪjɔ'tʲɛkʲɪnʲɪŋkas]
tradutor (m)	**vertė́jas** (v)	[vʲɛr'tʲe:jas]
intérprete (m)	**vertė́jas** (v)	[vʲɛr'tʲe:jas]
guia (pessoa)	**gìdas** (v)	['gʲɪdas]
cabeleireiro (m)	**kirpė́jas** (v)	[kʲɪr'pʲe:jas]
carteiro (m)	**pãštininkas** (v)	['pa:ʃtʲɪnʲɪŋkas]
vendedor (m)	**pardavė́jas** (v)	[parda'vʲe:jas]
jardineiro (m)	**sõdininkas** (v)	['so:dʲɪnʲɪŋkas]
criado (m)	**tar̃nas** (v)	['tarnas]
criada (f)	**tarnáitė** (m)	[tar'nʌɪtʲe:]
empregada (f) de limpeza	**valýtoja** (m)	[va'lʲi:to:jɛ]

126. Profissões militares e postos

soldado (m) raso	**eilìnis** (v)	[ɛɪ'lʲɪnʲɪs]
sargento (m)	**seržántas** (v)	[sʲɛr'ʒantas]
tenente (m)	**leitenántas** (v)	[lʲɛɪtʲɛ'nantas]
capitão (m)	**kapitõnas** (v)	[kapʲɪ'to:nas]
major (m)	**majõras** (v)	[ma'jɔ:ras]
coronel (m)	**pul̃kininkas** (v)	['pʊlʲkʲɪnʲɪŋkas]
general (m)	**generõlas** (v)	[gʲɛnʲɛ'ro:lʲas]
marechal (m)	**máršalas** (v)	['marʃalʲas]
almirante (m)	**admirõlas** (v)	[admʲɪ'ro:lʲas]
militar (m)	**kariškis** (v)	[ka'rʲɪʃkʲɪs]
soldado (m)	**karei̇̃vis** (v)	[ka'rʲɛɪvʲɪs]

oficial (m)	**karininkas** (v)	[karʲɪ'nʲɪŋkas]
comandante (m)	**vãdas** (v)	['va:das]
guarda (m) fronteiriço	**pasieniẽtis** (v)	[pasʲiɛ'nʲɛtʲɪs]
operador (m) de rádio	**radìstas** (v)	[ra'dʲɪstas]
explorador (m)	**žvalgas** (v)	['ʒvalʲgas]
sapador (m)	**pioniẽrius** (v)	[pʲɪjɔ'nʲɛrʲʊs]
atirador (m)	**šaulỹs** (v)	[ʃɑʊ'lʲi:s]
navegador (m)	**štùrmanas** (v)	['ʃtʊrmanas]

127. Oficiais. Padres

rei (m)	**karãlius** (v)	[ka'ra:lʲʊs]
rainha (f)	**karalíenė** (m)	[kara'lʲiɛnʲe:]
príncipe (m)	**prìncas** (v)	['prʲɪntsas]
princesa (f)	**princèsė** (m)	[prʲɪn'tsʲɛsʲe:]
czar (m)	**cãras** (v)	['tsa:ras]
czarina (f)	**caríenė** (m)	[tsa'rʲiɛnʲe:]
presidente (m)	**prezideñtas** (v)	[prʲɛzʲɪ'dʲɛntas]
ministro (m)	**minìstras** (v)	[mʲɪ'nʲɪstras]
primeiro-ministro (m)	**minìstras pìrmininkas** (v)	[mʲɪ'nʲɪstras 'pʲɪrmʲɪnʲɪŋkas]
senador (m)	**senãtorius** (v)	[sʲɛ'na:torʲʊs]
diplomata (m)	**diplomãtas** (v)	[dʲɪplʲo'ma:tas]
cônsul (m)	**kònsulas** (v)	['konsʊlʲas]
embaixador (m)	**ambasãdorius** (v)	[amba'sa:dorʲʊs]
conselheiro (m)	**patarė́jas** (v)	[pata'rʲe:jas]
funcionário (m)	**valdininkas** (v)	[valʲdʲɪ'nʲɪŋkas]
prefeito (m)	**prefèktas** (v)	[prʲɛ'fʲɛktas]
Presidente (m) da Câmara	**mèras** (v)	['mʲɛras]
juiz (m)	**teisė́jas** (v)	[tʲɛɪ'sʲe:jas]
procurador (m)	**prokuròras** (v)	[prokʊ'roras]
missionário (m)	**misioniẽrius** (v)	[mʲɪsʲɪjɔ'nʲɛrʲʊs]
monge (m)	**vienuõlis** (v)	[vʲiɛ'nʊɑlʲɪs]
abade (m)	**abãtas** (v)	[a'ba:tas]
rabino (m)	**rãbinas** (v)	['ra:bʲɪnas]
vizir (m)	**vizìris** (v)	[vʲɪ'zʲɪrʲɪs]
xá (m)	**šãchas** (v)	['ʃa:xas]
xeque (m)	**šeĩchas** (v)	['ʃɛɪxas]

128. Profissões agrícolas

apicultor (m)	**bìtininkas** (v)	['bʲɪtʲɪnʲɪŋkas]
pastor (m)	**piemuõ** (v)	[pʲiɛ'mʊɑ]
agrónomo (m)	**agronòmas** (v)	[agro'nomas]

criador (m) de gado	**gývulininkas** (v)	['gʲi:vʊlʲɪnʲɪŋkas]
veterinário (m)	**veterinãras** (v)	[vʲɛtʲɛrʲɪ'na:ras]
agricultor (m)	**fèrmeris** (v)	['fʲɛrmʲɛrʲɪs]
vinicultor (m)	**vyndarỹs** (v)	[vʲi:nda'rʲi:s]
zoólogo (m)	**zoològas** (v)	[zoo'lʲogas]
cowboy (m)	**kaubòjus** (v)	[kaʊ'bojʊs]

129. Profissões artísticas

ator (m)	**ãktorius** (v)	['a:ktorʲʊs]
atriz (f)	**ãktorė** (m)	['a:ktorʲe:]
cantor (m)	**dainininñkas** (v)	[dʌɪnʲɪ'nʲɪŋkas]
cantora (f)	**dainininñkė** (m)	[dʌɪnʲɪ'nʲɪŋkʲe:]
bailarino (m)	**šokéjas** (v)	[ʃo'kʲe:jas]
bailarina (f)	**šokéja** (m)	[ʃo'kʲe:ja]
artista (m)	**artìstas** (v)	[ar'tʲɪstas]
artista (f)	**artìstė** (m)	[ar'tʲɪstʲe:]
músico (m)	**muzikántas** (v)	[mʊzʲɪ'kantas]
pianista (m)	**pianìstas** (v)	[pʲɪja'nʲɪstas]
guitarrista (m)	**gitarìstas** (v)	[gʲɪta'rʲɪstas]
maestro (m)	**dirigeñtas** (v)	[dʲɪrʲɪ'gʲɛntas]
compositor (m)	**kompozìtorius** (v)	[kɔmpo'zʲɪtorʲʊs]
empresário (m)	**impresãrijas** (v)	[ɪmprʲɛ'sa:rʲɪjas]
realizador (m)	**režisiẽrius** (v)	[rʲɛʒʲɪ'sʲɛrʲʊs]
produtor (m)	**prodiùseris** (v)	[pro'dʲʊsʲɛrʲɪs]
argumentista (m)	**scenarìstas** (v)	[stsʲɛna'rʲɪstas]
crítico (m)	**krìtikas** (v)	['krʲɪtʲɪkas]
escritor (m)	**rašýtojas** (v)	[ra'ʃʲɪ:to:jɛs]
poeta (m)	**poètas** (v)	[po'ɛtas]
escultor (m)	**skùlptorius** (v)	['skʊlʲptorʲʊs]
pintor (m)	**mẽnininkas** (v)	['mʲænʲɪnʲɪŋkas]
malabarista (m)	**žongliẽrius** (v)	[ʒon'glʲɛrʲʊs]
palhaço (m)	**klòunas** (v)	['klʲoʊnas]
acrobata (m)	**akrobãtas** (v)	[akro'ba:tas]
mágico (m)	**fòkusininkas** (v)	['fokʊsʲɪnʲɪŋkas]

130. Várias profissões

médico (m)	**gýdytojas** (v)	['gʲi:dʲi:to:jɛs]
enfermeira (f)	**medicìnos sesẽlė** (m)	[mʲɛdʲɪ'tsʲɪnos se'sʲælʲe:]
psiquiatra (m)	**psichiãtras** (v)	[psʲɪxʲɪ'jatras]
estomatologista (m)	**stomatològas** (v)	[stomato'lʲogas]
cirurgião (m)	**chirùrgas** (v)	[xʲɪ'rʊrgas]

astronauta (m)	**astronáutas** (v)	[astro'nɑʊtas]
astrónomo (m)	**astronòmas** (v)	[astro'nomas]
piloto (m)	**pilòtas** (v)	[pʲɪ'lʲotas]
motorista (m)	**vairúotojas** (v)	[vʌɪ'rʊɑto:jɛs]
maquinista (m)	**mašinìstas** (v)	[maʃɪ'nʲɪstas]
mecânico (m)	**mechãnikas** (v)	[mʲɛ'xa:nʲɪkas]
mineiro (m)	**šãchtininkas** (v)	['ʃa:xtʲɪnʲɪŋkas]
operário (m)	**darbiniñkas** (v)	[darbʲɪ'nʲɪŋkas]
serralheiro (m)	**šáltkalvis** (v)	['ʃalʲtkalʲvʲɪs]
marceneiro (m)	**stãlius** (v)	['sta:lʲʊs]
torneiro (m)	**tẽkintojas** (v)	['tʲækʲɪnto:jɛs]
construtor (m)	**statýbininkas** (v)	[sta'tʲi:bʲɪnʲɪŋkas]
soldador (m)	**suvìrintojas** (v)	[sʊ'vʲɪrʲɪnto:jɛs]
professor (m) catedrático	**profèsorius** (v)	[pro'fʲɛsorʲʊs]
arquiteto (m)	**architèktas** (v)	[arxʲɪ'tʲɛktas]
historiador (m)	**istòrikas** (v)	[ɪs'torʲɪkas]
cientista (m)	**mókslininkas** (v)	['mokslʲɪnʲɪŋkas]
físico (m)	**fìzikas** (v)	['fʲɪzʲɪkas]
químico (m)	**chèmikas** (v)	['xʲɛmʲɪkas]
arqueólogo (m)	**archeològas** (v)	[arxʲɛo'lʲogas]
geólogo (m)	**geològas** (v)	[gʲɛo'lʲogas]
pesquisador (cientista)	**tyrinétojas** (v)	[tʲi:rʲɪ'nʲe:to:jɛs]
babysitter (f)	**áuklė** (m)	['ɑʊklʲe:]
professor (m)	**pedagògas** (v)	[pʲɛda'gogas]
redator (m)	**redãktorius** (v)	[rʲɛ'da:ktorʲʊs]
redator-chefe (m)	**vyriáusiasis redãktorius** (v)	[vʲi:'rʲæʊsʲæsʲɪs rʲɛ'da:ktorʲʊs]
correspondente (m)	**korespondeñtas** (v)	[korʲɛspon'dʲɛntas]
datilógrafa (f)	**mašìnininkė** (m)	[ma'ʃʲɪnʲɪnʲɪŋkʲe:]
designer (m)	**dizáineris** (v)	[dʲɪ'zʌɪnʲɛrʲɪs]
especialista (m) em informática	**kompiùterių specialìstas** (v)	[kom'pʲʊtʲɛrʲu: spʲɛtsʲɪja'lʲɪstas]
programador (m)	**programúotojas** (v)	[progra'mʊɑto:jɛs]
engenheiro (m)	**inžiniẽrius** (v)	[ɪnʒʲɪ'nʲɛrʲʊs]
marujo (m)	**jū̃rininkas** (v)	['ju:rʲɪnʲɪŋkas]
marinheiro (m)	**jūreĩvis** (v)	[ju:'rʲɛɪvʲɪs]
salvador (m)	**gélbėtojas** (v)	['gʲælʲbʲe:to:jɛs]
bombeiro (m)	**gaĩsrininkas** (v)	['gʌɪsrʲɪnʲɪŋkas]
polícia (m)	**polìcininkas** (v)	[po'lʲɪtsʲɪnʲɪŋkas]
guarda-noturno (m)	**sárgas** (v)	['sargas]
detetive (m)	**seklỹs** (v)	[sʲɛk'lʲi:s]
funcionário (m) da alfândega	**muĩtininkas** (v)	['mʊɪtʲɪnʲɪŋkas]
guarda-costas (m)	**asmeñs sargýbinis** (v)	[as'mʲɛns sar'gʲi:bʲɪnʲɪs]
guarda (m) prisional	**prižiūrė́tojas** (v)	[prʲɪʒʲu:'rʲe:to:jɛs]
inspetor (m)	**inspèktorius** (v)	[ɪn'spʲɛktorʲʊs]
desportista (m)	**spòrtininkas** (v)	['sportʲɪnʲɪŋkas]
treinador (m)	**trèneris** (v)	['trʲɛnʲɛrʲɪs]

talhante (m)	**mė̃sininkas** (v)	['mʲe:sʲɪnʲɪŋkas]
sapateiro (m)	**batsiuvỹs** (v)	[batsʲʊ'vʲi:s]
comerciante (m)	**komersántas** (v)	[kɔmʲɛr'santas]
carregador (m)	**krovė́jas** (v)	[kro'vʲe:jas]
estilista (m)	**modeliúotojas** (v)	[modʲɛ'lʲʊato:jɛs]
modelo (f)	**mòdelis** (v)	['modʲɛlʲɪs]

131. Ocupações. Estatuto social

aluno, escolar (m)	**mokslei̇̃vis** (v)	[moks'lʲɛɪvʲɪs]
estudante (~ universitária)	**studeñtas** (v)	[stʊ'dʲɛntas]
filósofo (m)	**filosòfas** (v)	[fʲɪlʲo'sofas]
economista (m)	**ekonomìstas** (v)	[ɛkono'mʲɪstas]
inventor (m)	**išradė́jas** (v)	[ɪʃra'dʲe:jas]
desempregado (m)	**bedar̃bis** (v)	[bʲɛ'darbʲɪs]
reformado (m)	**peñsininkas** (v)	['pʲɛnsʲɪnʲɪŋkas]
espião (m)	**šnìpas** (v)	['ʃnʲɪpas]
preso (m)	**kalinỹs** (v)	[kalʲɪ'nʲi:s]
grevista (m)	**streìkininkas** (v)	['strʲɛɪkʲɪnʲɪŋkas]
burocrata (m)	**biurokrãtas** (v)	[bʲʊro'kra:tas]
viajante (m)	**keliáutojas** (v)	[kʲɛ'lʲæʊto:jɛs]
homossexual (m)	**homoseksualìstas** (v)	[ɣomosʲɛksʊa'lʲɪstas]
hacker (m)	**programìšius** (v)	[progra'mʲɪʃʲʊs]
hippie	**hìpis** (v)	['ɣʲɪpʲɪs]
bandido (m)	**bandìtas** (v)	[ban'dʲɪtas]
assassino (m) a soldo	**sam̃domas žudìkas** (v)	['samdomas ʒʊ'dʲɪkas]
toxicodependente (m)	**narkomãnas** (v)	[narko'ma:nas]
traficante (m)	**narkòtikų prekei̇̃vis** (v)	[nar'kotʲɪku: prʲɛ'kʲɛɪvʲɪs]
prostituta (f)	**prostitùtė** (m)	[prostʲɪ'tʊtʲe:]
chulo (m)	**sutèneris** (v)	[sʊ'tʲɛnʲɛrʲɪs]
bruxo (m)	**bùrtininkas** (v)	['bʊrtʲɪnʲɪŋkas]
bruxa (f)	**bùrtininkė** (m)	['bʊrtʲɪnʲɪŋkʲe:]
pirata (m)	**pirãtas** (v)	[pʲɪ'ra:tas]
escravo (m)	**vérgas** (v)	['vʲɛrgas]
samurai (m)	**samurãjus** (v)	[samʊ'ra:jʊs]
selvagem (m)	**laukìnis žmogùs** (v)	[lʲɑʊ'kʲɪnʲɪs ʒmɔ'gʊs]

Desportos

132. Tipos de desportos. Desportistas

desportista (m)	**spòrtininkas** (v)	['sportʲɪnʲɪŋkas]
tipo (m) de desporto	**spòrto šakà** (m)	['sportɔ ʃa'ka]
basquetebol (m)	**krepšìnis** (v)	[krʲɛp'ʃɪnʲɪs]
jogador (m) de basquetebol	**krẽpšininkas** (v)	['krʲæpʃɪnʲɪŋkas]
beisebol (m)	**beĩsbolas** (v)	['bʲɛɪsbolʲas]
jogador (m) de beisebol	**beĩsbolininkas** (v)	['bʲɛɪsbolʲɪnʲɪŋkas]
futebol (m)	**fùtbolas** (v)	['fʊtbolʲas]
futebolista (m)	**fùtbolininkas** (v)	['fʊtbolʲɪnʲɪŋkas]
guarda-redes (m)	**var̃tininkas** (v)	['vartʲɪnʲɪŋkas]
hóquei (m)	**lẽdo ritulỹs** (v)	['lʲædɔ rʲɪtʊ'lʲi:s]
jogador (m) de hóquei	**lẽdo rìtulininkas** (v)	['lʲædɔ 'rʲɪtʊlʲɪnʲɪŋkas]
voleibol (m)	**tinklìnis** (v)	[tʲɪŋk'lʲɪnʲɪs]
jogador (m) de voleibol	**tiñklininkas** (v)	['tʲɪŋklʲɪnʲɪŋkas]
boxe (m)	**bòksas** (v)	['boksas]
boxeador, pugilista (m)	**bòksininkas** (v)	['boksʲɪnʲɪŋkas]
luta (f)	**imtỹnės** (m dgs)	[ɪm'tʲi:nʲe:s]
lutador (m)	**imtỹnininkas** (v)	[ɪm'tʲi:nʲɪnʲɪŋkas]
karaté (m)	**karatė̃** (m)	[kara'tʲe:]
karateca (m)	**karatìstas** (v)	[kara'tʲɪstas]
judo (m)	**dziudò** (v)	[dzʲʊ'do]
judoca (m)	**dziudò imtỹnininkas** (v)	[dzʲʊ'dɔ im'tʲi:nʲɪnʲɪŋkas]
ténis (m)	**tènisas** (v)	['tʲɛnʲɪsas]
tenista (m)	**tènisininkas** (v)	['tʲɛnʲɪsʲɪnʲɪŋkas]
natação (f)	**plaukìmas** (v)	[plʲɑʊ'kʲɪmas]
nadador (m)	**plaukìkas** (v)	[plʲɑʊ'kʲɪkas]
esgrima (f)	**fechtãvimas** (v)	[fʲɛx'ta:vʲɪmas]
esgrimista (m)	**fechtúotojas** (v)	[fʲɛx'tʊɑto:jɛs]
xadrez (m)	**šachmãtai** (v dgs)	[ʃax'ma:tʌɪ]
xadrezista (m)	**šachmãtininkas** (v)	[ʃax'ma:tʲɪnʲɪŋkas]
alpinismo (m)	**alpinìzmas** (v)	[alʲpʲɪ'nʲɪzmas]
alpinista (m)	**alpinìstas** (v)	[alʲpʲɪ'nʲɪstas]
corrida (f)	**bėgìmas** (v)	[bʲe:'gʲɪmas]

corredor (m)	**bėgìkas** (v)	[bʲe:'gʲɪkas]
atletismo (m)	**lengvóji atlètika** (m)	[lʲɛng'vo:jɪ at'lʲɛtʲɪka]
atleta (m)	**atlètas** (v)	[at'lʲɛtas]
hipismo (m)	**jojìmo spòrtas** (v)	[jɔ'jɪmɔ 'sportas]
cavaleiro (m)	**jojìkas** (v)	[jɔ'jɪkas]
patinagem (f) artística	**dailùsis čiuožìmas** (v)	[dʌɪ'lʲʊsʲɪs tʂʲʊo'ʒʲɪmas]
patinador (m)	**figūrininkas** (v)	[fʲɪ'gu:rʲɪnʲɪŋkas]
patinadora (f)	**figūrininkė** (m)	[fʲɪ'gu:rʲɪnʲɪŋkʲe:]
halterofilismo (m)	**sunkióji atlètika** (m)	[sʊŋ'kʲo:jɪ at'lʲɛtʲɪka]
corrida (f) de carros	**automobìlių lenktỹnės** (m dgs)	[ɑʊtomo'bʲɪlʲu: lʲɛŋ'ktʲi:nʲe:s]
piloto (m)	**lenktỹnininkas** (v)	[lʲɛŋk'tʲi:nʲɪnʲɪŋkas]
ciclismo (m)	**dvìračių spòrtas** (v)	['dvʲɪratʂʲu: 'sportas]
ciclista (m)	**dvìratininkas** (v)	['dvʲɪratʲɪnʲɪŋkas]
salto (m) em comprimento	**šúoliai** (v) **į̃ tõlį**	['ʃʊalʲɛɪ i: 'to:lʲɪ:]
salto (m) à vara	**šúoliai** (v dgs) **sù kártimi**	['ʃʊalʲɛɪ 'sʊ 'kartʲɪmʲɪ]
atleta (m) de saltos	**šúolininkas** (v)	['ʃʊalʲɪnʲɪŋkas]

133. Tipos de desportos. Diversos

futebol (m) americano	**amerikiẽtiškas fùtbolas** (v)	[amʲɛrʲɪ'kʲɛtʲɪʃkas 'fʊtbolʲas]
badminton (m)	**bãdmintonas** (v)	['ba:dmʲɪntonas]
biatlo (m)	**biatlònas** (v)	[bʲɪjat'lʲonas]
bilhar (m)	**biliárdas** (v)	[bʲɪlʲɪ'jardas]
bobsled (m)	**bòbslėjus** (v)	['bobslʲe:jʊs]
musculação (f)	**kultūrìzmas** (v)	[kʊlʲtu:'rʲɪzmas]
polo (m) aquático	**vandénsvydis** (v)	[van'dʲɛnsvʲi:dʲɪs]
andebol (m)	**rañkinis** (v)	['raŋkʲɪnʲɪs]
golfe (m)	**gòlfas** (v)	['golʲfas]
remo (m)	**irklãvimas** (v)	[ɪr'klʲa:vʲɪmas]
mergulho (m)	**nárdymas** (v)	['nardʲi:mas]
corrida (f) de esqui	**slìdininkų lenktỹnės** (m dgs)	['slʲɪdʲɪnʲɪŋku: lʲɛŋk'tʲi:nʲe:s]
ténis (m) de mesa	**stãlo tènisas** (v)	['sta:lʲɔ 'tʲɛnʲɪsas]
vela (f)	**buriãvimas** (v)	[bʊ'rʲævʲɪmas]
rali (m)	**rãlis** (v)	['ra:lʲɪs]
râguebi (m)	**règbis** (v)	['rʲɛgbʲɪs]
snowboard (m)	**sniẽglenčių spòrtas** (v)	['snʲiɛglʲɛntʂʲu: 'sportas]
tiro (m) com arco	**šáudymas ìš lañko** (v)	['ʃɑʊdʲi:mas ɪʃ 'lʲaŋkɔ]

134. Ginásio

barra (f)	**štánga** (m)	['ʃtanga]
halteres (m pl)	**svar̃menys** (v dgs)	['sva:rmʲɛnʲi:s]
aparelho (m) de musculaçao	**treniruõklis** (v)	[trʲɛnʲɪ'rʊaklʲɪs]
bicicleta (f) ergométrica	**dviratinis treniruõklis** (v)	[dvʲɪra'tʲɪnʲɪs trʲɛnʲɪ'rʊaklʲɪs]

passadeira (f) de corrida **bėgìmo takẽlis** (v) [bʲe:gʲɪmɔ ta'kʲælʲɪs]
barra (f) fixa **skersìnis** (v) [skʲɛr'sʲɪnʲɪs]
barras (f) paralelas **lygiãgretės** (m dgs) [lʲi:'gʲægrʲɛtʲe:s]
cavalo (m) **arklỹs** (v) [ark'lʲi:s]
tapete (m) de ginástica **paklõtas** (v) [pak'lʲo:tas]

corda (f) de saltar **šokỹklė** (m) [ʃo'kʲi:klʲe:]
aeróbica (f) **aeròbika** (m) [aɛ'robʲɪka]
ioga (f) **jogà** (m) [jɔ'ga]

135. Hóquei

hóquei (m) **lẽdo ritulỹs** (v) ['lʲædɔ rʲɪtʊ'lʲi:s]
jogador (m) de hóquei **lẽdo rìtulininkas** (v) ['lʲædɔ 'rʲɪtʊlʲɪnʲɪŋkas]
jogar hóquei **žaĩsti lẽdo ritùlį** ['ʒʌɪstʲɪ 'lʲædɔ rʲɪ'tʊlʲɪ:]
gelo (m) **lẽdas** (v) ['lʲædas]

disco (m) **ritulỹs** (v) [rʲɪtʊ'lʲi:s]
taco (m) de hóquei **rìtmuša** (m) ['rʲɪtmʊʃa]
patins (m pl) de gelo **pačiū̃žos** (m dgs) [pa'tʂʲu:ʒos]

muro (m) **bòrtas** (v) ['bortas]
tiro (m) **metìmas** (v) [mʲɛ'tʲɪmas]

guarda-redes (m) **var̃tininkas** (v) ['vartʲɪnʲɪŋkas]
golo (m) **į́vartis** (v) ['i:vartʲɪs]
marcar um golo **įmùšti į́vartį** [i:'mʊʃtʲɪ 'i:vartʲɪ:]

tempo (m) **kėlinỹs** (v) [kʲe:lʲɪ'nʲi:s]
segundo tempo (m) **2-as kėlinỹs** (v) ['antras kʲe:lʲɪnʲi:s]
banco (m) de reservas **atsargìnių súolas** (v) [atsar'gʲɪnʲu: 'sʊalʲas]

136. Futebol

futebol (m) **fùtbolas** (v) ['fʊtbolʲas]
futebolista (m) **fùtbolininkas** (v) ['fʊtbolʲɪnʲɪŋkas]
jogar futebol **žaĩsti fùtbolą** ['ʒʌɪstʲɪ 'fʊtbolʲa:]

Liga Principal (f) **aukščiáusia lýga** (m) [aʊkʃ'tʂʲæʊsʲɛ 'lʲi:ga]
clube (m) de futebol **fùtbolo klùbas** (v) ['fʊtbolʲɔ 'klʲʊbas]
treinador (m) **trèneris** (v) ['trʲɛnʲɛrʲɪs]
proprietário (m) **savininkas** (v) [savʲɪ'nʲɪŋkas]

equipa (f) **kománda** (m) [kɔ'manda]
capitão (m) da equipa **komándos kapitõnas** (v) [kɔ'mandos kapʲɪ'to:nas]
jogador (m) **žaidė́jas** (v) [ʒʌɪ'dʲe:jas]
jogador (m) de reserva **atsargìnis žaidė́jas** (v) [atsar'gʲɪnʲɪs ʒʌɪ'dʲe:jas]

atacante (m) **puolė́jas** (v) [pʊɑ'lʲe:jas]
avançado (m) centro **vìdurio puolė́jas** (v) [vʲɪdʊrʲɔ pʊɑ'lʲe:jas]
marcador (m) **puolė́jas** (v) [pʊɑ'lʲe:jas]
defesa (m) **gynė́jas** (v) [gʲi:'nʲe:jas]

médio (m)	**saũgas** (v)	['saʊgas]
jogo (desafio)	**rungtỹnės** (m dgs)	[rʊŋk'tʲi:nʲe:s]
encontrar-se (vr)	**susitìkti**	[sʊsʲɪ'tʲɪktʲɪ]
final (m)	**finãlas** (v)	[fʲɪ'na:lʲas]
meia-final (f)	**pùsfinalis** (v)	['pʊsfʲɪnalʲɪs]
campeonato (m)	**čempionãtas** (v)	[tʂʲɛmpʲɪjɔ'na:tas]
tempo (m)	**kėlinỹs** (v)	[kʲe:lʲɪ'nʲi:s]
primeiro tempo (m)	**1-as kėlinỹs** (v)	['pʲɪrmas kʲe:lʲɪnʲi:s]
intervalo (m)	**pértrauka** (m)	['pʲɛrtraʊka]
baliza (f)	**var̃tai** (v)	['vartʌɪ]
guarda-redes (m)	**var̃tininkas** (v)	['vartʲɪnʲɪŋkas]
trave (f)	**štánga** (m)	['ʃtanga]
barra (f) transversal	**sijà** (m)	[sʲɪ'ja]
rede (f)	**tiñklas** (v)	['tʲɪŋklʲas]
sofrer um golo	**praléisti įvartį**	[pra'lʲɛɪstʲɪ 'i:vartʲɪ:]
bola (f)	**kamuolỹs** (v)	[kamʊɑ'lʲi:s]
passe (m)	**pasuõtė** (m)	[pa'sʊɑtʲe:]
chute (m)	**smũgis** (v)	['smu:gʲɪs]
chutar (vt)	**smūgiúoti**	[smu:'gʲʊɑtʲɪ]
tiro (m) livre	**baudõs smũgis** (v)	[baʊ'do:s 'smu:gʲɪs]
canto (m)	**kampìnis smũgis** (v)	[kam'pʲɪnʲɪs 'smu:gʲɪs]
ataque (m)	**atakà** (m)	[ata'ka]
contra-ataque (m)	**kontratakà** (m)	[kɔntrata'ka]
combinação (f)	**kombinãcija** (m)	[kɔmbʲɪ'na:tsʲɪjɛ]
árbitro (m)	**arbìtras** (v)	[ar'bʲɪtras]
apitar (vi)	**švil̃pti**	['ʃvʲɪlʲptʲɪ]
apito (m)	**švilpùkas** (v)	[ʃvʲɪlʲ'pʊkas]
falta (f)	**pažeidìmas** (v)	[paʒʲɛɪ'dʲɪmas]
cometer a falta	**pažeĩsti**	[pa'ʒʲɛɪstʲɪ]
expulsar (vt)	**pašãlinti ìš aikštė̃s**	[pa'ʃa:lʲɪntʲɪ ɪʃ ʌɪk'ʃtʲe:s]
cartão (m) amarelo	**geltóna kortẽlė** (m)	[gʲɛl'tona kor'tʲælʲe:]
cartão (m) vermelho	**raudóna kortẽlė** (m)	[raʊ'dona kor'tʲælʲe:]
desqualificação (f)	**diskvalifikãvimas** (v)	[dʲɪskvalʲɪfʲɪ'ka:vʲɪmas]
desqualificar (vt)	**diskvalifikúoti**	[dʲɪskvalʲɪfʲɪ'kʊɑtʲɪ]
penálti (m)	**baudinỹs** (v)	[baʊdʲɪ'nʲi:s]
barreira (f)	**síena** (m)	['sʲiɛna]
marcar (vt)	**įmùšti**	[i:'mʊʃtʲɪ]
golo (m)	**įvartis** (v)	['i:vartʲɪs]
marcar um golo	**įmùšti įvartį**	[i:'mʊʃtʲɪ 'i:vartʲɪ:]
substituição (f)	**pakeitìmas** (v)	[pakʲɛɪ'tʲɪmas]
substituir (vt)	**pakeĩsti**	[pa'kʲɛɪstʲɪ]
regras (f pl)	**taisỹklės** (m dgs)	[tʌɪ'sʲi:klʲe:s]
tática (f)	**tãktika** (m)	['ta:ktʲɪka]
estádio (m)	**stadiònas** (v)	[stadʲɪ'ɔnas]
bancadas (f pl)	**tribūnà** (m)	[trʲɪbu:'na]
fã, adepto (m)	**aistruõlis** (v), **sirgãlius** (v)	[ʌɪstrʊ'ɑlʲɪs], [sʲɪr'ga:lʲʊs]
gritar (vi)	**rė̃kti**	['rʲe:ktʲɪ]

marcador (m)	**švieslentė** (m)	['ʃvʲɛslʲɛntʲe:]
resultado (m)	**rezultãtas** (v)	[rʲɛzʊlʲ'ta:tas]
derrota (f)	**pralaimė́jimas** (v)	[pralʲʌɪ'mʲɛjɪmas]
perder (vt)	**pralaimė́ti**	[pralʲʌɪ'mʲe:tʲɪ]
empate (m)	**lýgiosios** (m dgs)	['lʲi:gʲosʲos]
empatar (vi)	**sužaĩsti lygiomìs**	[sʊ'ʒʌɪstʲɪ lʲi:gʲo'mʲɪs]
vitória (f)	**pérgalė** (m)	['pʲɛrgalʲe:]
ganhar, vencer (vi, vt)	**nugalė́ti**	[nʊga'lʲe:tʲɪ]
campeão (m)	**čempiònas** (v)	[tʂʲɛm'pʲɪjɔnas]
melhor	**geriáusias**	[gʲɛ'rʲæʊsʲæs]
felicitar (vt)	**svéikinti**	['svʲɛɪkʲɪntʲɪ]
comentador (m)	**komentãtorius** (v)	[kɔmʲɛn'ta:torʲʊs]
comentar (vt)	**komentúoti**	[kɔmʲɛn'tʊɑtʲɪ]
transmissão (f)	**transliãcija** (m)	[trans'lʲætsʲɪjɛ]

137. Esqui alpino

esqui (m)	**slìdės** (m dgs)	['slʲɪdʲe:s]
esquiar (vi)	**slidinė́ti**	[slʲɪdʲɪ'nʲe:tʲɪ]
estância (f) de esqui	**kalnų̃ slidinė́jimo kuròrtas** (v)	[kalʲ'nu: slʲɪdʲɪ'nʲɛjɪmɔ kʊ'rortas]
teleférico (m)	**kéltuvas** (v)	['kʲɛlʲtʊvas]
bastões (m pl) de esqui	**lazdõs** (m dgs)	[lʲaz'do:s]
declive (m)	**núokalnė** (m)	['nʊɑkalʲnʲe:]
slalom (m)	**slãlomas** (v)	['slʲa:lʲomas]

138. Ténis. Golfe

golfe (m)	**gòlfas** (v)	['golʲfas]
clube (m) de golfe	**gòlfo klùbas** (v)	['golʲfɔ 'klʲʊbas]
jogador (m) de golfe	**gòlfo žaidė́jas** (v)	['golʲfɔ ʒʌɪ'dʲe:jas]
buraco (m)	**duobùtė** (m)	[dʊɑ'bʊtʲe:]
taco (m)	**riẽdmuša** (m)	['rʲɛdmʊʃa]
trolley (m)	**vežimė̃lis riẽdmušoms** (v)	[vʲɛʒʲɪ'mʲe:lʲɪs 'rʲɛdmʊʃoms]
ténis (m)	**tènisas** (v)	['tʲɛnʲɪsas]
quadra (f) de ténis	**tèniso aikštẽlė** (m)	['tʲɛnʲɪsɔ ʌɪkʃ'tʲælʲe:]
saque (m)	**padavìmas** (v)	[pada'vʲɪmas]
sacar (vi)	**padúoti**	[pa'dʊɑtʲɪ]
raquete (f)	**rakètė** (m)	[ra'kʲɛtʲe:]
rede (f)	**tèniso tiñklas** (v)	['tʲɛnʲɪsɔ 'tʲɪŋklʲas]
bola (f)	**kamuolỹs** (v)	[kamʊɑ'lʲi:s]

139. Xadrez

xadrez (m)	**šachmãtai** (v)	[ʃax'ma:tʌɪ]
peças (f pl) de xadrez	**šachmãtai** (v)	[ʃax'ma:tʌɪ]

xadrezista (m)	**šachmãtininkas** (v)	[ʃax'ma:tʲɪnʲɪŋkas]
tabuleiro (m) de xadrez	**šachmãtų lentà** (m)	[ʃax'ma:tu: lʲɛn'ta]
peça (f) de xadrez	**figūrà** (m)	[fʲɪgu:'ra]
brancas (f pl)	**baltì**	[balʲ'tʲɪ]
pretas (f pl)	**juodì**	[jʊɑ'dʲɪ]
peão (m)	**pė́stininkas** (v)	['pʲe:stʲɪnʲɪŋkas]
bispo (m)	**rìkis** (v)	['rʲɪkʲɪs]
cavalo (m)	**žìrgas** (v)	['ʒʲɪrgas]
torre (f)	**bókštas** (v)	['bokʃtas]
dama (f)	**valdõvė** (m)	[valʲ'do:vʲe:]
rei (m)	**karãlius** (v)	[ka'ra:lʲʊs]
vez (m)	**ėjìmas** (v)	[ɛ:'jɪmas]
mover (vt)	**eĩti**	['ɛɪtʲɪ]
sacrificar (vt)	**paaukóti**	[paɑʊ'kotʲɪ]
roque (m)	**rokiruõtė** (m)	[rokʲɪ'rʊɑtʲe:]
xeque (m)	**šãchas** (v)	['ʃa:xas]
xeque-mate (m)	**mãtas** (v)	['ma:tas]
torneio (m) de xadrez	**šachmãtų turnỹras** (v)	[ʃax'ma:tu: tʊr'nʲi:ras]
grão-mestre (m)	**dìdmeistris** (v)	['dʲɪdmʲɛɪstrʲɪs]
combinação (f)	**kombinãcija** (m)	[kɔmbʲɪ'na:tsʲɪjɛ]
partida (f)	**pártija** (m)	['partʲɪjɛ]
jogo (m) de damas	**šãškės** (m dgs)	['ʃa:ʃkʲe:s]

140. Boxe

boxe (m)	**bòksas** (v)	['boksas]
combate (m)	**kovà** (m)	[kɔ'va]
duelo (m)	**dvìkova** (m)	['dvʲɪkova]
round (m)	**ráundas** (v)	['rɑʊndas]
ringue (m)	**rìngas** (v)	['rʲɪngas]
gongo (m)	**gòngas** (v)	['gongas]
murro, soco (m)	**smū̃gis** (v)	['smu:gʲɪs]
knockdown (m)	**nokdáunas** (v)	[nok'dɑʊnas]
nocaute (m)	**nokáutas** (v)	[no'kɑʊtas]
nocautear (vt)	**nokautúoti**	[nokɑʊ'tʊɑtʲɪ]
luva (f) de boxe	**bòkso pir̃štinė** (m)	['boksɔ 'pʲɪrʃtʲɪnʲe:]
árbitro (m)	**teisė́jas** (v)	[tʲɛɪ'sʲe:jas]
peso-leve (m)	**leñgvas svõris** (v)	['lʲɛŋgvas 'svo:rʲɪs]
peso-médio (m)	**vidutìnis svõris** (v)	[vʲɪdʊ'tʲɪnʲɪs 'svo:rʲɪs]
peso-pesado (m)	**sunkùs svõris** (v)	[sʊŋ'kʊs 'svo:rʲɪs]

141. Desportos. Diversos

Jogos (m pl) Olímpicos	**Olìmpinės žaidỹnės** (m dgs)	[o'lʲɪmpʲɪnʲe:s ʒʌɪ'dʲi:nʲe:s]
vencedor (m)	**nugalė́tojas** (v)	[nʊga'lʲe:to:jɛs]

vencer (vi) **nugalė́ti** [nʊga'lʲe:tʲɪ]
vencer, ganhar (vi) **laimė́ti** [lʲʌɪ'mʲe:tʲɪ]

líder (m) **lýderis** (v) ['lʲi:dʲɛrʲɪs]
liderar (vt) **bū́ti lýderiu** ['bu:tʲɪ 'lʲi:dʲɛrʲʊ]

primeiro lugar (m) **pirmóji vietà** (m) [pʲɪr'mo:jɪ vʲiɛ'ta]
segundo lugar (m) **antróji vietà** (m) [an'tro:jɪ vʲiɛ'ta]
terceiro lugar (m) **trečióji vietà** (m) [trʲɛ'tʂʲo:jɪ vʲiɛ'ta]

medalha (f) **medãlis** (v) [mʲɛ'da:lʲɪs]
troféu (m) **trofė̃jus** (v) [tro'fʲe:jʊs]
taça (f) **taurė̃** (m) [tɑʊ'rʲe:]
prémio (m) **prìzas** (v) ['prʲɪzas]
prémio (m) principal **pagrindìnis prìzas** (v) [pagrʲɪn'dʲɪnʲɪs 'prʲɪzas]

recorde (m) **rekòrdas** (v) [rʲɛ'kordas]
estabelecer um recorde **pasíekti rekòrdą** [pa'sʲiɛktʲɪ rʲɛ'korda:]

final (m) **finãlas** (v) [fʲɪ'na:lʲas]
final **finãlinis** [fʲɪ'na:lʲɪnʲɪs]

campeão (m) **čempiònas** (v) [tʂʲɛm'pʲɪjɔnas]
campeonato (m) **čempionãtas** (v) [tʂʲɛmpʲɪjɔ'na:tas]

estádio (m) **stadiònas** (v) [stadʲɪ'ɔnas]
bancadas (f pl) **tribūnà** (m) [trʲɪbu:'na]
fã, adepto (m) **sirgãlius** (v) [sʲɪr'ga:lʲʊs]
adversário (m) **varžõvas** (v) [var'ʒo:vas]

partida (f) **stártas** (v) ['startas]
chegada, meta (f) **fìnišas** (v) ['fʲɪnʲɪʃas]

derrota (f) **pralaimė́jimas** (v) [pralʲʌɪ'mʲɛjɪmas]
perder (vt) **pralaimė́ti** [pralʲʌɪ'mʲe:tʲɪ]

árbitro (m) **teisė́jas** (v) [tʲɛɪ'sʲe:jas]
júri (m) **žiurì** (v) [ʒʲʊ'rʲɪ]
resultado (m) **rezultãtas** (v) [rʲɛzʊlʲ'ta:tas]
empate (m) **lýgiosios** (m dgs) ['lʲi:gʲosʲos]
empatar (vi) **sužaĩsti lygiomìs** [sʊ'ʒʌɪstʲɪ lʲi:gʲo'mʲɪs]
ponto (m) **tãškas** (v) ['ta:ʃkas]
resultado (m) final **rezultãtas** (v) [rʲɛzʊlʲ'ta:tas]

tempo, período (m) **kėlinỹs** (v) [kʲe:lʲɪ'nʲi:s]
intervalo (m) **pértrauka** (m) ['pʲɛrtrɑʊka]

doping (m) **dòpingas** (v) ['dopʲɪngas]
penalizar (vt) **skìrti baũdą** ['skʲɪrtʲɪ 'bɑʊda:]
desqualificar (vt) **diskvalifikúoti** [dʲɪskvalʲɪfʲɪ'kʊɑtʲɪ]

aparelho (m) **príetaisas** (v) ['prʲiɛtʌɪsas]
dardo (m) **íetis** (m) ['ɪʲɛtʲɪs]
peso (m) **rutulỹs** (v) [rʊtʊ'lʲi:s]
bola (f) **kamuolỹs** (v) [kamʊɑ'lʲi:s]
alvo, objetivo (m) **taikinỹs** (v) [tʌɪkʲɪ'nʲi:s]

alvo (~ de papel)	**taikinỹs** (v)	[tʌɪkʲɪ'nʲi:s]
atirar, disparar (vi)	**šáuti**	['ʃɑʊtʲɪ]
preciso (tiro ~)	**tikslùs**	[tʲɪks'lʲʊs]
treinador (m)	**trèneris** (v)	['trʲɛnʲɛrʲɪs]
treinar (vt)	**treniruóti**	[trʲɛnʲɪ'rʊɑtʲɪ]
treinar-se (vr)	**treniruótis**	[trʲɛnʲɪ'rʊɑtʲɪs]
treino (m)	**treniruõtė** (m)	[trenʲɪ'rʊɑtʲe:]
ginásio (m)	**spòrto sãlė** (m)	['sportɔ sa:'lʲe:]
exercício (m)	**pratìmas** (v)	[pra'tʲɪmas]
aquecimento (m)	**pramankštà** (m)	[pramaŋkʃ'ta]

Educação

142. Escola

escola (f)	**mokyklà** (m)	[mokʲi:k'lʲa]
diretor (m) de escola	**mokỹklos dirèktorius** (v)	[mo'kʲi:klʲos dʲɪ'rʲɛktorʲʊs]
aluno (m)	**mokinỹs** (v)	[mokʲɪ'nʲi:s]
aluna (f)	**mokinė̃** (m)	[mokʲɪ'nʲe:]
escolar (m)	**moksleĩvis** (v)	[moks'lʲɛɪvʲɪs]
escolar (f)	**moksleĩvė** (m)	[moks'lʲɛɪvʲe:]
ensinar (vt)	**mókyti**	['mokʲi:tʲɪ]
aprender (vt)	**mókytis**	['mokʲi:tʲɪs]
aprender de cor	**mókytis atmintinaĩ**	['mokʲi:tʲɪs atmʲɪntʲɪ'nʌɪ]
estudar (vi)	**mókytis**	['mokʲi:tʲɪs]
andar na escola	**mókytis**	['mokʲi:tʲɪs]
ir à escola	**eĩti į mokỹklą**	['ɛɪtʲɪ i: mo'kʲɪ:klʲa:]
alfabeto (m)	**abėcė̃lė** (m)	[abʲe:'tsʲe:lʲe:]
disciplina (f)	**dalỹkas** (v)	[da'lʲi:kas]
sala (f) de aula	**klãsė** (m)	['klʲa:sʲe:]
lição (f)	**pamokà** (m)	[pamo'ka]
recreio (m)	**pértrauka** (m)	['pʲɛrtraʊka]
toque (m)	**skambùtis** (v)	[skam'bʊtʲɪs]
carteira (f)	**súolas** (v)	['sʊalʲas]
quadro (m) negro	**lentà** (m)	[lʲɛn'ta]
nota (f)	**pažymỹs** (v)	[paʒʲi:'mʲi:s]
boa nota (f)	**gẽras pažymỹs** (v)	['gʲæras paʒʲi:'mʲi:s]
nota (f) baixa	**prãstas pažymỹs** (v)	['pra:stas paʒʲi:'mʲi:s]
dar uma nota	**rašýti pãžymį**	[ra'ʃʲɪ:tʲɪ 'pa:ʒʲɪ:mʲɪ:]
erro (m)	**klaidà** (m)	[klʲʌɪ'da]
fazer erros	**darýti klaidàs**	[da'rʲi:tʲɪ klʲʌɪ'das]
corrigir (vt)	**taisýti**	[tʌɪ'sʲi:tʲɪ]
cábula (f)	**paruoštùkas** (v)	[parʊɑ'ʃtʊkas]
dever (m) de casa	**namų̃ dárbas** (v)	[na'mu: 'darbas]
exercício (m)	**pratìmas** (v)	[pra'tʲɪmas]
estar presente	**bū́ti**	['bu:tʲɪ]
estar ausente	**nebū́ti**	[nʲɛ'bu:tʲɪ]
faltar às aulas	**praléisti pãmokas**	[pra'lʲɛɪstʲɪ 'pa:mokas]
punir (vt)	**baũsti**	['baʊstʲɪ]
punição (f)	**bausmė̃** (m)	[baʊs'mʲe:]
comportamento (m)	**elgesỹs** (v)	[ɛlʲgʲɛ'sʲi:s]

boletim (m) escolar	**dienýnas** (v)	[dʲiɛ'nʲi:nas]
lápis (m)	**pieštùkas** (v)	[pʲiɛʃ'tʊkas]
borracha (f)	**trintùkas** (v)	[trʲɪn'tʊkas]
giz (m)	**kreidà** (m)	[krʲɛɪda]
estojo (m)	**penãlas** (v)	[pʲɛ'nalʲas]
pasta (f) escolar	**pòrtfelis** (v)	['portfʲɛlʲɪs]
caneta (f)	**tušinùkas** (v)	[tʊʃɪ'nʊkas]
caderno (m)	**są́siuvinis** (v)	['sa:sʲʊvʲɪnʲɪs]
manual (m) escolar	**vadovė̃lis** (v)	[vado'vʲe:lʲɪs]
compasso (m)	**skriestùvas** (v)	[skrʲiɛ'stʊvas]
traçar (vt)	**braižýti**	[brʌɪ'ʒʲi:tʲɪ]
desenho (m) técnico	**brėžinỹs** (v)	[brʲe:ʒʲɪ'nʲi:s]
poesia (f)	**eilė́raštis** (v)	[ɛɪ'lʲe:raʃtʲɪs]
de cor	**atmintinaĩ**	[atmʲɪntʲɪ'nʌɪ]
aprender de cor	**mókytis atmintinaĩ**	['mokʲi:tʲɪs atmʲɪntʲɪ'nʌɪ]
férias (f pl)	**atóstogos** (m dgs)	[a'tostogos]
estar de férias	**atostogáuti**	[atosto'gɑʊtʲɪ]
passar as férias	**praléisti atóstogas**	[pra'lʲɛɪstʲɪ a'tostogas]
teste (m)	**kontròlinis dárbas** (v)	[kɔn'trolʲɪnʲɪs 'darbas]
composição, redação (f)	**rašinỹs** (v)	[raʃɪ'nʲi:s]
ditado (m)	**diktántas** (v)	[dʲɪk'tantas]
exame (m)	**egzãminas** (v)	[ɛg'za:mʲɪnas]
fazer exame	**laikýti egzãminus**	[lʲʌɪ'kʲi:tʲɪ ɛg'za:mʲɪnʊs]
experiência (~ química)	**bañdymas** (v)	['bandʲi:mas]

143. Colégio. Universidade

academia (f)	**akadèmija** (m)	[aka'dʲɛmʲɪjɛ]
universidade (f)	**universitètas** (v)	[ʊnʲɪvʲɛrsʲɪ'tʲɛtas]
faculdade (f)	**fakultètas** (v)	[fakʊlʲ'tʲɛtas]
estudante (m)	**studeñtas** (v)	[stʊ'dʲɛntas]
estudante (f)	**studeñtė** (m)	[stʊ'dentʲe:]
professor (m)	**dė́stytojas** (v)	['dʲe:stʲi:to:jɛs]
sala (f) de palestras	**auditòrija** (m)	[ɑʊdʲɪ'torʲɪjɛ]
graduado (m)	**absolveñtas** (v)	[absolʲ'vʲɛntas]
diploma (m)	**diplòmas** (v)	[dʲɪp'lʲomas]
tese (f)	**disertãcija** (m)	[dʲɪsʲɛr'ta:tsʲɪjɛ]
estudo (obra)	**tyrinė́jimas** (v)	[tʲi:rʲɪ'nʲɛjɪmas]
laboratório (m)	**laboratòrija** (m)	[lʲabora'torʲɪjɛ]
palestra (f)	**paskaità** (m)	[paskʌɪ'ta]
colega (m) de curso	**bendrakursis** (v)	[bʲɛndra'kʊrsʲɪs]
bolsa (f) de estudos	**stipeñdija** (m)	[stʲɪ'pʲɛndʲɪjɛ]
grau (m) académico	**mókslinis láipsnis** (v)	['mokslʲɪnʲɪs 'lʌɪpsnʲɪs]

144. Ciências. Disciplinas

matemática (f)	**matemãtika** (m)	[matʲɛ'ma:tʲɪka]
álgebra (f)	**álgebra** (m)	['alʲgʲɛbra]
geometria (f)	**geomètrija** (m)	[gʲɛo'mʲɛtrʲɪjɛ]
astronomia (f)	**astronòmija** (m)	[astro'nomʲɪjɛ]
biologia (f)	**biològija** (m)	[bʲɪjɔ'lʲogʲɪjɛ]
geografia (f)	**geogrãfija** (m)	[gʲɛo'gra:fʲɪjɛ]
geologia (f)	**geològija** (m)	[gʲɛo'lʲogʲɪjɛ]
história (f)	**istòrija** (m)	[ɪs'torʲɪjɛ]
medicina (f)	**medicinà** (m)	[mʲɛdʲɪtsʲɪ'na]
pedagogia (f)	**pedagògika** (m)	[pʲɛda'gogʲɪka]
direito (m)	**téisė** (m)	['tʲɛisʲe:]
física (f)	**fìzika** (m)	['fʲɪzʲɪka]
química (f)	**chèmija** (m)	['xʲɛmʲɪjɛ]
filosofia (f)	**filosòfija** (m)	[fʲɪlʲo'sofʲɪjɛ]
psicologia (f)	**psichològija** (m)	[psʲɪxo'lʲogʲɪjɛ]

145. Sistema de escrita. Ortografia

gramática (f)	**gramãtika** (m)	[gra'ma:tʲɪka]
vocabulário (m)	**lèksika** (m)	['lʲɛksʲɪka]
fonética (f)	**fonètika** (m)	[fo'nʲɛtʲɪka]
substantivo (m)	**daiktãvardis** (v)	[dʌɪk'ta:vardʲɪs]
adjetivo (m)	**bū̃dvardis** (v)	['bu:dvardʲɪs]
verbo (m)	**veiksmãžodis** (v)	[vʲɛɪks'ma:ʒodʲɪs]
advérbio (m)	**príeveiksmis** (v)	['prʲiɛvʲɛɪksmʲɪs]
pronome (m)	**įvardis** (v)	['i:vardʲɪs]
interjeição (f)	**jaustùkas** (v)	[jɛʊs'tʊkas]
preposição (f)	**príelinksnis** (v)	['prʲiɛlʲɪŋksnʲɪs]
raiz (f) da palavra	**žõdžio šaknìs** (m)	['ʒo:dʒʲɔ ʃak'nʲɪs]
terminação (f)	**galū́nė** (m)	[ga'lʲu:nʲe:]
prefixo (m)	**príešdėlis** (v)	['prʲiɛʃdʲe:lʲɪs]
sílaba (f)	**skiemuõ** (v)	[skʲiɛ'mʊɑ]
sufixo (m)	**príesaga** (m)	['prʲiɛsaga]
acento (m)	**kir̃tis** (m)	['kʲɪrtʲɪs]
apóstrofo (m)	**apostròfas** (v)	[apos'trofas]
ponto (m)	**tãškas** (v)	['ta:ʃkas]
vírgula (f)	**kablẽlis** (v)	[kab'lʲælʲɪs]
ponto e vírgula (m)	**kabliãtaškis** (v)	[kab'lʲætaʃkʲɪs]
dois pontos (m pl)	**dvìtaškis** (v)	['dvʲɪtaʃkʲɪs]
reticências (f pl)	**daũgtaškis** (v)	['dɑʊktaʃkʲɪs]
ponto (m) de interrogação	**klaustùkas** (v)	[klʲɑʊ'stʊkas]
ponto (m) de exclamação	**šauktùkas** (v)	[ʃɑʊk'tʊkas]

aspas (f pl)	**kabùtės** (m dgs)	[ka'bʊtʲe:s]
entre aspas	**kabùtėse**	[ka'bʊtʲe:se]
parênteses (m pl)	**skliaustẽliai** (v dgs)	[sklʲɛʊ'stʲælʲɛɪ]
entre parênteses	**skliaustẽliuose**	[sklʲɛʊ'stʲælʲʊosʲɛ]
hífen (m)	**defisas** (v)	[dʲɛ'fʲɪsas]
travessão (m)	**brūkšnỹs** (v)	[bru:kʃ'nʲi:s]
espaço (m)	**tárpas** (v)	['tarpas]
letra (f)	**raĩdė** (m)	['rʌɪdʲe:]
letra (f) maiúscula	**didžióji raĩdė** (m)	[dʲɪ'dʒʲo:jɪ 'rʌɪdʲe:]
vogal (f)	**bal̃sis** (v)	['balʲsʲɪs]
consoante (f)	**príebalsis** (v)	['prʲiɛbalʲsʲɪs]
frase (f)	**sakinỹs** (v)	[sakʲɪ'nʲi:s]
sujeito (m)	**veiksnỹs** (v)	[vʲɛɪks'nʲi:s]
predicado (m)	**tarinỹs** (v)	[tarʲɪ'nʲi:s]
linha (f)	**eilùtė** (m)	[ɛɪ'lʲʊtʲe:]
em uma nova linha	**ìš naujõs eilùtės**	[ɪʃ 'nɑʊjɔ:s ɛɪ'lʲʊtʲe:s]
parágrafo (m)	**pastráipa** (m)	[past'rʌɪpa]
palavra (f)	**žõdis** (v)	['ʒo:dʲɪs]
grupo (m) de palavras	**žõdžių junginỹs** (v)	['ʒo:dʒʲu: jʊngʲɪ'nʲi:s]
expressão (f)	**išsireiškìmas** (v)	[ɪʃsʲɪrʲɛɪʃkʲɪmas]
sinónimo (m)	**sinonìmas** (v)	[sʲɪno'nʲɪmas]
antónimo (m)	**antonìmas** (v)	[anto'nʲɪmas]
regra (f)	**taisỹklė** (m)	[tʌɪ'sʲi:klʲe:]
exceção (f)	**išimtìs** (m)	[ɪʃɪm'tʲɪs]
correto	**teisìngas**	[tʲɛɪ'sʲɪngas]
conjugação (f)	**asmenuõtė** (m)	[asme'nʊɑtʲe:]
declinação (f)	**linksniuõtė** (m)	[lʲɪŋks'nʲʊo:tʲe:]
caso (m)	**liñksnis** (v)	['lʲɪŋksnʲɪs]
pergunta (f)	**kláusimas** (v)	['klʲɑʊsʲɪmas]
sublinhar (vt)	**pabraũkti**	[pa'brɑʊktʲɪ]
linha (f) pontilhada	**punktỹras** (v)	[pʊŋk'tʲi:ras]

146. Línguas estrangeiras

língua (f)	**kalbà** (m)	[kalʲ'ba]
estrangeiro	**ùžsienio**	['ʊʒsʲiɛnʲɔ]
língua (f) estrangeira	**ùžsienio kalbà** (m)	['ʊʒsʲiɛnʲɔ kalʲba]
estudar (vt)	**studijúoti**	[stʊdʲɪ'jʊɑtʲɪ]
aprender (vt)	**mókytis**	['mokʲi:tʲɪs]
ler (vt)	**skaitýti**	[skʌɪ'tʲi:tʲɪ]
falar (vi)	**kalbéti**	[kalʲ'bʲe:tʲɪ]
compreender (vt)	**supràsti**	[sʊp'rastʲɪ]
escrever (vt)	**rašýti**	[ra'ʃɪ:tʲɪ]
rapidamente	**greĩtai**	['grʲɛɪtʌɪ]
devagar	**lėtaĩ**	[lʲe:'tʌɪ]

fluentemente	**laisvaĩ**	[lʲʌɪs'vʌɪ]
regras (f pl)	**taisỹklės** (m dgs)	[tʌɪ'sʲi:klʲe:s]
gramática (f)	**gramãtika** (m)	[gra'ma:tʲɪka]
vocabulário (m)	**lèksika** (m)	['lʲɛksʲɪka]
fonética (f)	**fonètika** (m)	[fo'nʲɛtʲɪka]
manual (m) escolar	**vadovėlis** (v)	[vado'vʲe:lʲɪs]
dicionário (m)	**žodýnas** (v)	[ʒo'dʲi:nas]
manual (m) de autoaprendizagem	**savìmokos vadovė̃lis** (v)	[sa'vʲɪmokos vado'vʲe:lʲɪs]
guia (m) de conversação	**pasikalbė́jimų knygẽlė** (m)	[pasʲɪkalʲ'bʲɛjɪmu: knʲi:'gʲælʲe:]
cassete (f)	**kasètė** (m)	[ka'sʲɛtʲe:]
vídeo cassete (m)	**vaizdãjuostė** (m)	[vʌɪz'da:jʊɑstʲe:]
CD (m)	**kompãktinis dìskas** (v)	[kɔm'pa:ktʲɪnʲɪs 'dʲɪskas]
DVD (m)	**DVD diskàs** (v)	[dʲɪvʲɪ'dʲɪ dʲɪs'kas]
alfabeto (m)	**abėcė̃lė** (m)	[abʲe:'tsʲe:lʲe:]
soletrar (vt)	**sakýti paraidžiuĩ**	[sa'kʲi:tʲɪ parʌɪ'dʒʲʊɪ]
pronúncia (f)	**tarìmas** (v)	[ta'rʲɪmas]
sotaque (m)	**akceñtas** (v)	[ak'tsʲɛntas]
com sotaque	**sù akcentù**	['sʊ aktsʲɛn'tʊ]
sem sotaque	**bè akceñto**	['bʲɛ ak'tsʲɛntɔ]
palavra (f)	**žõdis** (v)	['ʒo:dʲɪs]
sentido (m)	**prasmė̃** (m)	[pras'mʲe:]
cursos (m pl)	**kùrsai** (v dgs)	['kʊrsʌɪ]
inscrever-se (vr)	**užsirašýti**	[ʊʒsʲɪra'ʃʲɪ:tʲɪ]
professor (m)	**dė́stytojas** (v)	['dʲe:stʲi:to:jɛs]
tradução (processo)	**vertìmas** (v)	[vʲɛr'tʲɪmas]
tradução (texto)	**vertìmas** (v)	[vʲɛr'tʲɪmas]
tradutor (m)	**vertė́jas** (v)	[vʲɛr'tʲe:jas]
intérprete (m)	**vertė́jas** (v)	[vʲɛr'tʲe:jas]
poliglota (m)	**poliglòtas** (v)	[polʲɪ'glotas]
memória (f)	**atmintìs** (m)	[atmʲɪn'tʲɪs]

147. Personagens de contos de fadas

Pai (m) Natal	**Kalė̃dų Sẽnis** (v)	[ka'lʲe:du: 'sʲenʲɪs]
Cinderela (f)	**Pelẽnė** (m)	[pʲɛ'lʲænʲe:]
sereia (f)	**undìnė** (m)	[ʊn'dʲɪnʲe:]
Neptuno (m)	**Neptū̃nas** (v)	[nʲɛp'tu:nas]
mago (m)	**bùrtininkas** (v)	['bʊrtʲɪnʲɪŋkas]
fada (f)	**bùrtininkė** (m)	['bʊrtʲɪnʲɪŋkʲe:]
mágico	**stebuklìngas**	[stʲɛbʊk'lʲɪngas]
varinha (f) mágica	**bùrtų lazdẽlė** (m)	['bʊrtu: laz'dʲælʲe:]
conto (m) de fadas	**pãsaka** (m)	['pa:saka]
milagre (m)	**stebùklas** (v)	[stʲɛ'bʊklʲas]

anão (m)	**gnòmas** (v)	['gnomas]
transformar-se em ...	**pavir̃sti į ...**	[pa'vʲɪrstʲɪ i: ..]
fantasma (m)	**šmė́kla** (m)	['ʃmʲe:klʲa]
espetro (m)	**vaiduõklis** (v)	[vʌɪ'dʊaklʲɪs]
monstro (m)	**pabáisa** (m)	[pa'bʌɪsa]
dragão (m)	**drakònas** (v)	[dra'konas]
gigante (m)	**mil̃žinas** (v)	['mʲɪlʲʒʲɪnas]

148. Signos do Zodíaco

Carneiro	**ãvinas** (v)	['a:vʲɪnas]
Touro	**Jáutis** (v)	['jɑʊtʲɪs]
Gémeos	**Dvyniaĩ** (v dgs)	[dvʲi:'nʲɛɪ]
Caranguejo	**Vėžỹs** (v)	[vʲe:'ʒʲi:s]
Leão	**Liū̃tas** (v)	['lʲu:tas]
Virgem (f)	**Mergẽlė** (m)	[mʲɛr'gʲælʲe:]
Balança	**Svarstỹklės** (m dgs)	[svar'stʲi:klʲe:s]
Escorpião	**Skorpiònas** (v)	[skorpʲɪ'ɔnas]
Sagitário	**Šaulỹs** (v)	[ʃɑʊ'lʲi:s]
Capricórnio	**Ožiarãgis** (v)	[oʒʲæ'ra:gʲɪs]
Aquário	**Vandẽnis** (v)	[van'dʲænʲɪs]
Peixes	**Žùvys** (m dgs)	['ʒʊvʲi:s]
caráter (m)	**charãkteris** (v)	[xa'ra:ktʲɛrʲɪs]
traços (m pl) do caráter	**charãkterio brúožai** (v dgs)	[xa'ra:ktʲɛrʲɔ 'brʊɑʒʌɪ]
comportamento (m)	**elgesỹs** (v)	[ɛlʲgʲɛ'sʲi:s]
predizer (vt)	**bùrti**	['bʊrtʲɪ]
adivinha (f)	**burė̃ja** (m)	[bʊ'rʲe:ja]
horóscopo (m)	**horoskòpas** (v)	[ɣoro'skopas]

Artes

149. Teatro

teatro (m)	**teãtras** (v)	[tʲɛ'a:tras]
ópera (f)	**òpera** (m)	['opʲɛra]
opereta (f)	**operètė** (m)	[opʲɛ'rʲɛtʲe:]
balé (m)	**balètas** (v)	[ba'lʲɛtas]
cartaz (m)	**afišà** (m)	[afʲɪ'ʃa]
companhia (f) teatral	**trùpė** (m)	['trʊpʲe:]
turné (digressão)	**gastròlės** (m dgs)	[gas'trolʲe:s]
estar em turné	**gastroliúoti**	[gastro'lʲʊɑtʲɪ]
ensaiar (vt)	**repetúoti**	[rʲɛpʲɛ'tʊɑtʲɪ]
ensaio (m)	**repetìcija** (m)	[rʲɛpʲɛ'tʲɪtsʲɪjɛ]
repertório (m)	**repertuãras** (v)	[rʲɛpʲɛrtʊ'a:ras]
apresentação (f)	**vaidìnimas** (v)	[vʌɪ'dʲɪnʲɪmas]
espetáculo (m)	**spektãklis** (v)	[spʲɛk'ta:klʲɪs]
peça (f)	**pjèsė** (m)	['pjæsʲe:]
bilhete (m)	**bìlietas** (v)	['bʲɪlʲiɛtas]
bilheteira (f)	**bìlietų kasà** (m)	['bʲɪlʲiɛtu: ka'sa]
hall (m)	**hòlas** (v)	['ɣolʲas]
guarda-roupa (m)	**rū̃binė** (m)	['ru:bʲɪnʲe:]
senha (f) numerada	**numeriùkas** (v)	[nʊmʲɛ'rʲʊkas]
binóculo (m)	**žiūrõnas** (v)	[ʒʲu:'ro:nas]
lanterninha (m)	**kontroliẽrius** (v)	[kɔntro'lʲɛrʲʊs]
plateia (f)	**párteris** (v)	['partʲɛrʲɪs]
balcão (m)	**balkònas** (v)	[balʲ'konas]
primeiro balcão (m)	**beletãžas** (v)	[bʲɛlʲɛ'ta:ʒas]
camarote (m)	**lòžė** (m)	['lʲoʒʲe:]
fila (f)	**eilė̃** (m)	[ɛɪ'lʲe:]
assento (m)	**vietà** (m)	[vʲiɛ'ta]
público (m)	**pùblika** (m)	['pʊblʲɪka]
espetador (m)	**žiūrõvas** (v)	[ʒʲu:'ro:vas]
aplaudir (vt)	**plõti**	['plʲo:tʲɪ]
aplausos (m pl)	**plojìmai** (v dgs)	[plʲo'jɪmʌɪ]
ovação (f)	**ovãcijos** (m dgs)	[o'va:tsʲɪjɔs]
palco (m)	**scenà** (m)	[stsʲɛ'na]
pano (m) de boca	**ùždanga** (m)	['ʊʒdanga]
cenário (m)	**dekorãcija** (m)	[dʲɛko'ra:tsʲɪjɛ]
bastidores (m pl)	**kulìsai** (v dgs)	[kʊ'lʲɪsʌɪ]
cena (f)	**scenà** (m)	[stsʲɛ'na]
ato (m)	**ãktas** (v), **veĩksmas** (v)	['a:ktas], ['vʲɛɪksmas]
entreato (m)	**antrãktas** (v)	[an'tra:ktas]

150. Cinema

ator (m)	**ãktorius** (v)	['a:ktorʲʊs]
atriz (f)	**ãktorė** (m)	['a:ktorʲe:]
cinema (m)	**kìnas** (v)	['kʲɪnas]
episódio (m)	**sèrija** (m)	['sʲɛrʲɪjɛ]
filme (m) policial	**detektỹvas** (v)	[dʲɛtʲɛk'tʲi:vas]
filme (m) de ação	**veĩksmo fìlmas** (v)	['vʲɛɪksmɔ 'fʲɪlʲmas]
filme (m) de aventuras	**núotykių fìlmas** (v)	['nʊɑtʲi:kʲu: 'fʲɪlʲmas]
filme (m) de ficção científica	**fantãstinis fìlmas** (v)	[fan'ta:stʲɪnʲɪs 'fʲɪlʲmas]
filme (m) de terror	**siaũbo fìlmas** (v)	['sʲɛʊbɔ 'fʲɪlʲmas]
comédia (f)	**kìno komèdija** (m)	['kʲɪnɔ ko'mʲɛdʲɪjɛ]
melodrama (m)	**melodramà** (m)	[mʲɛlʲodra'ma]
drama (m)	**dramà** (m)	[dra'ma]
filme (m) ficcional	**mẽninis fìlmas** (v)	['mʲænʲɪnʲɪs 'fʲɪlʲmas]
documentário (m)	**dokumeñtinis fìlmas** (v)	[dokʊ'mʲɛntʲɪnʲɪs 'fʲɪlʲmas]
desenho (m) animado	**animãcinis fìlmas** (v)	[anʲɪ'ma:tsʲɪnʲɪs 'fʲɪlʲmas]
cinema (m) mudo	**nebylùsis fìlmas** (v)	[nʲɛbʲi:'lʊsʲɪs 'fʲɪlʲmas]
papel (m)	**vaidmuõ** (v)	[vʌɪd'mʊɑ]
papel (m) principal	**pagrindìnis vaidmuõ** (v)	[pagrʲɪn'dʲɪnʲɪs vʌɪd'mʊɑ]
representar (vt)	**vaidìnti**	[vʌɪ'dʲɪntʲɪ]
estrela (f) de cinema	**kìno žvaigždė̃** (m)	['kʲɪnɔ ʒvʌɪgʒ'dʲe:]
conhecido	**žìnomas**	['ʒʲɪnomas]
famoso	**garsùs**	[gar'sʊs]
popular	**populiarùs**	[popʊlʲæ'rʊs]
argumento (m)	**scenãrijus** (v)	[stsʲɛ'na:rʲɪjʊs]
argumentista (m)	**scenarìstas** (v)	[stsʲɛna'rʲɪstas]
realizador (m)	**režisiẽrius** (v)	[rʲɛʒʲɪ'sʲɛrʲʊs]
produtor (m)	**prodiùseris** (v)	[pro'dʲʊsʲɛrʲɪs]
assistente (m)	**asisteñtas** (v)	[asʲɪs'tʲɛntas]
diretor (m) de fotografia	**operãtorius** (v)	[opʲɛ'ra:torʲʊs]
duplo (m)	**kaskãdininkas** (v)	[kas'ka:dʲɪnʲɪŋkas]
filmar (vt)	**filmúoti**	[fʲɪlʲ'mʊɑtʲɪ]
audição (f)	**bañdymai** (v dgs)	['bandʲi:mʌɪ]
filmagem (f)	**filmãvimas** (v)	[fʲɪlʲ'ma:vʲɪmas]
equipe (f) de filmagem	**filmãvimo grùpė** (m)	[fʲɪlʲ'ma:vʲɪmɔ 'grʊpʲe:]
set (m) de filmagem	**filmãvimo aikštẽlė** (m)	[fʲɪlʲ'ma:vʲɪmɔ ʌɪkʃ'tʲælʲe:]
câmara (f)	**filmãvimo kãmera** (m)	[fʲɪlʲ'ma:vʲɪmɔ 'ka:mʲɛra]
cinema (m)	**kìno teãtras** (v)	['kʲɪnɔ tʲɛ'a:tras]
ecrã (m), tela (f)	**ekrãnas** (v)	[ɛk'ra:nas]
exibir um filme	**ródyti fìlmą**	['rodʲi:tʲɪ fʲɪlʲma:]
pista (f) sonora	**gar̃so takẽlis** (v)	['garsɔ ta'kʲælʲɪs]
efeitos (m pl) especiais	**specialíeji efèktai** (v dgs)	[spʲɛtsʲɪja'lʲiɛjɪ ɛ'fʲɛktʌɪ]
legendas (f pl)	**subtìtrai** (v dgs)	[sʊp'tʲɪtrʌɪ]
crédito (m)	**tìtrai** (v)	['tʲɪtrʌɪ]
tradução (f)	**vertìmas** (v)	[vʲɛr'tʲɪmas]

151. Pintura

arte (f)	**mẽnas** (v)	['mʲænas]
belas-artes (f pl)	**dailíeji menaĩ** (v dgs)	[dʌɪ'lʲiɛjɪ mʲɛ'nʌɪ]
galeria (f) de arte	**galèrija** (m)	[ga'lʲɛrʲɪjɛ]
exposição (f) de arte	**paveíkslų parodà** (m)	[pa'vʲɛɪkslʲu: paro'da]
pintura (f)	**tapýba** (m)	[ta'pʲi:ba]
arte (f) gráfica	**grãfika** (m)	['gra:fʲɪka]
arte (f) abstrata	**abstrakcionìzmas** (v)	[abstraktsʲɪjɔ'nʲɪzmas]
impressionismo (m)	**impresionìzmas** (v)	[ɪmprʲɛsʲɪjɔ'nʲɪzmas]
pintura (f), quadro (m)	**paveíkslas** (v)	[pa'vʲɛɪkslʲas]
desenho (m)	**piešinỹs** (v)	[pʲiɛʃɪ'nʲi:s]
cartaz, póster (m)	**plakãtas** (v)	[plʲa'ka:tas]
ilustração (f)	**iliustrãcija** (m)	[ɪlʲʊs'tra:tsʲɪjɛ]
miniatura (f)	**miniatiūrà** (m)	[mʲɪnʲɪja'tʲu:'ra]
cópia (f)	**kòpija** (m)	['kopʲɪjɛ]
reprodução (f)	**reprodùkcija** (m)	[rʲɛpro'dʊktsʲɪjɛ]
mosaico (m)	**mozãika** (m)	[mo'za:ika]
vitral (m)	**vitrãžas** (v)	[vʲɪt'ra:ʒas]
fresco (m)	**freskà** (m)	[frʲɛs'ka]
gravura (f)	**graviūrà** (m)	[gravʲu:'ra]
busto (m)	**biùstas** (v)	['bʲʊstas]
escultura (f)	**skulptūrà** (m)	[skʊlʲptu:'ra]
estátua (f)	**statulà** (m)	[statʊ'lʲa]
gesso (m)	**gìpsas** (v)	['gʲɪpsas]
em gesso	**ìš gìpso**	[ɪʃ 'gʲɪpso]
retrato (m)	**portrètas** (v)	[por'trʲɛtas]
autorretrato (m)	**autoportrètas** (v)	[ɑʊtopor'trʲɛtas]
paisagem (f)	**vietóvaizdis** (v)	[vʲiɛ'tovʌɪzdʲɪs]
natureza (f) morta	**natiurmòrtas** (v)	[natʲʊr'mortas]
caricatura (f)	**karikatūrà** (m)	[karʲɪkatu:'ra]
tinta (f)	**dažaĩ** (v dgs)	[da'ʒʌɪ]
aguarela (f)	**akvarèlė** (m)	[akva'rʲɛlʲe:]
óleo (m)	**aliẽjus** (v)	[a'lʲɛjʊs]
lápis (m)	**pieštùkas** (v)	[pʲiɛʃ'tʊkas]
tinta da China (f)	**tùšas** (v)	['tʊʃas]
carvão (m)	**añglys** (m dgs)	[aŋ'glʲi:s]
desenhar (vt)	**piẽšti**	['pʲɛʃtʲɪ]
pintar (vt)	**piẽšti**	['pʲɛʃtʲɪ]
posar (vi)	**pozúoti**	[po'zʊɑtʲɪ]
modelo (m)	**pozúotojas** (v)	[po'zʊɑto:jɛs]
modelo (f)	**pozúotoja** (m)	[po'zʊɑto:jɛ]
pintor (m)	**daĩlininkas** (v)	['dʌɪlʲɪnʲɪŋkas]
obra (f)	**kūrinỹs** (v)	[ku:rʲɪ'nʲi:s]
obra-prima (f)	**šedèvras** (v)	[ʃɛ'dʲɛvras]
estúdio (m)	**dirbtùvė** (m)	[dʲɪrp'tʊvʲe:]

tela (f)	**dróbė** (m)	['drobʲe:]
cavalete (m)	**molbèrtas** (v)	[molʲ'bʲɛrtas]
paleta (f)	**palètė** (m)	[pa'lʲɛtʲe:]
moldura (f)	**rémai** (v)	['rʲe:mʌɪ]
restauração (f)	**restaurãvimas** (v)	[rʲɛstɑʊ'ra:vʲɪmas]
restaurar (vt)	**restauruóti**	[rʲɛstɑʊ'rʊɑtʲɪ]

152. Literatura & Poesia

literatura (f)	**literatūrà** (m)	[lʲɪtʲɛratu:'ra]
autor (m)	**áutorius** (v)	['ɑʊtorʲʊs]
pseudónimo (m)	**slapývardis** (v)	[slʲa'pʲi:vardʲɪs]
livro (m)	**knygà** (m)	[knʲi:'ga]
volume (m)	**tòmas** (v)	['tomas]
índice (m)	**turinỹs** (v)	[tʊrʲɪ'nʲi:s]
página (f)	**pùslapis** (v)	['pʊslʲapʲɪs]
protagonista (m)	**pagrindìnis veikéjas** (v)	[pagrʲɪn'dʲɪnʲɪs vʲɛɪ'kʲe:jas]
autógrafo (m)	**autogrãfas** (v)	[ɑʊto'gra:fas]
conto (m)	**apsãkymas** (v)	[ap'sa:kʲi:mas]
novela (f)	**apýsaka** (m)	[a'pʲi:saka]
romance (m)	**romãnas** (v)	[ro'ma:nas]
obra (f)	**rãštai** (v)	['ra:ʃtʌɪ]
fábula (m)	**pasakė́čia** (m)	[pasa'kʲe:tʂʲæ]
romance (m) policial	**detektỹvas** (v)	[dʲɛtʲɛk'tʲi:vas]
poesia (obra)	**eilė́raštis** (v)	[ɛɪ'lʲe:raʃtʲɪs]
poesia (arte)	**poèzija** (m)	[po'ɛzʲɪjɛ]
poema (m)	**poemà** (m)	[poʲɛ'ma]
ficção (f)	**beletrìstika** (m)	[bʲɛlʲɛ'trʲɪstʲɪka]
ficção (f) científica	**mókslinė fantãstika** (m)	['mokslʲɪnʲe: fan'ta:stʲɪka]
aventuras (f pl)	**núotykiai** (v)	['nʊɑtʲi:kʲɛɪ]
literatura (f) didática	**mókslinė literatūrà** (m)	['mokslʲɪnʲe: lʲɪteratu:'ra]
literatura (f) infantil	**vaikų̃ literatūrà** (m)	[vʌɪ'ku: lʲɪtʲɛratu:'ra]

153. Circo

circo (m)	**cìrkas** (v)	['tsʲɪrkas]
circo (m) ambulante	**kilnójamasis cìrkas** (v)	[kʲɪlʲ'nojamasʲɪs 'tsʲɪrkas]
programa (m)	**programà** (m)	[progra'ma]
apresentação (f)	**vaidìnimas** (v)	[vʌɪ'dʲɪnʲɪmas]
número (m)	**nùmeris** (v)	['nʊmʲɛrʲɪs]
arena (f)	**arenà** (m)	[arʲɛ'na]
pantomima (f)	**pantomimà** (m)	[pantomʲɪ'ma]
palhaço (m)	**klòunas** (v)	['klʲoʊnas]
acrobata (m)	**akrobãtas** (v)	[akro'ba:tas]
acrobacia (f)	**akrobãtika** (m)	[akro'ba:tʲɪka]

ginasta (m)	**gimnãstas** (v)	[gʲɪm'na:stas]
ginástica (f)	**gimnãstika** (m)	[gʲɪm'na:stʲɪka]
salto (m) mortal	**sáltо** (v)	['salʲtɔ]
homem forte (m)	**atlètas** (v)	[at'lʲɛtas]
domador (m)	**trámdytojas** (v)	['tramdʲi:to:jɛs]
cavaleiro (m) equilibrista	**jojìkas** (v)	[jɔ'jɪkas]
assistente (m)	**asisteñtas** (v)	[asʲɪs'tʲɛntas]
truque (m)	**triùkas** (v)	['trʲʊkas]
truque (m) de mágica	**fòkusas** (v)	['fokʊsas]
mágico (m)	**fòkusininkas** (v)	['fokʊsʲɪnʲɪŋkas]
malabarista (m)	**žongliẽrius** (v)	[ʒon'glʲɛrʲʊs]
fazer malabarismos	**žongliruóti**	[ʒonglʲɪ'rʊatʲɪ]
domador (m)	**dresuótojas** (v)	[drʲɛ'sʊato:jɛs]
adestramento (m)	**dresãvimas** (v)	[drʲɛ'sa:vʲɪmas]
adestrar (vt)	**dresuóti**	[drʲɛ'sʊatʲɪ]

154. Música. Música popular

música (f)	**mùzika** (m)	['mʊzʲɪka]
músico (m)	**muzikántas** (v)	[mʊzʲɪ'kantas]
instrumento (m) musical	**mùzikos instrumeñtas** (v)	['mʊzʲɪkos instrʊ'mʲɛntas]
tocar ...	**gróti ...**	['grotʲɪ ...]
guitarra (f)	**gitarà** (m)	[gʲɪta'ra]
violino (m)	**smuĩkas** (v)	['smʊɪkas]
violoncelo (m)	**violončèlė** (m)	[vʲɪjɔlon'tʂʲɛlʲe:]
contrabaixo (m)	**kontrabõsas** (v)	[kɔntra'bo:sas]
harpa (f)	**árfa** (m)	['arfa]
piano (m)	**pianìnas** (v)	[pʲɪja'nʲɪnas]
piano (m) de cauda	**fortepijõnas** (v)	[fortʲɛpʲɪ'jɔ:nas]
órgão (m)	**vargõnai** (v)	[var'go:nʌɪ]
instrumentos (m pl) de sopro	**pučiamíeji** (v dgs)	[pʊtʂʲæ'mʲiɛjɪ]
oboé (m)	**obòjus** (v)	[o'bojʊs]
saxofone (m)	**saksofònas** (v)	[sakso'fonas]
clarinete (m)	**klarnètas** (v)	[klʲar'nʲɛtas]
flauta (f)	**fleità** (m)	[flʲɛɪ'ta]
trompete (m)	**dūdà** (m)	[du:'da]
acordeão (m)	**akordeònas** (v)	[akordʲɛ'onas]
tambor (m)	**bũgnas** (v)	['bu:gnas]
duo, dueto (m)	**duètas** (v)	[dʊ'ʲɛtas]
trio (m)	**trìo** (v)	['trʲɪɔ]
quarteto (m)	**kvartètas** (v)	[kvar'tʲɛtas]
coro (m)	**chòras** (v)	['xoras]
orquestra (f)	**orkèstras** (v)	[or'kʲɛstras]
música (f) pop	**popmùzika** (m)	[pop'mʊzʲɪka]
música (f) rock	**ròko mùzika** (m)	['rokɔ 'mʊzʲɪka]

grupo (m) de rock	**ròko grùpė** (m)	['rokɔ 'grʊpʲe:]
jazz (m)	**džiãzas** (v)	['dʒʲæzas]
ídolo (m)	**stãbas** (v)	['sta:bas]
fã, admirador (m)	**gerbė́jas** (v)	[gʲɛr'bʲe:jas]
concerto (m)	**koncèrtas** (v)	[kɔn'tsʲɛrtas]
sinfonia (f)	**simfònija** (m)	[sʲɪm'fonʲɪjɛ]
composição (f)	**kūrinỹs** (v)	[ku:rʲɪ'nʲi:s]
compor (vt)	**sukùrti**	[sʊ'kʊrtʲɪ]
canto (m)	**dainãvimas** (v)	[dʌɪ'na:vʲɪmas]
canção (f)	**dainà** (m)	[dʌɪ'na]
melodia (f)	**melòdija** (m)	[mʲɛ'lʲodʲɪjɛ]
ritmo (m)	**rìtmas** (v)	['rʲɪtmas]
blues (m)	**bliùzas** (v)	['blʲʊzas]
notas (f pl)	**nãtos** (m dgs)	['na:tos]
batuta (f)	**dirigeñto batutà** (m)	[dʲɪrʲɪ'gʲɛntɔ batʊ'ta]
arco (m)	**strỹkas** (v)	['strʲi:kas]
corda (f)	**stygà** (m)	[stʲi:'ga]
estojo (m)	**dė̃klas** (v)	['dʲe:klʲas]

Descanso. Entretenimento. Viagens

155. Viagens

turismo (m)	**turìzmas** (v)	[tʊ'rʲɪzmas]
turista (m)	**turìstas** (v)	[tʊ'rʲɪstas]
viagem (f)	**keliõnė** (m)	[kʲɛ'lʲo:nʲe:]
aventura (f)	**núotykis** (v)	['nʊatʲi:kʲɪs]
viagem (f)	**ìšvyka** (m)	['ɪʃvʲi:ka]
férias (f pl)	**atóstogos** (m dgs)	[a'tostogos]
estar de férias	**atostogáuti**	[atosto'gɑʊtʲɪ]
descanso (m)	**póilsis** (v)	['poɪlʲsʲɪs]
comboio (m)	**traukinỹs** (v)	[trɑʊkʲɪ'nʲi:s]
de comboio (chegar ~)	**tráukiniu**	['trɑʊkʲɪnʲʊ]
avião (m)	**lėktùvas** (v)	[lʲe:k'tʊvas]
de avião	**lėktuvù**	[lʲe:ktʊ'vʊ]
de carro	**automobiliù**	[ɑʊtomobʲɪ'lʲʊ]
de navio	**laivù**	[lʲʌɪ'vʊ]
bagagem (f)	**bagãžas** (v)	[ba'ga:ʒas]
mala (f)	**lagamìnas** (v)	[lʲaga'mʲɪnas]
carrinho (m)	**bagãžo vežimė̃lis** (v)	[ba'ga:ʒɔ veʒʲɪ'mʲe:lʲɪs]
passaporte (m)	**pãsas** (v)	['pa:sas]
visto (m)	**vizà** (m)	[vʲɪ'za]
bilhete (m)	**bìlietas** (v)	['bʲɪlʲiɛtas]
bilhete (m) de avião	**lėktùvo bìlietas** (v)	[lʲe:k'tʊvɔ 'bʲɪlʲiɛtas]
guia (m) de viagem	**vadõvas** (v)	[va'do:vas]
mapa (m)	**žemė́lapis** (v)	[ʒe'mʲe:lʲapʲɪs]
local (m), area (f)	**vietóvė** (m)	[vʲiɛ'tovʲe:]
lugar, sítio (m)	**vietà** (m)	[vʲiɛ'ta]
exotismo (m)	**egzòtika** (m)	[ɛg'zotʲɪka]
exótico	**egzòtinis**	[ɛg'zotʲɪnʲɪs]
surpreendente	**nuostabùs**	[nʊasta'bʊs]
grupo (m)	**grùpė** (m)	['grʊpʲe:]
excursão (f)	**ekskùrsija** (m)	[ɛks'kʊrsʲɪjɛ]
guia (m)	**ekskùrsijos vadõvas** (v)	[ɛks'kʊrsʲɪjɔs va'do:vas]

156. Hotel

hotel (m)	**viẽšbutis** (v)	['vʲɛʃbʊtʲɪs]
motel (m)	**motèlis** (v)	[mo'tʲɛlʲɪs]
três estrelas	**3 žvaigždùtės**	['trʲɪs ʒvʌɪgʒ'dʊtʲe:s]

cinco estrelas	**5 žvaigždùtės**	['penʲkʲos ʒvʌɪgʒ'dʊtʲe:s]
ficar (~ num hotel)	**apsistóti**	[apsʲɪs'totʲɪ]
quarto (m)	**kambarỹs** (v)	[kamba'rʲi:s]
quarto (m) individual	**vienviẽtis kambarỹs** (v)	['vʲiɛn'vʲɛtʲɪs kamba'rʲi:s]
quarto (m) duplo	**dviviẽtis kambarỹs** (v)	[dvʲɪ'vʲɛtʲɪs kamba'rʲi:s]
reservar um quarto	**rezervúoti kam̃barį**	[rʲɛzʲɛr'vʊatʲɪ 'kambarʲɪ:]
meia pensão (f)	**pusiáu pensiònas** (v)	[pʊsʲæʊ pʲɛnsʲɪ'jɔnas]
pensão (f) completa	**pensiònas** (v)	[pʲɛnsʲɪ'jɔnas]
com banheira	**sù vonià**	['sʊ vo'nʲæ]
com duche	**sù dušù**	['sʊ dʊ'ʃʊ]
televisão (m) satélite	**palydõvinė televìzija** (m)	[palʲi:'do:vʲɪnʲe: tʲɛlʲɛ'vʲɪzʲɪjɛ]
ar (m) condicionado	**kondicioniẽrius** (v)	[kɔndʲɪtsʲɪjɔ'nʲɛrʲʊs]
toalha (f)	**rañkšluostis** (v)	['raŋkʃlʲʊastʲɪs]
chave (f)	**rãktas** (v)	['ra:ktas]
administrador (m)	**administrãtorius** (v)	[admʲɪnʲɪs'tra:torʲʊs]
camareira (f)	**kambarìnė** (m)	[kamba'rʲɪnʲe:]
bagageiro (m)	**nešìkas** (v)	[nʲɛ'ʃɪkas]
porteiro (m)	**registrãtorius** (v)	[rʲɛgʲɪs'tra:torʲʊs]
restaurante (m)	**restorãnas** (v)	[rʲɛsto'ra:nas]
bar (m)	**bãras** (v)	['ba:ras]
pequeno-almoço (m)	**pùsryčiai** (v dgs)	['pʊsrʲi:tʂʲɛɪ]
jantar (m)	**vakariẽnė** (m)	[vaka'rʲɛnʲe:]
buffet (m)	**švèdiškas stãlas** (v)	['ʃvʲɛdʲɪʃkas 'sta:lʲas]
hall (m) de entrada	**vestibiùlis** (v)	[vʲɛstʲɪ'bʲʊlʲɪs]
elevador (m)	**lìftas** (v)	['lʲɪftas]
NÃO PERTURBE	**NETRUKDÝTI**	[nʲɛtrʊk'dʲi:tʲɪ]
PROIBIDO FUMAR!	**NERŪKÝTI!**	[nʲɛru:'kʲi:tʲɪ]

157. Livros. Leitura

livro (m)	**knygà** (m)	[knʲi:'ga]
autor (m)	**áutorius** (v)	['ɑʊtorʲʊs]
escritor (m)	**rašýtojas** (v)	[ra'ʃɪ:to:jɛs]
escrever (vt)	**parašýti**	[para'ʃɪ:tʲɪ]
leitor (m)	**skaitýtojas** (v)	[skʌɪ'tʲi:to:jɛs]
ler (vt)	**skaitýti**	[skʌɪ'tʲi:tʲɪ]
leitura (f)	**skaĩtymas** (v)	['skʌɪtʲi:mas]
para si	**tỹliai**	['tʲi:lʲɛɪ]
em voz alta	**gar̃siai**	['garsʲɛɪ]
publicar (vt)	**léisti**	['lʲɛɪstʲɪ]
publicação (f)	**leidýba** (m)	[lʲɛɪ'dʲɪba]
editor (m)	**leidė́jas** (v)	[lʲɛɪ'dʲe:jas]
editora (f)	**leidyklà** (m)	[lʲɛɪdʲi:k'la]
sair (vi)	**išeĩti**	[ɪ'ʃɛɪtʲɪ]

lançamento (m)	**išėjìmas** (v)	[ɪʃʲe:'jɪmas]
tiragem (f)	**tirãžas** (v)	[tʲɪ'ra:ʒas]
livraria (f)	**knygýnas** (v)	[knʲi:'gʲi:nas]
biblioteca (f)	**bibliotekà** (m)	[bʲɪblʲɪjɔtʲɛ'ka]
novela (f)	**apýsaka** (m)	[a'pʲi:saka]
conto (m)	**apsãkymas** (v)	[ap'sa:kʲi:mas]
romance (m)	**romãnas** (v)	[ro'ma:nas]
romance (m) policial	**detektỹvas** (v)	[dʲɛtʲɛk'tʲi:vas]
memórias (f pl)	**memuãrai** (v dgs)	[mʲɛmʊ'a:rʌɪ]
lenda (f)	**legendà** (m)	[lʲɛgʲɛn'da]
mito (m)	**mìtas** (v)	['mʲɪtas]
poesia (f)	**eilėraščiai** (v dgs)	[ɛɪ'lʲe:raʃtʂʲɛɪ]
autobiografia (f)	**autobiogrãfija** (m)	[ɑʊtobʲɪjɔ'gra:fʲɪjɛ]
obras (f pl) escolhidas	**rinktìniai rãštai** (v dgs)	[rʲɪŋk'tʲɪnʲɛɪ ra:ʃtʌɪ]
ficção (f) científica	**fantãstika** (m)	[fan'ta:stʲɪka]
título (m)	**pavadìnimas** (v)	[pava'dʲɪnʲɪmas]
introdução (f)	**įvadas** (v)	['i:vadas]
folha (f) de rosto	**titulìnis lãpas** (v)	[tʲɪtʊ'lʲɪnʲɪs 'la:pas]
capítulo (m)	**skỹrius** (v)	['skʲi:rʲʊs]
excerto (m)	**ìštrauka** (m)	['ɪʃtrɑʊka]
episódio (m)	**epizòdas** (v)	[ɛpʲɪ'zodas]
tema (m)	**siužètas** (v)	[sʲʊ'ʒʲɛtas]
conteúdo (m)	**turinỹs** (v)	[tʊrʲɪ'nʲi:s]
índice (m)	**turinỹs** (v)	[tʊrʲɪ'nʲi:s]
protagonista (m)	**pagrindìnis veikė́jas** (v)	[pagrʲɪn'dʲɪnʲɪs vʲɛɪ'kʲe:jas]
tomo, volume (m)	**tòmas** (v)	['tomas]
capa (f)	**viršẽlis** (v)	[vʲɪr'ʃʲælʲɪs]
encadernação (f)	**apdaraĩ** (v dgs)	[apda'rʌɪ]
marcador (m) de livro	**žymẽlė** (m)	[ʒʲi:'mʲælʲe:]
página (f)	**pùslapis** (v)	['pʊslʲapʲɪs]
folhear (vt)	**vartýti**	[var'tʲi:tʲɪ]
margem (f)	**pãraštės** (m dgs)	['pa:raʃtʲe:s]
anotação (f)	**žymẽ** (m)	[ʒʲi:'mʲe:]
nota (f) de rodapé	**pastabà** (m)	[pasta'ba]
texto (m)	**tèkstas** (v)	['tʲɛkstas]
fonte (f)	**šrìftas** (v)	['ʃrʲɪftas]
gralha (f)	**spaudõs klaidà** (m)	[spɑʊ'do:s klʲʌɪ'da]
tradução (f)	**vertìmas** (v)	[vʲɛr'tʲɪmas]
traduzir (vt)	**ver̃sti**	['vʲɛrstʲɪ]
original (m)	**originãlas** (v)	[orʲɪgʲɪ'na:lʲas]
famoso	**žìnomas**	['ʒʲɪnomas]
desconhecido	**nežìnomas**	[nʲɛ'ʒʲɪnomas]
interessante	**įdomùs**	[i:do'mʊs]
best-seller (m)	**perkamiáusia knygà** (m)	[pʲɛrka'mʲæʊsʲɛ knʲi:'ga]

dicionário (m)	**žodýnas** (v)	[ʒo'dʲi:nas]
manual (m) escolar	**vadovė̃lis** (v)	[vado'vʲe:lʲɪs]
enciclopédia (f)	**enciklopèdija** (m)	[ɛntsʲɪklʲo'pʲɛdʲɪjɛ]

158. Caça. Pesca

caça (f)	**medžiõklė** (m)	[mʲɛ'dʒʲo:klʲe:]
caçar (vi)	**medžióti**	[mʲɛ'dʒʲotʲɪ]
caçador (m)	**medžiótojas** (v)	[mʲɛ'dʒʲoto:jɛs]
atirar (vi)	**šáudyti**	['ʃɑʊdʲi:tʲɪ]
caçadeira (f)	**šáutuvas** (v)	['ʃɑʊtʊvas]
cartucho (m)	**šovinỹs** (v)	[ʃovʲɪ'nʲi:s]
chumbo (m) de caça	**šrataĩ** (v dgs)	[ʃra'tʌɪ]
armadilha (f)	**spą́stai** (v dgs)	['spa:stʌɪ]
armadilha (com corda)	**slãstai** (v dgs)	['slʲa:stʌɪ]
cair na armadilha	**pakliū̃ti į spą́stus**	[pak'lʲu:tʲɪ i: 'spa:stʊs]
pôr a armadilha	**spę́sti spą́stus**	['spʲe:stʲɪ 'spa:stʊs]
caçador (m) furtivo	**brakoniẽrius** (v)	[brako'nʲɛrʲʊs]
caça (f)	**žvėríena** (m)	[ʒvʲe:'rʲiɛna]
cão (m) de caça	**medžiõklinis šuõ** (v)	[mʲɛ'dʒʲo:klʲɪnʲɪs 'ʃʊɑ]
safári (m)	**safãris** (v)	[sa'farʲɪs]
animal (m) empalhado	**baidỹklė** (m)	[bʌɪ'dʲi:klʲe:]
pescador (m)	**žvejỹs** (v)	[ʒvʲɛ'jɪ:s]
pesca (f)	**žvejójimas** (v)	[ʒvʲɛ'jɔ:jɪmas]
pescar (vt)	**žvejóti, žuváuti**	[ʒvʲɛ'jɔtʲɪ], [ʒʊ'vɑʊtʲɪ]
cana (f) de pesca	**meškerė̃** (m)	[mʲɛʃke'rʲe:]
linha (f) de pesca	**vãlas** (v)	['va:lʲas]
anzol (m)	**kabliùkas** (v)	[kab'lʲʊkas]
boia (f)	**plū̃dė** (m)	['plʲu:dʲe:]
isca (f)	**jaũkas** (v)	['jɛʊkas]
lançar a linha	**užmèsti mẽškerę**	[ʊʒ'mʲɛstʲɪ 'mʲæʃkʲɛrʲɛ:]
morder (vt)	**kìbti**	['kʲɪptʲɪ]
pesca (f)	**žvejõklės laimìkis** (v)	[ʒvʲɛ'jɔ:klʲe:s lʌɪ'mʲɪkʲɪs]
buraco (m) no gelo	**eketė̃** (m)	[eke'tʲe:]
rede (f)	**tiñklas** (v)	['tʲɪŋklʲas]
barco (m)	**váltis** (m)	['valʲtʲɪs]
pescar com rede	**žvejóti tinklaĩs**	[ʒvʲɛ'jɔtʲɪ tʲɪŋk'lʲʌɪs]
lançar a rede	**užmèsti tinklùs**	[ʊʒ'mʲɛstʲɪ tʲɪŋk'lʲʊs]
puxar a rede	**ištráukti tinklùs**	[ɪʃ'trɑʊktʲɪ tʲɪŋk'lʲʊs]
cair nas malhas	**pakliū̃ti į tinklùs**	[pak'lʲu:tʲɪ i: tʲɪŋk'lʊs]
baleeiro (m)	**bangìnių medžiótojas** (v)	[ban'gʲɪnʲu: mʲɛ'dʒʲoto:jɛs]
baleeira (f)	**bangìnių medžiótojų laĩvas** (v)	[ban'gʲɪnʲu: mʲɛ'dʒʲoto:ju: 'lʲʌɪvas]
arpão (m)	**žebérklas** (v)	[ʒʲɛ'bʲɛrklʲas]

159. Jogos. Bilhar

bilhar (m)	**biliárdas** (v)	[bʲɪlʲɪ'jardas]
sala (f) de bilhar	**biliárdinė** (m)	[bʲɪlʲɪ'jardʲɪnʲe:]
bola (f) de bilhar	**biliárdo kamuolỹs** (v)	[bʲɪlʲɪ'jardɔ kamuɑ'lʲi:s]
embolsar uma bola	**įmùšti kãmuolį**	[i:'mʊʃtʲɪ 'ka:mʊɑlʲɪ:]
taco (m)	**biliárdo lazdà** (m)	[bʲɪlʲɪ'jardɔ laz'da]
caçapa (f)	**kišẽnė** (m)	[kʲɪ'ʃænʲe:]

160. Jogos. Jogar cartas

ouros (m pl)	**bū̃gnai** (v dgs)	['bu:gnʌɪ]
espadas (f pl)	**vỹnai** (v dgs)	['vʲi:nʌɪ]
copas (f pl)	**šìrdys** (m dgs)	['ʃɪrdʲi:s]
paus (m pl)	**krỹžiai** (v dgs)	['krʲi:ʒʲɛɪ]
ás (m)	**tū̃zas** (v)	['tu:zas]
rei (m)	**karãlius** (v)	[ka'ra:lʲʊs]
dama (f)	**damà** (m)	[da'ma]
valete (m)	**valètas** (v)	[va'lʲɛtas]
carta (f) de jogar	**kortà** (m)	[kɔr'ta]
cartas (f pl)	**kor̃tos** (m dgs)	['kɔrtos]
trunfo (m)	**kõziris** (v)	['kɔ:zʲɪrʲɪs]
baralho (m)	**málka** (m)	['malʲka]
ponto (m)	**akìs** (m)	[a'kʲɪs]
dar, distribuir (vt)	**dalìnti**	[da'lʲɪntʲɪ]
embaralhar (vt)	**maišýti**	[mʌɪ'ʃɪ:tʲɪ]
vez, jogada (f)	**ėjìmas** (v)	[ɛ:'jɪmas]
batoteiro (m)	**sukčiáutojas** (v)	[sʊk'tʂʲæʊto:jɛs]

161. Casino. Roleta

casino (m)	**kazinò** (v)	[kazʲɪ'no]
roleta (f)	**rulètė** (m)	[rʊ'lʲɛtʲe:]
aposta (f)	**stãtymas** (v)	['sta:tʲi:mas]
apostar (vt)	**darýti stãtymus**	[da'rʲi:tʲɪ 'sta:tʲi:mʊs]
vermelho (m)	**raudónas**	[rɑʊ'donas]
preto (m)	**júodas**	['jʊodas]
apostar no vermelho	**statýti añt raudóno**	[sta'tʲi:tʲɪ ant rɑʊ'donɔ]
apostar no preto	**statýti añt juõdo**	[sta'tʲi:tʲɪ ant 'jʊɑdɔ]
crupiê (m, f)	**krupjė** (m)	[krʊ'pje:]
girar a roda	**sùkti rulètę**	['sʊktʲɪ rʊ'lʲɛtʲɛ:]
regras (f pl) do jogo	**žaidìmo taisỹklės** (m dgs)	[ʒʌɪ'dʲɪmɔ tʌɪ'sʲi:klʲe:s]
ficha (f)	**žetònas** (v)	[ʒʲɛ'tonas]
ganhar (vi, vt)	**laimė́ti**	[lʲʌɪ'mʲe:tʲɪ]
ganho (m)	**laimė́jimas** (v)	[lʲʌɪ'mʲɛjɪmas]

perder (dinheiro)	**pralaiméti**	[pralʲʌɪ'mʲe:tʲɪ]
perda (f)	**pralaiméjimas** (v)	[pralʲʌɪ'mʲɛjɪmas]
jogador (m)	**lošéjas** (v)	[lʲo'ʃe:jas]
blackjack (m)	**dvìdešimt víenas** (v)	['dvʲɪdʲɛʃɪmt 'vʲiɛnas]
jogo (m) de dados	**lošìmas kauliùkais** (v)	[lo'ʃɪmas kɑʊ'lʲʊkʌɪs]
dados (m pl)	**kauliùkai** (v dgs)	[kɑʊ'lʲʊkʌɪ]
máquina (f) de jogo	**lošimų̃ automãtas** (v)	[lʲoʃɪ'mu: ɑʊto'ma:tas]

162. Descanso. Jogos. Diversos

passear (vi)	**váikščioti**	['vʌɪkʃtʂʲotʲɪ]
passeio (m)	**pasiváikščiojimas** (v)	[pasʲɪ'vʌɪkʃtʂʲojɪmas]
viagem (f) de carro	**pasivažinéjimas** (v)	[pasʲɪvaʒʲɪ'nʲɛjɪmas]
aventura (f)	**núotykis** (v)	['nʊɑtʲi:kʲɪs]
piquenique (m)	**ìškyla** (m)	['ɪʃkʲi:lʲa]
jogo (m)	**žaidìmas** (v)	[ʒʌɪ'dʲɪmas]
jogador (m)	**žaidéjas** (v)	[ʒʌɪ'dʲe:jas]
partida (f)	**pártija** (m)	['partʲɪjɛ]
colecionador (m)	**kolekcioniẽrius** (v)	[kɔlʲɛktsʲɪjɔ'nʲɛrʲʊs]
colecionar (vt)	**kolekcionúoti**	[kɔlʲɛktsʲɪjɔ'nʊɑtʲɪ]
coleção (f)	**kolèkcija** (m)	[kɔ'lʲɛktsʲɪjɛ]
palavras (f pl) cruzadas	**kryžiãžodis** (v)	[krʲi:'ʒʲæʒodʲɪs]
hipódromo (m)	**hipodròmas** (v)	[ɣʲɪpo'dromas]
discoteca (f)	**diskotekà** (m)	[dʲɪskotʲɛ'ka]
sauna (f)	**sáuna** (m)	['sɑʊna]
lotaria (f)	**lotèrija** (m)	[lʲo'tʲɛrʲɪjɛ]
campismo (m)	**žỹgis** (v)	['ʒʲi:gʲɪs]
acampamento (m)	**stovyklà** (m)	[stovʲi:k'lʲa]
tenda (f)	**palapìnė** (m)	[palʲa'pʲɪnʲe:]
bússola (f)	**kòmpasas** (v)	['kompasas]
campista (m)	**turìstas** (v)	[tʊ'rʲɪstas]
ver (vt), assistir à ...	**žiūréti**	[ʒʲu:'rʲe:tʲɪ]
telespectador (m)	**televìzijos žiūrõvas** (v)	[tʲɛlʲɛ'vʲɪzʲɪjɔs 'ʒʲu:ro:vas]
programa (m) de TV	**televìzijos laidà** (m)	[tʲɛlʲɛ'vʲɪzʲɪjɔs lʌɪ'da]

163. Fotografia

máquina (f) fotográfica	**fotoaparãtas** (v)	[fotoapa'ra:tas]
foto, fotografia (f)	**fòto** (v)	['fotɔ]
fotógrafo (m)	**fotogrãfas** (v)	[foto'gra:fas]
estúdio (m) fotográfico	**fotogrãfijos stùdija** (m)	[foto'gra:fʲɪjɔs 'stʊdʲɪjɛ]
álbum (m) de fotografias	**fotoalbùmas** (v)	[fotoalʲ'bʊmas]
objetiva (f)	**objektỹvas** (v)	[objɛktʲi:vas]
teleobjetiva (f)	**teleobjektỹvas** (v)	[tʲɛlʲɛobjɛk'tʲi:vas]

filtro (m) **fìltras** (v) ['fʲɪlʲtras]
lente (f) **lę̃šis** (v) ['lʲɛ:ʃʲɪs]

ótica (f) **òptika** (m) ['optʲɪka]
abertura (f) **diafragmà** (m) [dʲɪjafrag'ma]
exposição (f) **išlaĩkymas** (v) [ɪʃlʲʌɪkʲi:mas]
visor (m) **ieškìklis** (v) [ɪɛʃ'kʲɪklʲɪs]

câmara (f) digital **skaitmenìnė kãmera** (m) [skʌɪtme'nʲɪnʲe: 'ka:mera]
tripé (m) **stõvas** (v) ['sto:vas]
flash (m) **blýkstė** (m) ['blʲi:kstʲe:]

fotografar (vt) **fotografúoti** [fotogra'fʊɑtʲɪ]
tirar fotos **fotografúoti** [fotogra'fʊɑtʲɪ]
fotografar-se **fotografúotis** [fotogra'fʊɑtʲɪs]

foco (m) **ryškùmas** (v) [rʲi:ʃ'kʊmas]
focar (vt) **nustatýti ryškùmą** [nʊsta'tʲi:tʲɪ rʲi:ʃ'kʊma:]
nítido **ryškùs** [rʲi:ʃ'kʊs]
nitidez (f) **ryškùmas** (v) [rʲi:ʃ'kʊmas]

contraste (m) **kontrãstas** (v) [kɔn'tra:stas]
contrastante **kontrastìngas** [kɔntras'tʲɪngas]

retrato (m) **núotrauka** (m) ['nʊɑtrɑʊka]
negativo (m) **negatỹvas** (v) [nʲɛga'tʲi:vas]
filme (m) **fotojúosta** (m) [foto:'jʊɑsta]
fotograma (m) **kãdras** (v) ['ka:dras]
imprimir (vt) **spáusdinti** ['spɑʊsdʲɪntʲɪ]

164. Praia. Natação

praia (f) **paplūdimỹs** (v) [pa'plʲu:dʲɪmʲi:s]
areia (f) **smė̃lis** (v) ['smʲe:lʲɪs]
deserto **dykumìnis** [dʲi:kʊ'mʲɪnʲɪs]

bronzeado (m) **į̃degis** (v) ['i:dʲɛgʲɪs]
bronzear-se (vr) **įdègti** [i:'dʲɛktʲɪ]
bronzeado **įdẽgęs** [i:'dʲægʲɛ:s]
protetor (m) solar **į̃degio krèmas** (v) ['i:dʲɛgʲɔ 'krʲɛmas]

biquíni (m) **bikìnis** (v) [bʲɪ'kʲɪnʲɪs]
fato (m) de banho **máudymosi kostiumė̃lis** (v) ['mɑʊdʲi:mosʲɪ kostʲʊ'mʲe:lʲɪs]
calção (m) de banho **glaũdės** (m dgs) ['glʲɑʊdʲe:s]

piscina (f) **baseĩnas** (v) [ba'sʲɛɪnas]
nadar (vi) **pláukioti** ['plʲɑʊkʲotʲɪ]
duche (m) **dùšas** (v) ['dʊʃas]
mudar de roupa **pérsirengti** ['pʲɛrsʲɪrʲɛŋktʲɪ]
toalha (f) **rañkšluostis** (v) ['raŋkʃlʲʊɑstʲɪs]

barco (m) **váltis** (m) ['valʲtʲɪs]
lancha (f) **kãteris** (v) ['ka:tʲɛrʲɪs]
esqui (m) aquático **vandeñs slìdės** (m dgs) [van'dʲɛns 'slʲɪdʲe:s]

barco (m) de pedais	**vandeñs dvìratis** (v)	[van'dʲɛns 'dvʲɪratʲɪs]
surf (m)	**bañglenčių spòrtas** (v)	['baŋglʲɛntʂʲu: 'sportas]
surfista (m)	**bañglentininkas** (v)	['baŋglʲɛntʲɪnʲɪŋkas]
equipamento (m) de mergulho	**akvalángas** (v)	[akva'lʲangas]
barbatanas (f pl)	**plaũkmenys** (v dgs)	['plʲaʊkmʲɛnʲi:s]
máscara (f)	**kaũkė** (m)	['kaʊkʲe:]
mergulhador (m)	**nãras** (v)	['na:ras]
mergulhar (vi)	**nárdyti**	['nardʲi:tʲɪ]
debaixo d'água	**põ vándeniu**	['po: 'vandʲɛnʲʊ]
guarda-sol (m)	**skė̃tis** (v)	['skʲe:tʲɪs]
espreguiçadeira (f)	**šezlòngas** (v)	[ʃʲɛz'lʲongas]
óculos (m pl) de sol	**akiniaĩ** (dgs)	[akʲɪ'nʲɛɪ]
colchão (m) de ar	**plaukìmo čiužinỹs** (v)	[plʲaʊ'kʲɪmɔ tʂʲʊʒʲɪ'nʲi:s]
brincar (vi)	**žaĩsti**	['ʒʌɪstʲɪ]
ir nadar	**máudytis**	['maʊdʲi:tʲɪs]
bola (f) de praia	**kamuolỹs** (v)	[kamʊɑ'lʲi:s]
encher (vt)	**pripū̃sti**	[prʲɪ'pu:stʲɪ]
inflável, de ar	**prìpučiamas**	['prʲɪpʊtʂʲæmas]
onda (f)	**bangà** (m)	[ban'ga]
boia (f)	**plū̃duras** (v)	['plʲu:dʊras]
afogar-se (pessoa)	**skę̃sti**	['skʲɛ:stʲɪ]
salvar (vt)	**gélbėti**	['gʲælʲbʲe:tʲɪ]
colete (m) salva-vidas	**gélbėjimosi liemẽnė** (m)	['gʲælʲbʲe:jimosʲɪ lʲiɛ'mʲænʲe:]
observar (vt)	**stebė́ti**	[ste'bʲe:tʲɪ]
nadador-salvador (m)	**gélbėtojas** (v)	['gʲælʲbʲe:to:jɛs]

EQUIPAMENTO TÉCNICO. TRANSPORTES

Equipamento técnico. Transportes

165. Computador

computador (m)	**kompiùteris** (v)	[kɔm'pʲʊtʲɛrʲɪs]
portátil (m)	**nešiójamasis kompiùteris** (v)	[nʲɛ'ʃojamasʲɪs kom'pʲʊtʲɛrʲɪs]
ligar (vt)	**įjùngti**	[i:'jʊŋktʲɪ]
desligar (vt)	**išjùngti**	[ɪ'ʃjʊŋktʲɪ]
teclado (m)	**klaviatūrà** (m)	[klʲavʲætu:'ra]
tecla (f)	**klavìšas** (v)	[klʲa'vʲɪʃas]
rato (m)	**pelė̃** (m)	[pʲɛ'lʲe:]
tapete (m) de rato	**kilimė̃lis** (v)	[kʲɪlʲɪ'mʲe:lʲɪs]
botão (m)	**mygtùkas** (v)	[mʲi:k'tʊkas]
cursor (m)	**žymẽklis** (v)	[ʒʲi:'mʲæklʲɪs]
monitor (m)	**monìtorius** (v)	[mo'nʲɪtorʲʊs]
ecrã (m)	**ekrãnas** (v)	[ɛk'ra:nas]
disco (m) rígido	**kietàsis dìskas** (v)	[kʲiɛ'tasʲɪs 'dʲɪskas]
capacidade (f) do disco rígido	**kíetojo dìsko talpà** (m)	['kʲiɛtojɔ 'dʲɪskɔ talʲ'pa]
memória (f)	**atmintìs** (m)	[atmʲɪn'tʲɪs]
memória RAM (f)	**operatyvióji atmintìs** (m)	[opʲɛratʲi:'vʲo:jɪ atmʲɪn'tʲɪs]
ficheiro (m)	**fáilas** (v)	['fʌɪlʲas]
pasta (f)	**ãplankas** (v)	['a:plʲaŋkas]
abrir (vt)	**atidarýti**	[atʲɪda'rʲi:tʲɪ]
fechar (vt)	**uždarýti**	[ʊʒda'rʲi:tʲɪ]
guardar (vt)	**išsáugoti**	[ɪʃsaʊgotʲɪ]
apagar, eliminar (vt)	**ištrìnti**	[ɪʃ'trʲɪntʲɪ]
copiar (vt)	**nukopijúoti**	[nʊkopʲɪ'jʊatʲɪ]
ordenar (vt)	**rūšiúoti**	[ru:'ʃʊatʲɪ]
copiar (vt)	**pérrašyti**	['pʲɛrraʃɪ:tʲɪ]
programa (m)	**programà** (m)	[progra'ma]
software (m)	**programinė įranga** (m)	[pro'gra:mʲɪnʲe: 'i:ranga]
programador (m)	**programúotojas** (v)	[progra'mʊato:jɛs]
programar (vt)	**programúoti**	[progra'mʊatʲɪ]
hacker (m)	**programìšius** (v)	[progra'mʲɪʃʊs]
senha (f)	**slaptãžodis** (v)	[slʲap'ta:ʒodʲɪs]
vírus (m)	**vìrusas** (v)	['vʲɪrʊsas]
detetar (vt)	**aptìkti**	[ap'tʲɪktʲɪ]

byte (m)	**baĩtas** (v)	['bʌɪtas]
megabyte (m)	**megabaĩtas** (v)	[mʲɛga'bʌɪtas]
dados (m pl)	**dúomenys** (v dgs)	['dʊɑmʲɛnʲi:s]
base (f) de dados	**duomenų̃ bãzė** (m)	[dʊɑme'nu: 'ba:zʲe:]
cabo (m)	**laĩdas** (v)	['lʲʌɪdas]
desconectar (vt)	**prijùngti**	[prʲɪ'jʊŋktʲɪ]
conetar (vt)	**atjùngti**	[a'tjʊŋktʲɪ]

166. Internet. E-mail

internet (f)	**internètas** (v)	[ɪntʲɛr'nʲɛtas]
browser (m)	**naršỹklė** (m)	[nar'ʃɪ:klʲe:]
motor (m) de busca	**paieškõs sistemà** (m)	[paʲiɛʃ'ko:s sʲɪstʲɛ'ma]
provedor (m)	**tiekéjas** (v)	[tʲiɛ'kʲe:jas]
webmaster (m)	**svetaĩnių kūréjas** (v)	[sve'tʌɪnʲu: ku:'rʲe:jas]
website, sítio web (m)	**svetaĩnė** (m)	[sve'tʌɪnʲe:]
página (f) web	**tinklãlapis** (v)	[tʲɪŋk'lʲa:lʲapʲɪs]
endereço (m)	**ãdresas** (v)	['a:drʲɛsas]
livro (m) de endereços	**adresų̃ knygà** (m)	[adrʲɛ'su: knʲi:'ga]
caixa (f) de correio	**pãšto dėžùtė** (m)	['pa:ʃtɔ dʲe:'ʒʊtʲe:]
correio (m)	**korespondeñcija** (m)	[kɔrʲɛspon'dʲɛntsʲɪjɛ]
cheia (caixa de correio)	**pérpildytas**	['pʲɛrpʲɪlʲdʲi:tas]
mensagem (f)	**pranešìmas** (v)	[pranʲɛ'ʃɪmas]
mensagens (f pl) recebidas	**į̃einantys pranešìmai** (v dgs)	[i:'ɛɪnantʲɪ:s pranʲɛ'ʃɪ:mʌɪ]
mensagens (f pl) enviadas	**išeĩnantys pranešìmai** (v dgs)	[ɪ'ʃɛɪnantʲi:s pranʲɛ'ʃɪmʌɪ]
remetente (m)	**siuntéjas** (v)	[sʲʊn'tʲe:jas]
enviar (vt)	**išsių̃sti**	[ɪʃ'sʲu:stʲɪ]
envio (m)	**išsiuntìmas** (v)	[ɪʃsʲʊn'tʲɪmas]
destinatário (m)	**gavéjas** (v)	[ga'vʲe:jas]
receber (vt)	**gáuti**	['gɑʊtʲɪ]
correspondência (f)	**susirašinéjimas** (v)	[sʊsʲɪraʃɪ'nʲɛjɪmas]
corresponder-se (vr)	**susirašinéti**	[sʊsʲɪraʃɪ'nʲe:tʲɪ]
ficheiro (m)	**fáilas** (v)	['fʌɪlʲas]
fazer download, baixar	**parsisių̃sti**	[parsʲɪ'sʲu:stʲɪ]
criar (vt)	**sukùrti**	[sʊ'kʊrtʲɪ]
apagar, eliminar (vt)	**ištrìnti**	[ɪʃ'trʲɪntʲɪ]
eliminado	**ištrìntas**	[ɪʃ'trʲɪntas]
conexão (f)	**ryšỹs** (v)	[rʲi:'ʃɪ:s]
velocidade (f)	**greĩtis** (v)	['grʲɛɪtʲɪs]
modem (m)	**modèmas** (v)	[mo'dʲɛmas]
acesso (m)	**prìeiga** (m)	['prʲɪʲɛɪga]
porta (f)	**príevadas** (v)	['prʲiɛvadas]
conexão (f)	**pajungìmas** (v)	[pajʊn'gʲɪmas]

conetar (vi)	**prisijùngti**	[prʲɪsʲɪ'jʊŋktʲɪ]
escolher (vt)	**pasiriñkti**	[pasʲɪ'rʲɪŋktʲɪ]
buscar (vt)	**ieškóti**	[ɪɛʃ'kotʲɪ]

167. Eletricidade

eletricidade (f)	**elektrà** (m)	[ɛlʲɛkt'ra]
elétrico	**elektrìnis**	[ɛlʲɛk'trʲɪnʲɪs]
central (f) elétrica	**elèktros stotìs** (m)	[ɛ'lʲɛktros sto'tʲɪs]
energia (f)	**enèrgija** (m)	[ɛ'nʲɛrgʲɪjɛ]
energia (f) elétrica	**elèktros enèrgija** (m)	[ɛ'lʲɛktros ɛ'nʲɛrgʲɪjɛ]
lâmpada (f)	**lempùtė** (m)	[lʲɛm'pʊtʲe:]
lanterna (f)	**žibintùvas** (v)	[ʒʲɪbʲɪn'tʊvas]
poste (m) de iluminação	**žibiñtas** (v)	[ʒʲɪ'bʲɪntas]
luz (f)	**šviesà** (m)	[ʃvʲiɛ'sa]
ligar (vt)	**įjùngti**	[i:'jʊŋktʲɪ]
desligar (vt)	**išjùngti**	[ɪ'ʃjʊŋktʲɪ]
apagar a luz	**užgesìnti šviẽsą**	[ʊʒgʲɛ'sʲɪntʲɪ 'ʃvʲɛsa:]
fundir (vi)	**pérdegti**	['pʲɛrdʲɛktʲɪ]
curto-circuito (m)	**trumpàsis jungìmas** (v)	[trʊm'pasʲɪs jʊn'gʲɪmas]
rutura (f)	**trūkìmas** (v)	[tru:'kʲɪmas]
contacto (m)	**kontãktas** (v)	[kɔn'ta:ktas]
interruptor (m)	**jungìklis** (v)	[jʊn'gʲɪklʲɪs]
tomada (f)	**šakùtės lìzdas** (v)	[ʃa'kʊtʲe:s 'lʲɪzdas]
ficha (f)	**šakùtė** (m)	[ʃa'kʊtʲe:]
extensão (f)	**ilgintùvas** (v)	[ɪlʲgʲɪn'tʊvas]
fusível (m)	**saugìklis** (v)	[sɑʊ'gʲɪklʲɪs]
fio, cabo (m)	**laĩdas** (v)	['lʲʌɪdas]
instalação (f) elétrica	**instaliãcija** (m)	[ɪnsta'lʲætsʲɪjɛ]
ampere (m)	**ampèras** (v)	[am'pʲɛras]
amperagem (f)	**srovė̃s stìpris** (v)	[sro'vʲe:s 'stʲɪprʲɪs]
volt (m)	**vòltas** (v)	['volʲtas]
voltagem (f)	**į́tampa** (m)	['i:tampa]
aparelho (m) elétrico	**elèktros príetaisas** (v)	[ɛ'lʲɛktros 'prʲiɛtʌɪsas]
indicador (m)	**indikãtorius** (v)	[ɪndʲɪ'ka:torʲʊs]
eletricista (m)	**elèktrikas** (v)	[ɛ'lʲɛktrʲɪkas]
soldar (vt)	**lituõti**	[lʲɪ'tʊɑtʲɪ]
ferro (m) de soldar	**lituõklis** (v)	[lʲɪ'tʊɑklʲɪs]
corrente (f) elétrica	**srovė̃** (m)	[sro'vʲe:]

168. Ferramentas

ferramenta (f)	**į́rankis** (v)	['i:raŋkʲɪs]
ferramentas (f pl)	**į́rankiai** (v dgs)	['i:raŋkʲɛɪ]

equipamento (m)	**įranga** (m)	['i:ranga]
martelo (m)	**plaktùkas** (v)	[plʲak'tʊkas]
chave (f) de fendas	**atsuktùvas** (v)	[atsʊk'tʊvas]
machado (m)	**kir̃vis** (v)	['kʲɪrvʲɪs]
serra (f)	**pjū́klas** (v)	['pju:klʲas]
serrar (vt)	**pjáuti**	['pjɑʊtʲɪ]
plaina (f)	**õblius** (v)	['o:blʲʊs]
aplainar (vt)	**obliúoti**	[ob'lʲʊɑtʲɪ]
ferro (m) de soldar	**lituõklis** (v)	[lʲɪ'tʊɑklʲɪs]
soldar (vt)	**lituõti**	[lʲɪ'tʊɑtʲɪ]
lima (f)	**dìldė** (m)	['dʲɪlʲdʲe:]
tenaz (f)	**rẽplės** (m dgs)	['rʲæplʲe:s]
alicate (m)	**plókščiosios rẽplės** (m dgs)	['plokʃtʂʲosʲos 'rʲæplʲe:s]
formão (m)	**káltas** (v)	['kalʲtas]
broca (f)	**grą̃žtas** (v)	['gra:ʒtas]
berbequim (f)	**grąžtùvas** (v)	[grʲɛ:ʒ'tʊvas]
furar (vt)	**grę̃žti**	['grʲɛ:ʒtʲɪ]
faca (f)	**peĩlis** (v)	['pʲɛɪlʲɪs]
lâmina (f)	**ãšmenys** (v dgs)	['a:ʃmʲɛnʲi:s]
afiado	**aštrùs**	[aʃt'rʊs]
cego	**bùkas**	['bʊkas]
embotar-se (vr)	**atbùkti**	[at'bʊktʲɪ]
afiar, amolar (vt)	**galą́sti**	[ga'lʲa:stʲɪ]
parafuso (m)	**var̃žtas** (v)	['varʒtas]
porca (f)	**veržlė̃** (m)	[vʲɛrʒ'lʲe:]
rosca (f)	**sriẽgis** (v)	['srʲɛgʲɪs]
parafuso (m) para madeira	**sráigtas** (v)	['srʌɪktas]
prego (m)	**vinìs** (m)	[vʲɪ'nʲɪs]
cabeça (f) do prego	**galvùtė** (m)	[galʲ'vʊtʲe:]
régua (f)	**liniuõtė** (m)	[lʲɪ'nʲʊo:tʲe:]
fita (f) métrica	**rulètė** (m)	[rʊ'lʲɛtʲe:]
nível (m)	**gulsčiùkas** (v)	[gʊlʲs'tʂʲʊkas]
lupa (f)	**lùpa** (m)	['lʲʊpa]
medidor (m)	**matãvimo príetaisas** (v)	[ma'ta:vʲɪmɔ 'prʲiɛtʌɪsas]
medir (vt)	**matúoti**	[ma'tʊɑtʲɪ]
escala (f)	**skãlė** (m)	['ska:lʲe:]
indicação (f), registo (m)	**rodmuõ** (v)	[rod'mʊɑ]
compressor (m)	**komprèsorius** (v)	[kɔm'prʲɛsorʲʊs]
microscópio (m)	**mikroskòpas** (v)	[mʲɪkro'skopas]
bomba (f)	**siurblỹs** (v)	[sʲʊr'blʲi:s]
robô (m)	**ròbotas** (v)	['robotas]
laser (m)	**lãzeris** (v)	['lʲa:zʲɛrʲɪs]
chave (f) de boca	**veržlių̃ rãktas** (v)	[vʲɛrʒ'lʲu: 'ra:ktas]
fita (f) adesiva	**lipnì júosta** (m)	[lʲɪp'nʲɪ 'jʊɑsta]

cola (f)	**klijaĩ** (v dgs)	[kl^jɪ'jʌɪ]
lixa (f)	**švìtrinis põpierius** (v)	['ʃv^jɪtr^jɪn^jɪs 'po:p^jiɛr^jʊs]
mola (f)	**spyruõklė** (m)	[sp^ji:'rʊɑkl^je:]
íman (m)	**magnètas** (v)	[mag'n^jɛtas]
luvas (f pl)	**pir̃štinės** (m dgs)	['p^jɪrʃt^jɪn^je:s]
corda (f)	**vir̃vė** (m)	['v^jɪrv^je:]
cordel (m)	**virvẽlė** (m)	[v^jɪr'v^jæl^je:]
fio (m)	**laĩdas** (v)	['l^jʌɪdas]
cabo (m)	**kãbelis** (v)	['kab^jɛl^jɪs]
marreta (f)	**kū̃jis** (v)	['ku:jis]
pé de cabra (m)	**laužtùvas** (v)	[l^jɑʊʒ'tʊvas]
escada (f) de mão	**kópėčios** (m dgs)	['kop^je:tʂ^jos]
escadote (m)	**kilnójamosios kópėčios** (m dgs)	[k^jɪl^j'nojamos^jos 'kop^je:tʂ^jos]
enroscar (vt)	**užsùkti**	[ʊʒ'sʊkt^jɪ]
desenroscar (vt)	**atsùkti**	[at'sʊkt^jɪ]
apertar (vt)	**užspáusti**	[ʊʒs'pɑʊst^jɪ]
colar (vt)	**priklijúoti**	[pr^jɪkl^jɪ'jʊɑt^jɪ]
cortar (vt)	**pjáuti**	['pjɑʊt^jɪ]
falha (mau funcionamento)	**gedìmas** (v)	[g^jɛ'd^jɪmas]
conserto (m)	**taĩsymas** (v)	['tʌɪs^ji:mas]
consertar, reparar (vt)	**taisýti**	[tʌɪ's^ji:t^jɪ]
regular, ajustar (vt)	**reguliúoti**	[r^jɛgʊ'l^jʊɑt^jɪ]
verificar (vt)	**tìkrinti**	['t^jɪkr^jɪnt^jɪ]
verificação (f)	**patìkrinimas** (v)	[pa't^jɪkr^jɪn^jɪmas]
indicação (f), registo (m)	**rodmuõ** (v)	[rod'mʊɑ]
seguro	**pàtikimas**	['pat^jɪk^jɪmas]
complicado	**sudėtìngas**	[sʊd^je:'t^jɪngas]
enferrujar (vi)	**rūdýti**	[ru:'d^ji:t^jɪ]
enferrujado	**surūdìjęs**	[sʊru:'d^jɪjɛ:s]
ferrugem (f)	**rū̃dys** (m dgs)	['ru:d^ji:s]

Transportes

169. Avião

Português	Lituano	Pronúncia
avião (m)	**lėktùvas** (v)	[lʲe:k'tʊvas]
bilhete (m) de avião	**lėktùvo bìlietas** (v)	[lʲe:k'tʊvɔ 'bʲɪlʲiɛtas]
companhia (f) aérea	**aviakompãnija** (m)	[avʲækom'pa:nʲɪjɛ]
aeroporto (m)	**óro úostas** (v)	['orɔ 'ʊastas]
supersónico	**viršgarsìnis**	[vʲɪrʃgar'sʲɪnʲɪs]
comandante (m) do avião	**órlaivio kapitõnas** (v)	['orlʲʌɪvʲɔ kapʲɪ'to:nas]
tripulação (f)	**ekipãžas** (v)	[ɛkʲɪ'pa:ʒas]
piloto (m)	**pilòtas** (v)	[pʲɪ'lʲotas]
hospedeira (f) de bordo	**stiuardèsė** (m)	[stʲʊar'dʲɛsʲe:]
copiloto (m)	**štùrmanas** (v)	['ʃtʊrmanas]
asas (f pl)	**sparnaĩ** (v dgs)	[spar'nʌɪ]
cauda (f)	**gãlas** (v)	['ga:lʲas]
cabine (f) de pilotagem	**kabinà** (m)	[kabʲɪ'na]
motor (m)	**varìklis** (v)	[va'rʲɪklʲɪs]
trem (m) de aterragem	**važiuõklė** (m)	[vaʒʲʊ'o:klʲe:]
turbina (f)	**turbinà** (m)	[tʊrbʲɪ'na]
hélice (f)	**propèleris** (v)	[pro'pʲɛlʲɛrʲɪs]
caixa-preta (f)	**juodà dėžė̃** (m)	[jʊa'da dʲe:ʒʲe:]
coluna (f) de controlo	**vairãratis** (v)	[vʌɪ'ra:ratʲɪs]
combustível (m)	**degalaĩ** (v dgs)	[dʲɛga'lʲʌɪ]
instruções (f pl) de segurança	**instrùkcija** (m)	[ɪns'trʊktsʲɪjɛ]
máscara (f) de oxigénio	**deguõnies káukė** (m)	[dʲɛgʊa'nʲiɛs 'kaʊkʲe:]
uniforme (m)	**unifòrma** (m)	[ʊnʲɪ'forma]
colete (m) salva-vidas	**gélbėjimosi liemẽnė** (m)	['gʲælʲbʲe:jimosʲɪ lʲiɛ'mʲænʲe:]
paraquedas (m)	**parašiùtas** (v)	[para'ʃʊtas]
descolagem (f)	**kilìmas** (v)	[kʲɪ'lʲɪmas]
descolar (vi)	**kìlti**	['kʲɪlʲtʲɪ]
pista (f) de descolagem	**kilìmo tãkas** (v)	[kʲɪ'lʲɪmɔ 'ta:kas]
visibilidade (f)	**matomùmas** (v)	[mato'mʊmas]
voo (m)	**skrỹdis** (v)	['skrʲi:dʲɪs]
altura (f)	**aũkštis** (v)	['aʊkʃtʲɪs]
poço (m) de ar	**óro duobė̃** (m)	['orɔ dʊa'bʲe:]
assento (m)	**vietà** (m)	[vʲiɛ'ta]
auscultadores (m pl)	**ausìnės** (m dgs)	[aʊ'sʲɪnʲe:s]
mesa (f) rebatível	**atverčiamàsis staliùkas** (v)	[atvʲɛrtʂʲæ'masʲɪs sta'lʲʊkas]
vigia (f)	**iliuminãtorius** (v)	[ɪlʲʊmʲɪ'na:torʲʊs]
passagem (f)	**praėjìmas** (v)	[prae:'jɪmas]

170. Comboio

comboio (m)	**traukinỹs** (v)	[traʊkʲɪ'nʲi:s]
comboio (m) suburbano	**elektrìnis traukinỹs** (v)	[ɛlʲɛk'trʲɪnʲɪs traʊkʲɪ'nʲi:s]
comboio (m) rápido	**greitàsis traukinỹs** (v)	[grʲɛɪ'tasʲɪs traʊkʲɪ'nʲi:s]
locomotiva (f) diesel	**motòrvežis** (v)	[mo'torvʲɛʒʲɪs]
locomotiva (f) a vapor	**garvežỹs** (v)	[garvʲɛ'ʒʲi:s]
carruagem (f)	**vagònas** (v)	[va'gonas]
carruagem restaurante (f)	**vagònas restorãnas** (v)	[va'gonas rʲɛsto'ra:nas]
carris (m pl)	**bė̃giai** (v dgs)	['bʲe:gʲɛɪ]
caminho de ferro (m)	**geležìnkelis** (v)	[gʲɛlʲɛ'ʒʲɪŋkʲɛlʲɪs]
travessa (f)	**pãbėgis** (v)	['pa:bʲe:gʲɪs]
plataforma (f)	**platfòrma** (m)	[plʲat'forma]
linha (f)	**kė̃lias** (v)	['kʲælʲæs]
semáforo (m)	**semafòras** (v)	[sʲɛma'foras]
estação (f)	**stotìs** (m)	[sto'tʲɪs]
maquinista (m)	**mašinìstas** (v)	[maʃɪ'nʲɪstas]
bagageiro (m)	**nešìkas** (v)	[nʲɛ'ʃɪkas]
hospedeiro, -a (da carruagem)	**kondùktorius** (v)	[kɔn'dʊktorʲʊs]
passageiro (m)	**keleĩvis** (v)	[kʲɛ'lʲɛɪvʲɪs]
revisor (m)	**kontroliẽrius** (v)	[kɔntro'lʲɛrʲʊs]
corredor (m)	**korìdorius** (v)	[kɔ'rʲɪdorʲʊs]
freio (m) de emergência	**stãbdymo krãnas** (v)	['sta:bdʲi:mɔ 'kra:nas]
compartimento (m)	**kupė̃** (m)	[kʊ'pʲe:]
cama (f)	**lentýna** (m)	[lʲɛn'tʲi:na]
cama (f) de cima	**viršutìnė lentýna** (m)	[vʲɪrʃʊ'tʲɪnʲe: lʲɛn'tʲi:na]
cama (f) de baixo	**apatìnė lentýna** (m)	[apa'tʲɪnʲe: lʲɛn'tʲi:na]
roupa (f) de cama	**pãtalynė** (m)	['pa:talʲi:nʲe:]
bilhete (m)	**bìlietas** (v)	['bʲɪlʲiɛtas]
horário (m)	**tvarkãraštis** (v)	[tvar'ka:raʃtʲɪs]
painel (m) de informação	**šviẽslentė** (m)	['ʃvʲɛslʲɛntʲe:]
partir (vt)	**išvỹkti**	[ɪʃ'vʲi:ktʲɪ]
partida (f)	**išvykìmas** (v)	[ɪʃvʲi:'kʲɪmas]
chegar (vi)	**atvỹkti**	[at'vʲi:ktʲɪ]
chegada (f)	**atvykìmas** (v)	[atvʲi:'kʲɪmas]
chegar de comboio	**atvažiúoti tráukiniu**	[atva'ʒʲʊatʲɪ 'traʊkʲɪnʲʊ]
apanhar o comboio	**įlìpti į̃ tráukinį**	[i:lʲɪ:ptʲɪ i: 'traʊkʲɪnʲɪ:]
sair do comboio	**išlìpti ìš tráukinio**	[ɪʃ'lʲɪptʲɪ ɪʃ 'traʊkʲɪnʲɔ]
acidente (m) ferroviário	**katastrofà** (m)	[katastro'fa]
descarrilar (vi)	**nulė̃kti nuõ bė̃gių**	[nʊ'lʲe:ktʲɪ 'nʊɑ 'bʲe:gʲu:]
locomotiva (f) a vapor	**garvežỹs** (v)	[garvʲɛ'ʒʲi:s]
fogueiro (m)	**kūrìkas** (v)	[ku:'rʲɪkas]
fornalha (f)	**kūryklà** (m)	[ku:rʲi:k'lʲa]
carvão (m)	**anglìs** (m)	[ang'lʲɪs]

171. Barco

navio (m)	**laĩvas** (v)	['lʲʌɪvas]
embarcação (f)	**laĩvas** (v)	['lʲʌɪvas]
vapor (m)	**gárlaivis** (v)	['garlʲʌɪvʲɪs]
navio (m)	**motòrlaivis** (v)	[mo'torlʲʌɪvʲɪs]
transatlântico (m)	**láineris** (v)	['lʲʌɪnʲɛrʲɪs]
cruzador (m)	**kreĩseris** (v)	['krʲɛɪsʲɛrʲɪs]
iate (m)	**jachtà** (m)	[jax'ta]
rebocador (m)	**vilkìkas** (v)	[vʲɪlʲ'kʲɪkas]
barcaça (f)	**báržа** (m)	['barʒa]
ferry (m)	**kéltas** (v)	['kʲɛlʲtas]
veleiro (m)	**bùrinis laĩvas** (v)	['bʊrʲɪnʲɪs 'lʲʌɪvas]
bergantim (m)	**brigantinà** (m)	[brʲɪgantʲɪ'na]
quebra-gelo (m)	**lẽdlaužis** (v)	['lʲædlɑʊʒʲɪs]
submarino (m)	**povandenìnis laĩvas** (v)	[povandʲɛ'nʲɪnʲɪs 'lʲʌɪvas]
bote, barco (m)	**váltis** (m)	['valʲtʲɪs]
bote, dingue (m)	**váltis** (m)	['valʲtʲɪs]
bote (m) salva-vidas	**gélbėjimo váltis** (m)	['gʲælʲbʲe:jɪmɔ 'valʲtʲɪs]
lancha (f)	**kãteris** (v)	['ka:tʲɛrʲɪs]
capitão (m)	**kapitõnas** (v)	[kapʲɪ'to:nas]
marinheiro (m)	**jūreĩvis** (v)	[ju:'rʲɛɪvʲɪs]
marujo (m)	**jū́rininkas** (v)	['ju:rʲɪnʲɪŋkas]
tripulação (f)	**ekipãžas** (v)	[ɛkʲɪ'pa:ʒas]
contramestre (m)	**bòcmanas** (v)	['botsmanas]
grumete (m)	**jùnga** (m)	['jʊnga]
cozinheiro (m) de bordo	**viréjas** (v)	[vʲɪ'rʲe:jas]
médico (m) de bordo	**laĩvo gýdytojas** (v)	['lʲʌɪvɔ 'gʲi:dʲi:to:jɛs]
convés (m)	**dẽnis** (v)	['dʲænʲɪs]
mastro (m)	**stíebas** (v)	['stʲiɛbas]
vela (f)	**bùrė** (m)	['bʊrʲe:]
porão (m)	**triùmas** (v)	['trʲʊmas]
proa (f)	**laĩvo príekis** (v)	['lʲʌɪvɔ 'prʲiɛkʲɪs]
popa (f)	**laivãgalis** (v)	[lʌɪ'va:galʲɪs]
remo (m)	**ìrklas** (v)	['ɪrklʲas]
hélice (f)	**sráigtas** (v)	['srʌɪktas]
camarote (m)	**kajùtė** (m)	[ka'jʊtʲe:]
sala (f) dos oficiais	**kajutkompãnija** (m)	[kajʊtkom'pa:nʲɪjɛ]
sala (f) das máquinas	**mašìnų skỹrius** (v)	[ma'ʃɪnu: 'skʲi:rʲʊs]
ponte (m) de comando	**kapitõno tiltẽlis** (v)	[kapʲɪ'to:nɔ tʲɪlʲ'tʲælʲɪs]
sala (f) de comunicações	**rãdijo kabinà** (m)	['ra:dʲɪjɔ kabʲɪ'na]
onda (f) de rádio	**bangà** (m)	[ban'ga]
diário (m) de bordo	**laĩvo žurnãlas** (v)	['lʲʌɪvɔ ʒʊr'na:lʲas]
luneta (f)	**žiūrõnas** (v)	[ʒʲu:'ro:nas]
sino (m)	**laĩvo skam̃balas** (v)	['lʲʌɪvɔ 'skambalʲas]

bandeira (f)	**vẽliava** (m)	['vʲe:lʲæva]
cabo (m)	**lýnas** (v)	['lʲi:nas]
nó (m)	**mãzgas** (v)	['ma:zgas]
corrimão (m)	**turẽklai** (v dgs)	[tʊ'rʲe:klʲʌɪ]
prancha (f) de embarque	**trãpas** (v)	['tra:pas]
âncora (f)	**iñkaras** (v)	['ɪŋkaras]
recolher a âncora	**pakélti iñkarą**	[pa'kʲɛlʲtʲɪ 'ɪŋkara:]
lançar a âncora	**nuléisti iñkarą**	[nʊ'lʲɛɪstʲɪ 'iŋkara:]
amarra (f)	**iñkaro grandìnė** (m)	['ɪŋkarɔ gran'dʲɪnʲe:]
porto (m)	**úostas** (v)	['ʊɑstas]
cais, amarradouro (m)	**príeplauka** (m)	['prʲiɛplʲɑʊka]
atracar (vi)	**prisišvartúoti**	[prʲɪsʲɪʃvar'tʊɑtʲɪ]
desatracar (vi)	**išplaũkti**	[ɪʃ'plʲɑʊktʲɪ]
viagem (f)	**keliõnė** (m)	[kʲɛ'lʲo:nʲe:]
cruzeiro (m)	**kruìzas** (v)	[krʊ'ɪzas]
rumo (m), rota (f)	**kùrsas** (v)	['kʊrsas]
itinerário (m)	**maršrùtas** (v)	[marʃ'rʊtas]
canal (m) navegável	**farvãteris** (v)	[far'va:tʲɛrʲɪs]
banco (m) de areia	**seklumà** (m)	[sʲɛklʲʊ'ma]
encalhar (vt)	**užplaũkti añt seklumõs**	[ʊʒ'plʲɑʊktʲɪ ant sʲɛklʲʊ'mo:s]
tempestade (f)	**audrà** (m)	[ɑʊd'ra]
sinal (m)	**signãlas** (v)	[sʲɪg'na:lʲas]
afundar-se (vr)	**skę̃sti**	['skʲɛ:stʲɪ]
Homem ao mar!	**Žmogùs vandenyjè!**	[ʒmo'gʊs vandʲɛnʲi:'jæ!]
SOS	**SOS**	[ɛs ɔ ɛs]
boia (f) salva-vidas	**gélbėjimosi rãtas** (v)	[gʲɛlʲbʲe:jimosʲɪ 'ra:tas]

172. Aeroporto

aeroporto (m)	**óro úostas** (v)	['orɔ 'ʊɑstas]
avião (m)	**lėktùvas** (v)	[lʲe:k'tʊvas]
companhia (f) aérea	**aviakompãnija** (m)	[avʲækom'pa:nʲɪjɛ]
controlador (m) de tráfego aéreo	**dispèčeris** (v)	[dʲɪs'pʲɛtʂʲɛrʲɪs]
partida (f)	**išskridìmas** (v)	[ɪʃskrʲɪ'dʲɪmas]
chegada (f)	**atskridìmas** (v)	[atskrʲɪ'dʲɪmas]
chegar (~ de avião)	**atskrìsti**	[ats'krʲɪstʲɪ]
hora (f) de partida	**išvykìmo laĩkas** (v)	[ɪʃvʲi:'kʲɪmɔ 'lʲʌɪkas]
hora (f) de chegada	**atvykìmo laĩkas** (v)	[atvʲi:'kʲɪmɔ 'lʲʌɪkas]
estar atrasado	**vėlúoti**	[vʲe:'lʲʊɑtʲɪ]
atraso (m) de voo	**skrỹdžio atidėjìmas** (v)	['skrʲi:dʒʲɔ atʲɪdʲe:'jɪmas]
painel (m) de informação	**informãcinė šviẽslentė** (m)	[ɪnfor'ma:tsʲɪnʲe: 'ʃvʲɛslʲɛntʲe:]
informação (f)	**informãcija** (m)	[ɪnfor'ma:tsʲɪjɛ]
anunciar (vt)	**paskélbti**	[pas'kʲɛlʲptʲɪ]

voo (m)	**reĩsas** (v)	['rʲɛɪsas]
alfândega (f)	**muĩtinė** (m)	['mʊɪtʲɪnʲe:]
funcionário (m) da alfândega	**muĩtininkas** (v)	['mʊɪtʲɪnʲɪŋkas]
declaração (f) alfandegária	**deklarãcija** (m)	[dʲɛklʲa'ra:tsʲɪjɛ]
preencher (vt)	**užpìldyti**	[ʊʒ'pʲɪlʲdʲi:tʲɪ]
preencher a declaração	**užpìldyti deklarãciją**	[ʊʒ'pʲɪlʲdʲi:tʲɪ dʲɛkla'ra:tsɪja:]
controlo (m) de passaportes	**pasų̃ kontròlė** (m)	[pa'su: kon'trolʲe:]
bagagem (f)	**bagãžas** (v)	[ba'ga:ʒas]
bagagem (f) de mão	**rañkinis bagãžas** (v)	['raŋkʲɪnʲɪs ba'ga:ʒas]
carrinho (m)	**vežimė̃lis** (v)	[vʲɛʒʲɪ'mʲe:lʲɪs]
aterragem (f)	**įlaipìnimas** (v)	[i:lʲʌɪ'pʲɪ:nʲɪmas]
pista (f) de aterragem	**nusileidìmo tãkas** (v)	[nʊsʲɪlʲɛɪ'dʲɪmɔ ta:kas]
aterrar (vi)	**léistis**	['lʲɛɪstʲɪs]
escada (f) de avião	**laiptẽliai** (v dgs)	[lʌɪp'tʲælʲɛɪ]
check-in (m)	**registrãcija** (m)	[rʲɛgʲɪs'tra:tsʲɪjɛ]
balcão (m) do check-in	**registrãcijos stãlas** (v)	[rʲɛgʲɪs'tra:tsʲɪjɔs 'sta:lʲas]
fazer o check-in	**užsiregistrúoti**	[ʊʒsʲɪrʲɛgʲɪs'trʊɑtʲɪ]
cartão (m) de embarque	**įlipìmo talònas** (v)	[i:lʲɪ'pʲɪ:mɔ ta'lonas]
porta (f) de embarque	**išėjìmas** (v)	[ɪʃe:'jɪmas]
trânsito (m)	**tranzìtas** (v)	[tran'zʲɪtas]
esperar (vi, vt)	**láukti**	['lʲɑʊktʲɪ]
sala (f) de espera	**laukiamàsis** (v)	[lʲɑʊkʲæ'masʲɪs]
despedir-se de ...	**lydė́ti**	[lʲi:'dʲe:tʲɪ]
despedir-se (vr)	**atsisvéikinti**	[atsʲɪ'svʲɛɪkʲɪntʲɪ]

173. Bicicleta. Motocicleta

bicicleta (f)	**dvìratis** (v)	['dvʲɪratʲɪs]
scotter, lambreta (f)	**motoròleris** (v)	[moto'rolʲɛrʲɪs]
mota (f)	**motocìklas** (v)	[moto'tsʲɪklʲas]
ir de bicicleta	**važiúoti dvìračiu**	[va'ʒʲʊɑtʲɪ 'dvʲɪratʂʲʊ]
guiador (m)	**vaĩras** (v)	['vʌɪras]
pedal (m)	**pedãlas** (v)	[pʲɛ'da:lʲas]
travões (m pl)	**stãbdžiai** (v dgs)	[sta:b'dʒʲɛɪ]
selim (m)	**sėdỹnė** (m)	[sʲe:'dʲi:nʲe:]
bomba (f) de ar	**siurblỹs** (v)	[sʲʊr'blʲi:s]
porta-bagagens (m)	**bagažìnė** (m)	[baga'ʒʲɪnʲe:]
lanterna (f)	**žibiñtas** (v)	[ʒʲɪ'bʲɪntas]
capacete (m)	**šálmas** (v)	['ʃalʲmas]
roda (f)	**rãtas** (v)	['ra:tas]
guarda-lamas (m)	**spar̃nas** (v)	['sparnas]
aro (m)	**rãtlankis** (v)	['ra:tlʲaŋkʲɪs]
raio (m)	**stìpinas** (v)	['stʲɪpʲɪnas]

Carros

174. Tipos de carros

carro, automóvel (m)	**automobìlis** (v)	[ɑʊtomo'bʲɪlʲɪs]
carro (m) desportivo	**spòrtinis automobìlis** (v)	['sportʲɪnʲɪs ɑʊtomo'bʲɪlʲɪs]
limusine (f)	**limuzìnas** (v)	[lʲɪmʊ'zʲɪnas]
todo o terreno (m)	**visureĩgis** (v)	[vʲɪsʊ'rʲɛɪgʲɪs]
descapotável (m)	**kabriolètas** (v)	[kabrʲɪjɔ'lʲɛtas]
minibus (m)	**mikroautobùsas** (v)	[mʲɪkroɑʊto'bʊsas]
ambulância (f)	**greitóji pagálba** (m)	[grʲɛɪ'to:jɪ pa'galʲba]
limpa-neve (m)	**sniẽgo vãlymo mašinà** (m)	['snʲɛgɔ 'va:lʲi:mɔ maʃʲɪ'na]
camião (m)	**suñkvežimis** (v)	['sʊŋkvʲɛʒʲɪmʲɪs]
camião-cisterna (m)	**benzìnvežis** (v)	[bʲɛn'zʲɪnvʲɛʒʲɪs]
carrinha (f)	**furgònas** (v)	[fʊr'gonas]
camião-trator (m)	**vilkìkas** (v)	[vʲɪlʲ'kʲɪkas]
atrelado (m)	**príekaba** (m)	['prʲiɛkaba]
confortável	**komfortabilùs**	[kɔmfortabʲɪ'lʲʊs]
usado	**dėvė́tas**	[dʲe:'vʲe:tas]

175. Carros. Carroçaria

capô (m)	**kapòtas** (v)	[ka'potas]
guarda-lamas (m)	**spar̃nas** (v)	['sparnas]
tejadilho (m)	**stógas** (v)	['stogas]
para-brisa (m)	**príekinis stìklas** (v)	['prʲiɛkʲɪnʲɪs 'stʲɪklʲas]
espelho (m) retrovisor	**galìnio vaĩzdo véidrodis** (v)	[ga'lʲɪnʲɔ 'vʌɪzdɔ 'vʲɛɪdrodʲɪs]
lavador (m)	**plautùvas** (v)	[plʲɑʊ'tʊvas]
limpa-para-brisas (m)	**stìklo valytùvai** (v dgs)	['stʲɪklɔ valʲi:'tʊvʌɪ]
vidro (m) lateral	**šóninis stìklas** (v)	['ʃonʲɪnʲɪs 'stʲɪklʲas]
elevador (m) do vidro	**stìklo kéltuvas** (v)	['stʲɪklɔ 'kʲɛlʲtʊvas]
antena (f)	**antenà** (m)	[antʲɛ'na]
teto solar (m)	**liùkas** (v)	['lʲʊkas]
para-choques (m pl)	**bámperis** (v)	['bampʲɛrʲɪs]
bagageira (f)	**bagažìnė** (m)	[baga'ʒʲɪnʲe:]
bagageira (f) de tejadilho	**stógo bagažìnė** (m)	['stogɔ baga'ʒʲɪnʲe:]
porta (f)	**durẽlės** (m dgs)	[dʊ'rʲælʲe:s]
maçaneta (f)	**rañkena** (m)	['raŋkʲɛna]
fechadura (f)	**ùžraktas** (v)	['ʊʒraktas]
matrícula (f)	**nùmeris** (v)	['nʊmʲɛrʲɪs]
silenciador (m)	**duslintùvas** (v)	[dʊslʲɪn'tʊvas]

tanque (m) de gasolina	**benzìno bãkas** (v)	[bʲɛnˈzʲɪnɔ ˈbaːkas]
tubo (m) de escape	**išmetìmo vam̃zdis** (v)	[ɪʃmʲɛˈtʲɪmɔ ˈvamzdʲɪs]
acelerador (m)	**greĩtis** (v)	[ˈgrʲɛɪtʲɪs]
pedal (m)	**pedãlas** (v)	[pʲɛˈdaːlʲas]
pedal (m) do acelerador	**greĩčio pedãlas** (v)	[ˈgrʲɛɪʦʲɔ pʲɛˈdaːlʲas]
travão (m)	**stabdỹs** (v)	[stabˈdʲiːs]
pedal (m) do travão	**stãbdžio pedãlas** (v)	[staːbˈdʒʲo pʲɛˈdaːlʲas]
travar (vt)	**stabdýti**	[stabˈdʲiːtʲɪ]
travão (m) de mão	**stovė́jimo stabdỹs** (v)	[stoˈvʲɛjɪmɔ stabˈdʲiːs]
embraiagem (f)	**sánkaba** (m)	[ˈsaŋkaba]
pedal (m) da embraiagem	**sánkabos pedãlas** (v)	[ˈsaŋkabos pʲɛˈdaːlʲas]
disco (m) de embraiagem	**sánkabos dìskas** (v)	[ˈsaŋkabos ˈdʲɪskas]
amortecedor (m)	**amortizãtorius** (v)	[amortʲɪˈzaːtorʲʊs]
roda (f)	**rãtas** (v)	[ˈraːtas]
pneu (m) sobresselente	**atsargìnis rãtas** (v)	[atsarˈgʲɪnʲɪs ˈraːtas]
pneu (m)	**padangà** (m)	[padanˈga]
tampão (m) de roda	**rãto gaũbtas** (v)	[ˈraːtɔ ˈgɑʊptas]
rodas (f pl) motrizes	**vãrantieji rãtai** (v dgs)	[ˈvaːrantʲiɛjɪ ˈraːtʌɪ]
de tração dianteira	**príekiniai vãromieji rãtai**	[ˈprʲiɛkʲɪnʲɛɪ ˈvaːromʲiɛjɪ ˈraːtʌɪ]
de tração traseira	**galìniai vãromieji rãtai**	[gaˈlʲɪnʲɛɪ ˈvaːromʲiɛjɪ ˈraːtʌɪ]
de tração às 4 rodas	**visì vãromieji rãtai**	[vʲɪˈsʲɪ ˈvaːromʲiɛjɪ ˈraːtʌɪ]
caixa (f) de mudanças	**pavarų̃ dėžė̃** (m)	[pavaˈruː dʲeːˈʒʲeː]
automático	**automãtinis**	[ɑʊtoˈmaːtʲɪnʲɪs]
mecânico	**mechãninis**	[mʲɛˈxaːnʲɪnʲɪs]
alavanca (f) das mudanças	**pavarų̃ dėžė̃s svìrtis** (m)	[pavaˈruː dʲeːˈʒʲeːs ˈsvʲɪrtʲɪs]
farol (m)	**žibiñtas** (v)	[ʒʲɪˈbʲɪntas]
faróis, luzes	**žibiñtai** (v dgs)	[ʒʲɪˈbʲɪntʌɪ]
médios (m pl)	**ar̃timos žibiñtų šviẽsos** (m dgs)	[ˈartʲɪmos ʒʲɪˈbʲɪntuː ˈʃvʲɛsos]
máximos (m pl)	**tólimos žibiñtų šviẽsos** (m dgs)	[ˈtolʲɪmos ʒʲɪˈbʲɪntuː ˈʃvʲɛsos]
luzes (f pl) de stop	**stòp signãlas** (v)	[ˈstop sʲɪgˈnaːlʲas]
mínimos (m pl)	**gabarìtinės šviẽsos** (m dgs)	[gabaˈrʲɪtʲɪnʲeːs ˈʃvʲɛsos]
luzes (f pl) de emergência	**avãrinės šviẽsos** (m dgs)	[aˈvaːrʲɪnʲeːs ˈʃvʲɛsos]
faróis (m pl) antinevoeiro	**priešrūkiniai žibiñtai** (v dgs)	[prʲiɛʃruːkʲɪnʲɛɪ ʒʲɪˈbʲɪntʌɪ]
pisca-pisca (m)	**«pósūkis»** (v)	[ˈposuːkʲɪs]
luz (f) de marcha atrás	**«atbulìnės eigõs» lempùtė** (m)	[atbʊˈlʲɪnʲeːs ɛɪˈgoːs lʲɛmˈpʊtʲeː]

176. Carros. Habitáculo

interior (m) do carro	**salònas** (v)	[saˈlʲonas]
de couro, de pele	**odìnis**	[oˈdʲɪnʲɪs]
de veludo	**veliū̃rinis**	[vʲɛˈlʲuːrʲɪnʲɪs]
estofos (m pl)	**ãpmušalas** (v)	[ˈaːpmʊʃalʲas]

indicador (m)	**príetaisas** (v)	['prʲiɛtʌɪsas]
painel (m) de instrumentos	**príetaisų skydẽlis** (v)	['prʲiɛtʌɪsu: skʲi:'dʲælʲɪs]
velocímetro (m)	**spidomètras** (v)	[spʲɪdo'mʲɛtras]
ponteiro (m)	**rodỹklė** (m)	[ro'dʲi:klʲe:]
conta-quilómetros (m)	**ridõs skaitìklis** (v)	[rʲɪ'do:s skʌɪ'tʲɪklʲɪs]
sensor (m)	**davìklis** (v)	[da'vʲɪklʲɪs]
nível (m)	**lỹgis** (v)	['lʲi:gʲɪs]
luz (f) avisadora	**lempùtė** (m)	[lʲɛm'pʊtʲe:]
volante (m)	**vaĩras** (v)	['vʌɪras]
buzina (f)	**signãlas** (v)	[sʲɪg'na:lʲas]
botão (m)	**mygtùkas** (v)	[mʲi:k'tʊkas]
interruptor (m)	**jungìklis** (v)	[jʊn'gʲɪklʲɪs]
assento (m)	**sėdỹnė** (m)	[sʲe:'dʲi:nʲe:]
costas (f pl) do assento	**ãtlošas** (v)	['a:tlʲoʃas]
cabeceira (f)	**ãtlošas gálvai** (v)	['a:tloʃas 'galʲvʌɪ]
cinto (m) de segurança	**saugõs dir̃žas** (v)	[sɑʊ'go:s 'dʲɪrʒas]
apertar o cinto	**prisisègti saugõs diržù**	[prʲɪsʲɪ'sʲɛktʲɪ sɑʊ'go:s dʲɪr'ʒʊ]
regulação (f)	**reguliãvimas** (v)	[rʲɛgʊ'lʲævʲɪmas]
airbag (m)	**óro pagálvė** (m)	['orɔ pa'galʲvʲe:]
ar (m) condicionado	**kondicioniẽrius** (v)	[kɔndʲɪtsʲɪjɔ'nʲɛrʲʊs]
rádio (m)	**rãdijas** (v)	['ra:dʲɪjas]
leitor (m) de CD	**CD grotùvas** (v)	[sʲɪdʲɪ gro'tʊvas]
ligar (vt)	**įjùngti**	[i:'jʊŋktʲɪ]
antena (f)	**antenà** (m)	[antʲɛ'na]
porta-luvas (m)	**daiktãdėžė** (m)	[dʌɪk'ta:dʲe:ʒʲe:]
cinzeiro (m)	**pelenìnė** (m)	[pʲɛlʲɛ'nʲɪnʲe:]

177. Carros. Motor

motor (m)	**motòras** (v)	[mo'toras]
diesel	**dyzelìnis**	[dʲi:zʲɛ'lʲɪnʲɪs]
a gasolina	**benzìninis**	[bʲɛn'zʲɪnʲɪnʲɪs]
cilindrada (f)	**varìklio apimtìs** (m)	[va'rʲɪklʲɔ apʲɪm'tʲɪs]
potência (f)	**galingùmas** (v)	[galʲɪn'gʊmas]
cavalo-vapor (m)	**árklio galià** (m)	['arklʲɔ ga'lʲæ]
pistão (m)	**stūmõklis** (v)	[stu:'mo:klʲɪs]
cilindro (m)	**cilìndras** (v)	[tsʲɪ'lʲɪndras]
válvula (f)	**vožtùvas** (v)	[voʒ'tʊvas]
injetor (m)	**inžèktorius** (v)	[ɪn'ʒʲɛktorʲʊs]
gerador (m)	**generãtorius** (v)	[gʲɛnʲɛ'ra:torʲʊs]
carburador (m)	**karbiurãtorius** (v)	[karbʲʊ'ra:torʲʊs]
óleo (m) para motor	**varìklinė alyvà** (m)	[va'rʲɪklʲɪnʲe: alʲi:'va]
radiador (m)	**radiãtorius** (v)	[ra'dʲætorʲʊs]
refrigerante (m)	**áušinimo skỹstis** (v)	['ɑʊʃɪnʲɪmɔ 'skʲi:stʲɪs]
ventilador (m)	**ventiliãtorius** (v)	[vʲɛntʲɪ'lʲætorʲʊs]
bateria (f)	**akumuliãtorius** (v)	[akʊmʊ'lʲætorʲʊs]

dispositivo (m) de arranque	**stárteris** (v)	['startʲɛrʲɪs]
ignição (f)	**uždegìmas** (v)	[ʊʒdʲɛ'gʲɪmas]
vela (f) de ignição	**uždegìmo žvãkė** (m)	[ʊʒdʲɛ'gʲɪmɔ 'ʒva:kʲe:]
borne (m)	**gnýbtas** (v)	[gnʲi:ptas]
borne (m) positivo	**pliùsas** (v)	['plʲʊsas]
borne (m) negativo	**mìnusas** (v)	['mʲɪnʊsas]
fusível (m)	**saugìklis** (v)	[sɑʊ'gʲɪklʲɪs]
filtro (m) de ar	**óro fìltras** (v)	['orɔ 'fʲɪlʲtras]
filtro (m) de óleo	**alývos fìltras** (v)	[a'lʲi:vos 'fʲɪlʲtras]
filtro (m) de combustível	**kùro fìltras** (v)	['kʊrɔ 'fʲɪlʲtras]

178. Carros. Batidas. Reparação

acidente (m) de carro	**avãrija** (m)	[a'va:rʲɪjɛ]
acidente (m) rodoviário	**eĩsmo įvykis** (v)	['ɛɪsmɔ 'i:vʲɪ:kʲɪs]
ir contra ...	**atsitreñkti**	[atsʲɪ'trʲɛŋktʲɪ]
sofrer um acidente	**sudùžti**	[sʊ'dʊʒtʲɪ]
danos (m pl)	**žalà** (m)	[ʒa'lʲa]
intato	**nenukentė́jęs**	[nʲɛnʊken'tʲe:jɛ:s]
avaria (no motor, etc.)	**gedìmas** (v)	[gʲɛ'dʲɪmas]
avariar (vi)	**sulū̃žti**	[sʊ'lʲu:ʒtʲɪ]
cabo (m) de reboque	**vìlkimo tròsas** (v)	['vʲɪlʲkʲɪmɔ 'trosas]
furo (m)	**pradūrìmas** (v)	[pradu:'rʲɪmas]
estar furado	**nuléisti**	[nʊ'lʲɛɪstʲɪ]
encher (vt)	**pripumpúoti**	[prʲɪpʊm'pʊɑtʲɪ]
pressão (f)	**slė̃gis** (v)	['slʲe:gʲɪs]
verificar (vt)	**patìkrinti**	[pa'tʲɪkrʲɪntʲɪ]
reparação (f)	**remòntas** (v)	[rʲɛ'montas]
oficina (f) de reparação de carros	**taisyklà** (m)	[tʌɪsʲi:k'lʲa]
peça (f) sobresselente	**atsargìnė dalìs** (m)	[atsar'gʲɪnʲe: da'lʲɪs]
peça (f)	**detãlė** (m)	[dʲɛta:'lʲe:]
parafuso (m)	**var̃žtas** (v)	['varʒtas]
parafuso (m)	**sráigtas** (v)	['srʌɪktas]
porca (f)	**veržlė̃** (m)	[vʲɛrʒ'lʲe:]
anilha (f)	**póveržlė** (m)	['poverʒlʲe:]
rolamento (m)	**guõlis** (v)	['gʊɑlʲɪs]
tubo (m)	**vamzdẽlis** (v)	[vamz'dʲælʲɪs]
junta (f)	**tárpinė** (m)	['tarpʲɪnʲe:]
fio, cabo (m)	**laĩdas** (v)	['lʲʌɪdas]
macaco (m)	**kėlìklis** (v)	['kʲe:lʲɪklʲɪs]
chave (f) de boca	**veržlių̃ rãktas** (v)	[vʲɛrʒ'lʲu: 'ra:ktas]
martelo (m)	**plaktùkas** (v)	[plʲak'tʊkas]
bomba (f)	**siurblỹs** (v)	[sʲʊr'blʲi:s]
chave (f) de fendas	**atsuktùvas** (v)	[atsʊk'tʊvas]
extintor (m)	**gesintùvas** (v)	[gʲɛsʲɪn'tʊvas]

triângulo (m) de emergência	**avãrinis trìkampis** (v)	[a'va:rʲɪnʲɪs 'trʲɪkampʲɪs]
parar (vi) (motor)	**gèsti**	['gʲɛstʲɪ]
paragem (f)	**sustojìmas** (v)	[sʊsto'jɪmas]
estar quebrado	**bū́ti sulū̃žusiam**	['bu:tʲɪ sʊ'lʲu:ʒʊsʲæm]
superaquecer-se (vr)	**pérkaisti**	['pʲɛrkʌɪstʲɪ]
entupir-se (vr)	**užsiter̃šti**	[ʊʒsʲɪ'tʲɛrʃtʲɪ]
congelar-se (vr)	**užšálti**	[ʊʒ'ʃalʲtʲɪ]
rebentar (vi)	**skìlti**	['skʲɪlʲtʲɪ]
pressão (f)	**slė̃gis** (v)	['slʲe:gʲɪs]
nível (m)	**lỹgis** (v)	['lʲi:gʲɪs]
frouxo	**sil̃pnas**	['sʲɪlʲpnas]
mossa (f)	**į́duba** (m)	['i:dʊba]
ruído (m)	**trinksė́jimas** (v)	[trʲɪŋk'sʲɛjɪmas]
fissura (f)	**įskilìmas** (v)	[i:skʲɪ'lʲɪ:mas]
arranhão (m)	**įbrėžìmas** (v)	[i:brʲe:'ʒʲɪ:mas]

179. Carros. Estrada

estrada (f)	**kẽlias** (v)	['kʲælʲæs]
autoestrada (f)	**automagistrãlė** (m)	[ɑʊtomagʲɪs'tra:lʲe:]
rodovia (f)	**pléntas** (v)	['plʲɛntas]
direção (f)	**kryptìs** (m)	[krʲi:p'tʲɪs]
distância (f)	**atstùmas** (v)	[at'stʊmas]
ponte (f)	**tìltas** (v)	['tʲɪlʲtas]
parque (m) de estacionamento	**stovė́jimo vietà** (m)	[sto'vʲɛjɪmɔ vʲiɛ'ta]
praça (f)	**aikštė̃** (m)	[ʌɪkʃ'tʲe:]
nó (m) rodoviário	**sánkryža** (m)	['saŋkrʲi:ʒa]
túnel (m)	**tùnelis** (v)	['tʊnʲɛlʲɪs]
posto (m) de gasolina	**degalìnė** (m)	[dʲɛga'lʲɪnʲe:]
parque (m) de estacionamento	**stovė́jimo aikštẽlė** (m)	[sto'vʲɛjɪmɔ ʌɪkʃ'tʲælʲe:]
bomba (f) de gasolina	**degalìnė** (m)	[dʲɛga'lʲɪnʲe:]
oficina (f) de reparação de carros	**garãžas** (v)	[ga'ra:ʒas]
abastecer (vt)	**pripìlti degalų̃**	[prʲɪ'pʲɪlʲtʲɪ dʲɛga'lu:]
combustível (m)	**kùras** (v)	['kʊras]
bidão (m) de gasolina	**kanìstras** (v)	[ka'nʲɪstras]
asfalto (m)	**asfáltas** (v)	[as'falʲtas]
marcação (f) de estradas	**žénklinimas** (v)	['ʒʲɛŋklʲɪnʲɪmas]
lancil (m)	**bordiū̃ras** (v)	[bor'dʲu:ras]
proteção (f) guard-rail	**ùžtvara** (m)	['ʊʒtvara]
valeta (f)	**griovỹs** (v)	[grʲo'vʲi:s]
berma (f) da estrada	**šalìkelė** (m)	[ʃa'lʲɪkelʲe:]
poste (m) de luz	**stul̃pas** (v)	['stʊlʲpas]
conduzir, guiar (vt)	**vairúoti**	[vʌɪ'rʊɑtʲɪ]
virar (ex. ~ à direita)	**pasùkti**	[pa'sʊktʲɪ]
dar retorno	**apsisùkti**	[apsʲɪ'sʊktʲɪ]
marcha-atrás (f)	**atbulìnė eigà** (m)	[atbʊ'lʲɪnʲe: ɛɪ'ga]

buzinar (vi)	**pypsė́ti**	[pʲi:p'sʲe:tʲɪ]
buzina (f)	**garsìnis signãlas** (v)	[gar'sʲɪnʲɪs sʲɪg'na:lʲas]
atolar-se (vr)	**užstrìgti**	[ʊʒ'strʲɪktʲɪ]
patinar (na lama)	**buksúoti**	[bʊk'sʊɑtʲɪ]
desligar (vt)	**išjùngti**	[ɪ'ʃjʊŋktʲɪ]
velocidade (f)	**greĩtis** (v)	['grʲɛɪtʲɪs]
exceder a velocidade	**vir̃šyti greĩtį**	['vʲɪrʃɪ:tʲɪ 'grʲɛɪtʲɪ:]
multar (vt)	**skìrti baũdą**	['skʲɪrtʲɪ 'bɑʊda:]
semáforo (m)	**šviesofòras** (v)	[ʃvʲiɛso'foras]
carta (f) de condução	**vairúotojo pažymė́jimas** (v)	[vʌɪ'rʊɑtojɔ paʒʲi:'mʲɛjɪmas]
passagem (f) de nível	**pérvaža** (m)	['pʲɛrvaʒa]
cruzamento (m)	**sánkryža** (m)	['saŋkrʲi:ʒa]
passadeira (f)	**pėsčiũjų pérėja** (m)	[pʲe:s'tʂʲu:ju: 'pʲɛrʲe:ja]
curva (f)	**pósūkis** (v)	['posu:kʲɪs]
zona (f) pedonal	**pėsčiũjų zonà** (m)	[pʲe:s'tʂʲu:ju: zo'na]

180. Sinais de trânsito

código (m) da estrada	**kelių̃ eĩsmo taisỹklės** (m dgs)	[kʲɛ'lʲu: 'ɛɪsmɔ tʌɪ'sʲi:klʲe:s]
sinal (m) de trânsito	**žénklas** (v)	['ʒʲɛŋklʲas]
ultrapassagem (f)	**lenkìmas** (v)	[lʲɛŋ'kʲɪmas]
curva (f)	**pósūkis** (v)	['posu:kʲɪs]
inversão (f) de marcha	**apsisukìmas** (v)	[apsʲɪsʊ'kʲɪmas]
rotunda (f)	**žiedìnė sánkryža** (m)	[ʒʲiɛ'dʲɪnʲe: 'saŋkrʲi:ʒa]
sentido proibido	**įvažiúoti draũdžiama**	[i:va'ʒʲʊɑtʲɪ 'drɑʊdʒʲæma]
trânsito proibido	**eĩsmas draũdžiamas**	['ɛɪsmas 'drɑʊdʒʲæmas]
proibição de ultrapassar	**leñkti draũdžiama**	['lʲɛŋktʲɪ 'drɑʊdʒʲæma]
estacionamento proibido	**stovė́ti draũdžiama**	[sto'vʲe:tʲɪ 'drɑʊdʒʲæma]
paragem proibida	**sustóti draũdžiama**	[sʊs'totʲɪ 'drɑʊdʒʲæma]
curva (f) perigosa	**staigùs pósūkis** (v)	[stʌɪ'gʊs 'posu:kʲɪs]
descida (f) perigosa	**stati nuokalnė**	[statʲɪ nʊɑkalʲ'nʲe:]
trânsito de sentido único	**vienpùsis eĩsmas** (v)	[vʲiɛn'pʊsʲɪs 'ɛɪsmas]
passadeira (f)	**pėsčiũjų pérėja** (m)	[pʲe:s'tʂʲu:ju: 'pʲɛrʲe:ja]
pavimento (m) escorregadio	**slidùs kẽlias** (v)	[slʲɪ'dʊs 'kʲælʲæs]
cedência de passagem	**dúoti kẽlią**	['dʊɑtʲɪ 'kʲælʲæ:]

PESSOAS. EVENTOS

Eventos

181. Férias. Evento

festa (f)	**šveñtė** (m)	[ˈʃventʲe:]
festa (f) nacional	**nacionãlinė šveñtė** (m)	[natsʲɪjɔˈna:lʲɪnʲe: ˈʃventʲe:]
feriado (m)	**šveñtės dienà** (m)	[ˈʃventʲe:s dʲiɛˈna]
festejar (vt)	**švę̃sti**	[ˈʃvʲɛ:stʲɪ]
evento (festa, etc.)	**ĩvykis** (v)	[ˈi:vʲɪ:kʲɪs]
evento (banquete, etc.)	**renginỹs** (v)	[rʲɛngʲɪˈnʲi:s]
banquete (m)	**bankètas** (v)	[baŋˈkʲɛtas]
receção (f)	**priėmìmas** (v)	[prʲɪʲe:ˈmʲɪmas]
festim (m)	**puotà** (m)	[pʊɑˈta]
aniversário (m)	**mẽtinės** (m dgs)	[ˈmʲætʲɪnʲe:s]
jubileu (m)	**jubiliẽjus** (v)	[jʊbʲɪˈlʲɛjʊs]
celebrar (vt)	**atšvę̃sti**	[atˈʃvʲɛ:stʲɪ]
Ano (m) Novo	**Naujíeji mẽtai** (v dgs)	[nɑʊˈjiɛjɪ ˈmʲætʌɪ]
Feliz Ano Novo!	**Sù Naujaĩsiais!**	[ˈsʊ nɑʊˈjʌɪsʲɛɪs!]
Natal (m)	**Kalėdos** (m dgs)	[kaˈlʲe:dos]
Feliz Natal!	**Linksmų̃ Kalėdų!**	[lʲɪŋksˈmu: kaˈlʲe:du:!]
árvore (f) de Natal	**Kalėdinė eglùtė** (m)	[kaˈlʲe:dʲɪnʲe: egˈlʊtʲe:]
fogo (m) de artifício	**saliùtas** (v)	[saˈlʲʊtas]
boda (f)	**vestùvės** (m dgs)	[vʲɛsˈtʊvʲe:s]
noivo (m)	**jaunìkis** (v)	[jɛʊˈnʲɪkʲɪs]
noiva (f)	**jaunóji** (m)	[jɛʊˈno:jɪ]
convidar (vt)	**kviẽsti**	[ˈkvʲɛstʲɪ]
convite (m)	**kvietìmas** (v)	[kvʲiɛˈtʲɪmas]
convidado (m)	**svẽčias** (v)	[ˈsvʲætʂʲæs]
visitar (vt)	**eĩti į̃ svečiùs**	[ˈɛɪtʲɪ i: svʲɛˈtʂʲʊs]
receber os hóspedes	**sutìkti svečiùs**	[sʊˈtʲɪktʲɪ svʲɛˈtʂʲʊs]
presente (m)	**dovanà** (m)	[dovaˈna]
oferecer (vt)	**dovanóti**	[dovaˈnotʲɪ]
receber presentes	**gáuti dóvanas**	[ˈgɑʊtʲɪ ˈdovanas]
ramo (m) de flores	**púokštė** (m)	[ˈpʊɑkʃtʲe:]
felicitações (f pl)	**svéikinimas** (v)	[ˈsvʲɛɪkʲɪnʲɪmas]
felicitar (dar os parabéns)	**svéikinti**	[ˈsvʲɛɪkʲɪntʲɪ]
cartão (m) de parabéns	**svéikinimo atvirùkas** (v)	[ˈsvʲɛɪkʲɪnʲɪmɔ atvʲɪˈrʊkas]
enviar um postal	**išsių̃sti atvirùką**	[ɪʃˈsʲu:stʲɪ atvʲɪˈrʊka:]

receber um postal	**gáuti atvirùką**	['gɑʊtʲɪ atvʲɪ'rʊka:]
brinde (m)	**tòstas** (v)	['tostas]
oferecer (vt)	**vaišìnti**	[vʌɪ'ʃʲɪntʲɪ]
champanhe (m)	**šampãnas** (v)	[ʃam'pa:nas]
divertir-se (vr)	**lìnksmintis**	['lʲɪŋksmʲɪntʲɪs]
diversão (f)	**linksmýbė** (m)	[lʲɪŋks'mʲi:bʲe:]
alegria (f)	**džiaũgsmas** (v)	['dʒʲɛʊgsmas]
dança (f)	**šõkis** (v)	['ʃo:kʲɪs]
dançar (vi)	**šókti**	['ʃoktʲɪ]
valsa (f)	**válsas** (v)	['valʲsas]
tango (m)	**tángo** (v)	['tangɔ]

182. Funerais. Enterro

cemitério (m)	**kãpinės** (m dgs)	['ka:pʲɪnʲe:s]
sepultura (f), túmulo (m)	**kãpas** (v)	['ka:pas]
cruz (f)	**krỹžius** (v)	['krʲi:ʒʲʊs]
lápide (f)	**añtkapis** (v)	['antkapʲɪs]
cerca (f)	**ãptvaras** (v)	['a:ptvaras]
capela (f)	**koplyčià** (m)	[kɔplʲi:'tʂʲæ]
morte (f)	**mirtìs** (m)	[mʲɪr'tʲɪs]
morrer (vi)	**mir̃ti**	['mʲɪrtʲɪ]
defunto (m)	**veliónis** (v)	[vʲɛ'lʲonʲɪs]
luto (m)	**gẽdulas** (v)	['gʲædʊlʲas]
enterrar, sepultar (vt)	**láidoti**	['lʲʌɪdotʲɪ]
agência (f) funerária	**láidojimo biùras** (v)	['lʲʌɪdojɪmɔ 'bʲʊras]
funeral (m)	**láidotuvės** (m dgs)	['lʲʌɪdotʊvʲe:s]
coroa (f) de flores	**vainìkas** (v)	[vʌɪ'nʲɪkas]
caixão (m)	**kar̃stas** (v)	['karstas]
carro (m) funerário	**katafálkas** (v)	[kata'falʲkas]
mortalha (f)	**lavõndengtė** (m)	[lʲa'vo:ndeŋktʲe:]
procissão (f) funerária	**gẽdulo procèsija** (m)	['gʲædʊlʲɔ pro'tsʲɛsʲɪjɛ]
urna (f) funerária	**ùrna** (m)	['ʊrna]
crematório (m)	**krematòriumas** (v)	[krʲɛma'torʲʊmas]
obituário (m), necrologia (f)	**nekrològas** (v)	[nʲɛkro'lʲogas]
chorar (vi)	**ver̃kti**	['vʲɛrktʲɪ]
soluçar (vi)	**raudóti**	[rɑʊ'dotʲɪ]

183. Guerra. Soldados

pelotão (m)	**bū̃rys** (v)	[bu:'rʲi:s]
companhia (f)	**kúopa** (m)	['kʊɑpa]
regimento (m)	**pul̃kas** (v)	['pʊlʲkas]
exército (m)	**ármija** (m)	['armʲɪjɛ]

divisão (f)	**divìzija** (m)	[dʲɪ'vʲɪzʲɪjɛ]
destacamento (m)	**būrỹs** (v)	[bu:'rʲi:s]
hoste (f)	**kariúomenė** (m)	[ka'rʲʊamenʲe:]
soldado (m)	**kareĩvis** (v)	[ka'rʲɛɪvʲɪs]
oficial (m)	**kariniñkas** (v)	[karʲɪ'nʲɪŋkas]
soldado (m) raso	**eilìnis** (v)	[ɛɪ'lʲɪnʲɪs]
sargento (m)	**seržántas** (v)	[sʲɛr'ʒantas]
tenente (m)	**leitenántas** (v)	[lʲɛɪtʲɛ'nantas]
capitão (m)	**kapitõnas** (v)	[kapʲɪ'to:nas]
major (m)	**majõras** (v)	[ma'jɔ:ras]
coronel (m)	**pul̃kininkas** (v)	['pʊlʲkʲɪnʲɪŋkas]
general (m)	**generõlas** (v)	[gʲɛnʲɛ'ro:lʲas]
marujo (m)	**jū́rininkas** (v)	['ju:rʲɪnʲɪŋkas]
capitão (m)	**kapitõnas** (v)	[kapʲɪ'to:nas]
contramestre (m)	**bòcmanas** (v)	['botsmanas]
artilheiro (m)	**artilerìstas** (v)	[artʲɪlʲɛ'rʲɪstas]
soldado (m) paraquedista	**desántininkas** (v)	[dʲɛ'santʲɪnʲɪŋkas]
piloto (m)	**lakū̃nas** (v)	[lʲa'ku:nas]
navegador (m)	**štùrmanas** (v)	['ʃtʊrmanas]
mecânico (m)	**mechãnikas** (v)	[mʲɛ'xa:nʲɪkas]
sapador (m)	**pioniẽrius** (v)	[pʲɪjɔ'nʲɛrʲʊs]
paraquedista (m)	**parašiùtininkas** (v)	[para'ʃʊtʲɪnʲɪŋkas]
explorador (m)	**žval̃gas** (v)	['ʒvalʲgas]
franco-atirador (m)	**snáiperis** (v)	['snʌɪpʲɛrʲɪs]
patrulha (f)	**patrùlis** (v)	[pat'rʊlʲɪs]
patrulhar (vt)	**patruliúoti**	[patrʊ'lʲʊatʲɪ]
sentinela (f)	**sargýbinis** (v)	[sar'gʲi:bʲɪnʲɪs]
guerreiro (m)	**karỹs** (v)	[ka'rʲi:s]
patriota (m)	**patriòtas** (v)	[patrʲɪ'jɔtas]
herói (m)	**dìdvyris** (v)	['dʲɪdvʲi:rʲɪs]
heroína (f)	**dìdvyrė** (m)	['dʲɪdvʲi:rʲe:]
traidor (m)	**išdavìkas** (v)	[ɪʃda'vʲɪkas]
trair (vt)	**išdúoti**	[ɪʃ'dʊatʲɪ]
desertor (m)	**dezertỹras** (v)	[dʲɛzʲɛr'tʲi:ras]
desertar (vt)	**dezertyrúoti**	[dʲɛzʲɛrtʲi:'rʊatʲɪ]
mercenário (m)	**samdinỹs** (v)	[samdʲɪ'nʲi:s]
recruta (m)	**naujõkas** (v)	[nɑʊ'jɔ:kas]
voluntário (m)	**savanõris** (v)	[sava'no:rʲɪs]
morto (m)	**nužudýtasis** (v)	[nʊʒʊ'dʲi:tasʲɪs]
ferido (m)	**sužeistàsis** (v)	[sʊʒʲɛɪ'stasʲɪs]
prisioneiro (m) de guerra	**belaĩsvis** (v)	[bʲɛ'lʲʌɪsvʲɪs]

184. Guerra. Ações militares. Parte 1

guerra (f)	**kãras** (v)	['ka:ras]
guerrear (vt)	**kariáuti**	[ka'rʲæʊtʲɪ]

guerra (f) civil	**piliẽtinis kãras** (v)	[pʲɪ'lʲɛtʲɪnʲɪs 'ka:ras]
perfidamente	**klastìngai**	[klʲas'tʲɪngʌɪ]
declaração (f) de guerra	**paskelbìmas** (v)	[paskʲɛlʲ'bʲɪmas]
declarar (vt) guerra	**paskélbti**	[pas'kʲɛlʲptʲɪ]
agressão (f)	**agrèsija** (m)	[ag'rʲɛsʲɪjɛ]
atacar (vt)	**pùlti**	['pʊlʲtʲɪ]
invadir (vt)	**užgróbti**	[ʊʒ'groptʲɪ]
invasor (m)	**užgrobìkas** (v)	[ʊʒgro'bʲɪkas]
conquistador (m)	**užkariáutojas** (v)	[ʊʒka'rʲæʊto:jɛs]
defesa (f)	**gynýba** (m)	[gʲi:'nʲi:ba]
defender (vt)	**giñti**	['gʲɪntʲɪ]
defender-se (vr)	**gìntis**	['gʲɪntʲɪs]
inimigo (m)	**príešas** (v)	['prʲiɛʃas]
adversário (m)	**príešininkas** (v)	['prʲiɛʃɪnʲɪŋkas]
inimigo	**príešo**	['prʲiɛʃɔ]
estratégia (f)	**stratègija** (m)	[stra'tʲɛgʲɪjɛ]
tática (f)	**tãktika** (m)	['ta:ktʲɪka]
ordem (f)	**įsãkymas** (v)	[i:'sa:kʲɪ:mas]
comando (m)	**kománda** (m)	[kɔ'manda]
ordenar (vt)	**įsakýti**	[i:sa'kʲi:tʲɪ]
missão (f)	**užduotìs** (m)	[ʊʒdʊɑ'tʲɪs]
secreto	**slãptas**	['slʲa:ptas]
batalha (f)	**mū̃šis** (v)	['mu:ʃɪs]
combate (m)	**kautỹnės** (m dgs)	[kɑʊ'tʲi:nʲe:s]
ataque (m)	**atakà** (m)	[ata'ka]
assalto (m)	**štur̃mas** (v)	['ʃtʊrmas]
assaltar (vt)	**šturmúoti**	[ʃtʊr'mʊɑtʲɪ]
assédio, sítio (m)	**apgulà** (m)	[apgʊ'lʲa]
ofensiva (f)	**puolìmas** (v)	[pʊɑ'lʲɪmas]
passar à ofensiva	**pùlti**	['pʊlʲtʲɪ]
retirada (f)	**atsitraukìmas** (v)	[atsʲɪtrɑʊ'kʲɪmas]
retirar-se (vr)	**atsitráukti**	[atsʲɪ'trɑʊktʲɪ]
cerco (m)	**apsupìmas** (v)	[apsʊ'pʲɪmas]
cercar (vt)	**apsùpti**	[ap'sʊptʲɪ]
bombardeio (m)	**bombardãvimas** (v)	[bombar'da:vʲɪmas]
lançar uma bomba	**numèsti bòmbą**	[nʊ'mʲɛstʲɪ 'bomba:]
bombardear (vt)	**bombardúoti**	[bombar'dʊɑtʲɪ]
explosão (f)	**sprogìmas** (v)	[spro'gʲɪmas]
tiro (m)	**šū̃vis** (v)	['ʃu:vʲɪs]
disparar um tiro	**iššáuti**	[ɪʃ'ʃɑʊtʲɪ]
tiroteio (m)	**šáudymas** (v)	['ʃɑʊdʲi:mas]
apontar para ...	**táikytis į̃ ...**	['tʌɪkʲi:tʲɪs i: ..]
apontar (vt)	**nutáikyti**	[nʊ'tʌɪkʲi:tʲɪ]

acertar (vt)	**pataikyti**	[pa'tʌɪkʲi:tʲɪ]
afundar (um navio)	**paskandìnti**	[paskan'dʲɪntʲɪ]
brecha (f)	**pradaužà** (m)	[pradɑʊ'ʒa]
afundar-se (vr)	**grim̃zti į dùgną**	['grʲɪmztʲɪ i: 'dʊgna:]
frente (m)	**fròntas** (v)	['frontas]
evacuação (f)	**evakuãcija** (m)	[ɛvakʊ'a:tsʲɪjɛ]
evacuar (vt)	**evakúoti**	[ɛva'kʊɑtʲɪ]
arame (m) farpado	**spygliúotoji vielà** (m)	[spʲi:g'lʲʊɑtojɪ vʲiɛ'la]
obstáculo (m) anticarro	**ùžtvara** (m)	['ʊʒtvara]
torre (f) de vigia	**bókštas** (v)	['bokʃtas]
hospital (m)	**kãro ligóninė** (m)	['ka:rɔ lʲɪ'gonʲɪnʲe:]
ferir (vt)	**sužeĩsti**	[sʊ'ʒʲɛɪstʲɪ]
ferida (f)	**žaizdà** (m)	[ʒʌɪz'da]
ferido (m)	**sužeistàsis** (v)	[sʊʒʲɛɪ'stasʲɪs]
ficar ferido	**bū́ti sužeistám**	['bu:tʲɪ sʊʒʲɛɪs'tam]
grave (ferida ~)	**sunkùs**	[sʊŋ'kʊs]

185. Guerra. Ações militares. Parte 2

cativeiro (m)	**neláisvė** (m)	[nʲɛ'lʲʌɪsvʲe:]
capturar (vt)	**paim̃ti į neláisvę**	['pʌɪmtʲɪ i: nʲɛ'lʲʌɪsvʲɛ:]
estar em cativeiro	**bū́ti neláisvėje**	['bu:tʲɪ ne'lʲʌɪsvʲe:je]
ser aprisionado	**patèkti į neláisvę**	[pa'tʲɛktʲɪ i: nʲɛ'lʲʌɪsvʲɛ:]
campo (m) de concentração	**koncentrãcijos stovyklà** (m)	[kɔntsʲɛn'tra:tsɪjɔs stovʲi:k'lʲa]
prisioneiro (m) de guerra	**belaĩsvis** (v)	[bʲɛ'lʲʌɪsvʲɪs]
escapar (vi)	**bėgtì ìš neláisvės**	['bʲe:ktʲɪ ɪʃ ne'lʲʌɪsvʲe:s]
trair (vt)	**išdúoti**	[ɪʃ'dʊɑtʲɪ]
traidor (m)	**išdavìkas** (v)	[ɪʃda'vʲɪkas]
traição (f)	**išdavỹstė** (m)	[ɪʃda'vʲi:stʲe:]
fuzilar, executar (vt)	**sušáudyti**	[sʊ'ʃɑʊdʲi:tʲɪ]
fuzilamento (m)	**sušáudymas** (v)	[sʊ'ʃɑʊdʲi:mas]
equipamento (m)	**aprangà** (m)	[apran'ga]
platina (f)	**añtpetis** (v)	['antpʲɛtʲɪs]
máscara (f) antigás	**dujókaukė** (m)	[dʊ'jɔkɑʊkʲe:]
rádio (m)	**rãdijo stotẽlė** (m)	['ra:dʲɪjɔ sto'tʲælʲe:]
cifra (f), código (m)	**šìfras** (v)	['ʃʲɪfras]
conspiração (f)	**konspirãcija** (m)	[kɔnspʲɪ'ra:tsʲɪjɛ]
senha (f)	**slaptãžodis** (v)	[slʲap'ta:ʒodʲɪs]
mina (f)	**minà** (m)	[mʲɪ'na]
minar (vt)	**užminúoti**	[ʊʒmʲɪ'nʊɑtʲɪ]
campo (m) minado	**mìnų laũkas** (v)	['mʲɪnu: 'lʲɑʊkas]
alarme (m) aéreo	**óro pavõjus** (v)	['orɔ pa'vo:jʊs]
alarme (m)	**aliármas** (v)	[a'lʲæ:rmas]
sinal (m)	**signãlas** (v)	[sʲɪg'na:lʲas]

sinalizador (m)	**signãlinė raketà** (m)	[sʲɪg'na:lʲɪnʲe: rake'ta]
estado-maior (m)	**štãbas** (v)	['ʃta:bas]
reconhecimento (m)	**žvalgýba** (m)	[ʒvalʲ'gʲi:ba]
situação (f)	**padėtìs** (m)	[padʲe:'tʲɪs]
relatório (m)	**rãportas** (v)	['ra:portas]
emboscada (f)	**pasalà** (m)	[pasa'lʲa]
reforço (m)	**pastìprinimas** (v)	[pas'tʲɪprʲɪnʲɪmas]
alvo (m)	**taikinỹs** (v)	[tʌɪkʲɪ'nʲi:s]
campo (m) de tiro	**poligònas** (v)	[polʲɪ'gonas]
manobras (f pl)	**karìniai mókymai** (v dgs)	[ka'rʲɪnʲɛɪ 'mokʲi:mʌɪ]
pânico (m)	**pãnika** (m)	['pa:nʲɪka]
devastação (f)	**suirùtė** (m)	[sʊi'rʊtʲe:]
ruínas (f pl)	**griovìmai** (m)	[grʲo'vʲɪmas]
destruir (vt)	**griáuti**	['grʲæʊtʲɪ]
sobreviver (vi)	**išgyvénti**	[ɪʃgʲi:'vʲɛntʲɪ]
desarmar (vt)	**nuginklúoti**	[nʊgʲɪŋ'klʲʊɑtʲɪ]
manusear (vt)	**naudótis**	[nɑʊ'dotʲɪs]
Firmes!	**Ramiaĩ!**	[ra'mʲɛɪ!]
Descansar!	**Laisvaĩ!**	[lʲʌɪs'vʌɪ!]
façanha (f)	**žỹgdarbis** (v)	['ʒʲi:gdarbʲɪs]
juramento (m)	**príesaika** (m)	['prʲiɛsʌɪka]
jurar (vi)	**prisíekti**	[prʲɪ'sʲiɛktʲɪ]
condecoração (f)	**apdovanójimas** (v)	[apdova'no:jɪmas]
condecorar (vt)	**apdovanóti**	[apdova'notʲɪ]
medalha (f)	**medãlis** (v)	[mʲɛ'da:lʲɪs]
ordem (f)	**òrdinas** (v)	['ordʲɪnas]
vitória (f)	**pérgalė** (m)	['pʲɛrgalʲe:]
derrota (f)	**pralaimė́jimas** (v)	[pralʲʌɪ'mʲɛjɪmas]
armistício (m)	**paliáubos** (m dgs)	[pa'lʲæʊbos]
bandeira (f)	**vė̃liava** (m)	['vʲe:lʲæva]
glória (f)	**šlovė̃** (m)	[ʃlʲo'vʲe:]
desfile (m) militar	**parãdas** (v)	[pa'ra:das]
marchar (vi)	**žygiúoti**	[ʒʲi:'gʲʊɑtʲɪ]

186. Armas

arma (f)	**giñklas** (v)	['gʲɪŋklʲas]
arma (f) de fogo	**šaunamàsis giñklas** (v)	[ʃɑʊna'masʲɪs 'gʲɪŋklʲas]
arma (f) branca	**šaltàsis giñklas** (v)	[ʃalʲ'tasʲɪs 'gʲɪŋklʲas]
arma (f) química	**chèminis giñklas** (v)	['xʲɛmʲɪnʲɪs 'gʲɪŋklʲas]
nuclear	**branduolìnis**	[brandʊɑ'lʲɪnʲɪs]
arma (f) nuclear	**branduolìnis giñklas** (v)	[brandʊɑ'lʲɪnʲɪs 'gʲɪŋklas]
bomba (f)	**bòmba** (m)	['bomba]
bomba (f) atómica	**atòminė bòmba** (m)	[a'tomʲɪnʲe: 'bomba]

pistola (f)	**pistolètas** (v)	[pʲɪstoˈlʲɛtas]
caçadeira (f)	**šáutuvas** (v)	[ˈʃɑʊtʊvas]
pistola-metralhadora (f)	**automãtas** (v)	[ɑʊtoˈma:tas]
metralhadora (f)	**kulkósvaidis** (v)	[kʊlʲˈkosvʌɪdʲɪs]
boca (f)	**žiótys** (m dgs)	[ˈʒʲotʲi:s]
cano (m)	**vam̃zdis** (v)	[ˈvamzdʲɪs]
calibre (m)	**kalìbras** (v)	[kaˈlʲɪbras]
gatilho (m)	**gaidùkas** (v)	[gʌɪˈdʊkas]
mira (f)	**taikìklis** (v)	[tʌɪˈkʲɪklʲɪs]
carregador (m)	**dėtuvė̃** (m)	[dʲe:tʊˈvʲe:]
coronha (f)	**búožė** (m)	[ˈbʊɑʒʲe:]
granada (f) de mão	**granatà** (m)	[granaˈta]
explosivo (m)	**sprogmuõ** (v)	[ˈsprogmʊɑ]
bala (f)	**kulkà** (m)	[kʊlʲˈka]
cartucho (m)	**patrònas** (v)	[patˈronas]
carga (f)	**šovinỹs** (v)	[ʃovʲɪˈnʲi:s]
munições (f pl)	**šáudmenys** (v dgs)	[ˈʃɑʊdmʲɛnʲi:s]
bombardeiro (m)	**bombónešis** (v)	[bomˈbonʲɛʃɪs]
avião (m) de caça	**naikintùvas** (v)	[nʌɪkʲɪnˈtʊvas]
helicóptero (m)	**sraigtãsparnis** (v)	[srʌɪkˈta:sparnʲɪs]
canhão (m) antiaéreo	**zenìtinis pabū̃klas** (v)	[zʲɛˈnʲɪ:tʲɪnʲɪs i:rʲɛngʲɪˈnʲɪ:s]
tanque (m)	**tánkas** (v)	[ˈtaŋkas]
canhão (de um tanque)	**patránka** (m)	[patˈraŋka]
artilharia (f)	**artilèrija** (m)	[artʲɪˈlʲɛrʲɪjɛ]
fazer a pontaria	**nutáikyti**	[nʊˈtʌɪkʲi:tʲɪ]
obus (m)	**sviedinỹs** (v)	[svʲiɛdʲɪˈnʲi:s]
granada (f) de morteiro	**minà** (m)	[mʲɪˈna]
morteiro (m)	**minósvaidis** (v)	[mʲɪˈnosvʌɪdʲɪs]
estilhaço (m)	**skevéldra** (m)	[skʲɛˈvʲɛlʲdra]
submarino (m)	**povandenìnis laĩvas** (v)	[povandʲɛˈnʲɪnʲɪs ˈlʲʌɪvas]
torpedo (m)	**torpedà** (m)	[torpʲɛˈda]
míssil (m)	**raketà** (m)	[rakʲɛˈta]
carregar (uma arma)	**užtaisýti**	[ʊʒtʌɪˈsʲi:tʲɪ]
atirar, disparar (vi)	**šáuti**	[ˈʃɑutʲɪ]
apontar para ...	**táikytis į̃ ...**	[ˈtʌɪkʲi:tʲɪs i: ..]
baioneta (f)	**dùrtuvas** (v)	[ˈdʊrtʊvas]
espada (f)	**špagà** (m)	[ʃpaˈga]
sabre (m)	**kárdas** (v)	[ˈkardas]
lança (f)	**íetis** (m)	[ˈɪʲɛtʲɪs]
arco (m)	**lañkas** (v)	[ˈlʲaŋkas]
flecha (f)	**strėlė̃** (m)	[strʲe:ˈlʲe:]
mosquete (m)	**muškietà** (m)	[mʊʃkʲiɛˈta]
besta (f)	**arbalètas** (v)	[arbaˈlʲɛtas]

187. Povos da antiguidade

primitivo	**pirmýkštis**	[pʲɪr'mʲi:kʃtʲɪs]
pré-histórico	**priešistòrinis**	[prʲiɛʃɪ'storʲɪnʲɪs]
antigo	**senóvinis**	[sʲɛ'novʲɪnʲɪs]
Idade (f) da Pedra	**Akmeñs ámžius** (v)	[ak'mʲɛns 'amʒʲʊs]
Idade (f) do Bronze	**Žálvario ámžius** (v)	['ʒalʲvarʲɔ 'amʒʲʊs]
período (m) glacial	**ledýnmetis** (v)	[lʲɛ'dʲi:nmʲɛtʲɪs]
tribo (f)	**gentìs** (m)	[gʲɛn'tʲɪs]
canibal (m)	**žmogė́dra** (m)	[ʒmo'gʲe:dra]
caçador (m)	**medžiótojas** (v)	[mʲɛ'dʒʲoto:jɛs]
caçar (vi)	**medžióti**	[mʲɛ'dʒʲotʲɪ]
mamute (m)	**mamùtas** (v)	[ma'mʊtas]
caverna (f)	**ùrvas** (v)	['ʊrvas]
fogo (m)	**ugnìs** (v)	[ʊg'nʲɪs]
fogueira (f)	**láužas** (v)	['lʲɑʊʒas]
pintura (f) rupestre	**piešinỹs añt olõs síenos** (v)	[pʲiɛʃɪ'nʲi:s ant o'lʲo:s 'sʲiɛnos]
ferramenta (f)	**dárbo į́rankis** (v)	['darbɔ 'i:raŋkʲɪs]
lança (f)	**íetis** (m)	['ɪɛtʲɪs]
machado (m) de pedra	**akmenìnis kir̃vis** (v)	[akmʲɛ'nʲɪnʲɪs 'kʲɪrvʲɪs]
guerrear (vt)	**kariáuti**	[ka'rʲæʊtʲɪ]
domesticar (vt)	**prijaukìnti**	[prʲɪjɛʊ'kʲɪntʲɪ]
ídolo (m)	**stãbas** (v)	['sta:bas]
adorar, venerar (vt)	**gárbinti**	['garbʲɪntʲɪ]
superstição (f)	**príetaras** (v)	['prʲiɛtaras]
evolução (f)	**evoliùcija** (m)	[ɛvo'lʲʊtsʲɪjɛ]
desenvolvimento (m)	**výstymasis** (v)	['vʲi:stʲi:masʲɪs]
desaparecimento (m)	**išnykìmas** (v)	[ɪʃnʲi:'kʲɪmas]
adaptar-se (vr)	**prisitáikyti**	[prʲɪsʲɪ'tʌɪkʲi:tʲɪ]
arqueologia (f)	**archeològija** (m)	[arxʲɛo'lʲogʲɪjɛ]
arqueólogo (m)	**archeològas** (v)	[arxʲɛo'lʲogas]
arqueológico	**archeològinis**	[arxʲɛo'lʲogʲɪnʲɪs]
local (m) das escavações	**kasinė́jimai** (m dgs)	[kasʲɪ'nʲɛjɪmʌɪ]
escavações (f pl)	**kasinė́jimai** (m dgs)	[kasʲɪ'nʲɛjɪmʌɪ]
achado (m)	**radinỹs** (v)	[radʲɪ'nʲi:s]
fragmento (m)	**fragmeñtas** (v)	[frag'mʲɛntas]

188. Idade média

povo (m)	**tautà** (m)	[tɑʊ'ta]
povos (m pl)	**tautõs** (m dgs)	[tɑʊ'to:s]
tribo (f)	**gentìs** (m)	[gʲɛn'tʲɪs]
tribos (f pl)	**geñtys** (m dgs)	['gʲɛntʲi:s]
bárbaros (m pl)	**bárbarai** (v dgs)	['barbarʌɪ]
gauleses (m pl)	**gãlai** (v dgs)	['ga:lʲʌɪ]

godos (m pl)	**gòtai** (v dgs)	['gotʌɪ]
eslavos (m pl)	**slãvai** (m dgs)	['slʲa:vʌɪ]
víquingues (m pl)	**vìkingai** (v)	['vʲɪkʲɪngʌɪ]
romanos (m pl)	**roménas** (v)	[ro'mʲe:nas]
romano	**roméniškas**	[ro'mʲe:nʲɪʃkas]
bizantinos (m pl)	**bizantiẽčiai** (v dgs)	[bʲɪzan'tʲɛtʂʲɛɪ]
Bizâncio	**Bizántija** (m)	[bʲɪ'zantʲɪjɛ]
bizantino	**bizántiškas**	[bʲɪ'zantʲɪʃkas]
imperador (m)	**imperãtorius** (v)	[ɪmpʲɛ'ra:torʲʊs]
líder (m)	**vãdas** (v)	['va:das]
poderoso	**galìngas**	[ga'lʲɪngas]
rei (m)	**karãlius** (v)	[ka'ra:lʲʊs]
governante (m)	**valdõvas** (v)	[valʲ'do:vas]
cavaleiro (m)	**rìteris** (v)	['rʲɪtʲɛrʲɪs]
senhor feudal (m)	**feodãlas** (v)	[fʲɛo'da:lʲas]
feudal	**feodãlinis**	[fʲɛo'da:lʲɪnʲɪs]
vassalo (m)	**vasãlas** (v)	[va'sa:lʲas]
duque (m)	**hèrcogas** (v)	['ɣʲɛrtsogas]
conde (m)	**grãfas** (v)	['gra:fas]
barão (m)	**barõnas** (v)	[ba'ro:nas]
bispo (m)	**výskupas** (v)	['vʲi:skʊpas]
armadura (f)	**šarvuõtė** (m)	[ʃar'vʊɑtʲe:]
escudo (m)	**skỹdas** (v)	['skʲi:das]
espada (f)	**kárdas** (v)	['kardas]
viseira (f)	**añtveidis** (v)	['antvʲɛɪdʲɪs]
cota (f) de malha	**šarvìniai marškiniaĩ** (v dgs)	[ʃar'vʲɪnʲɛɪ marʃkʲɪ'nʲɛɪ]
cruzada (f)	**krỹžiaus žỹgis** (v)	['krʲi:ʒʲɛʊs 'ʒʲi:gʲɪs]
cruzado (m)	**kryžiuõtis** (v)	[krʲi:ʒʲʊ'o:tʲɪs]
território (m)	**teritòrija** (m)	[tʲɛrʲɪ'torʲɪjɛ]
atacar (vt)	**pùlti**	['pʊlʲtʲɪ]
conquistar (vt)	**užkariáuti**	[ʊʒka'rʲæʊtʲɪ]
ocupar, invadir (vt)	**užgróbti**	[ʊʒ'groptʲɪ]
assédio, sítio (m)	**apgulà** (m)	[apgʊ'lʲa]
sitiado	**àpgultas**	['apgʊlʲtas]
assediar, sitiar (vt)	**apgul̃ti**	[ap'gʊlʲtʲɪ]
inquisição (f)	**inkvizìcija** (m)	[ɪŋkvʲɪ'zʲɪtsʲɪjɛ]
inquisidor (m)	**inkvizìtorius** (v)	[ɪŋkvʲɪ'zʲɪtorʲʊs]
tortura (f)	**kankìnimas** (v)	[kaŋ'kʲɪnʲɪmas]
cruel	**žiaurùs**	[ʒʲɛʊ'rʊs]
herege (m)	**erètikas** (v)	[ɛ'rʲɛtʲɪkas]
heresia (f)	**erèzija** (m)	[ɛ'rʲɛzʲɪjɛ]
navegação (f) marítima	**navigãcija** (m)	[navʲɪ'ga:tsʲɪjɛ]
pirata (m)	**pirãtas** (v)	[pʲɪ'ra:tas]
pirataria (f)	**piratãvimas** (v)	[pʲɪra'ta:vʲɪmas]
abordagem (f)	**abordãžas** (v)	[abor'daʒas]

presa (f), butim (m)	**grõbis** (v)	['gro:bʲɪs]
tesouros (m pl)	**lõbis** (v)	['lʲo:bʲɪs]
descobrimento (m)	**atradìmas** (v)	[atra'dʲɪmas]
descobrir (novas terras)	**atràsti**	[at'rastʲɪ]
expedição (f)	**ekspedìcija** (m)	[ɛkspʲɛ'dʲɪtsʲɪjɛ]
mosqueteiro (m)	**muškiẽtininkas** (v)	[mʊʃ'kʲɛtʲɪnʲɪŋkas]
cardeal (m)	**kardinõlas** (v)	[kardʲɪ'no:lʲas]
heráldica (f)	**heráldika** (m)	[ɣʲɛ'ralʲdʲɪka]
heráldico	**heráldikos**	[ɣʲɛ'ralʲdʲɪkos]

189. Líder. Chefe. Autoridades

rei (m)	**karãlius** (v)	[ka'ra:lʲʊs]
rainha (f)	**karalíenė** (m)	[kara'lʲiɛnʲe:]
real	**karãliškas**	[ka'ra:lʲɪʃkas]
reino (m)	**karalýstė** (m)	[kara'lʲi:stʲe:]
príncipe (m)	**prìncas** (v)	['prʲɪntsas]
princesa (f)	**princèsė** (m)	[prʲɪn'tsʲɛsʲe:]
presidente (m)	**prezideñtas** (v)	[prʲɛzʲɪ'dʲɛntas]
vice-presidente (m)	**viceprezideñtas** (v)	[vʲɪtsʲɛprʲɛzʲɪ'dʲɛntas]
senador (m)	**senãtorius** (v)	[sʲɛ'na:torʲʊs]
monarca (m)	**monárchas** (v)	[mo'narxas]
governante (m)	**valdõvas** (v)	[valʲ'do:vas]
ditador (m)	**diktãtorius** (v)	[dʲɪk'ta:torʲʊs]
tirano (m)	**tirõnas** (v)	[tʲɪ'ro:nas]
magnata (m)	**magnãtas** (v)	[mag'na:tas]
diretor (m)	**dirèktorius** (v)	[dʲɪ'rʲɛktorʲʊs]
chefe (m)	**šèfas** (v)	['ʃɛfas]
dirigente (m)	**valdýtojas** (v)	[valʲ'dʲi:to:jɛs]
patrão (m)	**bõsas** (v)	['bo:sas]
dono (m)	**saviniñkas** (v)	[savʲɪ'nʲɪŋkas]
líder, chefe (m)	**vãdas** (v)	['va:das]
chefe (~ de delegação)	**vadõvas** (v)	[va'do:vas]
autoridades (f pl)	**valdžiõs òrganai** (v dgs)	[valʲ'dʒʲo:s 'organʌɪ]
superiores (m pl)	**vadovýbė** (m)	[vado'vʲi:bʲe:]
governador (m)	**gubernãtorius** (v)	[gʊbʲɛr'na:torʲʊs]
cônsul (m)	**kònsulas** (v)	['konsʊlʲas]
diplomata (m)	**diplomãtas** (v)	[dʲɪplʲo'ma:tas]
Presidente (m) da Câmara	**mèras** (v)	['mʲɛras]
xerife (m)	**šerìfas** (v)	[ʃʲɛrʲɪfas]
imperador (m)	**imperãtorius** (v)	[ɪmpʲɛ'ra:torʲʊs]
czar (m)	**cãras** (v)	['tsa:ras]
faraó (m)	**faraònas** (v)	[fara'onas]
cã (m)	**chãnas** (v)	['xa:nas]

190. Estrada. Caminho. Direções

estrada (f)	**kẽlias** (v)	['kʲælʲæs]
caminho (m)	**kẽlias** (v)	['kʲælʲæs]
rodovia (f)	**pleńtas** (v)	['plʲɛntas]
autoestrada (f)	**automagistrãlė** (m)	[ɑʊtomagʲɪs'tra:lʲe:]
estrada (f) nacional	**nacionãlinis kẽlias** (v)	[natsʲɪjɔ'na:lʲɪnʲɪs 'kʲælʲæs]
estrada (f) principal	**pagrindìnis kẽlias** (v)	[pagrʲɪn'dʲɪnʲɪs 'kʲælʲæs]
caminho (m) de terra batida	**káimo kẽlias** (v)	['kʌɪmɔ 'kʲælʲæs]
trilha (f)	**tãkas** (v)	[ta:kas]
vereda (f)	**takẽlis** (v)	[ta'kʲælʲɪs]
Onde?	**Kur̃?**	['kʊr?]
Para onde?	**Kur̃?**	['kʊr?]
De onde?	**Ìš kur̃?**	[ɪʃ 'kʊr?]
direção (f)	**kryptìs** (m)	[krʲi:p'tʲɪs]
indicar (orientar)	**paródyti**	[pa'rodʲi:tʲɪ]
para esquerda	**į kaĩrę**	[i: 'kʌɪrʲɛ:]
para direita	**į dẽšinę**	[i: 'dʲæʃɪnʲɛ:]
em frente	**tiẽsiai**	['tʲɛsʲɛɪ]
para trás	**atgal̃**	[at'galʲ]
curva (f)	**pósūkis** (v)	['posu:kʲɪs]
virar (ex. ~ à direita)	**sùkti**	['sʊktʲɪ]
dar retorno	**apsisùkti**	[apsʲɪ'sʊktʲɪ]
estar visível	**matýtis**	[ma'tʲi:tʲɪs]
aparecer (vi)	**pasiródyti**	[pasʲɪ'rodʲi:tʲɪ]
paragem (pausa)	**sustojìmas** (v)	[sʊsto'jɪmas]
descansar (vi)	**pailséti**	[pʌɪlʲ'sʲe:tʲɪ]
descanso (m)	**póilsis** (m)	['poɪlʲsʲɪs]
perder-se (vr)	**pasiklýsti**	[pasʲɪ'klʲi:stʲɪ]
conduzir (caminho)	**vèsti priẽ ...**	['vʲɛstʲɪ 'prʲɛ ...]
chegar a ...	**išeĩti priẽ ...**	[ɪ'ʃɛɪtʲɪ 'prʲɛ ...]
trecho (m)	**atkarpà** (m)	[atkar'pa]
asfalto (m)	**asfáltas** (v)	[as'falʲtas]
lancil (m)	**bordiū̃ras** (v)	[bor'dʲu:ras]
valeta (f)	**griovỹs** (v)	[grʲo'vʲi:s]
tampa (f) de esgoto	**liùkas** (v)	['lʲʊkas]
berma (f) da estrada	**šalìkelė** (m)	[ʃa'lʲɪkelʲe:]
buraco (m)	**duobė̃** (m)	[dʊɑ'bʲe:]
ir (a pé)	**eĩti**	['ɛɪtʲɪ]
ultrapassar (vt)	**apleñkti**	[ap'lʲɛŋktʲɪ]
passo (m)	**žiñgsnis** (v)	['ʒɪŋgsnʲɪs]
a pé	**pėsčiomìs**	[pʲe:stʂʲo'mʲɪs]

bloquear (vt) **pérverti** ['pʲɛrvʲɛrtʲɪ]
cancela (f) **ùžkardas** (v) ['ʊʒkardas]
beco (m) sem saída **aklãgatvis** (v) [ak'lʲa:gatvʲɪs]

191. Viloação da lei. Criminosos. Parte 1

bandido (m) **bandìtas** (v) [ban'dʲɪtas]
crime (m) **nusikaltìmas** (v) [nʊsʲɪkalʲ'tʲɪmas]
criminoso (m) **nusikal̃tėlis** (v) [nʊsʲɪ'kaltʲe:lʲɪs]

ladrão (m) **vagìs** (v) [va'gʲɪs]
roubar (vt) **võgti** ['vo:ktʲɪ]
furto, roubo (m) **vagỹstė** (m) [va'gʲi:stʲe:]

raptar (ex. ~ uma criança) **pagróbti** [pag'roptʲɪ]
rapto (m) **pagrobė́jas** (v) [pagro'bʲe:jas]
raptor (m) **pagrobìmas** (v) [pagro'bʲɪmas]

resgate (m) **ìšpirka** (m) ['ɪʃpʲɪrka]
pedir resgate **reikaláuti ìšpirkos** [rʲɛɪka'lʲɑʊtʲɪ 'ɪʃpʲɪrkos]

roubar (vt) **plėšikáuti** [plʲe:ʃɪ'kɑʊtʲɪ]
assalto, roubo (m) **apiplė́šimas** (v) [apʲɪ'plʲe:ʃɪmas]
assaltante (m) **plėšìkas** (v) [plʲe:'ʃɪkas]

extorquir (vt) **prievartáuti** [prʲiɛvar'tɑʊtʲɪ]
extorsionário (m) **prievartáutojas** (v) [prʲiɛvar'tɑʊto:jɛs]
extorsão (f) **prievartãvimas** (v) [prʲiɛvar'ta:vʲɪmas]

matar, assassinar (vt) **nužudýti** [nʊʒʊ'dʲi:tʲɪ]
homicídio (m) **nužùdymas** (v) [nʊ'ʒʊdʲi:mas]
homicida, assassino (m) **žudìkas** (v) [ʒʊ'dʲɪkas]

tiro (m) **šũvis** (v) ['ʃu:vʲɪs]
dar um tiro **iššáuti** [ɪʃ'ʃɑʊtʲɪ]
matar a tiro **nušáuti** [nʊ'ʃɑʊtʲɪ]
atirar, disparar (vi) **šáudyti** ['ʃɑʊdʲi:tʲɪ]
tiroteio (m) **šáudymas** (v) ['ʃɑʊdʲi:mas]

incidente (m) **į́vykis** (v) ['i:vʲɪ:kʲɪs]
briga (~ de rua) **muštỹnės** (m dgs) [mʊʃ'tʲi:nʲe:s]
Socorro! **Gélbėkit!** ['gʲɛlʲbʲe:kʲɪt!]
vítima (f) **aukà** (m) [ɑʊ'ka]

danificar (vt) **sugadìnti** [sʊga'dʲɪntʲɪ]
dano (m) **núostolis** (v) ['nʊɑstolʲɪs]
cadáver (m) **lavónas** (v) [lʲa'vonas]
grave **sunkùs** [sʊŋ'kʊs]

atacar (vt) **užpùlti** [ʊʒ'pʊlʲtʲɪ]
bater (espancar) **mùšti** ['mʊʃtʲɪ]
espancar (vt) **sumùšti** [sʊ'mʊʃtʲɪ]
tirar, roubar (dinheiro) **atim̃ti** [a'tʲɪmtʲɪ]
esfaquear (vt) **papjáuti** [pa'pjɑʊtʲɪ]

mutilar (vt)	**sužalóti**	[sʊʒa'lʲotʲɪ]
ferir (vt)	**sužalóti**	[sʊʒa'lʲotʲɪ]
chantagem (f)	**šantãžas** (v)	[ʃan'ta:ʒas]
chantagear (vt)	**šantažúoti**	[ʃanta'ʒʊɑtʲɪ]
chantagista (m)	**šantažúotojas** (v)	[ʃanta'ʒʊɑto:jɛs]
extorsão (em troca de proteção)	**rèketas** (v)	['rʲɛkʲɛtas]
extorsionário (m)	**reketúotojas** (v)	[rʲɛkʲɛ'tʊɑto:jɛs]
gângster (m)	**gángsteris** (v)	['gangstʲɛrʲɪs]
máfia (f)	**mãfija** (m)	['ma:fʲɪjɛ]
carteirista (m)	**kišénvagis** (v)	[kʲɪ'ʃɛnvagʲɪs]
assaltante, ladrão (m)	**įsilaužė̃lis** (v)	[i:sʲɪlɑʊ'ʒʲe:lʲɪs]
contrabando (m)	**kontrabánda** (m)	[kɔntra'banda]
contrabandista (m)	**kontrabándininkas** (v)	[kɔntra'bandʲɪnʲɪŋkas]
falsificação (f)	**klastõtė** (m)	[klʲas'to:tʲe:]
falsificar (vt)	**klastóti**	[klʲas'totʲɪ]
falsificado	**klastõtė**	[klʲas'to:tʲe:]

192. Viloação da lei. Criminosos. Parte 2

violação (f)	**išprievartãvimas** (v)	[ɪʃprʲiɛvar'ta:vʲɪmas]
violar (vt)	**išprievartáuti**	[ɪʃprʲiɛvar'tɑʊtʲɪ]
violador (m)	**prievartáutojas** (v)	[prʲiɛvar'tɑʊto:jɛs]
maníaco (m)	**maniãkas** (v)	[manʲɪ'jakas]
prostituta (f)	**prostitùtė** (m)	[prostʲɪ'tʊtʲe:]
prostituição (f)	**prostitùcija** (m)	[prostʲɪ'tʊtsʲɪjɛ]
chulo (m)	**sutèneris** (v)	[sʊ'tʲɛnʲɛrʲɪs]
toxicodependente (m)	**narkomãnas** (v)	[narko'ma:nas]
traficante (m)	**prekiáutojas narkòtikais** (v)	[prʲɛ'kʲæʊto:jɛs nar'kotʲɪkʌɪs]
explodir (vt)	**susprogdìnti**	[sʊsprog'dʲɪntʲɪ]
explosão (f)	**sprogìmas** (v)	[spro'gʲɪmas]
incendiar (vt)	**padègti**	[pa'dʲɛktʲɪ]
incendiário (m)	**padegéjas** (v)	[padʲɛ'gʲe:jas]
terrorismo (m)	**terorìzmas** (v)	[tʲɛro'rʲɪzmas]
terrorista (m)	**terorìstas** (v)	[tʲɛro'rʲɪstas]
refém (m)	**į́kaitas** (v)	['i:kʌɪtas]
enganar (vt)	**apgáuti**	[ap'gɑʊtʲɪ]
engano (m)	**apgavỹstė** (m)	[apga'vʲi:stʲe:]
vigarista (m)	**sùkčius** (v)	['sʊktʂʲʊs]
subornar (vt)	**papírkti**	[pa'pʲɪrktʲɪ]
suborno (atividade)	**papirkìmas** (v)	[papʲɪr'kʲɪmas]
suborno (dinheiro)	**kỹšis** (v)	['kʲi:ʃɪs]
veneno (m)	**nuõdas** (v)	['nʊɑdas]
envenenar (vt)	**nunuõdyti**	[nʊ'nʊɑdʲi:tʲɪ]

envenenar-se (vr)	**nusinuõdyti**	[nʊsʲɪnʊɑdʲiːtʲɪ]
suicídio (m)	**savižudýbė** (m)	[savʲɪʒʊ'dʲiːbʲeː]
suicida (m)	**savìžudis** (v)	[sa'vʲɪʒʊdʲɪs]
ameaçar (vt)	**grasìnti**	[gra'sʲɪntʲɪ]
ameaça (f)	**grasìnimas** (v)	[gra'sʲɪnʲɪmas]
atentar contra a vida de ...	**kėsìntis**	[kʲeː'sʲɪntʲɪs]
atentado (m)	**pasikėsìnimas** (v)	[pasʲɪkʲeː'sʲɪnʲɪmas]
roubar (o carro)	**nuvarýti**	[nʊva'rʲiːtʲɪ]
desviar (o avião)	**nuvarýti**	[nʊva'rʲiːtʲɪ]
vingança (f)	**ker̃štas** (v)	['kʲɛrʃtas]
vingar (vt)	**ker̃šyti**	['kʲɛrʃɪːtʲɪ]
torturar (vt)	**kankìnti**	[kaŋ'kʲɪntʲɪ]
tortura (f)	**kankìnimas** (v)	[kaŋ'kʲɪnʲɪmas]
atormentar (vt)	**kankìnti**	[kaŋ'kʲɪntʲɪ]
pirata (m)	**pirãtas** (v)	[pʲɪ'raːtas]
desordeiro (m)	**chuligãnas** (v)	[xʊlʲɪ'gaːnas]
armado	**ginklúotas**	[gʲɪŋk'lʲʊɑtas]
violência (f)	**príevarta** (m)	['prʲiɛvarta]
espionagem (f)	**špionãžas** (v)	[ʃpʲo'naːʒas]
espionar (vi)	**šnipinéti**	[ʃnʲɪpʲɪ'nʲeːtʲɪ]

193. Polícia. Lei. Parte 1

justiça (f)	**teĩsmas** (v)	['tʲɛɪsmas]
tribunal (m)	**teĩsmas** (v)	['tʲɛɪsmas]
juiz (m)	**teiséjas** (v)	[tʲɛɪ'sʲeːjas]
jurados (m pl)	**prisíekusieji** (v)	[prʲɪ'sʲiɛkʊsʲiɛji]
tribunal (m) do júri	**prisíekusiųjų tẽismas** (v)	[prʲɪ'sʲiɛkʊsʲuːjuː 'tʲɛɪsmas]
julgar (vt)	**tẽisti**	['tʲɛɪstʲɪ]
advogado (m)	**advokãtas** (v)	[advo'kaːtas]
réu (m)	**teisiamàsis** (v)	[tʲɛɪsʲæ'masʲɪs]
banco (m) dos réus	**teisiamų̃jų súolas** (v)	[tʲɛɪsʲæ'muːjuː 'sʊɑlʲas]
acusação (f)	**káltinimai** (v)	['kalʲtʲɪnʲɪmʌɪ]
acusado (m)	**káltinamasis** (v)	['kalʲtʲɪnamasʲɪs]
sentença (f)	**núosprendis** (v)	['nʊɑsprʲɛndʲɪs]
sentenciar (vt)	**nutẽisti**	[nʊ'tʲɛɪstʲɪ]
culpado (m)	**kaltiniñkas** (v)	[kalʲtʲɪ'nʲɪŋkas]
punir (vt)	**nubaũsti**	[nʊ'baʊstʲɪ]
punição (f)	**bausmẽ** (m)	[baʊs'mʲeː]
multa (f)	**baudà** (m)	[baʊ'da]
prisão (f) perpétua	**kaléjimas ikì gyvõs galvõs** (v)	[ka'lʲɛjɪmas ikʲɪ gʲiː'voːs galʲ'voːs]

pena (f) de morte	**mirtiẽs bausmė̃** (m)	[mʲɪr'tʲɛs bɑʊs'mʲe:]
cadeira (f) elétrica	**elèktros kėdė̃** (m)	[e'lʲɛktros kʲe:'dʲe:]
forca (f)	**kártuvės** (m dgs)	['kartʊvʲe:s]
executar (vt)	**baũsti mirtimì**	['bɑʊstʲɪ mʲɪrtʲɪ'mʲɪ]
execução (f)	**baudìmas mirtimì** (v)	[bɑʊ'dʲɪmas mʲɪrtʲɪ'mʲɪ]
prisão (f)	**kalė́jimas** (v)	[ka'lʲɛjɪmas]
cela (f) de prisão	**kãmera** (m)	['ka:mʲɛra]
escolta (f)	**konvòjus** (v)	[kɔn'vojʊs]
guarda (m) prisional	**prižiūrė́tojas** (v)	[prʲɪʒʲu:'rʲe:to:jɛs]
preso (m)	**kalinỹs** (v)	[kalʲɪ'nʲi:s]
algemas (f pl)	**añtrankiai** (v dgs)	['añtrakʲɛɪ]
algemar (vt)	**uždė́ti añtrankius**	[ʊʒ'dʲe:tʲɪ 'añtraŋkʲʊs]
fuga, evasão (f)	**pabėgìmas** (v)	[pabʲe:'gʲɪmas]
fugir (vi)	**pabė́gti**	[pa'bʲe:ktʲɪ]
desaparecer (vi)	**diñgti**	['dʲɪŋktʲɪ]
soltar, libertar (vt)	**paléisti**	[pa'lʲɛɪstʲɪ]
amnistia (f)	**amnèstija** (m)	[am'nʲɛstʲɪjɛ]
polícia (instituição)	**polìcija** (m)	[po'lʲɪtsʲɪjɛ]
polícia (m)	**polìcininkas** (v)	[po'lʲɪtsʲɪnʲɪŋkas]
esquadra (f) de polícia	**polìcijos núovada** (m)	[po'lʲɪtsʲɪjɔs 'nʊɑvada]
cassetete (m)	**gumìnis pagalỹs** (v)	[gʊ'mʲɪnʲɪs paga'lʲi:s]
megafone (m)	**garsiãkalbis** (v)	[gar'sʲækalʲbʲɪs]
carro (m) de patrulha	**patrùlio mašinà** (m)	[pat'rʊlʲɔ maʃɪ'na]
sirene (f)	**sirenà** (m)	[sʲɪrʲɛ'na]
ligar a sirene	**įjùngti sirèną**	[i:'jʊŋktʲɪ sʲɪ'rʲɛna:]
toque (m) da sirene	**sirènos kaukìmas** (v)	[sʲɪ'rʲɛnos kɑʊ'kʲɪmas]
cena (f) do crime	**į́vykio vietà** (m)	['i:vʲɪ:kʲɔ vʲiɛ'ta]
testemunha (f)	**liùdininkas** (v)	['lʲʊdʲɪnʲɪŋkas]
liberdade (f)	**láisvė** (m)	['lʲʌɪsvʲe:]
cúmplice (m)	**beñdrininkas** (v)	['bʲɛndrʲɪnʲɪŋkas]
escapar (vi)	**pasislė̃pti**	[pasʲɪ'slʲe:ptʲɪ]
traço (não deixar ~s)	**pė́dsakas** (v)	['pʲe:dsakas]

194. Polícia. Lei. Parte 2

procura (f)	**paieškà** (m)	[paʲiɛʃ'ka]
procurar (vt)	**ieškóti**	[ɪɛʃ'kotʲɪ]
suspeita (f)	**įtarìmas** (v)	[i:ta'rʲɪ:mas]
suspeito	**įtar̃tinas**	[i:'tartʲɪnas]
parar (vt)	**sustabdýti**	[sʊstab'dʲi:tʲɪ]
deter (vt)	**sulaikýti**	[sʊlʲʌɪ'kʲi:tʲɪ]
caso (criminal)	**bylà** (m)	[bʲi:'lʲa]
investigação (f)	**tyrìmas** (v)	[tʲi:'rʲɪmas]
detetive (m)	**detektỹvas** (v)	[dʲɛtʲɛk'tʲi:vas]
investigador (m)	**tyrė́jas** (v)	[tʲi:'rʲe:jas]

versão (f) — **vèrsija** (m) — [ˈvʲɛrsʲɪjɛ]
motivo (m) — **motỹvas** (v) — [moˈtʲiːvas]
interrogatório (m) — **apklausà** (m) — [apklʲɑʊˈsa]
interrogar (vt) — **apkláusti** — [apˈklʲɑʊstʲɪ]
questionar (vt) — **apkláusti** — [apˈklʲɑʊstʲɪ]
verificação (f) — **patìkrinimas** (v) — [paˈtʲɪkrʲɪnʲɪmas]

batida (f) policial — **gaudỹnės** (m dgs) — [gɑʊˈdʲiːnʲeːs]
busca (f) — **kratà** (m) — [kraˈta]
perseguição (f) — **vijìmasis** (v) — [vʲɪˈjɪmasʲɪs]
perseguir (vt) — **sèkti** — [ˈsʲɛktʲɪ]
seguir (vt) — **sèkti** — [ˈsʲɛktʲɪ]

prisão (f) — **ãreštas** (v) — [ˈaːrʲɛʃtas]
prender (vt) — **areštúoti** — [arʲɛʃˈtʊɑtʲɪ]
pegar, capturar (vt) — **pagáuti** — [paˈgɑʊtʲɪ]
captura (f) — **pagavìmas** (v) — [pagaˈvʲɪmas]

documento (m) — **dokumeñtas** (v) — [dokʊˈmʲɛntas]
prova (f) — **įródymas** (v) — [iːˈrodʲɪːmas]
provar (vt) — **įródyti** — [iːˈrodʲɪːtʲɪ]
pegada (f) — **pė́dsakas** (v) — [ˈpʲeːdsakas]
impressões (f pl) digitais — **piřštų añtspaudai** (v dgs) — [ˈpʲɪrʃtuː ˈantspɑʊdʌɪ]
prova (f) — **į́kaltis** (v) — [ˈiːkalʲtʲɪs]

álibi (m) — **ãlibi** (v) — [ˈaːlʲɪbʲɪ]
inocente — **nekáltas** — [nʲɛˈkalʲtas]
injustiça (f) — **neteisingùmas** (v) — [nʲɛtʲɛɪsʲɪnˈgʊmas]
injusto — **neteisìngas** — [nʲɛtʲɛɪˈsʲɪngas]

criminal — **kriminãlinis** — [krʲɪmʲɪˈnaːlʲɪnʲɪs]
confiscar (vt) — **konfiskúoti** — [kɔnfʲɪsˈkʊɑtʲɪ]
droga (f) — **narkòtikas** (v) — [narˈkotʲɪkas]
arma (f) — **giñklas** (v) — [ˈgʲɪŋklʲas]
desarmar (vt) — **nuginklúoti** — [nʊgʲɪŋˈklʲʊɑtʲɪ]
ordenar (vt) — **įsakinė́ti** — [iːsakʲɪˈnʲeːtʲɪ]
desaparecer (vi) — **diñgti** — [ˈdʲɪŋktʲɪ]

lei (f) — **įstãtymas** (v) — [iːˈstaːtiːmas]
legal — **teisė́tas** — [tʲɛɪˈsʲeːtas]
ilegal — **neteisė́tas** — [nʲɛtʲɛɪˈsʲeːtas]

responsabilidade (f) — **atsakomýbė** (m) — [atsakoˈmʲiːbʲeː]
responsável — **atsakìngas** — [atsaˈkʲɪngas]

NATUREZA

A Terra. Parte 1

195. Espaço sideral

cosmos (m)	**kòsmosas** (v)	['kosmosas]
cósmico	**kòsminis**	['kosmʲɪnʲɪs]
espaço (m) cósmico	**kòsminė erdvė̃** (m)	['kosmʲɪnʲe: ɛrd'vʲe:]
mundo (m)	**visatà** (m)	[vʲɪsa'ta]
universo (m)	**pasáulis** (v)	[pa'sɑʊlʲɪs]
galáxia (f)	**galãktika** (m)	[ga'lʲa:ktʲɪka]
estrela (f)	**žvaigždė̃** (m)	[ʒvʌɪg'ʒdʲe:]
constelação (f)	**žvaigždýnas** (v)	[ʒvʌɪgʒ'dʲi:nas]
planeta (m)	**planetà** (m)	[plʲanʲɛ'ta]
satélite (m)	**palydõvas** (v)	[palʲi:'do:vas]
meteorito (m)	**meteorìtas** (v)	[mʲɛtʲɛo'rʲɪtas]
cometa (m)	**kometà** (m)	[kɔmʲɛ'ta]
asteroide (m)	**asteròidas** (v)	[astʲɛ'roɪdas]
órbita (f)	**orbità** (m)	[orbʲɪ'ta]
girar (vi)	**sùktis**	['sʊktʲɪs]
atmosfera (f)	**atmosferà** (m)	[atmosfʲɛ'ra]
Sol (m)	**Sáulė** (m)	['sɑʊlʲe:]
Sistema (m) Solar	**Sáulės sistemà** (m)	['sɑʊlʲe:s sʲɪste'ma]
eclipse (m) solar	**Sáulės užtemìmas** (v)	['sɑʊlʲe:s ʊʒtʲɛ'mʲɪmas]
Terra (f)	**Žẽmė** (m)	['ʒʲæmʲe:]
Lua (f)	**Mėnùlis** (v)	[mʲe:'nʊlʲɪs]
Marte (m)	**Mársas** (v)	['marsas]
Vénus (f)	**Venerà** (m)	[vʲɛnʲɛ'ra]
Júpiter (m)	**Jupìteris** (v)	[jʊ'pʲɪtʲɛrʲɪs]
Saturno (m)	**Satùrnas** (v)	[sa'tʊrnas]
Mercúrio (m)	**Merkùrijus** (v)	[mʲɛr'kʊrʲɪjʊs]
Urano (m)	**Urãnas** (v)	[ʊ'ra:nas]
Neptuno (m)	**Neptū̃nas** (v)	[nʲɛp'tu:nas]
Plutão (m)	**Plutònas** (v)	[plʲʊ'tonas]
Via Láctea (f)	**Paũkščių Tãkas** (v)	['pɑʊkʃtʂʲu: 'ta:kas]
Ursa Maior (f)	**Didíeji Grį̃žulo Rãtai** (v dgs)	[dʲɪ'dʲiɛjɪ 'grʲɪ:ʒʊlʲɔ 'ra:tʌɪ]
Estrela Polar (f)	**Šiaurìnė žvaigždė̃** (m)	[ʃɛʊ'rʲɪnʲe: ʒvʌɪg'ʒdʲe:]
marciano (m)	**marsiẽtis** (v)	[mar'sʲɛtʲɪs]
extraterrestre (m)	**ateĩvis** (v)	[a'tʲɛɪvʲɪs]

alienígena (m)	**atei̇̃vis** (v)	[a'tʲɛɪvʲɪs]
disco (m) voador	**skraĩdanti lėkštė̃** (m)	['skrʌɪdantʲɪ lʲe:kʃtʲe:]
nave (f) espacial	**kòsminis laĩvas** (v)	['kosmʲɪnʲɪs 'lʲʌɪvas]
estação (f) orbital	**orbìtos stotìs** (m)	[or'bʲɪtos sto'tʲɪs]
lançamento (m)	**stártas** (v)	['startas]
motor (m)	**varìklis** (v)	[va'rʲɪklʲɪs]
bocal (m)	**tūtà** (m)	[tu:'ta]
combustível (m)	**kùras** (v)	['kʊras]
cabine (f)	**kabinà** (m)	[kabʲɪ'na]
antena (f)	**antenà** (m)	[antʲɛ'na]
vigia (f)	**iliumināˇtorius** (v)	[ɪlʲʊmʲɪ'na:torʲʊs]
bateria (f) solar	**sáulės batèrija** (m)	['sɑʊlʲe:s ba'tʲɛrʲɪjɛ]
traje (m) espacial	**skafándras** (v)	[ska'fandras]
imponderabilidade (f)	**nesvarùmas** (v)	[nʲɛsva'rumas]
oxigénio (m)	**deguõnis** (v)	[dʲɛ'gʊɑnʲɪs]
acoplagem (f)	**susijungìmas** (v)	[sʊsʲɪjʊn'gʲɪmas]
fazer uma acoplagem	**susijùngti**	[sʊsʲɪ'jʊŋktʲɪ]
observatório (m)	**observatòrija** (m)	[obsʲɛrva'torʲɪjɛ]
telescópio (m)	**teleskòpas** (v)	[tʲɛlʲɛ'skopas]
observar (vt)	**stebéti**	[ste'bʲe:tʲɪ]
explorar (vt)	**tyrinéti**	[tʲi:rʲɪ'nʲe:tʲɪ]

196. A Terra

Terra (f)	**Žẽmė** (m)	['ʒʲæmʲe:]
globo terrestre (Terra)	**žẽmės rutulỹs** (v)	['ʒʲæmʲe:s rʊtʊ'lʲi:s]
planeta (m)	**planetà** (m)	[plʲanʲɛ'ta]
atmosfera (f)	**atmosferà** (m)	[atmosfʲɛ'ra]
geografia (f)	**geogrãfija** (m)	[gʲɛo'gra:fʲɪjɛ]
natureza (f)	**gamtà** (m)	[gam'ta]
globo (mapa esférico)	**gaublỹs** (v)	[gɑʊb'lʲi:s]
mapa (m)	**žemélapis** (v)	[ʒe'mʲe:lʲapʲɪs]
atlas (m)	**ãtlasas** (v)	['a:tlʲasas]
Europa (f)	**Europà** (m)	[ɛʊro'pa]
Ásia (f)	**ãzija** (m)	['a:zʲɪjɛ]
África (f)	**ãfrika** (m)	['a:frʲɪka]
Austrália (f)	**Austrãlija** (m)	[ɑʊs'tra:lʲɪjɛ]
América (f)	**Amèrika** (m)	[a'mʲɛrʲɪka]
América (f) do Norte	**Šiáurės Amèrika** (m)	['ʃʲæʊrʲe:s a'mʲɛrʲɪka]
América (f) do Sul	**Pietų̃ Amèrika** (m)	[pʲiɛ'tu: a'mʲɛrʲɪka]
Antártida (f)	**Antarktidà** (m)	[antarktʲɪ'da]
Ártico (m)	**Árktika** (m)	['arktʲɪka]

197. Pontos cardeais

norte (m)	**šiáurė** (m)	['ʃæʊrʲe:]
para norte	**į šiáurę**	[i: 'ʃæʊrʲɛ:]
no norte	**šiáurėje**	['ʃæʊrʲe:je]
do norte	**šiaurìnis**	[ʃɛʊ'rʲɪnʲɪs]
sul (m)	**pietùs** (v)	[pʲiɛ'tʊs]
para sul	**į pietùs**	[i: pʲiɛ'tʊs]
no sul	**pietuosè**	[pʲiɛtʊɑ'sʲɛ]
do sul	**pietìnis**	[pʲiɛ'tʲɪnʲɪs]
oeste, ocidente (m)	**vakaraĩ** (v dgs)	[vaka'rʌɪ]
para oeste	**į vãkarus**	[i: 'va:karʊs]
no oeste	**vakaruosè**	[vakarʊɑ'sʲɛ]
ocidental	**vakariẽtiškas**	[vaka'rʲɛtʲɪʃkas]
leste, oriente (m)	**rytaĩ** (v dgs)	[rʲi:'tʌɪ]
para leste	**į rýtus**	[i: 'rʲɪ:tʊs]
no leste	**rytuosè**	[rʲi:tʊɑ'sʲɛ]
oriental	**rytiẽtiškas**	[rʲi:'tʲɛtʲɪʃkas]

198. Mar. Oceano

mar (m)	**jū́ra** (m)	['ju:ra]
oceano (m)	**vandenýnas** (v)	[vandʲɛ'nʲi:nas]
golfo (m)	**į́lanka** (m)	['i:lʲaŋka]
estreito (m)	**są́siauris** (v)	['sa:sʲɛʊrʲɪs]
continente (m)	**žemýnas** (v)	[ʒʲɛ'mʲi:nas]
ilha (f)	**salà** (m)	[sa'lʲa]
península (f)	**pusiãsalis** (v)	[pʊ'sʲæsalʲɪs]
arquipélago (m)	**archipelãgas** (v)	[arxʲɪpʲɛ'lʲa:gas]
baía (f)	**užùtekis** (v)	[ʊʒʊtʲɛkʲɪs]
porto (m)	**úostas** (v)	['ʊɑstas]
lagoa (f)	**lagūnà** (m)	[lʲagu:'na]
cabo (m)	**iškyšulỹs** (v)	[ɪʃkʲi:ʃʊ'lʲi:s]
atol (m)	**atólas** (v)	[a'tolʲas]
recife (m)	**rìfas** (v)	['rʲɪfas]
coral (m)	**korãlas** (v)	[kɔ'ra:lʲas]
recife (m) de coral	**korãlų rìfas** (v)	[kɔ'ra:lʲu: 'rʲɪfas]
profundo	**gilùs**	[gʲɪ'lʲʊs]
profundidade (f)	**gỹlis** (v)	['gʲi:lʲɪs]
abismo (m)	**bedùgnė** (m)	[bʲɛ'dʊgnʲe:]
fossa (f) oceânica	**į́duba** (m)	['i:dʊba]
corrente (f)	**srovė̃** (m)	[sro'vʲe:]
banhar (vt)	**skaláuti**	[ska'lʲɑʊtʲɪ]
litoral (m)	**pajūris** (v)	['pajūris]
costa (f)	**pakrántė** (m)	[pak'rantʲe:]

maré (f) alta	**añtplūdis** (v)	['antplʲu:dʲɪs]
refluxo (m), maré (f) baixa	**atóslūgis** (v)	[a'toslʲu:gʲɪs]
restinga (f)	**atãbradas** (v)	[a'ta:bradas]
fundo (m)	**dùgnas** (v)	['dʊgnas]
onda (f)	**bangà** (m)	[ban'ga]
crista (f) da onda	**bangõs keterà** (m)	[ban'go:s kʲɛtʲɛ'ra]
espuma (f)	**pùtos** (m dgs)	['pʊtos]
tempestade (f)	**audrà** (m)	[ɑʊd'ra]
furacão (m)	**uragãnas** (v)	[ʊra'ga:nas]
tsunami (m)	**cunãmis** (v)	[tsʊ'na:mʲɪs]
calmaria (f)	**štiliùs** (v)	[ʃtʲɪ'lʲʊs]
calmo	**ramùs**	[ra'mʊs]
polo (m)	**ašìgalis** (v)	[a'ʃɪgalʲɪs]
polar	**poliãrinis**	[po'lʲærʲɪnʲɪs]
latitude (f)	**platumà** (m)	[plʲatʊ'ma]
longitude (f)	**ilgumà** (m)	[ɪlʲgʊ'ma]
paralela (f)	**paralèlė** (m)	[para'lʲɛlʲe:]
equador (m)	**ekvãtorius** (v)	[ɛk'va:torʲʊs]
céu (m)	**dangùs** (v)	[dan'gʊs]
horizonte (m)	**horizòntas** (v)	[ɣorʲɪ'zontas]
ar (m)	**óras** (v)	['oras]
farol (m)	**švyturỹs** (v)	[ʃvʲi:tʊ'rʲi:s]
mergulhar (vi)	**nárdyti**	['nardʲi:tʲɪ]
afundar-se (vr)	**nuskę̃sti**	[nʊ'skʲɛ:stʲɪ]
tesouros (m pl)	**lõbis** (v)	['lʲo:bʲɪs]

199. Nomes de Mares e Oceanos

Oceano (m) Atlântico	**Atlánto vandenýnas** (v)	[at'lʲantɔ vandʲɛ'nʲi:nas]
Oceano (m) Índico	**Ìndijos vandenýnas** (v)	['ɪndʲɪjɔs vandʲɛ'nʲi:nas]
Oceano (m) Pacífico	**Ramùsis vandenýnas** (v)	[ra'mʊsʲɪs vandʲɛ'nʲi:nas]
Oceano (m) Ártico	**Árkties vandenýnas** (v)	['arktʲiɛs vandʲɛ'nʲi:nas]
Mar (m) Negro	**Juodóji jū́ra** (m)	[jʊɑ'do:jɪ 'ju:ra]
Mar (m) Vermelho	**Raudonóji jū́ra** (m)	[rɑʊdo'no:jɪ 'ju:ra]
Mar (m) Amarelo	**Geltonóji jū́ra** (m)	[gʲɛlʲto'no:jɪ 'ju:ra]
Mar (m) Branco	**Baltóji jū́ra** (m)	[balʲ'to:jɪ 'ju:ra]
Mar (m) Cáspio	**Kãspijos jū́ra** (m)	['ka:spʲɪjɔs 'ju:ra]
Mar (m) Morto	**Negyvóji jū́ra** (m)	[nʲɛgʲi:'vo:jɪ 'ju:ra]
Mar (m) Mediterrâneo	**Vidùržemio jū́ra** (m)	[vʲɪ'dʊrʒʲɛmʲɔ 'ju:ra]
Mar (m) Egeu	**Egéjo jū́ra** (m)	[ɛ'gʲæjɔ 'ju:ra]
Mar (m) Adriático	**ãdrijos jū́ra** (m)	['a:drʲɪjɔs 'ju:ra]
Mar (m) Arábico	**Arãbijos jū́ra** (m)	[a'rabʲɪjɔs 'ju:ra]
Mar (m) do Japão	**Japònijos jū́ra** (m)	[ja'ponʲɪjɔs ju:ra]
Mar (m) de Bering	**Bèringo jū́ra** (m)	['bʲɛrʲɪngɔ 'ju:ra]

Mar (m) da China Meridional	**Pietų̃ Kìnijos jū́ra** (m)	[pʲiɛ'tu: 'kʲɪnʲɪjɔs 'ju:ra]
Mar (m) de Coral	**Korãlų jū́ra** (m)	[kɔ'ra:lʲu: 'ju:ra]
Mar (m) de Tasman	**Tasmãnų jū́ra** (m)	[tas'manu: 'ju:ra]
Mar (m) do Caribe	**Karìbų jū́ra** (m)	[ka'rʲɪbu: 'ju:ra]
Mar (m) de Barents	**Bãrenco jū́ra** (m)	[barʲɛntsɔ 'ju:ra]
Mar (m) de Kara	**Kãrsko jū́ra** (m)	['karskɔ 'ju:ra]
Mar (m) do Norte	**Šiáurės jū́ra** (m)	['ʃæʊrʲe:s 'ju:ra]
Mar (m) Báltico	**Báltijos jū́ra** (m)	['balʲtʲɪjɔs 'ju:ra]
Mar (m) da Noruega	**Norvègijos jū́ra** (m)	[nor'vʲɛgʲɪjɔs 'ju:ra]

200. Montanhas

montanha (f)	**kálnas** (v)	['kalʲnas]
cordilheira (f)	**kalnų̃ vìrtinė** (m)	[kalʲ'nu: vʲɪrtʲɪnʲe:]
serra (f)	**kalnãgūbris** (v)	[kalʲ'na:gu:brʲɪs]
cume (m)	**viršū́nė** (m)	[vʲɪr'ʃu:nʲe:]
pico (m)	**pìkas** (v)	['pʲɪkas]
sopé (m)	**papė́dė** (m)	[pa'pʲe:dʲe:]
declive (m)	**núokalnė** (m)	['nʊɑkalʲnʲe:]
vulcão (m)	**ugnìkalnis** (v)	[ʊg'nʲɪkalʲnʲɪs]
vulcão (m) ativo	**veĩkiantis ugnìkalnis** (v)	['vʲɛɪkʲæntʲɪs ʊg'nʲɪkalʲnʲɪs]
vulcão (m) extinto	**užgẽsęs ugnìkalnis** (v)	[ʊʒ'gʲæsʲɛ:s ʊg'nʲɪkalʲnʲɪs]
erupção (f)	**išsivéržimas** (v)	[ɪʃsʲɪvʲɛr'ʒʲɪmas]
cratera (f)	**krãteris** (v)	['kra:tʲɛrʲɪs]
magma (m)	**magmà** (m)	[mag'ma]
lava (f)	**lavà** (m)	[lʲa'va]
fundido (lava ~a)	**įkaĩtęs**	[i:'kʌɪtʲɛ:s]
desfiladeiro (m)	**kanjònas** (v)	[ka'njɔ nas]
garganta (f)	**tarpùkalnė** (m)	[tar'pʊkalʲnʲe:]
fenda (f)	**tarpẽklis** (m)	[tar'pʲæklʲɪs]
passo, colo (m)	**kalnãkelis** (m)	[kalʲ'nakʲɛlʲɪs]
planalto (m)	**gulstẽ** (m)	[gʊlʲ'stʲe:]
falésia (f)	**uolà** (m)	[ʊɑ'lʲa]
colina (f)	**kalvà** (m)	[kalʲ'va]
glaciar (m)	**ledýnas** (v)	[lʲɛ'dʲi:nas]
queda (f) d'água	**krioklỹs** (v)	[krʲok'lʲi:s]
géiser (m)	**geĩzeris** (v)	['gʲɛɪzʲɛrʲɪs]
lago (m)	**ẽžeras** (v)	['ɛʒʲɛras]
planície (f)	**lygumà** (m)	[lʲi:gʊ'ma]
paisagem (f)	**peizãžas** (v)	[pʲɛɪ'za:ʒas]
eco (m)	**áidas** (v)	['ʌɪdas]
alpinista (m)	**alpinìstas** (v)	[alʲpʲɪ'nʲɪstas]
escalador (m)	**uolakopỹs** (v)	[ʊɑlʲako'pỹs]
conquistar (vt)	**pavérgti**	[pa'vʲɛrktʲɪ]
subida, escalada (f)	**kopìmas** (v)	[kɔ'pʲɪmas]

201. Nomes de montanhas

Alpes (m pl)	**Álpės** (m dgs)	['alʲpʲe:s]
monte Branco (m)	**Monblãnas** (v)	[mon'blʲa:nas]
Pirineus (m pl)	**Pirénai** (v)	[pʲɪ'rʲe:nʌɪ]
Cárpatos (m pl)	**Karpãtai** (v dgs)	[kar'pa:tʌɪ]
montes (m pl) Urais	**Urãlo kalnaĩ** (v dgs)	[ʊ'ra:lɔ kalʲ'nʌɪ]
Cáucaso (m)	**Kaukãzas** (v)	[kaʊ'ka:zas]
Elbrus (m)	**Elbrùsas** (v)	[ɛlʲ'brʊsas]
Altai (m)	**Altãjus** (v)	[alʲ'ta:jʊs]
Tian Shan (m)	**Tian Šãnis** (v)	[tʲæn 'ʃa:nʲɪs]
Pamir (m)	**Pamỹras** (v)	[pa'mʲi:ras]
Himalaias (m pl)	**Himalãjai** (v dgs)	[ɣʲɪma'lʲa:jʌɪ]
monte (m) Everest	**Everèstas** (v)	[ɛvʲɛ'rʲɛstas]
Cordilheira (f) dos Andes	**Añdai** (v)	['andʌɪ]
Kilimanjaro (m)	**Kilimandžãras** (v)	[kʲɪlʲɪman'dʒa:ras]

202. Rios

rio (m)	**ùpė** (m)	['ʊpʲe:]
fonte, nascente (f)	**šaltìnis** (v)	[ʃalʲ'tʲɪnʲɪs]
leito (m) do rio	**vagà** (m)	[va'ga]
bacia (f)	**baseĩnas** (v)	[ba'sʲɛɪnas]
desaguar no ...	**įtekéti į̃ ...**	[i:tʲɛ'kʲe:tʲɪ i: ..]
afluente (m)	**añtplūdis** (v)	['antplʲu:dʲɪs]
margem (do rio)	**krañtas** (v)	['krantas]
corrente (f)	**srovė̃** (m)	[sro'vʲe:]
rio abaixo	**pasroviuĩ**	[pasro'vʲʊɪ]
rio acima	**priẽš srõvę**	['prʲɛʃ 'sro:vʲɛ:]
inundação (f)	**pótvynis** (v)	['potvʲi:nʲɪs]
cheia (f)	**pòplūdis** (v)	['poplʲu:dʲɪs]
transbordar (vi)	**išsilíeti**	[ɪʃsʲɪ'lʲiɛtʲɪ]
inundar (vt)	**tvìndyti**	['tvʲɪndʲi:tʲɪ]
banco (m) de areia	**seklumà** (m)	[sʲɛklʲʊ'ma]
rápidos (m pl)	**sleñkstis** (v)	['slʲɛŋkstʲɪs]
barragem (f)	**ùžtvanka** (m)	['ʊʒtvaŋka]
canal (m)	**kanãlas** (v)	[ka'na:lʲas]
reservatório (m) de água	**vandeñs saugyklà** (m)	[van'dʲɛns saʊgʲi:k'lʲa]
eclusa (f)	**šliùzas** (v)	['ʃlʲʊzas]
corpo (m) de água	**vandeñs telkinỹs** (v)	[van'dʲɛns tʲɛlʲkʲɪ'nʲi:s]
pântano (m)	**pélkė** (m)	['pʲɛlʲkʲe:]
tremedal (m)	**liũnas** (v)	['lʲu:nas]
remoinho (m)	**verpẽtas** (v)	[vʲɛr'pʲætas]
arroio, regato (m)	**upẽlis** (v)	[ʊ'pʲælʲɪs]

potável	**gẽriamas**	['gʲærʲæmas]
doce (água)	**gė̃las**	['gʲe:lʲas]
gelo (m)	**lẽdas** (v)	['lʲædas]
congelar-se (vr)	**užšálti**	[ʊʒ'ʃalʲtʲɪ]

203. Nomes de rios

rio Sena (m)	**Senà** (m)	[sʲɛ'na]
rio Loire (m)	**Luarà** (m)	[lʲʊa'ra]
rio Tamisa (m)	**Tem̃zė** (m)	['tʲɛmzʲe:]
rio Reno (m)	**Reĩnas** (v)	['rʲɛɪnas]
rio Danúbio (m)	**Dunõjus** (v)	[dʊ'no:jʊs]
rio Volga (m)	**Vòlga** (m)	['volʲga]
rio Don (m)	**Dònas** (v)	['donas]
rio Lena (m)	**Lenà** (m)	[lʲɛ'na]
rio Amarelo (m)	**Geltonóji ùpė** (m)	[gʲɛlʲto'no:jɪ 'ʊpʲe:]
rio Yangtzé (m)	**Jangdzė̃** (m)	[jang'dzʲe:]
rio Mekong (m)	**Mekòngas** (v)	[mʲɛ'kongas]
rio Ganges (m)	**Gángas** (v)	['gangas]
rio Nilo (m)	**Nìlas** (v)	['nʲɪlʲas]
rio Congo (m)	**Kòngas** (v)	['kongas]
rio Cubango (m)	**Okavángas** (v)	[oka'va ngas]
rio Zambeze (m)	**Zambèzė** (m)	[zam'bʲɛzʲe:]
rio Limpopo (m)	**Limpopò** (v)	[lʲɪmpo'po]
rio Mississípi (m)	**Misisìpė** (m)	[mʲɪsʲɪ'sʲɪpʲe:]

204. Floresta

floresta (f), bosque (m)	**mìškas** (v)	['mʲɪʃkas]
florestal	**miškìnis**	[mʲɪʃ'kʲɪnʲɪs]
mata (f) cerrada	**tankumýnas** (v)	[taŋkʊ'mʲi:nas]
arvoredo (m)	**giráitė** (m)	[gʲɪ'rʌɪtʲe:]
clareira (f)	**laũkas** (v)	['lʲɑʊkas]
matagal (m)	**žolýnas, beržýnas** (v)	[ʒo'lʲi:nas], [bʲɛr'ʒʲi:nas]
mato (m)	**krūmýnas** (v)	[kru:'mʲi:nas]
vereda (f)	**takẽlis** (v)	[ta'kʲælʲɪs]
ravina (f)	**griovỹs** (v)	[grʲo'vʲi:s]
árvore (f)	**mẽdis** (v)	['mʲædʲɪs]
folha (f)	**lãpas** (v)	['lʲa:pas]
folhagem (f)	**lapijà** (m)	[lʲapʲɪ'ja]
queda (f) das folhas	**lãpų kritìmas** (v)	['lʲa:pu: krʲɪ'tʲɪmas]
cair (vi)	**krìsti**	['krʲɪstʲɪ]

topo (m)	**viršū̃nė** (m)	[vʲɪr'ʃu:nʲe:]
ramo (m)	**šakà** (m)	[ʃa'ka]
galho (m)	**šakà** (m)	[ʃa'ka]
botão, rebento (m)	**pum̃puras** (v)	['pʊmpʊras]
agulha (f)	**spyglỹs** (v)	[spʲi:g'lʲi:s]
pinha (f)	**kankórėžis** (v)	[kaŋ'korʲe:ʒʲɪs]
buraco (m) de árvore	**úoksas** (v)	['ʊɑksas]
ninho (m)	**lìzdas** (v)	['lʲɪzdas]
toca (f)	**olà** (m)	[o'lʲa]
tronco (m)	**kamíenas** (v)	[ka'mʲiɛnas]
raiz (f)	**šaknìs** (m)	[ʃak'nʲɪs]
casca (f) de árvore	**žievė̃** (m)	[ʒʲiɛ'vʲe:]
musgo (m)	**sãmana** (m)	['sa:mana]
arrancar pela raiz	**ráuti**	['rɑʊtʲɪ]
cortar (vt)	**kir̃sti**	['kʲɪrstʲɪ]
desflorestar (vt)	**iškìrsti**	[ɪʃ'kʲɪrstʲɪ]
toco, cepo (m)	**kélmas** (v)	['kʲɛlʲmas]
fogueira (f)	**láužas** (v)	['lʲɑʊʒas]
incêndio (m) florestal	**gaĩsras** (v)	['gʌɪsras]
apagar (vt)	**gesìnti**	[gʲɛ'sʲɪntʲɪ]
guarda-florestal (m)	**mìškininkas** (v)	['mʲɪʃkʲɪnʲɪŋkas]
proteção (f)	**apsaugà** (m)	[apsɑʊ'ga]
proteger (a natureza)	**sáugoti**	['sɑʊgotʲɪ]
caçador (m) furtivo	**brakoniẽrius** (v)	[brako'nʲɛrʲʊs]
armadilha (f)	**spą́stai** (v dgs)	['spa:stʌɪ]
colher (cogumelos)	**grybáuti**	[grʲi:'bɑʊtʲɪ]
colher (bagas)	**uogáuti**	[ʊɑ'gɑʊtʲɪ]
perder-se (vr)	**pasiklýsti**	[pasʲɪ'klʲi:stʲɪ]

205. Recursos naturais

recursos (m pl) naturais	**gamtìniai ìštekliai** (v dgs)	[gam'tʲɪnʲɛɪ 'ɪʃtʲɛklʲɛɪ]
minerais (m pl)	**naudìngos ìškasenos** (m dgs)	[nɑʊ'dʲɪngos 'ɪʃkasʲɛnos]
depósitos (m pl)	**telkiniaĩ** (v dgs)	[tʲɛlʲkʲɪ'nʲɛɪ]
jazida (f)	**telkinỹs** (v)	[tʲɛlʲkʲɪ'nʲi:s]
extrair (vt)	**iškàsti**	[ɪʃ'kastʲɪ]
extração (f)	**laimìkis** (v)	[lʲʌɪ'mʲɪkʲɪs]
minério (m)	**rūdà** (m)	[ru:'da]
mina (f)	**rūdýnas** (v)	[ru:'dʲi:nas]
poço (m) de mina	**šachtà** (m)	[ʃax'ta]
mineiro (m)	**šãchtininkas** (v)	['ʃa:xtʲɪnʲɪŋkas]
gás (m)	**dùjos** (m dgs)	['dʊjɔs]
gasoduto (m)	**dujótiekis** (v)	[dʊ'jɔtʲiɛkʲɪs]
petróleo (m)	**naftà** (m)	[naf'ta]
oleoduto (m)	**naftótiekis** (v)	[naf'totʲiɛkʲɪs]

poço (m) de petróleo — **nãftos bókštas** (v) — ['na:ftos 'bokʃtas]
torre (f) petrolífera — **grę̃žimo bókštas** (v) — ['grʲɛ:ʒʲɪmɔ 'bokʃtas]
petroleiro (m) — **tánklaivis** (v) — ['taŋklʲʌɪvʲɪs]

areia (f) — **smė̃lis** (v) — ['smʲe:lʲɪs]
calcário (m) — **kálkinis akmuõ** (v) — ['kalʲkʲɪnʲɪs ak'mʊɑ]
cascalho (m) — **žvỹras** (v) — ['ʒvʲi:ras]
turfa (f) — **dùrpės** (m dgs) — ['dʊrpʲe:s]
argila (f) — **mólis** (v) — ['molʲɪs]
carvão (m) — **anglìs** (m) — [ang'lʲɪs]

ferro (m) — **geležìs** (v) — [gʲɛlʲɛ'ʒʲɪs]
ouro (m) — **áuksas** (v) — ['ɑʊksas]
prata (f) — **sidãbras** (v) — [sʲɪ'da:bras]
níquel (m) — **nìkelis** (v) — ['nʲɪkʲɛlʲɪs]
cobre (m) — **vãris** (v) — ['va:rʲɪs]

zinco (m) — **cìnkas** (v) — ['tsʲɪŋkas]
manganês (m) — **mangãnas** (v) — [man'ga:nas]
mercúrio (m) — **gývsidabris** (v) — ['gʲi:vsʲɪdabrʲɪs]
chumbo (m) — **švìnas** (v) — ['ʃvʲɪnas]

mineral (m) — **minerãlas** (v) — [mʲɪnʲɛ'ra:lʲas]
cristal (m) — **kristãlas** (v) — [krʲɪs'ta:lʲas]
mármore (m) — **mármuras** (v) — ['marmʊras]
urânio (m) — **urãnas** (v) — [ʊ'ra:nas]

A Terra. Parte 2

206. Tempo

tempo (m)	**óras** (v)	['oras]
previsão (f) do tempo	**óro prognòzė** (m)	['orɔ prog'nozʲe:]
temperatura (f)	**temperatūrà** (m)	[tʲɛmpʲɛratu:'ra]
termómetro (m)	**termomètras** (v)	[tʲɛrmo'mʲɛtras]
barómetro (m)	**baromètras** (v)	[baro'mʲɛtras]
húmido	**drė́gnas**	['drʲe:gnas]
humidade (f)	**drėgmė̃** (m)	[drʲe:g'mʲe:]
calor (m)	**kar̃štis** (v)	['karʃtʲɪs]
cálido	**kárštas**	['karʃtas]
está muito calor	**kar̃šta**	['karʃta]
está calor	**šil̃ta**	['ʃɪlʲta]
quente	**šil̃tas**	['ʃɪlʲtas]
está frio	**šálta**	['ʃalʲta]
frio	**šáltas**	['ʃalʲtas]
sol (m)	**sáulė** (m)	['sɑʊlʲe:]
brilhar (vi)	**šviẽsti**	['ʃvʲɛstʲɪ]
de sol, ensolarado	**saulė́ta**	[sɑʊ'lʲe:ta]
nascer (vi)	**pakìlti**	[pa'kʲɪlʲtʲɪ]
pôr-se (vr)	**léistis**	['lʲɛɪstʲɪs]
nuvem (f)	**debesìs** (v)	[dʲɛbʲɛ'sʲɪs]
nublado	**debesúota**	[dʲɛbʲɛ'sʊɑta]
nuvem (f) preta	**debesìs** (v)	[dʲɛbʲɛ'sʲɪs]
escuro, cinzento	**apsiniáukę**	[apsʲɪ'nʲæʊkʲɛ:]
chuva (f)	**lietùs** (v)	[lʲiɛ'tʊs]
está a chover	**lỹja**	['lʲi:ja]
chuvoso	**lietìngas**	[lʲiɛ'tʲɪngas]
chuviscar (vi)	**lynóti**	[lʲi:'notʲɪ]
chuva (f) torrencial	**liū̃tis** (m)	['lʲu:tʲɪs]
chuvada (f)	**liū̃tis** (m)	['lʲu:tʲɪs]
forte (chuva)	**stiprùs**	[stʲɪp'rʊs]
poça (f)	**balà** (m)	[ba'lʲa]
molhar-se (vr)	**šlàpti**	['ʃlʲaptʲɪ]
nevoeiro (m)	**rū̃kas** (v)	['ru:kas]
de nevoeiro	**miglótas**	[mʲɪg'lʲotas]
neve (f)	**sniẽgas** (v)	['snʲɛgas]
está a nevar	**sniñga**	['snʲɪŋga]

207. Tempo extremo. Catástrofes naturais

trovoada (f)	**perkū́nija** (m)	[pʲɛr'ku:nʲɪjɛ]
relâmpago (m)	**žaĩbas** (v)	['ʒʌɪbas]
relampejar (vi)	**žaibúoti**	[ʒʌɪ'bʊɑtʲɪ]
trovão (m)	**griaustìnis** (v)	[grʲɛʊs'tʲɪnʲɪs]
trovejar (vi)	**griáudėti**	['grʲæʊdʲe:tʲɪ]
está a trovejar	**griáudėja griaustìnis**	['grʲæʊdʲe:ja grʲɛʊs'tʲɪnʲɪs]
granizo (m)	**krušà** (m)	[krʊ'ʃa]
está a cair granizo	**kriñta krušà**	['krʲɪnta krʊ'ʃa]
inundar (vt)	**užlíeti**	[ʊʒ'lʲiɛtʲɪ]
inundação (f)	**pótvynis** (v)	['potvʲi:nʲɪs]
terremoto (m)	**žẽmės drebė́jimas** (v)	['ʒʲæmʲe:s dre'bʲɛjɪmas]
abalo, tremor (m)	**smū̃gis** (m)	['smu:gʲɪs]
epicentro (m)	**epiceñtras** (v)	[ɛpʲɪ'tsʲɛntras]
erupção (f)	**išsiveržìmas** (v)	[ɪʃsʲɪvʲɛr'ʒʲɪmas]
lava (f)	**lavà** (m)	[lʲa'va]
turbilhão (m)	**víesulas** (v)	['vʲiɛsʊlʲas]
tornado (m)	**tornãdo** (v)	[tor'na:dɔ]
tufão (m)	**taifū̃nas** (v)	[tʌɪ'fu:nas]
furacão (m)	**uragãnas** (v)	[ʊra'ga:nas]
tempestade (f)	**audrà** (m)	[ɑʊd'ra]
tsunami (m)	**cunãmis** (v)	[tsʊ'na:mʲɪs]
ciclone (m)	**ciklònas** (v)	[tsʲɪk'lʲonas]
mau tempo (m)	**dárgana** (m)	['dargana]
incêndio (m)	**gaĩsras** (v)	['gʌɪsras]
catástrofe (f)	**katastrofà** (m)	[katastro'fa]
meteorito (m)	**meteorìtas** (v)	[mʲɛtʲɛo'rʲɪtas]
avalanche (f)	**lavinà** (m)	[lʲavʲɪ'na]
deslizamento (m) de neve	**griūtìs** (m)	[grʲu:'tʲɪs]
nevasca (f)	**pūgà** (m)	[pu:'ga]
tempestade (f) de neve	**pūgà** (m)	[pu:'ga]

208. Ruídos. Sons

silêncio (m)	**tylà** (m)	[tʲi:'lʲa]
som (m)	**gar̃sas** (v)	['garsas]
ruído, barulho (m)	**triùkšmas** (v)	['trʲʊkʃmas]
fazer barulho	**triukšmáuti**	[trʲʊkʃ'mɑʊtʲɪ]
ruidoso, barulhento	**triukšmìngas**	[trʲʊkʃ'mʲɪngas]
alto (adv)	**gar̃siai**	['garsʲɛɪ]
alto (adj)	**garsùs**	[gar'sʊs]
constante (ruído, etc.)	**nuolatìnis**	[nʊɑlʲa'tʲɪnʲɪs]

grito (m)	**rìksmas** (v)	['rʲɪksmas]
gritar (vi)	**rė̃kti**	['rʲe:ktʲɪ]
sussurro (m)	**šnabždesỹs** (v)	[ʃnabʒdʲɛ'sʲi:s]
sussurrar (vt)	**šnabždė́ti**	[ʃnabʒ'dʲe:tʲɪ]
latido (m)	**lojìmas** (v)	[lʲo'jɪmas]
latir (vi)	**lóti**	['lʲotʲɪ]
gemido (m)	**stenė́jimas** (v)	[stʲɛ'nʲɛjɪmas]
gemer (vi)	**stenė́ti**	[ste'nʲe:tʲɪ]
tosse (f)	**kósėjimas** (v)	['kosʲe:jimas]
tossir (vi)	**kósėti**	['kosʲe:tʲɪ]
assobio (m)	**švilpesỹs** (v)	[ʃvʲɪlʲpʲɛ'sʲi:s]
assobiar (vi)	**švil̃pti**	['ʃvʲɪlʲptʲɪ]
batida (f)	**stuksė̃nimas** (v)	[stʊk'sʲænʲɪmas]
bater (vi)	**stuksénti**	[stʊk'sʲɛntʲɪ]
estalar (vi)	**traškė́ti**	[traʃ'kʲe:tʲɪ]
estalido (m)	**traškesỹs** (v)	[traʃkʲɛ'sʲi:s]
sirene (f)	**sirenà** (m)	[sʲɪrʲɛ'na]
apito (m)	**signãlas** (v)	[sʲɪg'na:lʲas]
apitar (vi)	**signalizúoti**	[sʲɪgnalʲɪ'zʊɑtʲɪ]
buzina (f)	**signãlas** (v)	[sʲɪg'na:lʲas]
buzinar (vi)	**signalizúoti**	[sʲɪgnalʲɪ'zʊɑtʲɪ]

209. Inverno

inverno (m)	**žiemà** (m)	[ʒʲiɛ'ma]
de inverno	**žiemìnis**	[ʒʲiɛ'mʲɪnʲɪs]
no inverno	**žiẽmą**	['ʒʲɛma:]
neve (f)	**sniẽgas** (v)	['snʲɛgas]
está a nevar	**sniñga**	['snʲɪŋga]
queda (f) de neve	**sniẽgas** (v)	['snʲɛgas]
amontoado (m) de neve	**pusnìs** (m)	[pʊs'nʲɪs]
floco (m) de neve	**sniẽgena** (m)	['snʲɛgʲɛna]
bola (f) de neve	**sniegẽlis** (m)	[snʲiɛ'gʲælʲɪs]
boneco (m) de neve	**besmegẽnis** (v)	[bʲɛsmʲɛ'gʲænʲɪs]
sincelo (m)	**varvẽklis** (v)	[var'vʲæklʲɪs]
dezembro (m)	**grúodis** (v)	['grʊɑdʲɪs]
janeiro (m)	**saũsis** (v)	['sɑʊsʲɪs]
fevereiro (m)	**vasãris** (v)	[va'sa:rʲɪs]
gelo (m)	**šal̃tis** (v)	['ʃalʲtʲɪs]
gelado, glacial	**šáltas**	['ʃalʲtas]
abaixo de zero	**žemiaũ nùlio**	[ʒʲɛ'mʲɛʊ 'nʊlʲɔ]
geada (f)	**šal̃čiai** (v dgs)	['ʃalʲtʂʲɛɪ]
geada (f) branca	**šerkšnà** (m)	[ʃʲɛrkʃ'na]
frio (m)	**šal̃tis** (v)	['ʃalʲtʲɪs]

está frio	**šálta**	['ʃalʲta]
casaco (m) de peles	**kailiniaĩ** (v dgs)	[kʌɪlʲɪ'nʲɛɪ]
mitenes (f pl)	**kùmštinės** (m dgs)	['kʊmʃtʲɪnʲe:s]
adoecer (vi)	**susir̃gti**	[sʊ'sʲɪrktʲɪ]
constipação (f)	**péršalimas** (v)	['pʲɛrʃalʲɪmas]
constipar-se (vr)	**péršalti**	['pʲɛrʃalʲtʲɪ]
gelo (m)	**lẽdas** (v)	['lʲædas]
gelo (m) na estrada	**plìkledis** (v)	['plʲɪklʲɛdʲɪs]
congelar-se (vr)	**užšálti**	[ʊʒ'ʃalʲtʲɪ]
bloco (m) de gelo	**ledókšnis** (v)	[lʲɛ'dokʃnʲɪs]
esqui (m)	**slìdės** (m dgs)	['slʲɪdʲe:s]
esquiador (m)	**slìdininkas** (v)	['slʲɪdʲɪnʲɪŋkas]
esquiar (vi)	**slidinéti**	[slʲɪdʲɪ'nʲe:tʲɪ]
patinar (vi)	**čiuožinéti**	[tʂʲʊoʒʲɪ'nʲe:tʲɪ]

Fauna

210. Mamíferos. Predadores

predador (m)	**plėšrū̃nas** (v)	[plʲe:ʃru:nas]
tigre (m)	**tìgras** (v)	['tʲɪgras]
leão (m)	**liū̃tas** (v)	['lʲu:tas]
lobo (m)	**vil̃kas** (v)	['vʲɪlʲkas]
raposa (f)	**lãpė** (m)	['lʲa:pʲe:]
jaguar (m)	**jaguãras** (v)	[jagʊ'a:ras]
leopardo (m)	**leopárdas** (v)	[lʲɛo'pardas]
chita (f)	**gepárdas** (v)	[gʲɛ'pardas]
pantera (f)	**panterà** (m)	[pantʲɛ'ra]
puma (m)	**pumà** (m)	[pʊ'ma]
leopardo-das-neves (m)	**sniegìnis leopárdas** (v)	[snʲiɛ'gʲɪnʲɪs lʲɛo'pardas]
lince (m)	**lū́šis** (m)	['lʲu:ʃɪs]
coiote (m)	**kojòtas** (v)	[kɔ'jɔ tas]
chacal (m)	**šakãlas** (v)	[ʃa'ka:lʲas]
hiena (f)	**hienà** (m)	[ɣʲiɛ'na]

211. Animais selvagens

animal (m)	**gyvū̃nas** (v)	[gʲi:'vu:nas]
besta (f)	**žvėrìs** (v)	[ʒvʲe:'rʲɪs]
esquilo (m)	**voverė̃** (m)	[vove'rʲe:]
ouriço (m)	**ežỹs** (v)	[ɛʒʲi:s]
lebre (f)	**kìškis, zuĩkis** (v)	['kʲɪʃkʲɪs], ['zʊɪkʲɪs]
coelho (m)	**triùšis** (v)	['trʲʊʃɪs]
texugo (m)	**barsùkas** (v)	[bar'sʊkas]
guaxinim (m)	**meškė́nas** (v)	[mʲɛʃ'kʲe:nas]
hamster (m)	**žiurkė́nas** (v)	[ʒʲʊr'kʲe:nas]
marmota (f)	**švilpìkas** (v)	[ʃvʲɪlʲ'pʲɪkas]
toupeira (f)	**kùrmis** (v)	['kʊrmʲɪs]
rato (m)	**pelė̃** (m)	[pʲɛ'lʲe:]
ratazana (f)	**žiùrkė** (m)	['ʒʲʊrkʲe:]
morcego (m)	**šikšnósparnis** (v)	[ʃɪkʃnosparnʲɪs]
arminho (m)	**šermuonė̃lis** (v)	[ʃermʊɑ'nʲe:lʲɪs]
zibelina (f)	**sãbalas** (v)	['sa:balʲas]
marta (f)	**kiáunė** (m)	['kʲæʊnʲe:]
doninha (f)	**žebenkštìs** (m)	[ʒʲɛbʲɛŋkʃ'tʲɪs]
vison (m)	**audìnė** (m)	[ɑʊ'dʲɪnʲe:]

castor (m)	**bẽbras** (v)	['bʲæbras]
lontra (f)	**ū́dra** (m)	['u:dra]
cavalo (m)	**arklỹs** (v)	[ark'lʲi:s]
alce (m)	**bríedis** (v)	['brʲiɛdʲɪs]
veado (m)	**élnias** (v)	['ɛlʲnʲæs]
camelo (m)	**kupranugãris** (v)	[kʊpranʊ'ga:rʲɪs]
bisão (m)	**bizònas** (v)	[bʲɪ'zonas]
auroque (m)	**stum̃bras** (v)	['stʊmbras]
búfalo (m)	**bùivolas** (v)	['bʊivolʲas]
zebra (f)	**zèbras** (v)	['zʲɛbras]
antílope (m)	**antilòpė** (m)	[antʲɪ'lʲopʲe:]
corça (f)	**stìrna** (m)	['stʲɪrna]
gamo (m)	**daniẽlius** (v)	[da'nʲɛlʲʊs]
camurça (f)	**gemzė** (m)	['gʲɛmzʲe:]
javali (m)	**šérnas** (v)	['ʃɛrnas]
baleia (f)	**bangìnis** (v)	[ban'gʲɪnʲɪs]
foca (f)	**rúonis** (v)	['rʊɑnʲɪs]
morsa (f)	**vėplỹs** (v)	[vʲe:p'lʲi:s]
urso-marinho (m)	**kòtikas** (v)	['kotʲɪkas]
golfinho (m)	**delfìnas** (v)	[dʲɛlʲ'fʲɪnas]
urso (m)	**lokỹs** (v), **meška** (m)	[lʲo'kʲi:s], [mʲɛʃ'ka]
urso (m) branco	**baltàsis lokỹs** (v)	[balʲ'tasʲɪs lʲo'kʲi:s]
panda (m)	**pánda** (m)	['panda]
macaco (em geral)	**beždžiõnė** (m)	[bʲɛʒ'dʒʲo:nʲe:]
chimpanzé (m)	**šimpánzė** (m)	[ʃʲɪm'panzʲe:]
orangotango (m)	**orangutángas** (v)	[orangʊ'tangas]
gorila (m)	**gorilà** (m)	[gorʲɪ'lʲa]
macaco (m)	**makakà** (m)	[maka'ka]
gibão (m)	**gibònas** (v)	[gʲɪ'bonas]
elefante (m)	**dramblỹs** (v)	[dram'blʲi:s]
rinoceronte (m)	**raganõsis** (v)	[raga'no:sʲɪs]
girafa (f)	**žirafà** (m)	[ʒʲɪra'fa]
hipopótamo (m)	**begemòtas** (v)	[bʲɛgʲɛ'motas]
canguru (m)	**kengūrà** (m)	[kʲɛn'gu:'ra]
coala (m)	**koalà** (m)	[koa'lʲa]
mangusto (m)	**mangustà** (m)	[mangʊs'ta]
chinchila (m)	**šinšilà** (m)	[ʃʲɪnʃʲɪ'lʲa]
doninha-fedorenta (f)	**skùnkas** (v)	['skʊŋkas]
porco-espinho (m)	**dygliuotis** (v)	[dʲi:g'lʲʊotʲɪs]

212. Animais domésticos

gata (f)	**katė̃** (m)	[ka'tʲe:]
gato (m) macho	**kãtinas** (v)	['ka:tʲɪnas]
cão (m)	**šuõ** (v)	['ʃʊɑ]

cavalo (m)	**arklỹs** (v)	[ark'lʲi:s]
garanhão (m)	**er̃žilas** (v)	['ɛrʒʲɪlʲas]
égua (f)	**kumẽlė** (m)	[kʊ'mʲælʲe:]
vaca (f)	**kárvė** (m)	['karvʲe:]
touro (m)	**bùlius** (v)	['bʊlʲʊs]
boi (m)	**jáutis** (v)	['jɑʊtʲɪs]
ovelha (f)	**avìs** (m)	[a'vʲɪs]
carneiro (m)	**ãvinas** (v)	['a:vʲɪnas]
cabra (f)	**ožkà** (m)	[oʒ'ka]
bode (m)	**ožỹs** (v)	[o'ʒʲi:s]
burro (m)	**ãsilas** (v)	['a:sʲɪlʲas]
mula (f)	**mùlas** (v)	['mʊlʲas]
porco (m)	**kiaũlė** (m)	['kʲɛʊlʲe:]
leitão (m)	**paršẽlis** (v)	[par'ʃælʲɪs]
coelho (m)	**triùšis** (v)	['trʲʊʃɪs]
galinha (f)	**vištà** (m)	[vʲɪʃ'ta]
galo (m)	**gaidỹs** (v)	[gʌɪ'dʲi:s]
pata (f)	**ántis** (m)	['antʲɪs]
pato (macho)	**añtinas** (v)	['antʲɪnas]
ganso (m)	**žą̃sinas** (v)	['ʒa:sʲɪnas]
peru (m)	**kalakùtas** (v)	[kalʲa'kʊtas]
perua (f)	**kalakùtė** (m)	[kalʲa'kʊtʲe:]
animais (m pl) domésticos	**namìniai gyvū̃nai** (v dgs)	[na'mʲɪnʲɛɪ gʲi:'vu:nʌɪ]
domesticado	**prijaukìntas**	[prʲɪʲjɛʊ'kʲɪntas]
domesticar (vt)	**prijaukìnti**	[prʲɪʲjɛʊ'kʲɪntʲɪ]
criar (vt)	**augìnti**	[ɑʊ'gʲɪntʲɪ]
quinta (f)	**fèrma** (m)	['fʲɛrma]
aves (f pl) domésticas	**namìnis paũkštis** (v)	[na'mʲɪnʲɪs 'pɑʊkʃtʲɪs]
gado (m)	**galvìjas** (v)	[gal'vʲɪjɛs]
rebanho (m), manada (f)	**bandà** (m)	[ban'da]
estábulo (m)	**arklìdė** (m)	[ark'lʲɪdʲe:]
pocilga (f)	**kiaulìdė** (m)	[kʲɛʊ'lʲɪdʲe:]
estábulo (m)	**karvìdė** (m)	[kar'vʲɪdʲe:]
coelheira (f)	**triušìdė** (m)	[trʲʊ'ʃɪdʲe:]
galinheiro (m)	**vištìdė** (m)	[vʲɪʃ'tʲɪdʲe:]

213. Cães. Raças de cães

cão (m)	**šuõ** (v)	['ʃʊɑ]
cão pastor (m)	**avìganis** (v)	[a'vʲɪganʲɪs]
caniche (m)	**pùdelis** (v)	['pʊdʲɛlʲɪs]
teckel (m)	**tãksas** (v)	['ta:ksas]
buldogue (m)	**buldògas** (v)	[bʊlʲ'dogas]
boxer (m)	**bòkseris** (v)	['boksʲɛrʲɪs]

mastim (m) **mastìfas** (v) [mas'tʲɪfas]
rottweiler (m) **rotveĩleris** (v) [rot'vʲɛɪlʲɛrʲɪs]
dobermann (m) **dòbermanas** (v) ['dobʲɛrmanas]

basset (m) **basètas** (v) [ba'sʲɛtas]
pastor inglês (m) **bobteĩlas** (v) [bop'tʲɛ̃ɪlʲas]
dálmata (m) **dalamatìnas** (v) [dalʲama'tʲɪnas]
cocker spaniel (m) **kokerspaniẽlis** (v) ['kokʲɛr spa'nʲɛlʲɪs]

terra-nova (m) **niufaundleñdas** (v) [nʲʊfɑʊnd'lʲɛñdas]
são-bernardo (m) **senbernãras** (v) [sʲɛnbʲɛr'na:ras]

husky (m) **hãskis** (v) ['ɣa:skʲɪs]
Chow-chow (m) **čiau čiau** (v) ['tʂʲɛʊ 'tʂʲɛʊ]
spitz alemão (m) **špìcas** (v) ['ʃpʲɪtsas]
carlindogue (m) **mòpsas** (v) ['mopsas]

214. Sons produzidos pelos animais

latido (m) **lojìmas** (v) [lʲo'jɪmas]
latir (vi) **lóti** ['lʲotʲɪ]
miar (vi) **miaukséti** [mʲɛʊk'sʲe:tʲɪ]
ronronar (vi) **mur̃kti** ['mʊrktʲɪ]

mugir (vaca) **mũkti** ['mu:ktʲɪ]
bramir (touro) **baũbti** ['bɑʊptʲɪ]
rosnar (vi) **riaumóti** [rʲɛʊ'motʲɪ]

uivo (m) **kaukìmas** (v) [kɑʊ'kʲɪmas]
uivar (vi) **kaũkti** ['kɑʊktʲɪ]
ganir (vi) **iñkšti** ['ɪŋkʃtʲɪ]

balir (vi) **bliáuti** ['blʲæʊtʲɪ]
grunhir (porco) **kriukséti** [krʲʊk'sʲe:tʲɪ]
guinchar (vi) **klýkauti** ['klʲi:kɑʊtʲɪ]

coaxar (sapo) **kvakséti** [kvak'sʲe:tʲɪ]
zumbir (inseto) **zvim̃bti** ['zvʲɪmptʲɪ]
estridular, ziziar (vi) **svir̃pti** ['svʲɪrptʲɪ]

215. Animais jovens

cria (f), filhote (m) **jaunìklis** (v) [jɛʊ'nʲɪklʲɪs]
gatinho (m) **kačiùkas** (v) [ka'tʂʲʊkas]
ratinho (m) **peliùkas** (v) [pʲɛ'lʲʊkas]
cãozinho (m) **šuniùkas** (v) [ʃʊ'nʲʊkas]

filhote (m) de lebre **zuikùtis** (v) [zʊɪ'kʊtʲɪs]
coelhinho (m) **triušẽlis** (v) [trʲʊ'ʃælʲɪs]
lobinho (m) **vilkiùkas** (v) [vʲɪlʲ'kʲʊkas]
raposinho (m) **lapiùkas** (v) [lʲa'pʲʊkas]
ursinho (m) **meškiùkas** (v) [mʲɛʃ'kʲʊkas]

leãozinho (m)	**liūtùkas** (v)	[lʲu:'tʊkas]
filhote (m) de tigre	**tigriùkas** (v)	[tʲɪg'rʲʊkas]
filhote (m) de elefante	**drambliùkas** (v)	[dram'blʲʊkas]
leitão (m)	**paršiùkas** (v)	[par'ʃʊkas]
bezerro (m)	**veršiùkas** (v)	[vʲɛr'ʃʊkas]
cabrito (m)	**ožiùkas** (v)	[o'ʒʲʊkas]
cordeiro (m)	**eriùkas** (v)	[ɛ'rʲʊkas]
cria (f) de veado	**elniùkas** (v)	[ɛlʲ'nʲʊkas]
cria (f) de camelo	**kupranugariùkas** (v)	[kʊpranʊga'rʲʊkas]
filhote (m) de serpente	**gyvačiùkas** (v)	[gʲi:va'tʂʲʊkas]
cria (f) de rã	**varliùkas** (v)	[var'lʲʊkas]
cria (f) de ave	**paukščiùkas** (v)	[pɑʊkʃ'tʂʲʊkas]
pinto (m)	**viščiùkas** (v)	[vʲɪʃ'tʂʲʊkas]
patinho (m)	**ančiùkas** (v)	[an'tʂʲʊkas]

216. Pássaros

pássaro (m), ave (f)	**paũkštis** (v)	['pɑʊkʃtʲɪs]
pombo (m)	**balañdis** (v)	[ba'lʲandʲɪs]
pardal (m)	**žvìrblis** (v)	['ʒvʲɪrblʲɪs]
chapim-real (m)	**zýlė** (m)	['zʲi:lʲe:]
pega-rabuda (f)	**šárka** (m)	['ʃarka]
corvo (m)	**var̃nas** (v)	['varnas]
gralha (f) cinzenta	**várna** (m)	['varna]
gralha-de-nuca-cinzenta (f)	**kúosa** (m)	['kʊɑsa]
gralha-calva (f)	**kovàs** (v)	[kɔ'vas]
pato (m)	**ántis** (m)	['antʲɪs]
ganso (m)	**žą́sinas** (v)	['ʒa:sʲɪnas]
faisão (m)	**fazãnas** (v)	[fa'za:nas]
águia (f)	**erẽlis** (v)	[ɛ'rʲælʲɪs]
açor (m)	**vãnagas** (v)	['va:nagas]
falcão (m)	**sãkalas** (v)	['sa:kalʲas]
abutre (m)	**grìfas** (v)	['grʲɪfas]
condor (m)	**kondòras** (v)	[kɔn'doras]
cisne (m)	**gul̃bė** (m)	['gʊlʲbʲe:]
grou (m)	**gérvė** (m)	['gʲɛrvʲe:]
cegonha (f)	**gañdras** (v)	['gandras]
papagaio (m)	**papūgà** (m)	[papu:'ga]
beija-flor (m)	**kolìbris** (v)	[kɔ'lʲɪbrʲɪs]
pavão (m)	**póvas** (v)	['povas]
avestruz (m)	**strùtis** (v)	['strʊtʲɪs]
garça (f)	**garnỹs** (v)	[gar'nʲi:s]
flamingo (m)	**flamìngas** (v)	[flʲa'mʲɪngas]
pelicano (m)	**pelikãnas** (v)	[pʲɛlʲɪ'ka:nas]
rouxinol (m)	**lakštiñgala** (m)	[lʲakʃ'tʲɪŋgalʲa]

andorinha (f)	**kregždė̃** (m)	[krʲɛgʒ'dʲe:]
tordo-zornal (m)	**strãzdas** (v)	['stra:zdas]
tordo-músico (m)	**strãzdas giesminiñkas** (v)	['stra:zdas gʲiɛsmʲɪ'nʲɪŋkas]
melro-preto (m)	**juodàsis strãzdas** (v)	[juɑ'dasʲɪs s'tra:zdas]
andorinhão (m)	**čiurlỹs** (v)	[tʂʲʊr'lʲi:s]
cotovia (f)	**vyturỹs, vieversỹs** (v)	[vʲi:tʊ'rʲi:s], [vʲiɛvɛr'sʲi:s]
codorna (f)	**pùtpelė** (m)	['pʊtpelʲe:]
pica-pau (m)	**genỹs** (v)	[gʲɛ'nʲi:s]
cuco (m)	**gegùtė** (m)	[gʲɛ'gʊtʲe:]
coruja (f)	**pelė́da** (m)	[pʲɛ'lʲe:da]
corujão, bufo (m)	**apúokas** (v)	[a'puɑkas]
tetraz-grande (m)	**kurtinỹs** (v)	[kʊrtʲɪ'nʲi:s]
tetraz-lira (m)	**tẽtervinas** (v)	['tʲætʲɛrvʲɪnas]
perdiz-cinzenta (f)	**kurapkà** (m)	[kʊrap'ka]
estorninho (m)	**varnė́nas** (v)	[var'nʲe:nas]
canário (m)	**kanarė̃lė** (m)	[kana'rʲe:lʲe:]
galinha-do-mato (f)	**jerubė̃** (m)	[jerʊ'bʲe:]
tentilhão (m)	**kìkilis** (v)	[kʲɪ'kʲɪlʲɪs]
dom-fafe (m)	**sniẽgena** (m)	['snʲɛgʲɛna]
gaivota (f)	**žuvė́dra** (m)	[ʒʊ'vʲe:dra]
albatroz (m)	**albatròsas** (v)	[alʲba't'rosas]
pinguim (m)	**pingvìnas** (v)	[pʲɪng'vʲɪnas]

217. Pássaros. Canto e sons

cantar (vi)	**dainúoti, giedóti**	[dʌɪ'nʊɑtʲɪ], [gʲiɛ'dotʲɪ]
gritar (vi)	**rė̃kti**	['rʲe:ktʲɪ]
cantar (o galo)	**giedóti**	[gʲiɛ'dotʲɪ]
cocorocó (m)	**kakariekū̃**	[kakarʲiɛ'kʊ]
cacarejar (vi)	**kudakóti**	[kʊda'kotʲɪ]
crocitar (vi)	**kar̃kti**	['karktʲɪ]
grasnar (vi)	**kreksė́ti**	[krʲɛk'sʲe:tʲɪ]
piar (vi)	**cỹpti**	['tsʲi:ptʲɪ]
chilrear, gorjear (vi)	**čiulbė́ti**	[tʂʲʊlʲ'bʲe:tʲɪ]

218. Peixes. Animais marinhos

brema (f)	**kar̃šis** (v)	['karʃʲɪs]
carpa (f)	**kárpis** (v)	['karpʲɪs]
perca (f)	**ešerỹs** (v)	[ɛʃʲɛ'rʲi:s]
siluro (m)	**šãmas** (v)	['ʃa:mas]
lúcio (m)	**lydekà** (m)	[lʲi:dʲɛ'ka]
salmão (m)	**lašišà** (m)	[lʲaʃʲɪ'ʃa]
esturjão (m)	**erškė̀tas** (v)	[erʃ'kʲe:tas]
arenque (m)	**sil̃kė** (m)	['sʲɪlʲkʲe:]
salmão (m)	**lašišà** (m)	[lʲaʃʲɪ'ʃa]

cavala, sarda (f)	**skùmbrė** (m)	['skʊmbrʲe:]
solha (f)	**plė̃kšnė** (m)	['plʲækʃnʲe:]
lúcio perca (m)	**stárkis** (v)	['starkʲɪs]
bacalhau (m)	**meñkė** (m)	['mʲɛŋkʲe:]
atum (m)	**tùnas** (v)	['tʊnas]
truta (f)	**upė́takis** (v)	[ʊ'pʲe:takʲɪs]
enguia (f)	**ungurỹs** (v)	[ʊngʊ'rʲi:s]
raia elétrica (f)	**elektrìnė rajà** (m)	[ɛlʲɛk'trʲɪnʲe: ra'ja]
moreia (f)	**murėnà** (m)	[mʊrʲɛ'na]
piranha (f)	**pirãnija** (m)	[pʲɪ'ra:nʲɪjɛ]
tubarão (m)	**ryklỹs** (v)	[rʲɪk'lʲi:s]
golfinho (m)	**delfìnas** (v)	[dʲɛlʲ'fʲɪnas]
baleia (f)	**bangìnis** (v)	[ban'gʲɪnʲɪs]
caranguejo (m)	**krãbas** (v)	['kra:bas]
medusa, alforreca (f)	**medūzà** (m)	[mʲɛdu:'za]
polvo (m)	**aštuonkõjis** (v)	[aʃtʊɑŋ'ko:jis]
estrela-do-mar (f)	**jū́ros žvaigždė̃** (m)	['ju:ros ʒvʌɪgʒ'dʲe:]
ouriço-do-mar (m)	**jū́ros ežỹs** (v)	['ju:ros ɛ'ʒʲi:s]
cavalo-marinho (m)	**jū́ros arkliùkas** (v)	['ju:ros ark'lʲʊkas]
ostra (f)	**áustrė** (m)	['ɑʊstrʲe:]
camarão (m)	**krevètė** (m)	[krʲɛ'vʲɛtʲe:]
lavagante (m)	**omãras** (v)	[o'ma:ras]
lagosta (f)	**langùstas** (v)	[lʲan'gʊstas]

219. Amfíbios. Répteis

serpente, cobra (f)	**gyvãtė** (m)	[gʲi:'va:tʲe:]
venenoso	**nuodìngas**	[nʊɑ'dʲɪngas]
víbora (f)	**angìs** (v)	[an'gʲɪs]
cobra-capelo, naja (f)	**kobrà** (m)	[kɔb'ra]
pitão (m)	**pitònas** (v)	[pʲɪ'tonas]
jiboia (f)	**smauglỹs** (v)	[smɑʊg'lʲi:s]
cobra-de-água (f)	**žaltỹs** (v)	[ʒalʲ'tʲi:s]
cascavel (f)	**barškuõlė** (m)	[barʃ'kʊɑlʲe:]
anaconda (f)	**anakònda** (m)	[ana'konda]
lagarto (m)	**dríežas** (v)	['drʲiɛʒas]
iguana (f)	**iguanà** (m)	[ɪgʊa'na]
varano (m)	**varãnas** (v)	[va'ra:nas]
salamandra (f)	**salamándra** (m)	[salʲa'mandra]
camaleão (m)	**chameleònas** (v)	[xamʲɛlʲɛ'onas]
escorpião (m)	**skorpiònas** (v)	[skorpʲɪ'ɔnas]
tartaruga (f)	**vėžlỹs** (v)	[vʲe:ʒ'lʲi:s]
rã (f)	**varlė̃** (m)	[var'lʲe:]
sapo (m)	**rùpūžė** (m)	['rʊpu:ʒʲe:]
crocodilo (m)	**krokodìlas** (v)	[kroko'dʲɪlʲas]

220. Insetos

inseto (m) **vabzdỹs** (v) [vabz'dʲi:s]
borboleta (f) **drugẽlis** (v) [drʊ'gʲælʲɪs]
formiga (f) **skruzdė̃lė** (m) [skrʊz'dʲælʲe:]
mosca (f) **mùsė** (m) ['mʊsʲe:]
mosquito (m) **úodas** (v) ['ʊɑdas]
escaravelho (m) **vãbalas** (v) ['va:balʲas]

vespa (f) **vapsvà** (m) [vaps'va]
abelha (f) **bìtė** (m) ['bʲɪtʲe:]
mamangava (f) **kamãnė** (m) [ka'ma:nʲe:]
moscardo (m) **gylỹs** (v) [gʲi:'lʲi:s]

aranha (f) **vóras** (v) ['voras]
teia (f) de aranha **vorãtinklis** (v) [vo'ra:tʲɪŋklʲɪs]

libélula (f) **laũmžirgis** (v) ['lʲɑʊmʒʲɪrgʲɪs]
gafanhoto-do-campo (m) **žiógas** (v) ['ʒʲogas]
traça (f) **petelìškė** (m) [pʲɛtʲɛ'lʲɪʃkʲe:]

barata (f) **tarakõnas** (v) [tara'ko:nas]
carraça (f) **érkė** (m) ['ʲærkʲe:]
pulga (f) **blusà** (m) [blʲʊ'sa]
borrachudo (m) **mãšalas** (v) ['ma:ʃalʲas]

gafanhoto (m) **skėrỹs** (v) [skʲe:'rʲi:s]
caracol (m) **sráigė** (m) ['srʌɪgʲe:]
grilo (m) **svirplỹs** (v) [svʲɪrp'lʲi:s]
pirilampo (m) **jõnvabalis** (v) ['jɔ:nvabalʲɪs]
joaninha (f) **borùžė** (m) [bo'rʊʒʲe:]
besouro (m) **grambuolỹs** (v) [grambʊɑ'lʲi:s]

sanguessuga (f) **dėlė̃** (m) [dʲe:'lʲe:]
lagarta (f) **vìkšras** (v) ['vʲɪkʃras]
minhoca (f) **slíekas** (v) ['slʲiɛkas]
larva (f) **kirmelė** (m) [kʲɪrme'lʲe:]

221. Animais. Partes do corpo

bico (m) **snãpas** (v) ['sna:pas]
asas (f pl) **sparnaĩ** (v dgs) [spar'nʌɪ]
pata (f) **kója** (m) ['koja]
plumagem (f) **apsiplunksnãvimas** (v) [apsʲɪplʲʊŋks'na:vʲɪmas]
pena, pluma (f) **plùnksna** (m) ['plʲʊŋksna]
crista (f) **skristùkas** (v) [skrʲɪ'stʊkas]

brânquias, guelras (f pl) **žiáunos** (m dgs) ['ʒʲæʊnos]
ovas (f pl) **ìkrai** (v dgs) ['ɪkrʌɪ]
larva (f) **lérva** (m) ['lʲɛrva]
barbatana (f) **pẽlekas** (v) ['pʲælʲɛkas]
escama (f) **žvynaĩ** (v dgs) [ʒvʲi:'nʌɪ]
canino (m) **ìltis** (m) ['ɪlʲtʲɪs]

pata (f)	**lẽtena** (m)	['lʲætʲɛna]
focinho (m)	**snùkis** (v)	['snʊkʲɪs]
boca (f)	**nasraĩ** (v)	[nas'rʌɪ]
cauda (f), rabo (m)	**uodegà** (m)	[ʊadʲɛ'ga]
bigodes (m pl)	**ū̃sai** (v dgs)	['u:sʌɪ]
casco (m)	**kanópa** (m)	[ka'nopa]
corno (m)	**rãgas** (v)	['ra:gas]
carapaça (f)	**šárvas** (v)	['ʃarvas]
concha (f)	**kriauklė̃** (m)	[krʲɛʊk'lʲe:]
casca (f) de ovo	**lùkštas** (v)	['lʲʊkʃtas]
pelo (m)	**vìlna** (m)	['vʲɪlʲna]
pele (f), couro (m)	**káilis** (v)	['kʌɪlʲɪs]

222. Ações dos animais

voar (vi)	**skraidýti**	[skrʌɪ'dʲi:tʲɪ]
dar voltas	**sùkti ratùs**	['sʊktʲɪ ra'tʊs]
voar (para longe)	**išskrìsti**	[ɪʃ'skrʲɪstʲɪ]
bater as asas	**plasnóti**	[plʲas'notʲɪ]
bicar (vi)	**lèsti**	['lʲɛstʲɪ]
incubar (vt)	**perė́ti kiaušiniùs**	[pʲɛ'rʲe:tʲɪ kʲɛʊʃɪ'nʲʊs]
sair do ovo	**išsirìsti**	[ɪʃsʲɪ'rʲɪstʲɪ]
fazer o ninho	**sùkti**	['sʊktʲɪ]
rastejar (vi)	**šliaúžioti**	['ʃlʲæʊʒʲotʲɪ]
picar (vt)	**gélti**	['gʲɛlʲtʲɪ]
morder (vt)	**įką́sti**	[i:'ka:stʲɪ]
cheirar (vt)	**úostyti**	['ʊastʲi:tʲɪ]
latir (vi)	**lóti**	['lʲotʲɪ]
silvar (vi)	**šnỹpšti**	['ʃnʲi:pʃtʲɪ]
assustar (vt)	**gą̃sdinti**	['ga:sdʲɪntʲɪ]
atacar (vt)	**pùlti**	['pʊlʲtʲɪ]
roer (vt)	**griaúžti**	['grʲæʊʒtʲɪ]
arranhar (vt)	**draskýti**	[dras'kʲi:tʲɪ]
esconder-se (vr)	**slė̃ptis**	['slʲe:ptʲɪs]
brincar (vi)	**žaĩsti**	['ʒʌɪstʲɪ]
caçar (vi)	**medžióti**	[mʲɛ'dʒʲotʲɪ]
hibernar (vi)	**miegóti žiemõs miegù**	[mʲɛ'gotʲɪ ʒʲɛ'mo:s mʲɛ'gʊ]
extinguir-se (vr)	**išmir̃ti**	[ɪʃ'mʲɪrtʲɪ]

223. Animais. Habitats

hábitat	**gývavimo aplinkà** (m)	[gʲi:'vavʲɪmɔ aplʲɪŋ'ka]
migração (f)	**migrãcija** (m)	[mʲɪ'gra:tsʲɪjɛ]
montanha (f)	**kálnas** (v)	['kalʲnas]

recife (m)	**rìfas** (v)	['rʲɪfas]
falésia (f)	**uolà** (m)	[ʊɑ'lʲa]
floresta (f)	**mìškas** (v)	['mʲɪʃkas]
selva (f)	**džiùnglės** (m dgs)	['dʒʲʊnglʲe:s]
savana (f)	**savanà** (m)	[sava'na]
tundra (f)	**tùndra** (m)	['tʊndra]
estepe (f)	**stèpė** (m)	['stʲɛpʲe:]
deserto (m)	**dykumà** (m)	[dʲi:kʊ'ma]
oásis (m)	**oãzė** (m)	[o'a:zʲe:]
mar (m)	**jū́ra** (m)	['ju:ra]
lago (m)	**ẽžeras** (v)	['ɛʒʲɛras]
oceano (m)	**vandenýnas** (v)	[vandʲɛ'nʲi:nas]
pântano (m)	**pélkė** (m)	['pʲɛlʲkʲe:]
de água doce	**gėlavandẽnis**	[gʲe:lʲavan'dʲænʲɪs]
lagoa (f)	**tvenkinỹs** (v)	[tvʲɛŋkʲɪ'nʲi:s]
rio (m)	**ùpė** (m)	['ʊpʲe:]
toca (f) do urso	**irštvà** (m)	[ɪrʃt'va]
ninho (m)	**lìzdas** (v)	['lʲɪzdas]
buraco (m) de árvore	**drevė̃** (m)	[dre'vʲe:]
toca (f)	**olà** (m)	[o'lʲa]
formigueiro (m)	**skruzdėlýnas** (v)	[skrʊzdʲe:'lʲi:nas]

224. Cuidados com os animais

jardim (m) zoológico	**zoològijos sõdas** (v)	[zoo'lʲogʲɪjɔs 'so:das]
reserva (f) natural	**draustìnis** (v)	[drɑʊs'tʲɪnʲɪs]
viveiro (m)	**veisyklà** (m)	[vʲɛɪsʲi:k'lʲa]
jaula (f) de ar livre	**voljèras** (v)	[vo'lʲjæras]
jaula, gaiola (f)	**nar̃vas** (v)	['narvas]
casinha (f) de cão	**gur̃bas** (v)	['gʊrbas]
pombal (m)	**balañdinė** (m)	[ba'lʲandʲɪnʲe:]
aquário (m)	**akvãriumas** (v)	[ak'va:rʲʊmas]
delfinário (m)	**delfinariumas** (v)	[dʲɛlʲfʲɪ'narʲʊmas]
criar (vt)	**veĩsti**	['vʲɛɪstʲɪ]
ninhada (f)	**palikuõnys** (v dgs)	[palʲɪ'kʊɑnʲi:s]
domesticar (vt)	**prijaukìnti**	[prʲɪjɛʊ'kʲɪntʲɪ]
adestrar (vt)	**dresúoti**	[drʲɛ'sʊɑtʲɪ]
ração (f)	**pãšaras** (v)	['pa:ʃaras]
alimentar (vt)	**šérti**	['ʃɛrtʲɪ]
loja (f) de animais	**zoològijos parduotùvė** (m)	[zo'lʲogʲɪjɔs pardʊɑ'tʊvʲe:]
açaime (m)	**añtsnukis** (v)	['antsnʊkʲɪs]
coleira (f)	**apýkaklė** (m)	[a'pʲi:kaklʲe:]
nome (m)	**var̃das** (v)	['vardas]
pedigree (m)	**genealògija** (m)	[gʲɛnʲɛa'lʲogʲɪjɛ]

225. Animais. Diversos

alcateia (f)	**gaujà** (m)	[gaʊja]
bando (pássaros)	**pul̃kas** (v)	['pʊlʲkas]
cardume (peixes)	**būr̃ys** (v)	[bu:'rʲi:s]
manada (cavalos)	**tabū́nas** (v)	[ta'bu:nas]
macho (m)	**pãtinas** (v)	['pa:tʲɪnas]
fêmea (f)	**patẽlė** (m)	[pa'tʲælʲe:]
faminto	**álkanas**	['alʲkanas]
selvagem	**laukìnis**	[lʲaʊ'kʲɪnʲɪs]
perigoso	**pavojìngas**	[pavo'jɪngas]

226. Cavalos

cavalo (m)	**arklỹs** (v)	[ark'lʲi:s]
raça (f)	**gamtà** (m)	[gam'ta]
potro (m)	**eržiliùkas** (v)	[ɛrʒʲɪ'lʲʊkas]
égua (f)	**kumẽlė** (m)	[kʊ'mʲælʲe:]
mustangue (m)	**mustángas** (v)	[mʊs'tangas]
pónei (m)	**pònis** (v)	['ponʲɪs]
cavalo (m) de tiro	**sunkùsis arklỹs** (v)	[sʊŋ'kʊsʲɪs ark'lʲi:s]
crina (f)	**karčiaĩ** (v dgs)	['kartʂʲɛɪ]
cauda (f)	**uodegà** (m)	[ʊadʲɛ'ga]
casco (m)	**kanópa** (m)	[ka'nopa]
ferradura (f)	**pasagà** (m)	[pasa'ga]
ferrar (vt)	**pakáustyti**	[pa'kaʊstʲi:tʲɪ]
ferreiro (m)	**kálvis** (v)	['kalʲvʲɪs]
sela (f)	**bal̃nas** (v)	['balʲnas]
estribo (m)	**balnãkilpė** (m)	[balʲ'nakʲɪlʲpʲe:]
brida (f)	**brìzgilas** (v)	['brʲɪzgʲɪlʲas]
rédeas (f pl)	**vadẽlės** (m dgs)	[va'dʲælʲe:s]
chicote (m)	**rim̃bas** (v)	['rʲɪmbas]
cavaleiro (m)	**jodinėtojas** (v)	[jɔdʲɪ'nʲe:to:jɛs]
colocar sela	**pabalnóti**	[pabalʲ'notʲɪ]
montar no cavalo	**atsisésti į bal̃ną**	[atsʲɪ'sʲe:stʲɪ i: 'balʲna:]
galope (m)	**šuoliãvimas** (v)	[ʃʊa'lʲævʲɪmas]
galopar (vi)	**jóti šúoliais**	['jɔtʲɪ 'ʃʊalʲɛɪs]
trote (m)	**risčia** (m)	[rʲɪs'tʂʲæ]
ir a trote	**jóti risčià**	['jɔtʲɪ rʲɪs'tʂʲæ]
cavalo (m) de corrida	**arklỹs šúolininkas** (v)	[ark'lʲi:s 'ʃʊalʲɪnʲɪŋkas]
corridas (f pl)	**žirgų̃ lenktỹnės** (m dgs)	[ʒʲɪr'gu: lʲɛnk'tʲi:nʲe:s]
estábulo (m)	**arklydė** (m)	[ark'lʲi:dʲe:]
alimentar (vt)	**šérti**	['ʃɛrtʲɪ]

feno (m)	**šiẽnas** (v)	['ʃʲɪɛnas]
dar água	**gìrdyti**	['gʲɪrdʲi:tʲɪ]
limpar (vt)	**valýti**	[va'lʲi:tʲɪ]
pastar (vi)	**ganýtis**	[ga'nʲi:tʲɪs]
relinchar (vi)	**žvéngti**	['ʒvʲɛŋktʲɪ]
dar um coice	**spìrti**	['spʲɪrtʲɪ]

Flora

227. Árvores

árvore (f)	**mẽdis** (v)	['mʲædʲɪs]
decídua	**lapuõtis**	[lʲapʊ'ɑtʲɪs]
conífera	**spygliuõtis**	[spʲi:g'lʲʊo:tʲɪs]
perene	**vìsžalis**	['vʲɪsʒalʲɪs]
macieira (f)	**obelìs** (m)	[obʲɛ'lʲɪs]
pereira (f)	**kriáušė** (m)	['krʲæʊʃʲe:]
cerejeira (f)	**trẽšnė** (m)	['trʲæʃnʲe:]
ginjeira (f)	**vyšnià** (m)	[vʲi:ʃ'nʲæ]
ameixeira (f)	**slyvà** (m)	[slʲi:'va]
bétula (f)	**béržas** (v)	['bʲɛrʒas]
carvalho (m)	**ą́žuolas** (v)	['a:ʒʊɑlʲas]
tília (f)	**líepa** (m)	['lʲiɛpa]
choupo-tremedor (m)	**drebulė̃** (m)	[drebʊ'lʲe:]
bordo (m)	**klẽvas** (v)	['klʲævas]
espruce-europeu (m)	**ẽglė** (m)	['ʲæglʲe:]
pinheiro (m)	**pušìs** (m)	[pʊ'ʃʲɪs]
alerce, lariço (m)	**maũmedis** (v)	['mɑʊmʲɛdʲɪs]
abeto (m)	**kẽnis** (v)	['kʲe:nʲɪs]
cedro (m)	**kèdras** (v)	['kʲɛdras]
choupo, álamo (m)	**tuópa** (m)	['tʊɑpa]
tramazeira (f)	**šermùkšnis** (v)	[ʃʲɛr'mʊkʃnʲɪs]
salgueiro (m)	**gluósnis** (v)	['glʲʊɑsnʲɪs]
amieiro (m)	**al̃ksnis** (v)	['alʲksnʲɪs]
faia (f)	**bùkas** (v)	['bʊkas]
ulmeiro (m)	**guóba** (m)	['gʊɑba]
freixo (m)	**úosis** (v)	['ʊɑsʲɪs]
castanheiro (m)	**kaštõnas** (v)	[kaʃ'to:nas]
magnólia (f)	**magnòlija** (m)	[mag'nolʲɪjɛ]
palmeira (f)	**pálmė** (m)	['palʲmʲe:]
cipreste (m)	**kiparìsas** (v)	[kʲɪpa'rʲɪsas]
mangue (m)	**mañgro mẽdis** (v)	['mañgrɔ 'mʲædʲɪs]
embondeiro, baobá (m)	**baobãbas** (v)	[bao'ba:bas]
eucalipto (m)	**eukalìptas** (v)	[ɛʊka'lʲɪptas]
sequoia (f)	**sekvojà** (m)	[sʲɛkvo:'jɛ]

228. Arbustos

arbusto (m)	**krū́mas** (v)	['kru:mas]
arbusto (m), moita (f)	**krūmýnas** (v)	[kru:'mʲi:nas]

videira (f)	**vynuogýnas** (v)	[vʲi:nʊɑ'gʲi:nas]
vinhedo (m)	**vynuogýnas** (v)	[vʲi:nʊɑ'gʲi:nas]
framboeseira (f)	**aviẽtė** (m)	[a'vʲɛtʲe:]
groselheira-vermelha (f)	**raudonàsis serbeñtas** (v)	[rɑʊdo'nasʲɪs sʲɛr'bʲɛntas]
groselheira (f) espinhosa	**agrãstas** (v)	[ag'ra:stas]
acácia (f)	**akãcija** (m)	[a'ka:tsʲɪjɛ]
bérberis (f)	**raugeȓškis** (m)	[rɑʊ'gʲɛrʃkʲɪs]
jasmim (m)	**jazmìnas** (v)	[jaz'mʲɪnas]
junípero (m)	**kadagỹs** (v)	[kada'gʲi:s]
roseira (f)	**rõžių krũmas** (v)	['ro:ʒʲu: 'kru:mas]
roseira (f) brava	**erškė̃tis** (v)	[erʃ'kʲe:tʲɪs]

229. Cogumelos

cogumelo (m)	**grỹbas** (v)	['grʲi:bas]
cogumelo (m) comestível	**válgomas grỹbas** (v)	['valʲgomas 'grʲi:bas]
cogumelo (m) venenoso	**nuodìngas grỹbas** (v)	[nʊɑ'dʲɪngas 'grʲi:bas]
chapéu (m)	**kepurė̃lė** (m)	[kʲɛpʊ'rʲe:lʲe:]
pé, caule (m)	**kótas** (v)	['kotas]
boleto (m)	**baravỹkas** (v)	[bara'vʲi:kas]
boleto (m) alaranjado	**raudonviȓšis** (v)	[rɑʊdon'vʲɪrʃʲɪs]
míscaro (m) das bétulas	**lẽpšis** (v)	['lʲæpʃʲɪs]
cantarela (f)	**voveráitė** (m)	[vove'rʌɪtʲe:]
rússula (f)	**ūmėdė̃** (m)	[u:mʲe:'dʲe:]
morchella (f)	**briedžiùkas** (v)	[brʲiɛ'dʒʲʊkas]
agário-das-moscas (m)	**mùsmirė** (m)	['mʊsmʲɪrʲe:]
cicuta (f) verde	**šùngrybis** (v)	['ʃʊngrʲi:bʲɪs]

230. Frutos. Bagas

fruta (f)	**vaĩsius** (v)	['vʌɪsʲʊs]
frutas (f pl)	**vaĩsiai** (v dgs)	['vʌɪsʲɛɪ]
maçã (f)	**obuolỹs** (v)	[obʊɑ'lʲi:s]
pera (f)	**kriáušė** (m)	['krʲæʊʃʲe:]
ameixa (f)	**slyvà** (m)	[slʲi:'va]
morango (m)	**brãškė** (m)	['bra:ʃkʲe:]
ginja (f)	**vyšnià** (m)	[vʲi:ʃ'nʲæ]
cereja (f)	**trẽšnė** (m)	['trʲæʃnʲe:]
uva (f)	**vỹnuogės** (m dgs)	['vʲi:nʊɑgʲe:s]
framboesa (f)	**aviẽtė** (m)	[a'vʲɛtʲe:]
groselha (f) preta	**juodíeji serbeñtai** (v dgs)	[jʊɑ'dʲiɛjɪ sʲɛr'bʲɛntʌɪ]
groselha (f) vermelha	**raudoníeji serbeñtai** (v dgs)	[raʊdo'nʲɛji sʲɛr'bʲɛntʌɪ]
groselha (f) espinhosa	**agrãstas** (v)	[ag'ra:stas]
oxicoco (m)	**spañguolė** (m)	['spaŋgʊɑlʲe:]
laranja (f)	**apelsìnas** (v)	[apʲɛlʲ'sʲɪnas]

tangerina (f)	**mandarìnas** (v)	[manda'rʲɪnas]
ananás (m)	**ananãsas** (v)	[ana'na:sas]
banana (f)	**banãnas** (v)	[ba'na:nas]
tâmara (f)	**datùlė** (m)	[da'tʊlʲe:]
limão (m)	**citrinà** (m)	[tsʲɪtrʲɪ'na]
damasco (m)	**abrikòsas** (v)	[abrʲɪ'kosas]
pêssego (m)	**pèrsikas** (v)	['pʲɛrsʲɪkas]
kiwi (m)	**kìvis** (v)	['kʲɪvʲɪs]
toranja (f)	**greĩpfrutas** (v)	['grʲɛɪpfrʊtas]
baga (f)	**úoga** (m)	['ʊɑga]
bagas (f pl)	**úogos** (m dgs)	['ʊɑgos]
arando (m) vermelho	**brùknės** (m dgs)	['brʊknʲe:s]
morango-silvestre (m)	**žémuogės** (m dgs)	['ʒʲæmʊɑgʲe:s]
mirtilo (m)	**mėlỹnės** (m dgs)	[mʲe:'lʲi:nʲe:s]

231. Flores. Plantas

flor (f)	**gėlė̃** (m)	[gʲe:'lʲe:]
ramo (m) de flores	**púokštė** (m)	['pʊɑkʃtʲe:]
rosa (f)	**rõžė** (m)	['ro:ʒʲe:]
tulipa (f)	**tùlpė** (m)	['tʊlʲpʲe:]
cravo (m)	**gvazdìkas** (v)	[gvaz'dʲɪkas]
gladíolo (m)	**kardẽlis** (v)	[kar'dʲælʲɪs]
centáurea (f)	**rùgiagėlė** (m)	['rʊgʲægʲe:lʲe:]
campânula (f)	**varpẽlis** (v)	[var'pʲælʲɪs]
dente-de-leão (m)	**piẽnė** (m)	['pʲɛnʲe:]
camomila (f)	**ramùnė** (m)	[ra'mʊnʲe:]
aloé (m)	**alijõšius** (v)	[alʲɪ'jɔ:ʃʊs]
cato (m)	**kãktusas** (v)	['ka:ktʊsas]
fícus (m)	**fìkusas** (v)	['fʲɪkʊsas]
lírio (m)	**lelijà** (m)	[lʲɛlʲɪ'ja]
gerânio (m)	**pelargònija** (m)	[pʲɛlʲar'gonʲɪjɛ]
jacinto (m)	**hiacìntas** (v)	[ɣʲɪja'tsʲɪntas]
mimosa (f)	**mimozà** (m)	[mʲɪmo'za]
narciso (m)	**narcìzas** (v)	[nar'tsʲɪzas]
capuchinha (f)	**nastùrta** (m)	[nas'tʊrta]
orquídea (f)	**orchidéja** (m)	[orxʲɪ'dʲe:ja]
peónia (f)	**bijū̃nas** (v)	[bʲɪ'ju:nas]
violeta (f)	**našlaitė** (m)	[naʃlʲʌɪtʲe:]
amor-perfeito (m)	**daržẽlinė našlaítė** (m)	[dar'ʒʲælʲɪnʲe: naʃ'lʌɪtʲe:]
não-me-esqueças (m)	**neužmirštuõlė** (m)	[nʲɛʊʒmʲɪrʃ'tʊɑlʲe:]
margarida (f)	**saulùtė** (m)	[sɑʊ'lʲʊtʲe:]
papoula (f)	**aguonà** (m)	[agʊɑ'na]
cânhamo (m)	**kanãpė** (m)	[ka'na:pʲe:]

hortelã (f)	**mėtà** (m)	[mʲe:'ta]
lírio-do-vale (m)	**pakalnùtė** (m)	[pakalʲ'nʊtʲe:]
campânula-branca (f)	**sniẽgena** (m)	['snʲɛgʲɛna]
urtiga (f)	**dilgė̃lė** (m)	[dʲɪlʲ'gʲælʲe:]
azeda (f)	**rūgštỹnė** (m)	[ru:gʃ'tʲi:nʲe:]
nenúfar (m)	**vandeñs lelijà** (m)	[van'dʲɛns lʲɛlʲɪ'ja]
feto (m), samambaia (f)	**papar̃tis** (v)	[pa'partʲɪs]
líquen (m)	**ké̇rpė** (m)	['kʲɛrpʲe:]
estufa (f)	**oranžèrija** (m)	[oran'ʒʲɛrʲɪjɛ]
relvado (m)	**gazònas** (v)	[ga'zonas]
canteiro (m) de flores	**klòmba** (m)	['klʲomba]
planta (f)	**áugalas** (v)	['ɑʊgalʲas]
erva (f)	**žolė̃** (m)	[ʒo'lʲe:]
folha (f) de erva	**žolė̃lė** (m)	[ʒo'lʲælʲe:]
folha (f)	**lãpas** (v)	['lʲa:pas]
pétala (f)	**žíedlapis** (v)	['ʒʲiɛdlʲapʲɪs]
talo (m)	**stíebas** (v)	['stʲiɛbas]
tubérculo (m)	**gum̃bas** (v)	['gʊmbas]
broto, rebento (m)	**želmuõ** (v)	[ʒʲɛlʲ'mʊɑ]
espinho (m)	**spyglỹs** (v)	[spʲi:g'lʲi:s]
florescer (vi)	**žydéti**	[ʒʲi:'dʲe:tʲɪ]
murchar (vi)	**výsti**	['vʲi:stʲɪ]
cheiro (m)	**kvãpas** (v)	['kva:pas]
cortar (flores)	**nupjáuti**	[nʊ'pjɑʊtʲɪ]
colher (uma flor)	**nuskìnti**	[nʊ'skʲɪntʲɪ]

232. Cereais, grãos

grão (m)	**grū́das** (v)	['gru:das]
cereais (plantas)	**grūdìnės kultū̃ros** (m dgs)	[gru:'dʲɪnʲe:s kʊlʲ'tu:ros]
espiga (f)	**vàrpa** (m)	['varpa]
trigo (m)	**kviečiaĩ** (v dgs)	[kvʲiɛ'tʂʲɛɪ]
centeio (m)	**rugiaĩ** (v dgs)	[rʊ'gʲɛɪ]
aveia (f)	**ãvižos** (m dgs)	['a:vʲɪʒos]
milho-miúdo (m)	**sóra** (m)	['sora]
cevada (f)	**miẽžiai** (v dgs)	['mʲɛʒʲɛɪ]
milho (m)	**kukurū̃zas** (v)	[kʊkʊ'ru:zas]
arroz (m)	**rýžiai** (v)	['rʲi:ʒʲɛɪ]
trigo-sarraceno (m)	**grìkiai** (v dgs)	['grʲɪkʲɛɪ]
ervilha (f)	**žìrniai** (v dgs)	['ʒʲɪrnʲɛɪ]
feijão (m)	**pupẽlės** (m dgs)	[pʊ'pʲælʲe:s]
soja (f)	**sojà** (m)	[so:'jɛ]
lentilha (f)	**lę̃šiai** (v dgs)	['lʲɛ:ʃɛɪ]
fava (f)	**pùpos** (m dgs)	['pʊpos]

233. Vegetais. Verduras

legumes (m pl)	**daržóvės** (m dgs)	[dar'ʒovʲe:s]
verduras (f pl)	**žalumýnai** (v)	[ʒalʲʊ'mʲi:nʌɪ]
tomate (m)	**pomidòras** (v)	[pomʲɪ'doras]
pepino (m)	**agur̃kas** (v)	[a'gʊrkas]
cenoura (f)	**morkà** (m)	[mor'ka]
batata (f)	**bùlvė** (m)	['bʊlʲvʲe:]
cebola (f)	**svogū̃nas** (v)	[svo'gu:nas]
alho (m)	**česnãkas** (v)	[tʂʲɛs'na:kas]
couve (f)	**kopū̃stas** (v)	[kɔ'pu:stas]
couve-flor (f)	**kalafiòras** (v)	[kalʲa'fʲoras]
couve-de-bruxelas (f)	**briùselio kopū̃stas** (v)	['brʲʊsʲɛlʲɔ ko'pu:stas]
brócolos (m pl)	**bròkolių kopū̃stas** (v)	['brokolʲu: ko'pu:stas]
beterraba (f)	**ruñkelis, burõkas** (v)	['rʊŋkʲɛlʲɪs], [bʊ'ro:kas]
beringela (f)	**baklažãnas** (v)	[baklʲa'ʒa:nas]
curgete (f)	**agurõtis** (v)	[agʊ'ro:tʲɪs]
abóbora (f)	**moliū̃gas** (v)	[mo'lʲu:gas]
nabo (m)	**rópė** (m)	['ropʲe:]
salsa (f)	**petrãžolė** (m)	[pʲɛ'tra:ʒolʲe:]
funcho, endro (m)	**krãpas** (v)	['kra:pas]
alface (f)	**salotà** (m)	[salʲo'ta]
aipo (m)	**saliẽras** (v)	[sa'lʲɛras]
espargo (m)	**smìdras** (v)	['smʲɪdras]
espinafre (m)	**špinãtas** (v)	[ʃpʲɪ'na:tas]
ervilha (f)	**žìrniai** (v dgs)	['ʒʲɪrnʲɛɪ]
fava (f)	**pùpos** (m dgs)	['pʊpos]
milho (m)	**kukurū̃zas** (v)	[kʊkʊ'ru:zas]
feijão (m)	**pupẽlės** (m dgs)	[pʊ'pʲælʲe:s]
pimentão (m)	**pipìras** (v)	[pʲɪ'pʲɪras]
rabanete (m)	**ridìkas** (v)	[rʲɪ'dʲɪkas]
alcachofra (f)	**artišòkas** (v)	[artʲɪ'ʃokas]

GEOGRAFIA REGIONAL

Países. Nacionalidades

234. Europa Ocidental

Europa (f)	**Europà** (m)	[ɛʊro'pa]
União (f) Europeia	**europiẽtis** (v)	[ɛʊro'pʲɛtʲɪs]
europeu (m)	**europiẽtė** (m)	[ɛʊro'pʲɛtʲe:]
europeu	**europiẽtiškas**	[ɛʊro'pʲɛtʲɪʃkas]
Áustria (f)	**Áustrija** (m)	['ɑʊstrʲɪjɛ]
austríaco (m)	**áustras** (v)	['ɑʊstras]
austríaca (f)	**áustrė** (m)	['ɑʊstrʲe:]
austríaco	**áustriškas**	['ɑʊstrʲɪʃkas]
Grã-Bretanha (f)	**Didžióji Britãnija** (m)	[dʲɪ'dʒʲo:jɪ brʲɪ'ta:nʲɪjɛ]
Inglaterra (f)	**Ánglija** (m)	['anglʲɪjɛ]
inglês (m)	**ánglas** (v)	['anglʲas]
inglesa (f)	**ánglė** (m)	['anglʲe:]
inglês	**ángliškas**	['anglʲɪʃkas]
Bélgica (f)	**Bel̃gija** (m)	['bʲɛlʲgʲɪjɛ]
belga (m)	**bel̃gas** (v)	['bʲɛlʲgas]
belga (f)	**bel̃gė** (m)	['belʲgʲe:]
belga	**bel̃giškas**	['bʲɛlʲgʲɪʃkas]
Alemanha (f)	**Vokietìja** (m)	[vokʲiɛ'tʲɪja]
alemão (m)	**vókietis** (v)	['vokʲiɛtʲɪs]
alemã (f)	**vókietė** (m)	['vokʲiɛtʲe:]
alemão	**vókiškas**	['vokʲɪʃkas]
Países (m pl) Baixos	**Nýderlandai** (v dgs)	['nʲi:dʲɛrlʲandʌɪ]
Holanda (f)	**Olándija** (m)	[o'lʲandʲɪjɛ]
holandês (m)	**olándas** (v)	[o'lʲandas]
holandesa (f)	**olándė** (m)	[o'lʲandʲe:]
holandês	**olándiškas**	[o'lʲandʲɪʃkas]
Grécia (f)	**Graĩkija** (m)	['grʌɪkʲɪjɛ]
grego (m)	**graĩkas** (v)	['grʌɪkas]
grega (f)	**graĩkė** (m)	['grʌɪkʲe:]
grego	**graĩkiškas**	['grʌɪkʲɪʃkas]
Dinamarca (f)	**Dãnija** (m)	['da:nʲɪjɛ]
dinamarquês (m)	**dãnas** (v)	['da:nas]
dinamarquesa (f)	**dãnė** (m)	['da:nʲe:]
dinamarquês	**dãniškas**	['da:nʲɪʃkas]
Irlanda (f)	**Aĩrija** (m)	['ʌɪrʲɪjɛ]
irlandês (m)	**aĩris** (v)	['ʌʲɪrʲɪs]

irlandesa (f)	**aĩrė** (m)	['ʌɪrʲe:]
irlandês	**aĩriškas**	['ʌɪrʲɪʃkas]
Islândia (f)	**Islándija** (m)	[ɪs'lʲandʲɪjɛ]
islandês (m)	**islándas** (v)	[ɪs'lʲandas]
islandesa (f)	**islándė** (m)	[ɪs'lʲandʲe:]
islandês	**islándiškas**	[ɪs'lʲandʲɪʃkas]
Espanha (f)	**Ispãnija** (m)	[ɪs'pa:nʲɪjɛ]
espanhol (m)	**ispãnas** (v)	[ɪs'pa:nas]
espanhola (f)	**ispãnė** (m)	[ɪs'pa:nʲe:]
espanhol	**ispãniškas**	[ɪs'pa:nʲɪʃkas]
Itália (f)	**Itãlija** (m)	[ɪ'ta:lʲɪjɛ]
italiano (m)	**itãlas** (v)	[ɪ'ta:lʲas]
italiana (f)	**itãlė** (m)	[ɪ'ta:lʲe:]
italiano	**itãliškas**	[ɪ'ta:lʲɪʃkas]
Chipre (m)	**Kìpras** (v)	['kʲɪpras]
cipriota (m)	**kipriẽtis** (v)	[kʲɪ'prʲɛtʲɪs]
cipriota (f)	**kipriẽtė** (m)	[kʲɪ'prʲɛtʲe:]
cipriota	**kipriẽtiškas**	[kʲɪp'rʲɛtʲɪʃkas]
Malta (f)	**Málta** (m)	['malʲta]
maltês (m)	**maltiẽtis** (v)	[malʲ'tʲɛtʲɪs]
maltesa (f)	**maltiẽtė** (m)	[malʲ'tʲɛtʲe:]
maltês	**maltiẽtiškas**	[malʲ'tʲɛtʲɪʃkas]
Noruega (f)	**Norvègija** (m)	[nor'vʲɛgʲɪjɛ]
norueguês (m)	**norvègas** (v)	[nor'vʲɛgas]
norueguesa (f)	**norvègė** (m)	[nor'vʲɛgʲe:]
norueguês	**norvègiškas**	[nor'vʲɛgʲɪʃkas]
Portugal (m)	**Portugãlija** (m)	[portʊ'ga:lʲɪjɛ]
português (m)	**portugãlas** (v)	[portʊ'ga:lʲas]
portuguesa (f)	**portugãlė** (m)	[portʊ'ga:lʲe:]
português	**portugãliškas**	[portʊ'ga:lʲɪʃkas]
Finlândia (f)	**Súomija** (m)	['sʊɑmʲɪjɛ]
finlandês (m)	**súomis** (v)	['sʊɑmʲɪs]
finlandesa (f)	**súomė** (m)	['sʊɑmʲe:]
finlandês	**súomiškas**	['sʊɑmʲɪʃkas]
França (f)	**Prancūzijà** (m)	[prantsu:zʲɪ'ja]
francês (m)	**prancū̃zas** (v)	[pran'tsu:zas]
francesa (f)	**prancū̃zė** (m)	[pran'tsu:zʲe:]
francês	**prancū̃ziškas**	[pran'tsu:zʲɪʃkas]
Suécia (f)	**Švèdija** (m)	['ʃvʲɛdʲɪjɛ]
sueco (m)	**švèdas** (v)	['ʃvʲɛdas]
sueca (f)	**švèdė** (m)	['ʃvʲɛdʲe:]
sueco	**švèdiškas**	['ʃvʲɛdʲɪʃkas]
Suíça (f)	**Šveicãrija** (m)	[ʃvʲɛɪ'tsa:rʲɪjɛ]
suíço (m)	**šveicãras** (v)	[ʃvʲɛɪ'tsa:ras]
suíça (f)	**šveicãrė** (m)	[ʃvʲɛɪ'tsa:rʲe:]

suíço **šveicãriškas** [ʃvʲɛɪ'tsa:rʲɪʃkas]
Escócia (f) **Škòtija** (m) ['ʃkotʲɪjɛ]
escocês (m) **škòtas** (v) ['ʃkotas]
escocesa (f) **škòtė** (m) ['ʃkotʲe:]
escocês **škòtiškas** ['ʃkotʲɪʃkas]

Vaticano (m) **Vatikãnas** (v) [vatʲɪka:nas]
Liechtenstein (m) **Lìchtenšteinas** (v) ['lʲɪxtʲɛnʃtʲɛɪnas]
Luxemburgo (m) **Liùksemburgas** (v) ['lʲʊksʲɛmbʊrgas]
Mónaco (m) **Mònakas** (v) ['monakas]

235. Europa Central e de Leste

Albânia (f) **Albãnija** (m) [alʲ'ba:nʲɪjɛ]
albanês (m) **albãnas** (v) [alʲ'ba:nas]
albanesa (f) **albãnė** (m) [alʲ'ba:nʲe:]
albanês **albãniškas** [alʲ'ba:nʲɪʃkas]

Bulgária (f) **Bulgãrija** (m) [bʊlʲ'ga:rʲɪjɛ]
búlgaro (m) **bulgãras** (v) [bʊlʲ'ga:ras]
búlgara (f) **bulgãrė** (m) [bʊlʲ'ga:rʲe:]
búlgaro **bulgãriškas** [bʊlʲ'ga:rʲɪʃkas]

Hungria (f) **Veñgrija** (m) ['vʲɛŋgrʲɪjɛ]
húngaro (m) **veñgras** (v) ['vʲɛŋgras]
húngara (f) **veñgrė** (m) ['vʲɛŋgrʲe:]
húngaro **veñgriškas** ['vʲɛŋgrʲɪʃkas]

Letónia (f) **Lãtvija** (m) ['lʲa:tvʲɪjɛ]
letão (m) **lãtvis** (v) ['lʲa:tvʲɪs]
letã (f) **lãtvė** (m) ['lʲa:tvʲe:]
letão **lãtviškas** ['lʲa:tvʲɪʃkas]

Lituânia (f) **Lietuvà** (m) [lʲiɛtʊ'va]
lituano (m) **lietùvis** (v) [lʲiɛ'tʊvʲɪs]
lituana (f) **lietùvė** (m) [lʲiɛ'tʊvʲe:]
lituano **lietùviškas** [lʲiɛ'tʊvʲɪʃkas]

Polónia (f) **Lénkija** (m) ['lʲɛŋkʲɪjɛ]
polaco (m) **lénkas** (v) ['lʲɛŋkas]
polaca (f) **lénkė** (m) ['lʲɛŋkʲe:]
polaco **lénkiškas** ['lʲɛŋkʲɪʃkas]

Roménia (f) **Rumùnija** (m) [rʊ'mʊnʲɪjɛ]
romeno (m) **rumùnas** (v) [rʊ'mʊnas]
romena (f) **rumùnė** (m) [rʊ'mʊnʲe:]
romeno **rumùniškas** [rʊ'mʊnʲɪʃkas]

Sérvia (f) **Ser̃bija** (m) ['sʲɛrbʲɪjɛ]
sérvio (m) **ser̃bas** (v) ['sʲɛrbas]
sérvia (f) **ser̃bė** (m) ['sʲɛrbʲe:]
sérvio **ser̃biškas** ['sʲɛrbʲɪʃkas]
Eslováquia (f) **Slovãkija** (m) [slʲo'va:kʲɪjɛ]
eslovaco (m) **slovãkas** (v) [slʲo'va:kas]

eslovaca (f)	**slovãkė** (m)	[slʲo'va:kʲe:]
eslovaco	**slovãkiškas**	[slʲo'vakʲɪʃkas]
Croácia (f)	**Kroãtija** (m)	[kro'a:tʲɪjɛ]
croata (m)	**kroãtas** (v)	[kro'a:tas]
croata (f)	**kroãtė** (m)	[kro'a:tʲe:]
croata	**kroãtiškas**	[kro'a:tʲɪʃkas]
República (f) Checa	**Čèkija** (m)	['tʂʲɛkʲɪjɛ]
checo (m)	**čèkas** (v)	['tʂʲɛkas]
checa (f)	**čèkė** (m)	['tʂʲɛkʲe:]
checo	**čèkiškas**	['tʂʲɛkʲɪʃkas]
Estónia (f)	**Èstija** (m)	['ɛstʲɪjɛ]
estónio (m)	**èstas** (v)	['ɛstas]
estónia (f)	**èstė** (m)	['ɛstʲe:]
estónio	**èstiškas**	['ɛstʲɪʃkas]
Bósnia e Herzegovina (f)	**Bòsnija ir̃ Hercegovinà** (m)	['bosnʲɪja ir ɣʲɛrtsʲɛgovʲɪ'na]
Macedónia (f)	**Makedònija** (m)	[makʲɛ'donʲɪjɛ]
Eslovénia (f)	**Slovénija** (m)	[slʲo'vʲe:nʲɪjɛ]
Montenegro (m)	**Juodkalnijà** (m)	[jʊɑdkalʲnʲɪ'ja]

236. Países da ex-URSS

Azerbaijão (m)	**Azerbaidžãnas** (v)	[azʲɛrbʌɪ'dʒa:nas]
azeri (m)	**azerbaidžaniẽtis** (v)	[azʲɛrbʌɪ'dʒa:nʲɛtis]
azeri (f)	**azerbaidžaniẽtė** (m)	[azʲɛrbʌɪ'dʒa:nʲɛtʲe:]
azeri, azerbaijano	**azerbaidžaniẽtiškas**	[azʲɛrbʌɪdʒa'nʲɛtiʃkas]
Arménia (f)	**Arménija** (m)	[ar'mʲe:nʲɪjɛ]
arménio (m)	**arménas** (v)	[ar'mʲe:nas]
arménia (f)	**arménė** (m)	[ar'mʲe:nʲe:]
arménio	**arméniškas**	[ar'mʲe:nʲɪʃkas]
Bielorrússia (f)	**Baltarùsija** (m)	[balʲta'rʊsʲɪjɛ]
bielorrusso (m)	**baltarùsas** (v)	[balʲta'rʊsas]
bielorrussa (f)	**baltarùsė** (m)	[balʲta'rʊsʲe:]
bielorrusso	**baltarùsiškas**	[balʲta'rʊsʲɪʃkas]
Geórgia (f)	**Grùzija** (m)	['grʊzʲɪjɛ]
georgiano (m)	**gruzìnas** (v)	[grʊ'zʲɪnas]
georgiana (f)	**gruzìnė** (m)	[grʊ'zʲɪnʲe:]
georgiano	**gruzìniškas**	[grʊ'zʲɪnʲɪʃkas]
Cazaquistão (m)	**Kazãchija** (m)	[ka'za:xʲɪjɛ]
cazaque (m)	**kazãchas** (v)	[ka'za:xas]
cazaque (f)	**kazãchė** (m)	[ka'za:xʲe:]
cazaque	**kazãchiškas**	[ka'za:xiʃkas]
Quirguistão (m)	**Kirgìzija** (m)	[kʲɪr'gʲɪzʲɪjɛ]
quirguiz (m)	**kirgìzas** (v)	[kʲɪr'gʲɪzʲas]
quirguiz (f)	**kirgìzė** (m)	[kʲɪr'gʲɪzʲe:]
quirguiz	**kirgìziškas**	[kʲɪr'gʲɪzʲɪʃkas]

Moldávia (f)	**Moldãvija** (m)	[molʲ'da:vʲɪjɛ]
moldavo (m)	**moldãvas** (v)	[molʲ'da:vas]
moldava (f)	**moldãvė** (m)	[molʲ'da:vʲe:]
moldavo	**moldãviškas**	[molʲ'da:vʲɪʃkas]
Rússia (f)	**Rùsija** (m)	['rʊsʲɪjɛ]
russo (m)	**rùsas** (v)	['rʊsas]
russa (f)	**rùsė** (m)	['rʊsʲe:]
russo	**rùsiškas**	['rʊsʲɪʃkas]
Tajiquistão (m)	**Tadžìkija** (m)	[tad'ʒʲɪkʲɪjɛ]
tajique (m)	**tadžìkas** (v)	[tad'ʒʲɪkas]
tajique (f)	**tadžìkė** (m)	[tad'ʒʲɪkʲe:]
tajique	**tadžìkiškas**	[tad'ʒʲɪkʲɪʃkas]
Turquemenistão (m)	**Turkménija** (m)	[tʊrk'mʲe:nʲɪjɛ]
turcomeno (m)	**turkménas** (v)	[tʊrk'mʲe:nas]
turcomena (f)	**turkménė** (m)	[tʊrk'mʲe:nʲe:]
turcomeno	**turkméniškas**	[tʊrk'mʲe:nʲɪʃkas]
Uzbequistão (f)	**Uzbèkija** (m)	[ʊz'bʲɛkʲɪjɛ]
uzbeque (m)	**uzbèkas** (v)	[ʊz'bʲɛkas]
uzbeque (f)	**uzbèkė** (m)	[ʊz'bʲɛkʲe:]
uzbeque	**uzbèkiškas**	[ʊz'bʲɛkʲɪʃkas]
Ucrânia (f)	**Ukrainà** (m)	[ʊkrʌɪ'na]
ucraniano (m)	**ukrainiẽtis** (v)	[ʊkrʌɪ'nʲɛtʲɪs]
ucraniana (f)	**ukrainiẽtė** (m)	[ʊkrʌɪ'nʲɛtʲe:]
ucraniano	**ukrainiẽtiškas**	[ʊkrʌɪ'nʲɛtʲɪʃkas]

237. Asia

Ásia (f)	**ãzija** (m)	['a:zʲɪjɛ]
asiático	**azijiẽtiškas**	[azʲɪ'jɪɛtʲɪʃkas]
Vietname (m)	**Vietnãmas** (v)	[vjɛt'na:mas]
vietnamita (m)	**vietnamiẽtis** (v)	[vjɛtna'mʲɛtʲɪs]
vietnamita (f)	**vietnamiẽtė** (m)	[vjɛtna'mʲɛtʲe:]
vietnamita	**vietnamiẽtiškas**	[vjɛtna'mʲɛtʲɪʃkas]
Índia (f)	**Ìndija** (m)	['ɪndʲɪjɛ]
indiano (m)	**ìndas** (v)	['ɪndas]
indiana (f)	**ìndė** (m)	['ɪndʲe:]
indiano	**ìndiškas**	['ɪndʲɪʃkas]
Israel (m)	**Izraèlis** (v)	[ɪzra'ɛlʲɪs]
israelita (m)	**izraeliẽtis** (v)	[ɪzraʲɛ'lʲɛtʲɪs]
israelita (f)	**izraeliẽtė** (m)	[ɪzraʲɛ'lʲɛtʲe:]
israelita	**izraeliẽtiškas**	[ɪzraʲɛ'lʲɛtʲɪʃkas]
judeu (m)	**žỹdas** (v)	['ʒʲi:das]
judia (f)	**žỹdė** (m)	['ʒʲi:dʲe:]
judeu	**žỹdiškas**	['ʒʲi:dʲɪʃkas]
China (f)	**Kìnija** (m)	['kʲɪnʲɪjɛ]

chinês (m)	**kiniẽtis** (v)	[kʲɪ'nʲɛtʲɪs]
chinesa (f)	**kiniẽtė** (m)	[kʲɪ'nʲɛtʲe:]
chinês	**kiniẽtiškas**	[kʲɪ'nʲɛtʲɪʃkas]
coreano (m)	**korėjiẽtis** (v)	[kɔrʲe:'jɛtʲɪs]
coreana (f)	**korėjiẽtė** (m)	[kɔrʲe:'jɛtʲe:]
coreano	**korėjiẽtiškas**	[kɔrʲe:'jɛtʲɪʃkas]
Líbano (m)	**Libãnas** (v)	[lʲɪ'banas]
libanês (m)	**libiẽtis** (v)	[lʲɪ'bʲɛtʲɪs]
libanesa (f)	**libiẽtė** (m)	[lʲɪ'bʲɛtʲe:]
libanês	**libiẽtiškas**	[lʲɪ'bʲɛtʲɪʃkas]
Mongólia (f)	**Mongòlija** (m)	[mon'golʲɪjɛ]
mongol (m)	**mongòlas** (v)	[mon'golʲas]
mongol (f)	**mongòlė** (m)	[mon'golʲe:]
mongol	**mongòliškas**	[mon'golʲɪʃkas]
Malásia (f)	**Maláizija** (m)	[ma'lʲʌɪzʲɪjɛ]
malaio (m)	**malaiziẽtis** (v)	[malʲʌɪ'zʲɛtʲɪs]
malaia (f)	**malaiziẽtė** (m)	[malʲʌɪ'zʲɛtʲe:]
malaio	**malaiziẽtiškas**	[malʲʌɪ'zʲɛtʲɪʃkas]
Paquistão (m)	**Pakistãnas** (v)	[pakʲɪ'sta:nas]
paquistanês (m)	**pakistaniẽtis** (v)	[pakʲɪsta'nʲɛtʲɪs]
paquistanesa (f)	**pakistaniẽtė** (m)	[pakʲɪsta'nʲɛtʲe:]
paquistanês	**pakistãniškas**	[pakʲɪ'sta:nʲɪʃkas]
Arábia (f) Saudita	**Saúdo Arãbija** (m)	[sa'ʊdɔ a'ra:bʲɪjɛ]
árabe (m)	**arãbas** (v)	[a'ra:bas]
árabe (f)	**arãbė** (m)	[a'ra:bʲe:]
árabe	**arãbiškas**	[a'ra:bʲɪʃkas]
Tailândia (f)	**Tailándas** (v)	[tʌɪ'lʲandas]
tailandês (m)	**tailandiẽtis** (v)	[tʌɪlʲan'dʲɛtʲɪs]
tailandesa (f)	**tailandiẽtė** (m)	[tʌɪlʲan'dʲɛtʲe:]
tailandês	**tailandiẽtiškas**	[tʌɪlʲan'dʲɛtʲɪʃkas]
Taiwan (m)	**Taivãnis** (v)	[tʌɪ'vanʲɪs]
taiwanês (m)	**taivaniẽtis** (v)	[tʌɪva'nʲɛtʲɪs]
taiwanesa (f)	**taivaniẽtė** (m)	[tʌɪva'nʲɛtʲe:]
taiwanês	**taivaniẽtiškas**	[tʌɪva'nʲɛtʲɪʃkas]
Turquia (f)	**Tur̃kija** (m)	['tʊrkʲɪjɛ]
turco (m)	**tur̃kas** (v)	['tʊrkas]
turca (f)	**tur̃kė** (m)	['tʊrkʲe:]
turco	**tur̃kiškas**	['tʊrkʲɪʃkas]
Japão (m)	**Japònija** (m)	[ja'ponʲɪjɛ]
japonês (m)	**japònas** (v)	[ja'ponas]
japonesa (f)	**japònė** (m)	[ja'ponʲe:]
japonês	**japòniškas**	[ja'ponʲɪʃkas]
Afeganistão (m)	**Afganistãnas** (v)	[afganʲɪ'sta:nas]
Bangladesh (m)	**Bangladèšas** (v)	[banglʲa'dʲɛʃas]
Indonésia (f)	**Indonezijà** (m)	[ɪndonʲɛzʲɪ'ja]

Jordânia (f)	**Jordãnija** (m)	[jɔr'da:nʲɪjɛ]
Iraque (m)	**Irãkas** (v)	[ɪ'ra:kas]
Irão (m)	**Irãnas** (v)	[ɪ'ra:nas]
Camboja (f)	**Kambodžà** (m)	[kambo'dʒa]
Kuwait (m)	**Kuveĩtas** (v)	[kʊ'vʲɛɪtas]
Laos (m)	**Laòsas** (v)	[lʲa'osas]
Myanmar (m), Birmânia (f)	**Mianmãras** (v)	[mʲæn'ma:ras]
Nepal (m)	**Nepãlas** (v)	[nʲɛ'pa:lʲas]
Emirados Árabes Unidos	**Jungtìniai Arãbų Emiratai** (v dgs)	[jʊŋk'tʲɪnʲɛɪ a'ra:bu: ɛmʲɪratʌɪ]
Síria (f)	**Sìrija** (m)	['sʲɪrʲɪjɛ]
Palestina (f)	**Palestìna** (m)	[palʲɛs'tʲɪna]
Coreia do Sul (f)	**Pietų̃ Korėja** (m)	[pʲiɛ'tu: ko'rʲe:ja]
Coreia do Norte (f)	**Šiáurės Korėja** (m)	['ʃæʊrʲe:s ko'rʲe:ja]

238. América do Norte

Estados Unidos da América	**Jungtìnės Amèrikos Valstìjos** (m dgs)	[jʊŋk'tʲɪnʲe:s a'mʲɛrʲɪkos valʲs'tʲɪjɔs]
americano (m)	**amerikiẽtis** (v)	[amʲɛrʲɪ'kʲɛtʲɪs]
americana (f)	**amerikiẽtė** (m)	[amerʲɪ'kʲɛtʲe:]
americano	**amerikiẽtiškas**	[amʲɛrʲɪ'kʲɛtʲɪʃkas]
Canadá (m)	**Kanadà** (m)	[kana'da]
canadiano (m)	**kanadiẽtis** (v)	[kana'dʲɛtʲɪs]
canadiana (f)	**kanadiẽtė** (m)	[kana'dʲɛtʲe:]
canadiano	**kanadiẽtiškas**	[kana'dʲɛtʲɪʃkas]
México (m)	**Mèksika** (m)	['mʲɛksʲɪka]
mexicano (m)	**meksikiẽtis** (v)	[mʲɛksʲɪ'kʲɛtʲɪs]
mexicana (f)	**meksikiẽtė** (m)	[mʲɛksʲɪ'kʲɛtʲe:]
mexicano	**meksikiẽtiškas**	[mʲɛksʲɪ'kʲɛtʲɪʃkas]

239. América Central do Sul

Argentina (f)	**Argentinà** (m)	[argʲɛntʲɪ'na]
argentino (m)	**argentiniẽtis** (v)	[argʲɛntʲɪ'nʲɛtʲɪs]
argentina (f)	**argentiniẽtė** (m)	[argentʲɪ'nʲɛtʲe:]
argentino	**argentiniẽtiškas**	[argʲɛntʲɪ'nʲɛtʲɪʃkas]
Brasil (m)	**Brazìlija** (m)	[bra'zʲɪlʲɪjɛ]
brasileiro (m)	**brazìlas** (v)	[bra'zʲɪlʲas]
brasileira (f)	**brazìlė** (m)	[bra'zʲɪlʲe:]
brasileiro	**brazìliškas**	[bra'zʲɪlʲɪʃkas]
Colômbia (f)	**Kolùmbija** (m)	[ko'lʲʊmbʲɪjɛ]
colombiano (m)	**kolumbiẽtis** (v)	[kolʲʊm'bʲɛtʲɪs]
colombiana (f)	**kolumbiẽtė** (m)	[kolʲʊm'bʲɛtʲe:]
colombiano	**kolumbiẽtiškas**	[kolʲʊm'bʲɛtʲɪʃkas]
Cuba (f)	**Kubà** (m)	[kʊ'ba]

cubano (m)	**kubiẽtis** (v)	[kʊ'bʲɛtʲɪs]
cubana (f)	**kubiẽtė** (m)	[kʊ'bʲɛtʲe:]
cubano	**kubiẽtiškas**	[kʊ'bʲɛtʲɪʃkas]
Chile (m)	**Čìlė** (m)	['tʂʲɪlʲe:]
chileno (m)	**čiliẽtis** (v)	[tʂʲɪ'lʲɛtʲɪs]
chilena (f)	**čiliẽtė** (m)	[tʂʲɪ'lʲɛtʲe:]
chileno	**čiliẽtiškas**	[tʂʲɪ'lʲɛtʲɪʃkas]
Bolívia (f)	**Bolìvija** (m)	[bo'lʲɪvʲɪjɛ]
Venezuela (f)	**Venesuelà** (m)	[vʲɛnʲɛsʊʲɛ'lʲa]
Paraguai (m)	**Paragvãjus** (v)	[parag'va:jʊs]
Peru (m)	**Perù** (v)	[pʲɛ'rʊ]
Suriname (m)	**Surinãmis** (v)	[sʊrʲɪ'namʲɪs]
Uruguai (m)	**Urugvãjus** (v)	[ʊrʊg'va:jʊs]
Equador (m)	**Ekvadòras** (v)	[ɛkva'doras]
Bahamas (f pl)	**Bahãmų salõs** (m dgs)	[ba'ɣamu: 'salʲo:s]
Haiti (m)	**Haìtis** (v)	[ɣʌ'ɪtʲɪs]
República (f) Dominicana	**Dominìkos Respùblika** (m)	[domʲɪ'nʲɪkos rʲɛs'pʊblʲɪka]
Panamá (m)	**Panamà** (m)	[pana'ma]
Jamaica (f)	**Jamáika** (m)	[ja'mʌɪka]

240. Africa

Egito (m)	**Egìptas** (v)	[ɛ'gʲɪptas]
egípcio (m)	**egiptiẽtis** (v)	[ɛgʲɪp'tʲɛtʲɪs]
egípcia (f)	**egiptiẽtė** (m)	[egʲɪp'tʲɛtʲe:]
egípcio	**egiptiẽtiškas**	[ɛgʲɪp'tʲɛtʲɪʃkas]
Marrocos	**Maròkas** (v)	[ma'rokas]
marroquino (m)	**marokiẽtis** (v)	[maro'kʲɛtʲɪs]
marroquina (f)	**marokiẽtė** (m)	[maro'kʲɛtʲe:]
marroquino	**marokiẽtiškas**	[maro'kʲɛtʲɪʃkas]
Tunísia (f)	**Tunìsas** (v)	[tʊ'nʲɪsas]
tunisino (m)	**tunisiẽtis** (v)	[tʊnʲɪ'sʲɛtʲɪs]
tunisina (f)	**tunisiẽtė** (m)	[tʊnʲɪ'sʲɛtʲe:]
tunisino	**tunisiẽtiškas**	[tʊnʲɪ'sʲɛtʲɪʃkas]
Gana (f)	**Ganà** (m)	[ga'na]
Zanzibar (m)	**Zanzibãras** (v)	[zanzʲɪ'ba:ras]
Quénia (f)	**Kènija** (m)	['kʲɛnʲɪjɛ]
Líbia (f)	**Lìbija** (m)	['lʲɪbʲɪjɛ]
Madagáscar (m)	**Madagaskãras** (v)	[madagas'ka:ras]
Namíbia (f)	**Namìbija** (m)	[na'mʲɪbʲɪjɛ]
Senegal (m)	**Senegãlas** (v)	[sʲɛnʲɛ'ga:lʲas]
Tanzânia (f)	**Tanzãnija** (m)	[tan'za:nʲɪjɛ]
África do Sul (f)	**Pietų̃ ãfrikos respùblika** (m)	[pʲiɛ'tu: 'a:frʲɪkos rʲɛs'pʊblʲɪka]
africano (m)	**afrikiẽtis** (v)	[afrʲɪ'kʲɛtʲɪs]
africana (f)	**afrikiẽtė** (m)	[afrʲɪ'kʲɛtʲe:]
africano	**afrikiẽtiškas**	[afrʲɪ'kʲɛtʲɪʃkas]

241. Austrália. Oceania

Austrália (f)	**Austrãlija** (m)	[ɑʊs'tra:lʲɪjɛ]
australiano (m)	**australiẽtis** (v)	[ɑʊstra'lʲɛtʲɪs]
australiana (f)	**australiẽtė** (m)	[ɑʊstra'lʲɛtʲe:]
australiano	**austrãliškas**	[ɑʊ'stra:lʲɪʃkas]
Nova Zelândia (f)	**Naujóji Zelándija** (m)	[nɑʊ'jɔ:jɪ zʲɛ'lʲandʲɪjɛ]
neozelandês (m)	**Naujõsios Zelándijos gyvéntojas** (v)	[nɑʊ'jɔ:sʲos zʲɛ'lʲandʲɪjɔs gʲi:'vʲɛnto:jɛs]
neozelandesa (f)	**Naujõsios Zelándijos gyvéntoja** (m)	[nɑʊ'jɔ:sʲos zʲɛ'lʲandʲɪjɔs gʲi:'vʲɛnto:jɛ]
neozelandês	**Naujõsios Zelándijos**	[nɑʊ'jɔ:sʲos zʲɛ'lʲandʲɪjɔs]
Tasmânia (f)	**Tasmãnija** (m)	[tas'ma:nʲɪjɛ]
Polinésia Francesa (f)	**Prancūzìjos Polinèzija** (m)	[prantsu:'zʲɪjɔs polʲɪ'nʲɛzʲɪjɛ]

242. Cidades

Amesterdão	**Ámsterdamas** (v)	['amstʲɛrdamas]
Ancara	**Ankarà** (m)	[aŋka'ra]
Atenas	**Aténai** (v dgs)	[a'tʲe:nʌɪ]
Bagdade	**Bagdãdas** (v)	[bag'da:das]
Banguecoque	**Bankòkas** (v)	[baŋ'kokas]
Barcelona	**Barselonà** (m)	[barsʲɛlʲo'na]
Beirute	**Beirùtas** (v)	[bʲɛɪ'rʊtas]
Berlim	**Berlýnas** (v)	[bʲɛr'lʲi:nas]
Bombaim	**Bombẽjus** (v)	[bom'bʲe:jʊs]
Bona	**Bonà** (m)	[bo'na]
Bordéus	**Bordò** (v)	[bor'do]
Bratislava	**Bratislavà** (m)	[bratʲɪslʲa'va]
Bruxelas	**Briùselis** (v)	['brʲʊsʲɛlʲɪs]
Bucareste	**Bukarèštas** (v)	[bʊka'rʲɛʃtas]
Budapeste	**Budapèštas** (v)	[bʊda'pʲɛʃtas]
Cairo	**Kaìras** (v)	[kʌ'ɪras]
Calcutá	**Kalkutà** (m)	[kalʲkʊ'ta]
Chicago	**Čikagà** (m)	[tʂʲɪka'ga]
Cidade do México	**Mèksikas** (v)	['mʲɛksʲɪkas]
Copenhaga	**Kopenhagà** (m)	[kɔpʲɛnɣa'ga]
Dar es Salaam	**Dár es Salãmas** (v)	['dar ɛs sa'lʲa:mas]
Deli	**Dèlis** (v)	['dʲɛlʲɪs]
Dubai	**Dubãjus** (v)	[dʊ'ba:jʊs]
Dublin, Dublim	**Dùblinas** (v)	['dʊblʲɪnas]
Düsseldorf	**Diùseldorfas** (v)	['dʲʊsʲɛlʲdorfas]
Estocolmo	**Stòkholmas** (v)	['stokɣolʲmas]
Florença	**Floreñcija** (m)	[flʲo'rʲɛntsʲɪjɛ]
Frankfurt	**Fránkfurtas** (v)	['fraŋkfʊrtas]
Genebra	**Ženevà** (m)	[ʒʲɛnʲɛ'va]

Português	Lietuvių	Tarimas
Haia	**Hagà** (m)	[ɣa'ga]
Hamburgo	**Hámburgas** (v)	['ɣamburgas]
Hanói	**Hanòjus** (v)	[ɣa'nojʊs]
Havana	**Havanà** (m)	[ɣava'na]
Helsínquia	**Hèlsinkis** (v)	['ɣʲɛlʲsʲɪŋkʲɪs]
Hiroshima	**Hirosimà** (m)	[ɣʲɪrosʲɪ'ma]
Hong Kong	**Honkòngas** (v)	[ɣoŋ'kongas]
Istambul	**Stambùlas** (v)	[stam'bʊlʲas]
Jerusalém	**Jerùzalė** (m)	[je'rʊzalʲe:]
Kiev	**Kìjevas** (v)	['kʲɪjɛvas]
Kuala Lumpur	**Kvãla Lùmpuras** (v)	['kvalʲa 'lʲumpʊras]
Lisboa	**Lisabonà** (m)	[lʲɪsabo'na]
Londres	**Lòndonas** (v)	['lʲondonas]
Los Angeles	**Lõs Ándželas** (v)	[lʲo:s 'andʒʲɛlʲas]
Lion	**Liònas** (v)	[lʲɪ'jɔnas]
Madrid	**Madrìdas** (v)	[mad'rʲɪdas]
Marselha	**Marsèlis** (v)	[mar'sʲɛlʲɪs]
Miami	**Majãmis** (v)	[ma'ja:mʲɪs]
Montreal	**Monreãlis** (v)	[monrʲɛ'a:lʲɪs]
Moscovo	**Maskvà** (m)	[mask'va]
Munique	**Miùnchenas** (v)	['mʲʊnxʲɛnas]
Nairóbi	**Nairòbis** (v)	[nʌɪ'robʲɪs]
Nápoles	**Neãpolis** (v)	[nʲɛ'a:polʲɪs]
Nice	**Nicà** (m)	[nʲɪ'tsa]
Nova York	**Niujòrkas** (v)	[nʲʊ'jɔ rkas]
Oslo	**Òslas** (v)	[oslʲas]
Ottawa	**Otavà** (m)	[ota'va]
Paris	**Parỹžius** (v)	[pa'rʲi:ʒʲʊs]
Pequim	**Pekìnas** (v)	[pʲɛ'kʲɪnas]
Praga	**Prahà** (m)	[praɣa]
Rio de Janeiro	**Rio de Žaneĩras** (v)	['rʲɪjɔ dʲɛ ʒa'nʲɛɪras]
Roma	**Romà** (m)	[ro'ma]
São Petersburgo	**Sankt-Peterbùrgas** (v)	[saŋkt-pʲɛtʲɛr'bʊrgas]
Seul	**Seùlas** (v)	[sʲɛ'ʊ lʲas]
Singapura	**Singapū̃ras** (v)	[sʲɪnga'pu:ras]
Sydney	**Sidnė́jus** (v)	[sʲɪd'nʲe:jʊs]
Taipé	**Taipė́jus** (v)	[tʌɪ'pʲe:jʊs]
Tóquio	**Tòkijas** (v)	['tokʲɪjas]
Toronto	**Toròntas** (v)	[to'rontas]
Varsóvia	**Vaŕšuva** (m)	['varʃʊva]
Veneza	**Venècija** (m)	[vʲɛ'nʲɛtsʲɪjɛ]
Viena	**Víena** (m)	['vʲiɛna]
Washington	**Vãšingtonas** (v)	['va:ʃɪŋktonas]
Xangai	**Šanchãjus** (v)	[ʃan'xa:jʊs]

243. Política. Governo. Parte 1

política (f)	**polìtika** (m)	[po'lʲɪtʲɪka]
político	**polìtinis**	[po'lʲɪtʲɪnʲɪs]
político (m)	**polìtikas** (v)	[po'lʲɪtʲɪkas]
estado (m)	**valstýbė** (m)	[valʲs'tʲi:bʲe:]
cidadão (m)	**piliẽtis** (v)	[pʲɪ'lʲɛtʲɪs]
cidadania (f)	**pilietýbė** (m)	[pʲɪlʲiɛ'tʲi:bʲe:]
brasão (m) de armas	**nacionãlinis hèrbas** (v)	[natsʲɪjɔ'na:lʲɪnʲɪs 'ɣʲɛrbas]
hino (m) nacional	**valstýbinis hìmnas** (v)	[valʲs'tʲi:bʲɪnʲɪs 'ɣʲɪmnas]
governo (m)	**vyriausýbė** (m)	[vʲi:rʲɛʊ'sʲi:bʲe:]
Chefe (m) de Estado	**šaliẽs vadõvas** (v)	[ʃa'lʲɛs va'do:vas]
parlamento (m)	**parlameñtas** (v)	[parlʲa'mʲɛntas]
partido (m)	**pártija** (m)	['partʲɪjɛ]
capitalismo (m)	**kapitalìzmas** (v)	[kapʲɪta'lʲɪzmas]
capitalista	**kapitalìstinis**	[kapʲɪta'lʲɪstʲɪnʲɪs]
socialismo (m)	**socialìzmas** (v)	[sotsʲɪja'lʲɪzmas]
socialista	**socialìstinis**	[sotsʲɪja'lʲɪstʲɪnʲɪs]
comunismo (m)	**komunìzmas** (v)	[kɔmʊ'nʲɪzmas]
comunista	**komunìstinis**	[kɔmʊ'nʲɪstʲɪnʲɪs]
comunista (m)	**komunìstas** (v)	[kɔmʊ'nʲɪstas]
democracia (f)	**demokrãtija** (m)	[dʲɛmo'kra:tʲɪjɛ]
democrata (m)	**demokrãtas** (v)	[dʲɛmo'kra:tas]
democrático	**demokrãtinis**	[dʲɛmo'kra:tʲɪnʲɪs]
Partido (m) Democrático	**demokrãtinė pártija** (m)	[dʲɛmo'kra:tʲɪnʲe: 'partʲɪjɛ]
liberal (m)	**liberãlas** (v)	[lʲɪbʲɛ'ra:las]
liberal	**liberalùs**	[lʲɪbʲɛra'lʊs]
conservador (m)	**konservãtorius** (v)	[kɔnsʲɛr'va:torʲʊs]
conservador	**konservatyvùs**	[kɔnsʲɛrvatʲi:'vʊs]
república (f)	**respùblika** (m)	[rʲɛs'pʊblʲɪka]
republicano (m)	**respublikõnas** (v)	[rʲɛspʊblʲɪ'ko:nas]
Partido (m) Republicano	**respublikìnė pártija** (m)	[rʲɛspʊblʲɪ'kʲɪnʲe: 'partʲɪjɛ]
eleições (f pl)	**rinkìmai** (v dgs)	[rʲɪŋ'kʲɪmʌɪ]
eleger (vt)	**išriñkti**	[ɪʃ'rʲɪŋktʲɪ]
eleitor (m)	**rinkė́jas** (v)	[rʲɪŋ'kʲe:jas]
campanha (f) eleitoral	**rinkìmo kampãnija** (m)	[rʲɪŋ'kʲɪmɔ kam'pa:nʲɪjɛ]
votação (f)	**balsãvimas** (v)	[balʲ'sa:vʲɪmas]
votar (vi)	**balsúoti**	[balʲ'sʊɑtʲɪ]
direito (m) de voto	**balsãvimo téisė** (m)	[balʲ'sa:vʲɪmɔ 'tʲæisʲe:]
candidato (m)	**kandidãtas** (v)	[kandʲɪ'da:tas]
candidatar-se (vi)	**balotirúotis**	[balʲotʲɪ'rʊɑtʲɪs]
campanha (f)	**kampãnija** (m)	[kam'pa:nʲɪjɛ]

da oposição	**opozìcinis**	[opo'zʲɪtsʲɪnʲɪs]
oposição (f)	**opozìcija** (m)	[opo'zʲɪtsʲɪjɛ]
visita (f)	**vizìtas** (v)	[vʲɪ'zʲɪtas]
visita (f) oficial	**oficialùs vizìtas** (v)	[ofʲɪtsʲɪja'lʲʊs vʲɪ'zʲɪtas]
internacional	**tarptautìnis**	[tarptɑʊ'tʲɪnʲɪs]
negociações (f pl)	**derýbos** (m dgs)	[dʲɛ'rʲi:bos]
negociar (vi)	**vèsti derýbas**	['vʲɛstʲɪ dʲɛ'rʲi:bas]

244. Política. Governo. Parte 2

sociedade (f)	**visúomenė** (m)	[vʲɪ'suamenʲe:]
constituição (f)	**konstitùcija** (m)	[konstʲɪ'tʊtsʲɪjɛ]
poder (ir para o ~)	**valdžià** (m)	[valʲ'dʒʲæ]
corrupção (f)	**korùpcija** (m)	[kɔ'rʊptsʲɪjɛ]
lei (f)	**įstãtymas** (v)	[i:'sta:ti:mas]
legal	**teisétas**	[tʲɛɪ'sʲe:tas]
justiça (f)	**teisingùmas** (v)	[tʲɛɪsʲɪn'gʊmas]
justo	**teisìngas**	[tʲɛɪ'sʲɪngas]
comité (m)	**komitètas** (v)	[kɔmʲɪ'tʲɛtas]
projeto-lei (m)	**įstãtymo projèktas** (v)	[i:'sta:ti:mɔ pro'jɛktas]
orçamento (m)	**biudžètas** (v)	[bʲʊ'dʒʲɛtas]
política (f)	**polìtika** (m)	[po'lʲɪtʲɪka]
reforma (f)	**refòrma** (m)	[rʲɛ'forma]
radical	**radikalùs**	[radʲɪka'lʲʊs]
força (f)	**jėgà** (m)	[je:'ga]
poderoso	**galìngas**	[ga'lʲɪngas]
partidário (m)	**šalininkas** (v)	[ʃalʲɪ'nʲɪŋkas]
influência (f)	**įtaka** (m)	['i:taka]
regime (m)	**režìmas** (v)	[rʲɛ'ʒʲɪmas]
conflito (m)	**konflìktas** (v)	[kɔn'flʲɪktas]
conspiração (f)	**są́mokslas** (v)	['sa:mokslʲas]
provocação (f)	**provokãcija** (m)	[provo'ka:tsʲɪjɛ]
derrubar (vt)	**nuver̃sti**	[nʊ'vʲɛrstʲɪ]
derrube (m), queda (f)	**nuvertìmas** (v)	[nʊvʲɛr'tʲɪmas]
revolução (f)	**revoliùcija** (m)	[rʲɛvo'lʲʊtsʲɪjɛ]
golpe (m) de Estado	**pérversmas** (v)	['pʲɛrvʲɛrsmas]
golpe (m) militar	**karìnis pérversmas** (v)	[ka'rʲɪnʲɪs 'pʲɛrvʲɛrsmas]
crise (f)	**krìzė** (m)	['krʲɪzʲe:]
recessão (f) económica	**ekonòminis kritìmas** (v)	[ɛko'nomʲɪnʲɪs krʲɪ'tʲɪmas]
manifestante (m)	**demonstrántas** (v)	[dʲɛmons'trantas]
manifestação (f)	**demonstrãcija** (m)	[dʲɛmons'tra:tsʲɪjɛ]
lei (f) marcial	**kãro padėtìs** (m)	['ka:rɔ padʲe:'tʲɪs]
base (f) militar	**karìnė bãzė** (m)	[ka'rʲɪnʲe: 'ba:zʲe:]
estabilidade (f)	**stabilùmas** (v)	[stabʲɪ'lʲʊmas]

estável	**stabilùs**	[stabʲɪ'lʲʊs]
exploração (f)	**eksploatãcija** (m)	[ɛksplʲoa'ta:tsʲɪjɛ]
explorar (vt)	**eksploatúoti**	[ɛksplʲoa'tʊɑtʲɪ]
racismo (m)	**rasìzmas** (v)	[ra'sʲɪzmas]
racista (m)	**rasìstas** (v)	[ra'sʲɪstas]
fascismo (m)	**fašìzmas** (v)	[fa'ʃɪzmas]
fascista (m)	**fašìstas** (v)	[fa'ʃɪstas]

245. Países. Diversos

estrangeiro (m)	**užsieniẽtis** (v)	[ʊʒsʲiɛ'nʲɛtʲɪs]
estrangeiro	**užsieniẽtiškas**	[ʊʒsʲiɛ'nʲɛtʲɪʃkas]
no estrangeiro	**ùžsienyje**	['ʊʒsʲiɛnʲi:jɛ]
emigrante (m)	**emigrántas** (v)	[ɛmʲɪ'grantas]
emigração (f)	**emigrãcija** (m)	[ɛmʲɪ'gra:tsʲɪjɛ]
emigrar (vi)	**emigrúoti**	[ɛmʲɪ'grʊɑtʲɪ]
Ocidente (m)	**Vakaraĩ** (v dgs)	[vaka'rʌɪ]
Oriente (m)	**Rytaĩ** (v dgs)	[rʲi:'tʌɪ]
Extremo Oriente (m)	**Tolimì Rytaĩ** (v dgs)	[tolʲɪ'mʲɪ rʲi:'tʌɪ]
civilização (f)	**civilizãcija** (m)	[tsʲɪvʲɪlʲɪ'za:tsʲɪjɛ]
humanidade (f)	**žmonijà** (m)	[ʒmonʲɪ'ja]
mundo (m)	**pasáulis** (v)	[pa'sɑʊlʲɪs]
paz (f)	**taikà** (m)	[tʌɪ'ka]
mundial	**pasáulinis**	[pa'sɑʊlʲɪnʲɪs]
pátria (f)	**tėvỹnė** (m)	[tʲe:'vʲi:nʲe:]
povo (m)	**tautà** (m), **liáudis** (m)	[tɑʊ'ta], ['lʲæʊdʲɪs]
população (f)	**gyvéntojai** (v)	[gʲi:'vʲɛnto:jɛi]
gente (f)	**žmõnės** (v dgs)	['ʒmo:nʲe:s]
nação (f)	**nãcija** (m)	['na:tsʲɪjɛ]
geração (f)	**kartà** (m)	[kar'ta]
território (m)	**teritòrija** (m)	[tʲɛrʲɪ'torʲɪjɛ]
região (f)	**regiònas** (v)	[rʲɛgʲɪ'jɔnas]
estado (m)	**valstijà** (m)	[valʲstʲɪ'ja]
tradição (f)	**tradìcija** (m)	[tra'dʲɪtsʲɪjɛ]
costume (m)	**paprotỹs** (v)	[papro'tʲi:s]
ecologia (f)	**ekològija** (m)	[ɛko'lʲogʲɪjɛ]
índio (m)	**indénas** (v)	[ɪn'dʲe:nas]
cigano (m)	**čigõnas** (v)	[tʂʲɪ'go:nas]
cigana (f)	**čigõnė** (m)	[tʂʲɪ'go:nʲe:]
cigano	**čigõniškas**	[tʂʲɪ'go:nʲɪʃkas]
império (m)	**impèrija** (m)	[ɪm'pʲɛrʲɪjɛ]
colónia (f)	**kolònija** (m)	[kɔ'lʲonʲɪjɛ]
escravidão (f)	**vergijà** (m)	[vʲɛrgʲɪ'ja]
invasão (f)	**invãzija** (m)	[ɪn'va:zʲɪjɛ]
fome (f)	**bãdas** (v)	['ba:das]

246. Grupos religiosos mais importantes. Confissões

religião (f)	**relìgija** (m)	[rʲɛ'lʲɪgʲɪjɛ]
religioso	**relìginis**	[rʲɛ'lʲɪgʲɪnʲɪs]
crença (f)	**tikė́jimas** (v)	[tʲɪ'kʲɛjɪmas]
crer (vt)	**tikė́ti**	[tʲɪ'kʲe:tʲɪ]
crente (m)	**tìkintis** (v)	['tʲɪkʲɪntʲɪs]
ateísmo (m)	**ateìzmas** (v)	[atʲɛ'ɪzmas]
ateu (m)	**ateìstas** (v)	[atʲɛ'ɪstas]
cristianismo (m)	**Krikščionýbė** (m)	[krʲɪkʃtʂʲo'nʲi:bʲe:]
cristão (m)	**krikščiónis** (v)	[krʲɪkʃ'tʂʲonʲɪs]
cristão	**krikščióniškas**	[krʲɪkʃ'tʂʲonʲɪʃkas]
catolicismo (m)	**Katalicìzmas** (v)	[katalʲɪ'tsʲɪzmas]
católico (m)	**katalìkas** (v)	[kata'lʲɪkas]
católico	**katalìkiškas**	[kata'lʲɪkʲɪʃkas]
protestantismo (m)	**Protestantìzmas** (v)	[protʲɛstan'tʲɪzmas]
Igreja (f) Protestante	**Protestántų bažnýčia** (m)	[protʲɛs'tantu: baʒ'nʲi:tʂʲæ]
protestante (m)	**protestántas** (v)	[protʲɛs'tantas]
ortodoxia (f)	**Stačiatikýbė** (m)	[statʂʲætʲɪ'kʲi:bʲe:]
Igreja (f) Ortodoxa	**Stačiãtikių bažnýčia** (m)	[sta'tʂʲætʲɪkʲu: baʒ'nʲi:tʂʲæ]
ortodoxo (m)	**stačiãtikis**	[sta'tʂʲætʲɪkʲɪs]
presbiterianismo (m)	**Presbiterionìzmas** (v)	[prʲɛsbʲɪtʲɛrʲɪjɔ'nʲɪzmas]
Igreja (f) Presbiteriana	**Presbiteriõnų bažnýčia** (m)	[prʲɛsbʲɪtʲɛrʲɪ'jɔ:nu: baʒ'nʲi:tʂʲæ]
presbiteriano (m)	**presbiteriõnas** (v)	[prʲɛsbʲɪtʲɛrʲɪ'jɔ:nas]
Igreja (f) Luterana	**Liuterõnų bažnýčia** (m)	[lʲʊtʲɛ'ro:nu: baʒ'nʲi:tʂʲæ]
luterano (m)	**liuterõnas** (v)	[lʲʊtʲɛ'ro:nas]
Igreja (f) Batista	**Baptìzmas** (v)	[bap'tʲɪzmas]
batista (m)	**baptìstas** (v)	[bap'tʲɪstas]
Igreja (f) Anglicana	**Anglikõnų bažnýčia** (m)	[anglʲɪ'ko:nu: baʒ'nʲi:tʂʲæ]
anglicano (m)	**anglikõnas** (v)	[anglʲɪ'ko:nas]
mórmon (m)	**mormònas** (v)	[mor'monas]
Judaísmo (m)	**Judaìzmas** (v)	[jʊdʌ'ɪzmas]
judeu (m)	**žýdas** (v)	['ʒʲi:das]
budismo (m)	**Budìzmas** (v)	[bʊ'dʲɪzmas]
budista (m)	**budìstas** (v)	[bʊ'dʲɪstas]
hinduísmo (m)	**Induìzmas** (v)	[ɪndʊ'ɪzmas]
hindu (m)	**induìstas** (v)	[ɪndʊʲɪstas]
Islão (m)	**Islãmas** (v)	[ɪs'lʲa:mas]
muçulmano (m)	**musulmõnas** (v)	[mʊsʊlʲ'mo:nas]
muçulmano	**musulmõniškas**	[mʊsʊlʲ'mo:nʲɪʃkas]
Xiismo (m)	**Šiìzmas** (v)	[ʃʲɪ'ɪzmas]

xiita (m) **šiìtas** (v) [ʃɪ'ɪtas]
sunismo (m) **Sunìzmas** (v) [sʊ'nʲɪzmas]
sunita (m) **sunìtas** (v) [sʊ'nʲɪtas]

247. Religiões. Padres

padre (m) **šventìkas** (v) [ʃvʲɛn'tʲɪkas]
Papa (m) **Ròmos pópiežius** (v) ['romos 'popʲiɛʒʲʊs]

monge (m) **vienuõlis** (v) [vʲiɛ'nʊalʲɪs]
freira (f) **vienuõlė** (m) [vʲiɛ'nʊalʲe:]
pastor (m) **pãstorius** (v) ['pa:storʲʊs]

abade (m) **abãtas** (v) [a'ba:tas]
vigário (m) **vikãras** (v) [vʲɪ'ka:ras]
bispo (m) **výskupas** (v) ['vʲi:skʊpas]
cardeal (m) **kardinõlas** (v) [kardʲɪ'no:lʲas]

pregador (m) **pamoksláutojas** (v) [pamok'slʲaʊto:jɛs]
sermão (m) **pamókslas** (v) [pa'mokslʲas]
paroquianos (pl) **parapijiẽčiai** (v dgs) [parapʲɪ'jɪɛtʂʲɛɪ]

crente (m) **tìkintis** (v) ['tʲɪkʲɪntʲɪs]
ateu (m) **ateìstas** (v) [atʲɛ'ɪstas]

248. Fé. Cristianismo. Islão

Adão **Adõmas** (v) [a'do:mas]
Eva **Ievà** (m) [ɪɛ'va]

Deus (m) **Diẽvas** (v) ['dʲɛvas]
Senhor (m) **Viẽšpats** (v) ['vʲɛʃpats]
Todo Poderoso (m) **Visagãlis** (v) [vʲɪsa'ga:lʲɪs]

pecado (m) **núodėmė** (m) ['nʊadʲe:mʲe:]
pecar (vi) **nusidėti** [nʊsʲɪ'dʲe:tʲɪ]
pecador (m) **nuodėmìngas** (v) [nʊadʲe:'mʲɪngas]
pecadora (f) **nuodėmìngoji** (m) [nʊadʲe:'mʲɪngojɪ]

inferno (m) **prãgaras** (v) ['pra:garas]
paraíso (m) **rõjus** (v) ['ro:jʊs]

Jesus **Jézus** (v) ['je:zʊs]
Jesus Cristo **Jézus Krìstus** (v) ['je:zʊs 'krʲɪstʊs]

Espírito (m) Santo **Šventóji dvasià** (m) [ʃvʲɛn'to:jɪ dva'sʲæ]
Salvador (m) **Išganýtojas** (v) [ɪʃga'nʲi:to:jɛs]
Virgem Maria (f) **Diẽvo Mótina** (m) ['dʲɛvɔ 'motʲɪna]

Diabo (m) **Vélnias** (v) ['vʲɛlʲnʲæs]
diabólico **vélniškas** ['vʲɛlʲnʲɪʃkas]
Satanás (m) **Šėtõnas** (v) [ʃe:'to:nas]

satânico	**šėtõniškas**	[ʃe:'to:nʲɪʃkas]
anjo (m)	**ángelas** (v)	['angʲɛlʲas]
anjo (m) da guarda	**ángelas-sárgas** (v)	['angʲɛlʲas-'sargas]
angélico	**ángeliškas**	['angʲɛlʲɪʃkas]
apóstolo (m)	**apãštalas** (v)	[a'pa:ʃtalʲas]
arcanjo (m)	**archañgelas** (v)	[ar'xangʲɛlʲas]
anticristo (m)	**Antikrìstas** (v)	[antʲɪ'krʲɪstas]
Igreja (f)	**Bažnýčia** (m)	[baʒ'nʲi:tʂʲæ]
Bíblia (f)	**bìblija** (m)	['bʲɪblʲɪjɛ]
bíblico	**biblijìnis**	[bʲɪblʲɪ'jɪnʲɪs]
Velho Testamento (m)	**Senàsis Testameñtas** (v)	[sʲɛ'nasʲɪs tʲɛsta'mʲɛntas]
Novo Testamento (m)	**Naujàsis Testameñtas** (v)	[nɑʊ'jasʲɪs tʲɛsta'mʲɛntas]
Evangelho (m)	**Evangèlija** (m)	[ɛvan'gʲɛlʲɪjɛ]
Sagradas Escrituras (f pl)	**Šveñtas rãštas** (v)	['ʃvʲɛntas 'ra:ʃtas]
Céu (m)	**Dangùs** (v), **Dangaũs Karalỹstė** (m)	[dan'gʊs], [dan'gɑʊs kara'lʲi:stʲe:]
mandamento (m)	**įsãkymas** (v)	[i:'sa:kʲɪ:mas]
profeta (m)	**prãnašas** (v)	['pra:naʃas]
profecia (f)	**pranašỹstė** (m)	[prana'ʃʲɪ:stʲe:]
Alá	**Alãchas** (v)	[a'lʲa:xas]
Maomé	**Magomètas** (v)	[mago'mʲɛtas]
Corão, Alcorão (m)	**Korãnas** (v)	[kɔ'ra:nas]
mesquita (f)	**mečètė** (m)	[mʲɛ'tʂʲɛtʲe:]
mulá (m)	**mulà** (m)	[mʊ'lʲa]
oração (f)	**maldà** (m)	[malʲda]
rezar, orar (vi)	**mel̃stis**	['mʲɛlʲstʲɪs]
peregrinação (f)	**maldininkỹstė** (m)	[malʲdʲɪnʲɪŋ'kỹstʲe:]
peregrino (m)	**maldiniñkas** (v)	[malʲdʲɪ'nʲɪŋkas]
Meca (f)	**Mekà** (m)	[mʲɛ'ka]
igreja (f)	**bažnýčia** (m)	[baʒ'nʲi:tʂʲæ]
templo (m)	**šventóvė** (m)	[ʃven'tovʲe:]
catedral (f)	**kãtedra** (m)	['ka:tʲɛdra]
gótico	**gòtiškas**	['gotʲɪʃkas]
sinagoga (f)	**sinagogà** (m)	[sʲɪnago'ga]
mesquita (f)	**mečètė** (m)	[mʲɛ'tʂʲɛtʲe:]
capela (f)	**koplyčià** (m)	[kɔplʲi:'tʂʲæ]
abadia (f)	**abãtija** (m)	[a'ba:tʲɪjɛ]
convento (m)	**vienuolýnas** (v)	[vʲiɛnʊɑ'lʲi:nas]
mosteiro (m)	**vienuolýnas** (v)	[vʲiɛnʊɑ'lʲi:nas]
sino (m)	**var̃pas** (v)	['varpas]
campanário (m)	**var̃pinė** (m)	['varpʲɪnʲe:]
repicar (vi)	**skam̃binti**	['skambʲɪntʲɪ]
cruz (f)	**krỹžius** (v)	['krʲi:ʒʲʊs]
cúpula (f)	**kùpolas** (v)	['kʊpolʲas]
ícone (m)	**ikonà** (m)	[ɪko'na]

alma (f) **síela** (m) ['sʲiɛlʲa]
destino (m) **likìmas** (v) [lʲɪ'kʲɪmas]
mal (m) **blõgis** (v) ['blʲo:gʲɪs]
bem (m) **gẽris** (v) ['gʲe:rʲɪs]

vampiro (m) **vampỹras** (v) [vam'pʲi:ras]
bruxa (f) **rãgana** (m) ['ra:gana]
demónio (m) **dèmonas** (v) ['dʲɛmonas]
espírito (m) **dvasià** (m) [dva'sʲæ]

redenção (f) **atpirkìmas** (v) [atpʲɪr'kʲɪmas]
redimir (vt) **išpir̃kti** [ɪʃ'pʲɪrktʲɪ]

missa (f) **pãmaldos** (m dgs) ['pa:malʲdos]
celebrar a missa **tarnáuti** [tar'nɑʊtʲɪ]
confissão (f) **išpažintìs** (m) [ɪʃpaʒʲɪn'tʲɪs]
confessar-se (vr) **atlìkti ìšpažintį** [at'lʲɪ:ktʲɪ 'i:ʃpaʒʲɪntʲɪ:]

santo (m) **šventàsis** (v) [ʃvʲɛn'tasʲɪs]
sagrado **švéntintas** ['ʃvʲɛntʲɪntas]
água (f) benta **šveñtas vanduõ** (v) ['ʃvʲɛntas van'dʊɑ]

ritual (m) **rituãlas** (v) [rʲɪtʊ'a:lʲas]
ritual **rituãlinis** [rʲɪtʊ'a:lʲɪnʲɪs]
sacrifício (m) **aukójimas** (v) [ɑʊ'ko:jɪmas]

superstição (f) **prietaringùmas** (v) [prʲiɛtarʲɪn'gʊmas]
supersticioso **prietarìngas** [prʲiɛta'rʲɪngas]
vida (f) depois da morte **pomirtìnis gyvẽnimas** (v) [pomʲɪr'tʲɪnʲɪs gʲi:'vʲænʲɪmas]
vida (f) eterna **ámžinas gyvẽnimas** (v) ['amʒʲɪnas gʲi:'vʲænʲɪmas]

TEMAS DIVERSOS

249. Várias palavras úteis

ajuda (f)	**pagálba** (m)	[pa'galʲba]
barreira (f)	**ùžtvara** (m)	['ʊʒtvara]
base (f)	**bãzė** (m)	['ba:zʲe:]
categoria (f)	**kategòrija** (m)	[katʲɛ'gorʲɪjɛ]
causa (f)	**priežastìs** (m)	[prʲiɛʒas'tʲɪs]
coincidência (f)	**sutapìmas** (v)	[sʊta'pʲɪmas]
coisa (f)	**dáiktas** (v)	['dʌɪktas]
começo (m)	**pradžià** (m)	[prad'ʒʲæ]
cómodo (ex. poltrona ~a)	**patogùs**	[pato'gʊs]
comparação (f)	**palýginimas** (v)	[pa'lʲi:gʲɪnʲɪmas]
compensação (f)	**kompensãcija** (m)	[kɔmpʲɛn'sa:tsʲɪjɛ]
crescimento (m)	**augìmas** (v)	[ɑʊ'gʲɪmas]
desenvolvimento (m)	**výstymas** (v)	['vʲi:stʲi:mas]
diferença (f)	**skìrtumas** (v)	['skʲɪrtʊmas]
efeito (m)	**efèktas** (v)	[ɛ'fʲɛktas]
elemento (m)	**elemeñtas** (v)	[ɛlʲɛ'mʲɛntas]
equilíbrio (m)	**balánsas** (v)	[ba'lʲansas]
erro (m)	**klaidà** (m)	[klʲʌɪ'da]
esforço (m)	**pãstangos** (m dgs)	['pa:stangos]
estilo (m)	**stìlius** (v)	['stʲɪlʲʊs]
exemplo (m)	**pavyzdỹs** (v)	[pavʲi:z'dʲi:s]
facto (m)	**fãktas** (v)	['fa:ktas]
fim (m)	**pabaigà** (m)	[pabʌɪ'ga]
forma (f)	**fòrma** (m)	['forma]
frequente	**dãžnas**	['da:ʒnas]
fundo (ex. ~ verde)	**fònas** (v)	['fonas]
género (tipo)	**rū̃šis** (m)	['ru:ʃɪs]
grau (m)	**láipsnis** (v)	['lʲʌɪpsnʲɪs]
ideal (m)	**ideãlas** (v)	[idʲɛ'a:lʲas]
labirinto (m)	**labirìntas** (v)	[lʲabʲɪ'rʲɪntas]
modo (m)	**bū̃das** (v)	['bu:das]
momento (m)	**momeñtas** (v)	[mo'mʲɛntas]
objeto (m)	**objèktas** (v)	[ob'jɛktas]
obstáculo (m)	**kliū̃tis** (m)	['klʲu:tʲɪs]
original (m)	**originãlas** (v)	[orʲɪgʲɪ'na:lʲas]
padrão	**standártinis**	[stan'dartʲɪnʲɪs]
padrão (m)	**standártas** (v)	[stan'dartas]
paragem (pausa)	**sustojìmas** (v)	[sʊsto'jɪmas]
parte (f)	**dalìs** (m)	[da'lʲɪs]

partícula (f)	**dalelýtė** (m)	[dalʲɛ'lʲi:tʲe:]
pausa (f)	**páuzė** (m)	['pɑʊzʲe:]
posição (f)	**pozìcija** (m)	[po'zʲɪtsʲɪjɛ]
princípio (m)	**prìncipas** (v)	['prʲɪntsʲɪpas]
problema (m)	**problemà** (m)	[problʲɛ'ma]
processo (m)	**procèsas** (v)	[pro'tsʲɛsas]
progresso (m)	**progrèsas** (v)	[pro'grʲɛsas]
propriedade (f)	**savýbė** (m)	[sa'vʲi:bʲe:]
reação (f)	**reãkcija** (m)	[rʲɛ'a:ktsʲɪjɛ]
risco (m)	**rìzika** (m)	['rʲɪzʲɪka]
ritmo (m)	**tem̃pas** (v)	['tʲɛmpas]
segredo (m)	**paslaptìs** (m)	[paslʲap'tʲɪs]
série (f)	**sèrija** (m)	['sʲɛrʲɪjɛ]
sistema (m)	**sistemà** (m)	[sʲɪstʲɛ'ma]
situação (f)	**situãcija** (m)	[sʲɪ'tʊa:tsʲɪjɛ]
solução (f)	**sprendìmas** (v)	[sprʲɛn'dʲɪmas]
tabela (f)	**lentẽlė** (m)	[lʲɛn'tʲælʲe:]
termo (ex. ~ técnico)	**ter̃minas** (v)	['tʲɛrmʲɪnas]
tipo (m)	**tìpas** (v)	['tʲɪpas]
urgente	**skubùs**	[skʊ'bʊs]
urgentemente	**skubiaĩ**	[skʊ'bʲɛɪ]
utilidade (f)	**naudà** (m)	[nɑʊ'da]
variante (f)	**variántas** (v)	[varʲɪ'jantas]
variedade (f)	**pasirinkìmas** (v)	[pasʲɪrʲɪŋ'kʲɪmas]
verdade (f)	**tiesà** (m)	[tʲiɛ'sa]
vez (f)	**eilė̃** (m)	[ɛɪ'lʲe:]
zona (f)	**zonà** (m)	[zo'na]

250. Modificadores. Adjetivos. Parte 1

aberto	**atidarýtas**	[atʲɪda'rʲi:tas]
afiado	**aštrùs**	[aʃt'rʊs]
agradável	**malonùs**	[malʲo'nʊs]
agradecido	**dėkìngas**	[dʲe:'kʲɪngas]
alegre	**liñksmas**	['lʲɪŋksmas]
alto (ex. voz ~a)	**stiprùs**	[stʲɪp'rʊs]
amargo	**kartùs**	[kar'tʊs]
amplo	**erdvùs**	[ɛrd'vʊs]
antigo	**senóvinis**	[sʲɛ'novʲɪnʲɪs]
apropriado	**tiñkamas**	['tʲɪŋkamas]
arriscado	**rizikìngas**	[rʲɪzʲɪ'kʲɪngas]
artificial	**dirbtìnis**	[dʲɪrp'tʲɪnʲɪs]
azedo	**rūgštùs**	[ru:gʃ'tʊs]
baixo (voz ~a)	**tylùs**	[tʲi:'lʲʊs]
barato	**pigùs**	[pʲɪ'gʊs]
belo	**nuostabùs**	[nʊɑsta'bʊs]

bom	**gẽras**	['gʲæras]
bondoso	**gẽras**	['gʲæras]
bonito	**gražùs**	[gra'ʒʊs]
bronzeado	**įdẽgęs**	[i:'dʲægʲɛ:s]
burro, estúpido	**kvaĩlas**	['kvʌɪlʲas]
calmo	**ramùs**	[ra'mʊs]
cansado	**pavar̃gęs**	[pa'vargʲɛ:s]
cansativo	**várginantis**	['vargʲɪnantʲɪs]
carinhoso	**rūpestìngas**	[ru:pʲɛs'tʲɪngas]
caro	**brangùs**	[bran'gʊs]
cego	**ãklas**	['a:klʲas]
central	**centrìnis**	[tsʲɛn'trʲɪnʲɪs]
cerrado (ex. nevoeiro ~)	**tánkus**	['taŋkʊs]
cheio (ex. copo ~)	**pìlnas**	['pʲɪlʲnas]
civil	**piliẽtinis**	[pʲɪ'lʲɛtʲɪnʲɪs]
clandestino	**pógrindinis**	['pogrʲɪndʲɪnʲɪs]
claro	**šviesùs**	[ʃvʲiɛ'sʊs]
claro (explicação ~a)	**áiškus**	['ʌɪʃkʊs]
compatível	**sudẽrinamas**	[sʊ'dʲærʲɪnamas]
comum, normal	**pàprastas**	['paprastas]
congelado	**užšáldytas**	[ʊʒ'ʃalʲdʲi:tas]
conjunto	**beñdras**	['bʲɛndras]
considerável	**reikšmìngas**	[rʲɛɪkʃ'mʲɪngas]
contente	**paténkintas**	[pa'tʲɛŋkʲɪntas]
contínuo	**ilgalaĩkis**	[ɪlʲga'lʌɪkʲɪs]
contrário (ex. o efeito ~)	**príešingas**	['prʲiɛʃʲɪngas]
correto (resposta ~a)	**teisìngas**	[tʲɛɪ'sʲɪngas]
cru (não cozinhado)	**žãlias**	['ʒa:lʲæs]
curto	**trum̃pas**	['trʊmpas]
de curta duração	**trumpalaĩkis**	[trʊmpa'lʲʌɪkʲɪs]
de sol, ensolarado	**saulétas**	[sɑʊ'lʲe:tas]
de trás	**užpakalìnis**	[ʊʒpaka'lʲɪnʲɪs]
denso (fumo, etc.)	**tir̃štas**	['tʲɪrʃtas]
desanuviado	**giẽdras**	['gʲɛdras]
descuidado	**atsainùs**	[atsʌɪ'nʊs]
diferente	**įvairùs**	[i:vʌɪ'rʊs]
difícil	**sunkùs**	[sʊŋ'kʊs]
difícil, complexo	**sudėtìngas**	[sʊdʲe:'tʲɪngas]
direito	**dešinỹs**	[dʲɛʃʲɪ'nʲi:s]
distante	**tólimas**	['tolʲɪmas]
diverso	**skirtìngas**	[skʲɪr'tʲɪngas]
doce (açucarado)	**saldùs**	[salʲ'dʊs]
doce (água)	**gė̃las**	['gʲe:lʲas]
doente	**ser̃gantis**	['sʲɛrgantʲɪs]
duro (material ~)	**kíetas**	['kʲiɛtas]
educado	**mandagùs**	[manda'gʊs]
encantador	**míelas**	['mʲiɛlʲas]

enigmático	**paslaptìngas**	[paslʲap'tʲɪngas]
enorme	**vienódas**	[vʲiɛ'nodas]
escuro (quarto ~)	**tamsùs**	[tam'sʊs]
especial	**specialùs**	[spʲɛtsʲɪja'lʲʊs]
esquerdo	**kairỹs**	[kʌɪ'rʲi:s]
estrangeiro	**užsieniẽtiškas**	[ʊʒsʲiɛ'nʲɛtʲɪʃkas]
estreito	**siaũras**	['sʲɛʊras]
exato	**tikslùs**	[tʲɪks'lʲʊs]
excelente	**puikùs**	[pʊi'kʊs]
excessivo	**besaĩkis**	[bʲɛ'sʌɪkʲɪs]
externo	**išorìnis**	[ɪʃo'rʲɪnʲɪs]
fácil	**pàprastas**	['paprastas]
faminto	**álkanas**	['alʲkanas]
fechado	**uždarýtas, ùždaras**	[ʊʒdarʲi:tas], ['ʊʒdaras]
feliz	**laimìngas**	[lʲʌɪ'mʲɪngas]
fértil (terreno ~)	**vaisìngas**	[vʌɪ'sʲɪngas]
forte (pessoa ~)	**stiprùs**	[stʲɪp'rʊs]
fraco (luz ~a)	**blánkus**	['blʲaŋkʊs]
frágil	**trapùs**	[tra'pʊs]
fresco	**vėsùs**	[vʲe:'sʊs]
fresco (pão ~)	**šviẽžias**	['ʃvʲɛʒʲæs]
frio	**šáltas**	['ʃalʲtas]
gordo	**riebùs**	[rʲiɛ'bʊs]
gostoso	**skanùs**	[ska'nʊs]
grande	**dìdelis**	['dʲɪdʲɛlʲɪs]
gratuito, grátis	**nemókamas**	[nʲɛ'mokamas]
grosso (camada ~a)	**stóras**	['storas]
hostil	**príešiškas**	['prʲiɛʃʲɪʃkas]
húmido	**drė́gnas**	['drʲe:gnas]

251. Modificadores. Adjetivos. Parte 2

igual	**didžiùlis**	[dʲɪ'dʒʲʊlʲɪs]
imóvel	**nèjudantis**	['nʲɛjʊdantʲɪs]
importante	**svarbùs**	[svar'bʊs]
impossível	**neįmãnomas**	[nʲɛɪ:'ma:nomas]
incompreensível	**neaĩškus**	[nʲɛ'ʌɪʃkʊs]
indigente	**skurdùs**	[skʊr'dʊs]
indispensável	**bū́tinas**	['bu:tʲɪnas]
inexperiente	**nepatýręs**	[nʲɛpa'tʲi:rʲɛ:s]
infantil	**vaĩkiškas**	['vʌɪkʲɪʃkas]
ininterrupto	**nepértraukiamas**	[nʲɛ'pʲɛrtraʊkʲæmas]
insignificante	**nereikšmìngas**	[nʲɛrʲɛɪkʃ'mʲɪngas]
inteiro (completo)	**pìlnas, vìsiškas**	['pʲɪlʲnas], ['vʲɪsʲɪʃkas]
inteligente	**protìngas**	[pro'tʲɪngas]
interno	**vidìnis**	[vʲɪ'dʲɪnʲɪs]
jovem	**jáunas**	['jaʊnas]

largo (caminho ~)	**platùs**	[plʲa'tʊs]
legal	**teisétas**	[tʲɛɪ'sʲe:tas]
leve	**leñgvas**	['lʲɛŋgvas]
limitado	**ribótas**	[rʲɪ'botas]
limpo	**švarùs**	[ʃva'rʊs]
líquido	**skýstas**	['skʲi:stas]
liso	**lýgus**	['lʲi:gʊs]
liso (superfície ~a)	**lýgus**	['lʲi:gʊs]
livre	**laĩsvas**	['lʲʌɪsvas]
longo (ex. cabelos ~s)	**ìlgas**	['ɪlʲgas]
maduro (ex. fruto ~)	**prisir̃pęs**	[prʲɪ'sʲɪrpʲɛ:s]
magro	**plónas**	['plʲonas]
magro (pessoa)	**sulýsęs**	[sʊ'lʲi:sʲɛ:s]
mais próximo	**artimiáusias**	[artʲɪ'mʲæʊsʲæs]
mais recente	**pràeitas**	['praʲɛɪtas]
mate, baço	**mãtinis**	['ma:tʲɪnʲɪs]
mau	**blõgas**	['blʲo:gas]
meticuloso	**tvarkìngas**	[tvar'kʲɪngas]
míope	**trumparẽgis**	[trʊmpa'rʲægʲɪs]
mole	**mìnkštas**	['mʲɪŋkʃtas]
molhado	**šlãpias**	['ʃlʲa:pʲæs]
moreno	**tamsaũs gỹmio**	[tam'sɑʊs 'gʲi:mʲɔ]
morto	**mìręs**	['mʲɪrʲɛ:s]
não difícil	**nesunkùs**	[nʲɛsʊŋ'kʊs]
não é clara	**neáiškus**	[nʲɛ'ʌɪʃkʊs]
não muito grande	**nedìdelis**	[nʲɛ'dʲɪdʲɛlʲɪs]
natal (país ~)	**gim̃tas**	['gʲɪmtas]
necessário	**reikalìngas**	[rʲɛɪka'lʲɪngas]
negativo	**neĩgiamas**	['nʲɛɪgʲæmas]
nervoso	**nervúotas**	[nʲɛr'vʊɑtas]
normal	**normalùs**	[norma'lʲʊs]
novo	**naũjas**	['nɑʊjas]
o mais importante	**svarbiáusias**	[svar'bʲæʊsʲæs]
obrigatório	**privãlomas**	[prʲɪ'va:lʲomas]
original	**originalùs**	[orʲɪgʲɪna'lʲʊs]
passado	**praẽjęs**	[pra'e:jɛ:s]
pequeno	**mãžas**	['ma:ʒas]
perigoso	**pavojìngas**	[pavo'jɪngas]
permanente	**nuolatìnis**	[nʊɑlʲa'tʲɪnʲɪs]
perto	**ar̃timas**	['artʲɪmas]
pesado	**sunkùs**	[sʊŋ'kʊs]
pessoal	**privatùs**	[prʲɪva'tʊs]
plano (ex. ecrã ~ a)	**plókščias**	['plʲokʃtʂʲæs]
pobre	**skurdùs**	[skʊr'dʊs]
pontual	**punktualùs**	[pʊŋktʊa'lʲʊs]
possível	**įmãnomas**	[i:'ma:nomas]
pouco fundo	**seklùs**	[sʲɛk'lʲʊs]

presente (ex. momento ~)	**tìkras**	['tʲɪkras]
primeiro (principal)	**pagrindìnis**	[pagrʲɪn'dʲɪnʲɪs]
principal	**svarbùs**	[svar'bʊs]
privado	**asmenìnis**	[asmʲɛ'nʲɪnʲɪs]
provável	**tikė́tinas**	[tʲɪ'kʲe:tʲɪnas]
próximo	**ar̃timas**	['artʲɪmas]
público	**visuomenìnis**	[vʲɪsʊɑmʲɛ'nʲɪnʲɪs]
quente (cálido)	**kárštas**	['karʃtas]
quente (morno)	**šil̃tas**	['ʃɪlʲtas]
rápido	**greĩtas**	['grʲɛɪtas]
raro	**rẽtas**	['rʲætas]
remoto, longínquo	**tólimas**	['tolʲɪmas]
reto	**tiesùs**	[tʲiɛ'sʊs]
salgado	**sūrùs**	[su:'rʊs]
satisfeito	**paténkintas**	[pa'tʲɛŋkʲɪntas]
seco	**saũsas**	['sɑʊsas]
seguinte	**tolèsnis**	[to'lʲɛsnʲɪs]
seguro	**saugùs**	[sɑʊ'gʊs]
similar	**panašùs**	[pana'ʃʊs]
simples	**pàprastas**	['paprastas]
soberbo	**puikùs**	[pʊi'kʊs]
sólido	**patvarùs**	[patva'rʊs]
sombrio	**niūrùs**	[nʲu:'rʊs]
sujo	**pur̃vinas**	['pʊrvʲɪnas]
superior	**aukščiáusias**	[ɑʊkʃ'tʂʲæʊsʲæs]
suplementar	**papìldomas**	[pa'pʲɪlʲdomas]
terno, afetuoso	**švelnùs**	[ʃvʲɛlʲ'nʊs]
tranquilo	**ramùs**	[ra'mʊs]
transparente	**skaidrùs**	[skʌɪd'rʊs]
triste (pessoa)	**liū̃dnas**	['lʲu:dnas]
triste (um ar ~)	**liū̃dnas**	['lʲu:dnas]
último	**paskutìnis**	[paskʊ'tʲɪnʲɪs]
único	**unikalùs**	[ʊnʲɪka'lʲʊs]
usado	**naudótas**	[nɑʊ'dotas]
vazio (meio ~)	**tùščias**	['tʊʃtʂʲæs]
velho	**sẽnas**	['sʲænas]
vizinho	**kaimýninis**	[kʌɪ'mʲi:nʲɪnʲɪs]

500 VERBOS PRINCIPAIS

252. Verbos A-B

aborrecer-se (vr)	**ilgė́tis**	[ɪlʲ'gʲe:tʲɪs]
abraçar (vt)	**apkabìnti**	[apka'bʲɪntʲɪ]
abrir (~ a janela)	**atidarýti**	[atʲɪda'rʲi:tʲɪ]
acalmar (vt)	**ramìnti**	[ra'mʲɪntʲɪ]
acariciar (vt)	**glóstyti**	['glʲostʲi:tʲɪ]
acenar (vt)	**mojúoti**	[mo:jʊɑtʲɪ]
acender (~ uma fogueira)	**uždègti**	[ʊʒ'dʲɛktʲɪ]
achar (vt)	**manýti**	[ma'nʲi:tʲɪ]
acompanhar (vt)	**lydė́ti**	[lʲi:'dʲe:tʲɪ]
aconselhar (vt)	**patar̃ti**	[pa'tartʲɪ]
acordar (despertar)	**žãdinti**	['ʒa:dʲɪntʲɪ]
acrescentar (vt)	**papìldyti**	[pa'pʲɪlʲdʲi:tʲɪ]
acusar (vt)	**káltinti**	['kalʲtʲɪntʲɪ]
adestrar (vt)	**dresúoti**	[drʲɛ'sʊɑtʲɪ]
adivinhar (vt)	**spė́ti**	['spʲe:tʲɪ]
admirar (vt)	**žavė́tis**	[ʒa'vʲe:tʲɪs]
advertir (vt)	**pérspėti**	['pʲɛrspʲe:tʲɪ]
afirmar (vt)	**teĩgti**	['tʲɛɪktʲɪ]
afogar-se (pessoa)	**skę̃sti**	['skʲɛ:stʲɪ]
afugentar (vt)	**nuvýti**	[nʊ'vʲi:tʲɪ]
agir (vi)	**veĩkti**	['vʲɛɪktʲɪ]
agitar, sacudir (objeto)	**kratýti**	[kra'tʲi:tʲɪ]
agradecer (vt)	**dėkóti**	[dʲe:'kotʲɪ]
ajudar (vt)	**padė́ti**	[pa'dʲe:tʲɪ]
alcançar (objetivos)	**síekti**	['sʲiɛktʲɪ]
alimentar (dar comida)	**maitìnti**	[mʌɪ'tʲɪntʲɪ]
almoçar (vi)	**pietáuti**	[pʲiɛ'tɑʊtʲɪ]
alugar (~ o barco, etc.)	**núomotis**	['nʊɑmotʲɪs]
alugar (~ um apartamento)	**núomotis**	['nʊɑmotʲɪs]
amar (pessoa)	**mylė́ti**	[mʲi:'lʲe:tʲɪ]
amarrar (vt)	**surìšti**	[sʊ'rʲɪʃtʲɪ]
ameaçar (vt)	**grasìnti**	[gra'sʲɪntʲɪ]
amputar (vt)	**amputúoti**	[ampʊ'tʊɑtʲɪ]
anotar (escrever)	**pažymė́ti**	[paʒʲi:'mʲe:tʲɪ]
anular, cancelar (vt)	**atšaũkti**	[at'ʃɑʊktʲɪ]
apagar (com apagador, etc.)	**nutrìnti**	[nʊ'trʲɪntʲɪ]
apagar (um incêndio)	**gesìnti**	[gʲɛ'sʲɪntʲɪ]
apaixonar-se de ...	**įsimylė́ti**	[i:sʲɪmʲɪ:'lʲe:tʲɪ]

aparecer (vi)	**ródytis**	['rodʲi:tʲɪs]
aplaudir (vi)	**plóti**	['plʲotʲɪ]
apoiar (vt)	**palaikýti**	[palʲʌɪ'kʲi:tʲɪ]
apontar para ...	**táikytis į ...**	['tʌɪkʲi:tʲɪs i: ..]
apresentar (alguém a alguém)	**supažìndinti**	[sʊpa'ʒʲɪndʲɪntʲɪ]
apresentar (Gostaria de ~)	**atstováuti**	[atsto'vɑʊtʲɪ]
apressar (vt)	**skùbinti**	['skʊbʲɪntʲɪ]
apressar-se (vr)	**skubė́ti**	[skʊ'bʲe:tʲɪ]
aproximar-se (vr)	**artė́ti**	[ar'tʲe:tʲɪ]
aquecer (vt)	**šìldyti**	['ʃɪlʲdʲi:tʲɪ]
arrancar (vt)	**atplė́šti**	[at'plʲe:ʃtʲɪ]
arranhar (gato, etc.)	**draskýti**	[dras'kʲi:tʲɪ]
arrepender-se (vr)	**gailė́tis**	[gʌɪ'lʲe:tʲɪs]
arriscar (vt)	**rizikúoti**	[rʲɪzʲɪ'kʊɑtʲɪ]
arrumar, limpar (vt)	**tvarkýti**	[tvar'kʲi:tʲɪ]
aspirar a ...	**síekti**	['sʲiɛktʲɪ]
assinar (vt)	**pasirašýti**	[pasʲɪra'ʃɪ:tʲɪ]
assistir (vt)	**asistúoti**	[asʲɪs'tʊɑtʲɪ]
atacar (vt)	**atakúoti**	[ata'kʊɑtʲɪ]
atar (vt)	**pririšti**	[prʲɪ'rʲɪʃtʲɪ]
atirar (vi)	**šáudyti**	['ʃɑʊdʲi:tʲɪ]
atracar (vi)	**švartúoti**	[ʃvar'tʊɑtʲɪ]
aumentar (vi)	**didė́ti**	[dʲɪdʲe:tʲɪ]
aumentar (vt)	**dìdinti**	['dʲɪdʲɪntʲɪ]
avançar (sb. trabalhos, etc.)	**kìlti**	['kʲɪlʲtʲɪ]
avistar (vt)	**pamatýti**	[pama'tʲi:tʲɪ]
baixar (guindaste)	**nuléisti**	[nʊ'lʲɛɪstʲɪ]
barbear-se (vr)	**skùstis**	['skʊstʲɪs]
basear-se em ...	**bazúotis**	[ba'zʊɑtʲɪs]
bastar (vi)	**užtèks**	[ʊʒ'tʲɛks]
bater (espancar)	**trankýti**	[traŋ'kʲi:tʲɪ]
bater (vi)	**bélsti**	['bʲɛlʲstʲɪ]
bater-se (vr)	**mùštis**	['mʊʃtʲɪs]
beber, tomar (vt)	**gérti**	['gʲɛrtʲɪ]
brilhar (vi)	**žibė́ti**	[ʒʲɪ'bʲe:tʲɪ]
brincar, jogar (crianças)	**žaĩsti**	['ʒʌɪstʲɪ]
buscar (vt)	**ieškóti**	[ɪɛʃ'kotʲɪ]

253. Verbos C-D

caçar (vi)	**medžióti**	[mʲɛ'dʒʲotʲɪ]
calar-se (parar de falar)	**nutìlti**	[nʊ'tʲɪlʲtʲɪ]
calcular (vt)	**skaičiúoti**	[skʌɪ'tʂʲʊɑtʲɪ]
carregar (o caminhão)	**kráuti**	['krɑʊtʲɪ]
carregar (uma arma)	**užtaisýti**	[ʊʒtʌɪ'sʲi:tʲɪ]

casar-se (vr)	**vèsti**	['vʲɛstʲɪ]
causar (vt)	**bū́ti ... priežastimì**	['buːtʲɪ ... prʲiɛʒastʲɪ'mʲɪ]
cavar (vt)	**ráuti**	['rɑʊtʲɪ]
ceder (não resistir)	**nusiléisti**	[nʊsʲɪ'lʲɛɪstʲɪ]
cegar, ofuscar (vt)	**apãkinti**	[a'paːkʲɪntʲɪ]
censurar (vt)	**priekaištáuti**	[prʲiɛkʌɪʃ'tɑʊtʲɪ]
cessar (vt)	**liáutis**	['lʲæʊtʲɪs]
chamar (~ por socorro)	**kviẽsti**	['kvʲɛstʲɪ]
chamar (dizer em voz alta o nome)	**pakviẽsti**	[pak'vʲɛstʲɪ]
chegar (a algum lugar)	**pasíekti**	[pa'sʲiɛktʲɪ]
chegar (sb. comboio, etc.)	**atvỹkti**	[at'vʲiːktʲɪ]
cheirar (tem o cheiro)	**kvepéti**	[kve'pʲeːtʲɪ]
cheirar (uma flor)	**úostyti**	['ʊastʲiːtʲɪ]
chorar (vi)	**ver̃kti**	['vʲɛrktʲɪ]
citar (vt)	**citúoti**	[tsʲɪ'tʊatʲɪ]
colher (flores)	**skìnti**	['skʲɪntʲɪ]
colocar (vt)	**déti**	['dʲeːtʲɪ]
combater (vi, vt)	**káutis**	['kɑʊtʲɪs]
começar (vt)	**pradéti**	[pra'dʲeːtʲɪ]
comer (vt)	**válgyti**	['valʲgʲiːtʲɪ]
comparar (vt)	**lýginti**	['lʲiːgʲɪntʲɪ]
compensar (vt)	**kompensúoti**	[kɔmpʲɛn'sʊatʲɪ]
competir (vi)	**konkurúoti**	[kɔŋkʊ'rʊatʲɪ]
complicar (vt)	**apsuñkinti**	[ap'sʊŋkʲɪntʲɪ]
compor (vt)	**kùrti**	['kʊrtʲɪ]
comportar-se (vr)	**el̃gtis**	['ɛlʲktʲɪs]
comprar (vt)	**pir̃kti**	['pʲɪrktʲɪ]
compreender (vt)	**supràsti**	[sʊp'rastʲɪ]
comprometer (vt)	**kompromitúoti**	[kɔmpromʲɪ'tʊatʲɪ]
concentrar-se (vr)	**koncentrúotis**	[kɔntsʲɛn'trʊatʲɪs]
concordar (dizer "sim")	**sutìkti**	[sʊ'tʲɪktʲɪ]
condecorar (dar medalha)	**apdovanóti**	[apdova'notʲɪ]
conduzir (~ o carro)	**vairúoti mašìną**	[vʌɪ'rʊatʲɪ ma'ʃɪnaː]
confessar-se (criminoso)	**prisipažìnti**	[prʲɪsʲɪpa'ʒʲɪntʲɪ]
confiar (vt)	**pasitikéti**	[pasʲɪtʲɪ'kʲeːtʲɪ]
confundir (equivocar-se)	**suklýsti**	[sʊk'lʲiːstʲɪ]
conhecer (vt)	**pažinóti**	[paʒʲɪ'notʲɪ]
conhecer-se (vr)	**susipažìnti**	[sʊsʲɪpa'ʒʲɪntʲɪ]
consertar (vt)	**tvarkýti**	[tvar'kʲiːtʲɪ]
consultar ...	**konsultúotis sù ...**	[kɔnsʊlʲ'tʊatʲɪs sʊ ...]
contagiar-se com ...	**užsikrẽsti**	[ʊʒsʲɪ'krʲeːstʲɪ]
contar (vt)	**pãsakoti**	['paːsakotʲɪ]
contar com ...	**tikétis ...**	[tʲɪ'kʲeːtʲɪs ...]
continuar (vt)	**tę̃sti**	['tʲɛːstʲɪ]
contratar (vt)	**samdýti**	[sam'dʲiːtʲɪ]

controlar (vt) **kontroliúoti** [kɔntro'lʲʊɑtʲɪ]
convencer (vt) **įtìkinti** [i:'tʲɪ:kʲɪntʲɪ]
convidar (vt) **kviẽsti** ['kvʲɛstʲɪ]

cooperar (vi) **bendradarbiáuti** [bʲɛndradar'bʲæʊtʲɪ]
coordenar (vt) **koordinúoti** [koordʲɪ'nʊɑtʲɪ]
corar (vi) **raudonúoti** [rɑʊdo'nʊɑtʲɪ]
correr (vi) **bė́gti** ['bʲe:ktʲɪ]
corrigir (vt) **taisýti** [tʌɪ'sʲi:tʲɪ]

cortar (com um machado) **nukirstì** [nʊkʲɪrs'tʲɪ]
cortar (vt) **atkir̃pti** [at'kʲɪrptʲɪ]
cozinhar (vt) **gamìnti** [ga'mʲɪntʲɪ]
crer (pensar) **manýti** [ma'nʲi:tʲɪ]
criar (vt) **sukùrti** [sʊ'kʊrtʲɪ]

cultivar (vt) **augìnti** [ɑʊ'gʲɪntʲɪ]
cuspir (vi) **spjáudyti** ['spjɑʊdʲi:tʲɪ]
custar (vt) **kainúoti** [kʌɪ'nʊɑtʲɪ]
dar (vt) **dúoti** ['dʊɑtʲɪ]

dar banho, lavar (vt) **máudyti** ['mɑʊdʲi:tʲɪ]
datar (vi) **datúoti** [da'tʊɑtʲɪ]
decidir (vt) **sprę́sti** ['sprʲe:stʲɪ]
decorar (enfeitar) **grãžinti** ['gra:ʒʲɪntʲɪ]
dedicar (vt) **skìrti** ['skʲɪrtʲɪ]

defender (vt) **giñti** ['gʲɪntʲɪ]
defender-se (vr) **gintìs** ['gʲɪntʲɪs]
deixar (~ a mulher) **palìkti** [pa'lʲɪktʲɪ]
deixar (esquecer) **palìkti** [pa'lʲɪktʲɪ]

deixar (permitir) **léisti** ['lʲɛɪstʲɪ]
deixar cair (vt) **išmèsti** [ɪʃ'mʲɛstʲɪ]
denominar (vt) **vadìnti** [va'dʲɪntʲɪ]
denunciar (vt) **pranèšti** [pra'nʲɛʃtʲɪ]
depender de … (vi) **priklausýti nuõ …** [prʲɪklʲɑʊ'sʲi:tʲɪ nʊɑ …]

derramar (vt) **išpìlti** [ɪʃ'pʲɪlʲtʲɪ]
derramar-se (vr) **išbìrti** [ɪʃ'bʲɪrtʲɪ]
desaparecer (vi) **diñgti** ['dʲɪŋktʲɪ]
desatar (vt) **atrýšti** [at'rʲi:ʃtʲɪ]
desatracar (vi) **išplaũkti** [ɪʃ'plʲɑʊktʲɪ]

descansar (um pouco) **ilsė́tis** [ɪlʲ'sʲe:tʲɪs]
descer (para baixo) **léistis** ['lʲɛɪstʲɪs]
descobrir (novas terras) **atvérti** [at'vʲɛrtʲɪ]
descolar (avião) **kìlti** ['kʲɪlʲtʲɪ]

desculpar (vt) **atléisti** [at'lʲɛɪstʲɪ]
desculpar-se (vr) **atsiprašinė́ti** [atsʲɪpraʃʲɪ'nʲe:tʲɪ]
desejar (vt) **norė́ti** [no'rʲe:tʲɪ]
desempenhar (vt) **vaidìnti** [vʌɪ'dʲɪntʲɪ]

desligar (vt) **išjùngti** [ɪ'ʃjʊŋktʲɪ]
desprezar (vt) **niẽkinti** ['nʲɛkʲɪntʲɪ]

destruir (documentos, etc.)	**naikìnti**	[nʌɪ'kʲɪntʲɪ]
dever (vi)	**privalė́ti**	[prʲɪva'lʲe:tʲɪ]
devolver (vt)	**grąžìnti**	[gra:'ʒʲɪntʲɪ]
direcionar (vt)	**nukreĩpti**	[nʊk'rʲɛɪptʲɪ]
dirigir (~ uma empresa)	**vadováuti**	[vado'vɑʊtʲɪ]
dirigir-se (a um auditório, etc.)	**kreĩptis**	['krʲɛɪptʲɪs]
discutir (notícias, etc.)	**aptar̃ti**	[ap'tartʲɪ]
distribuir (folhetos, etc.)	**plãtinti**	['plʲa:tʲɪntʲɪ]
distribuir (vt)	**išdalìnti**	[ɪʃda'lʲɪntʲɪ]
divertir (vt)	**smãginti**	['sma:gʲɪntʲɪ]
divertir-se (vr)	**lìnksmintis**	['lʲɪŋksmʲɪntʲɪs]
dividir (mat.)	**dalìnti**	[da'lʲɪntʲɪ]
dizer (vt)	**pasakýti**	[pasa'kʲi:tʲɪ]
dobrar (vt)	**dvìgubinti**	['dvʲɪgʊbʲɪntʲɪ]
duvidar (vt)	**abejóti**	[abʲɛ'jɔtʲɪ]

254. Verbos E-J

elaborar (uma lista)	**sudarinė́ti**	[sʊdarʲɪ'nʲe:tʲɪ]
elevar-se acima de ...	**kýšoti**	['kʲi:ʃotʲɪ]
eliminar (um obstáculo)	**pašãlinti**	[pa'ʃa:lʲɪntʲɪ]
embrulhar (com papel)	**įvynióti**	[i:vʲɪ:'nʲotʲɪ]
emergir (submarino)	**išnìrti**	[ɪʃ'nʲɪrtʲɪ]
emitir (vt)	**skleĩsti**	['sklʲɛɪstʲɪ]
empreender (vt)	**im̃tis**	['ɪmtʲɪs]
empurrar (vt)	**stùmti**	['stʊmtʲɪ]
encabeçar (vt)	**vadováuti**	[vado'vɑʊtʲɪ]
encher (~ a garrafa, etc.)	**pripìldyti**	[prʲɪ'pʲɪlʲdʲi:tʲɪ]
encontrar (achar)	**ràsti**	['rastʲɪ]
enganar (vt)	**apgáuti**	[ap'gɑʊtʲɪ]
ensinar (vt)	**mokìnti**	[mo'kʲɪntʲɪ]
entrar (na sala, etc.)	**įeĩti**	[i:'ɛɪtʲɪ]
enviar (uma carta)	**siũsti**	['sʲu:stʲɪ]
equipar (vt)	**įrenginė́ti**	[i:rengʲɪ'nʲe:tʲɪ]
errar (vi)	**klýsti**	['klʲi:stʲɪ]
escolher (vt)	**išsiriñkti**	[ɪʃsʲɪ'rʲɪŋktʲɪ]
esconder (vt)	**slė̃pti**	['slʲe:ptʲɪ]
escrever (vt)	**rašýti**	[ra'ʃʲɪ:tʲɪ]
escutar (vt)	**klausýti**	[klʲɑʊ'sʲi:tʲɪ]
escutar atrás da porta	**pasiklausýti**	[pasʲɪklʲɑʊ'sʲi:tʲɪ]
esmagar (um inseto, etc.)	**sutráiškyti**	[sʊt'rʌɪʃkʲi:tʲɪ]
esperar (contar com)	**láukti**	['lʲɑʊktʲɪ]
esperar (o autocarro, etc.)	**láukti**	['lʲɑʊktʲɪ]
esperar (ter esperança)	**tikė́tis**	[tʲɪ'kʲe:tʲɪs]

espreitar (vi)	**stebéti**	[ste'bʲe:tʲɪ]
esquecer (vt)	**užmir̃šti**	[ʊʒ'mʲɪrʃtʲɪ]
estar	**guléti**	[gʊ'lʲe:tʲɪ]
estar convencido	**įsitìkinti**	[i:sʲɪ'tʲɪ:kʲɪntʲɪ]
estar deitado	**guléti**	[gʊ'lʲe:tʲɪ]
estar perplexo	**nenumanýti**	[nʲɛnʊma'nʲi:tʲɪ]
estar sentado	**sėdéti**	[sʲe:'dʲe:tʲɪ]
estremecer (vi)	**krū̃pčioti**	['kru:ptʂʲotʲɪ]
estudar (vt)	**nagrinéti**	[nagrʲɪ'nʲe:tʲɪ]
evitar (vt)	**vévgti**	['vʲɛŋktʲɪ]
examinar (vt)	**apsvarstýti**	[apsvars'tʲi:tʲɪ]
exigir (vt)	**reikaláuti**	[rʲɛɪka'lʲaʊtʲɪ]
existir (vi)	**egzistúoti**	[ɛgzʲɪs'tʊatʲɪ]
explicar (vt)	**áiškinti**	['ʌɪʃkʲɪntʲɪ]
expressar (vt)	**išréikšti**	[ɪʃ'rʲɛɪkʃtʲɪ]
expulsar (vt)	**šãlinti**	['ʃa:lʲɪntʲɪ]
facilitar (vt)	**paleñgvinti**	[pa'lʲɛŋgvʲɪntʲɪ]
falar com …	**kalbéti sù …**	[kalʲ'bʲe:tʲɪ 'sʊ …]
faltar a …	**praléisti**	[pra'lʲɛɪstʲɪ]
fascinar (vt)	**žavéti**	[ʒa'vʲe:tʲɪ]
fatigar (vt)	**várginti**	['vargʲɪntʲɪ]
fazer (vt)	**darýti**	[da'rʲi:tʲɪ]
fazer lembrar	**primiñti**	[prʲɪ'mʲɪntʲɪ]
fazer piadas	**juokáuti**	[jʊɑ'kaʊtʲɪ]
fazer uma tentativa	**pabandýti**	[paban'dʲi:tʲɪ]
fechar (vt)	**uždarýti**	[ʊʒda'rʲi:tʲɪ]
felicitar (dar os parabéns)	**svéikinti**	['svʲɛɪkʲɪntʲɪ]
ficar cansado	**pavar̃gti**	[pa'varktʲɪ]
ficar em silêncio	**tyléti**	[tʲi:'lʲe:tʲɪ]
ficar pensativo	**susimąstýti**	[sʊsʲɪma:s'tʲi:tʲɪ]
forçar (vt)	**ver̃sti**	['vʲɛrstʲɪ]
formar (vt)	**sudarinéti**	[sʊdarʲɪ'nʲe:tʲɪ]
fotografar (vt)	**fotografúoti**	[fotogra'fʊatʲɪ]
gabar-se (vr)	**gìrtis**	['gʲɪrtʲɪs]
garantir (vt)	**garantúoti**	[garan'tʊatʲɪ]
gostar (apreciar)	**patìkti**	[pa'tʲɪktʲɪ]
gostar (vt)	**mégti**	['mʲe:ktʲɪ]
gritar (vi)	**rė̃kti**	['rʲe:ktʲɪ]
guardar (cartas, etc.)	**sáugoti**	['saʊgotʲɪ]
guardar (no armário, etc.)	**paslė̃pti**	[pas'lʲe:ptʲɪ]
guerrear (vt)	**kariáuti**	[ka'rʲæʊtʲɪ]
herdar (vt)	**paveldéti**	[pavelʲ'dʲe:tʲɪ]
iluminar (vt)	**šviẽsti**	['ʃvʲɛstʲɪ]
imaginar (vt)	**prisistatýti**	[prʲɪsʲɪsta'tʲi:tʲɪ]
imitar (vt)	**imitúoti**	[ɪmʲɪ'tʊatʲɪ]
implorar (vt)	**maldáuti**	[malʲ'daʊtʲɪ]

importar (vt)	**importúoti**	[ɪmpor'tʊɑtʲɪ]
indicar (orientar)	**nuródyti**	[nʊ'rodʲi:tʲɪ]
indignar-se (vr)	**pìktintis**	['pʲɪktʲɪntʲɪs]
infetar, contagiar (vt)	**užkrė̃sti**	[ʊʒ'krʲe:stʲɪ]
influenciar (vt)	**darýti į́taką**	[da'rʲi:tʲɪ 'i:taka:]
informar (fazer saber)	**pranèšti**	[pra'nʲɛʃtʲɪ]
informar (vt)	**informúoti**	[ɪnfor'mʊɑtʲɪ]
informar-se (~ sobre)	**sužinóti**	[sʊʒʲɪ'notʲɪ]
inscrever (na lista)	**įrašinė́ti**	[i:raʃɪ'nʲe:tʲɪ]
inserir (vt)	**įter̃pti**	[i:'tʲɛrptʲɪ]
insinuar (vt)	**užsimiñti**	[ʊʒsʲɪ'mʲɪntʲɪ]
insistir (vi)	**reikaláuti**	[rʲɛɪka'lʲɑʊtʲɪ]
inspirar (vt)	**įkvė̃pti**	[i:k'vʲe:ptʲɪ]
instruir (vt)	**instruktúoti**	[ɪnstrʊk'tʊɑtʲɪ]
insultar (vt)	**įžeidinė́ti**	[i:ʒʲɛɪdʲɪ'nʲe:tʲɪ]
interessar (vt)	**dõminti**	['do:mʲɪntʲɪ]
interessar-se (vr)	**domė́tis**	[do'mʲe:tʲɪs]
intervir (vi)	**kìštis**	['kʲɪʃtʲɪs]
invejar (vt)	**pavydė́ti**	[pavʲi:'dʲe:tʲɪ]
inventar (vt)	**išràsti**	[ɪʃ'rastʲɪ]
ir (a pé)	**eĩti**	['ɛɪtʲɪ]
ir (de carro, etc.)	**važiúoti**	[va'ʒʲʊɑtʲɪ]
ir nadar	**máudytis**	['mɑʊdʲi:tʲɪs]
ir para a cama	**gul̃tis miegóti**	['gʊlʲtʲɪs mʲiɛ'gotʲɪ]
irritar (vt)	**érzinti**	['ɛrzʲɪntʲɪ]
irritar-se (vr)	**ír̃zti**	['ɪrztʲɪ]
isolar (vt)	**izoliúoti**	[ɪzo'lʲʊɑtʲɪ]
jantar (vi)	**vakarieniáuti**	[vakarʲiɛ'nʲæʊtʲɪ]
jogar, atirar (vt)	**mèsti**	['mʲɛstʲɪ]
juntar, unir (vt)	**apjùngti**	[a'pjʊŋktʲɪ]
juntar-se a ...	**prisijùngti**	[prʲɪsʲɪ'jʊŋktʲɪ]

255. Verbos L-P

lançar (novo projeto)	**pradė́ti**	[pra'dʲe:tʲɪ]
lavar (vt)	**pláuti, praũsti**	['plʲɑʊtʲɪ], ['prɑʊstʲɪ]
lavar a roupa	**skal̃bti**	['skalʲptʲɪ]
lavar-se (vr)	**praũstis**	['prɑʊstʲɪs]
lembrar (vt)	**atmiñti**	[at'mʲɪntʲɪ]
ler (vt)	**skaitýti**	[skʌɪ'tʲi:tʲɪ]
levantar-se (vr)	**kélti**	['kʲɛlʲtʲɪs]
levar (ex. leva isso daqui)	**išnèšti**	[ɪʃ'nʲɛʃtʲɪ]
libertar (cidade, etc.)	**išláisvinti**	[ɪʃ'lʲʌɪsvʲɪntʲɪ]
ligar (o radio, etc.)	**įjùngti**	[i:'jʊŋktʲɪ]
limitar (vt)	**ribóti**	[rʲɪ'botʲɪ]

limpar (eliminar sujeira) **valýti** [va'lʲi:tʲɪ]
limpar (vt) **valýti** [va'lʲi:tʲɪ]

lisonjear (vt) **meilikáuti** [mʲɛɪlʲɪ'kɑʊtʲɪ]
livrar-se de … **atsikratýti …** [atsʲɪkra'tʲi:tʲɪ …]
lutar (combater) **kovóti** [kɔ'votʲɪ]
lutar (desp.) **kovóti** [kɔ'votʲɪ]
marcar (com lápis, etc.) **atžyméti** [atʒʲi:'mʲe:tʲɪ]

matar (vt) **žudýti** [ʒʊ'dʲi:tʲɪ]
memorizar (vt) **įsimiñti** [i:sʲɪ'mʲɪntʲɪ]
mencionar (vt) **paminéti** [pamʲɪ'nʲe:tʲɪ]
mentir (vi) **melúoti** [mʲɛ'lʲʊɑtʲɪ]

merecer (vt) **užtarnáuti** [ʊʒtar'nɑʊtʲɪ]
mergulhar (vi) **nárdyti** ['nardʲi:tʲɪ]
misturar (combinar) **maišýti** [mʌɪ'ʃɪ:tʲɪ]
morar (vt) **gyvénti** [gʲi:'vʲɛntʲɪ]

mostrar (vt) **ródyti** ['rodʲi:tʲɪ]
mover (arredar) **pérstumti** ['pʲɛrstʊmtʲɪ]
mudar (modificar) **pakeĩsti** [pa'kʲɛɪstʲɪ]
multiplicar (vt) **dáuginti** ['dɑʊgʲɪntʲɪ]

nadar (vi) **plaũkti** ['plʲɑʊktʲɪ]
negar (vt) **neigtì** [nʲɛɪk'tʲɪ]
negociar (vi) **vèsti derýbas** ['vʲɛstʲɪ dʲɛ'rʲi:bas]
nomear (função) **skìrti** ['skʲɪrtʲɪ]

obedecer (vt) **bū́ti pavaldžiám** ['bu:tʲɪ pavalʲ'dʒʲæm]
objetar (vt) **prieštaráuti** [prʲiɛʃta'rɑʊtʲɪ]
observar (vt) **stebéti** [ste'bʲe:tʲɪ]
ofender (vt) **skriaũsti** ['skrʲɛʊstʲɪ]

olhar (vt) **žiūréti** [ʒʲu:'rʲe:tʲɪ]
omitir (vt) **nuléisti** [nʊ'lʲɛɪstʲɪ]
ordenar (mil.) **įsakýti** [i:sa'kʲi:tʲɪ]
organizar (evento, etc.) **sureñgti** [sʊ'rʲɛŋktʲɪ]

ousar (vt) **išdrį̃sti** [ɪʃ'drʲɪ:stʲɪ]
ouvir (vt) **girdéti** [gʲɪr'dʲe:tʲɪ]
pagar (vt) **mokéti** [mo'kʲe:tʲɪ]
parar (para descansar) **sustóti** [sʊs'totʲɪ]
parecer-se (vr) **bū́ti panašiù** ['bu:tʲɪ pana'ʃʊ]

participar (vi) **dalyváuti** [dalʲi:'vɑʊtʲɪ]
partir (~ para o estrangeiro) **išvažiúoti** [ɪʃva'ʒʲʊɑtʲɪ]
passar (vt) **pravažiúoti** [prava'ʒʲʊɑtʲɪ]
passar a ferro **lýginti** ['lʲi:gʲɪntʲɪ]

pecar (vi) **nusidéti** [nʊsʲɪ'dʲe:tʲɪ]
pedir (comida) **užsakinéti** [ʊʒsakʲɪ'nʲe:tʲɪ]
pedir (um favor, etc.) **prašýti** [pra'ʃɪ:tʲɪ]
pegar (tomar com a mão) **gáudyti** ['gɑʊdʲi:tʲɪ]
pegar (tomar) **im̃ti** ['ɪmtʲɪ]
pendurar (cortinas, etc.) **kabìnti** [ka'bʲɪntʲɪ]

penetrar (vt)	**prasiskver̃bti**	[prasʲɪs'kvʲɛrptʲɪ]
pensar (vt)	**galvóti**	[galʲ'votʲɪ]
pentear-se (vr)	**šukúotis**	[ʃʊ'kʊatʲɪs]
perceber (ver)	**pastebė́ti**	[paste'bʲe:tʲɪ]
perder (o guarda-chuva, etc.)	**pamèsti**	[pa'mʲɛstʲɪ]
perdoar (vt)	**atléisti**	[at'lʲɛɪstʲɪ]
permitir (vt)	**léisti**	['lʲɛɪstʲɪ]
pertencer a ...	**priklausýti**	[prʲɪklʲaʊ'sʲi:tʲɪ]
perturbar (vt)	**trukdýti**	[trʊk'dʲi:tʲɪ]
pesar (ter o peso)	**sver̃ti**	['svʲɛrtʲɪ]
pescar (vt)	**gáudyti žuvį̀**	['gaʊdʲɪ:tʲɪ 'ʒʊvʲɪ:]
planear (vt)	**planúoti**	[plʲa'nʊatʲɪ]
poder (vi)	**galė́ti**	[ga'lʲe:tʲɪ]
pôr (posicionar)	**išdė́styti**	[ɪʃ'dʲe:stʲi:tʲɪ]
possuir (vt)	**turė́ti**	[tʊ'rʲe:tʲɪ]
predominar (vi, vt)	**turė́ti pranašùmą**	[tʊ'rʲe:tʲɪ prana'ʃʊma:]
preferir (vt)	**labiaũ vértinti**	[lʲa'bʲɛʊ 'vʲɛrtʲɪntʲɪ]
preocupar (vt)	**jáudinti**	['jaʊdʲɪntʲɪ]
preocupar-se (vr)	**jáudintis**	['jaʊdʲɪntʲɪs]
preocupar-se (vr)	**jáudintis**	['jaʊdʲɪntʲɪs]
preparar (vt)	**paruõšti**	[pa'rʊaʃtʲɪ]
preservar (ex. ~ a paz)	**sáugoti**	['saʊgotʲɪ]
prever (vt)	**numatýti**	[nʊma'tʲi:tʲɪ]
privar (vt)	**atim̃ti**	[a'tʲɪmtʲɪ]
proibir (vt)	**draũsti**	['draʊstʲɪ]
projetar, criar (vt)	**projektúoti**	[projɛk'tʊatʲɪ]
prometer (vt)	**žadė́ti**	[ʒa'dʲe:tʲɪ]
pronunciar (vt)	**tar̃ti**	['tartʲɪ]
propor (vt)	**siū́lyti**	['sʲu:lʲi:tʲɪ]
proteger (a natureza)	**sáugoti**	['saʊgotʲɪ]
protestar (vi)	**protestúoti**	[protʲɛs'tʊatʲɪ]
provar (~ a teoria, etc.)	**įrodynėti**	[i:rodʲɪ:'nʲe:tʲɪ]
provocar (vt)	**provokúoti**	[provo'kʊatʲɪ]
publicitar (vt)	**reklamúoti**	[rʲɛklʲa'mʊatʲɪ]
punir, castigar (vt)	**baũsti**	['baʊstʲɪ]
puxar (vt)	**tem̃pti**	['tʲɛmptʲɪ]

256. Verbos Q-Z

quebrar (vt)	**láužyti**	['lʲaʊʒʲi:tʲɪ]
queimar (vt)	**dẽginti**	['dʲægʲɪntʲɪ]
queixar-se (vr)	**skų́stis**	['sku:stʲɪs]
querer (desejar)	**noréti**	[no'rʲætʲɪ]
rachar-se (vr)	**skilinė́ti**	[skʲɪlʲɪ'nʲe:tʲɪ]
realizar (vt)	**įgyvéndinti**	[i:gʲɪ:'vʲɛndʲɪntʲɪ]

recomendar (vt) **rekomendúoti** [rʲɛkomʲɛn'dʊɑtʲɪ]
reconhecer (identificar) **atpažìnti** [atpa'ʒʲɪntʲɪ]

reconhecer (o erro) **pripažìnti** [prʲɪpa'ʒʲɪntʲɪ]
recordar, lembrar (vt) **prisimiñti** [prʲɪsʲɪ'mʲɪntʲɪ]
recuperar-se (vr) **sveĩkti** ['svʲɛɪktʲɪ]
recusar (vt) **atsakýti** [atsa'kʲi:tʲɪ]

reduzir (vt) **mãžinti** ['ma:ʒʲɪntʲɪ]
refazer (vt) **pérdaryti** ['pʲɛrdarʲi:tʲɪ]
reforçar (vt) **tvìrtinti** ['tvʲɪrtʲɪntʲɪ]
refrear (vt) **sulaikýti** [sʊlʲʌɪ'kʲi:tʲɪ]

regar (plantas) **láistyti** ['lʲʌɪstʲi:tʲɪ]
remover (~ uma mancha) **šãlinti** ['ʃa:lʲɪntʲɪ]
reparar (vt) **taisýti** [tʌɪ'sʲi:tʲɪ]
repetir (dizer outra vez) **kartóti** [kar'totʲɪ]

reportar (vt) **pranešinéti** [praneʃʲɪ'nʲe:tʲɪ]
repreender (vt) **bárti** ['bartʲɪ]
reservar (~ um quarto) **rezervúoti** [rʲɛzʲɛr'vʊɑtʲɪ]
resolver (o conflito) **tvarkýti** [tvar'kʲi:tʲɪ]
resolver (um problema) **sprę́sti** ['sprʲe:stʲɪ]

respirar (vi) **kvėpúoti** [kvʲe:'pʊɑtʲɪ]
responder (vt) **atsakinéti** [atsakʲɪ'nʲe:tʲɪ]
rezar, orar (vi) **melstis** ['mʲɛlʲstʲɪs]
rir (vi) **juõktis** ['jʊɑktʲɪs]

romper-se (corda, etc.) **plýšti** ['plʲi:ʃtʲɪ]
roubar (vt) **võgti** ['vo:ktʲɪ]
saber (vt) **žinóti** [ʒʲɪ'notʲɪ]
sair (~ de casa) **išeĩti** [ɪ'ʃɛɪtʲɪ]

sair (livro) **išeĩti** [ɪ'ʃɛɪtʲɪ]
salvar (vt) **gélbėti** ['gʲælʲbʲe:tʲɪ]
satisfazer (vt) **ténkinti** ['tʲɛŋkʲɪntʲɪ]
saudar (vt) **svéikinti** ['svʲɛɪkʲɪntʲɪ]
secar (vt) **džiovìnti** [dʒʲo'vʲɪntʲɪ]

seguir ... **sèkti ...** ['sʲɛktʲɪ ...]
selecionar (vt) **atriñkti** [at'rʲɪŋktʲɪ]
semear (vt) **séti** ['sʲe:tʲɪ]
sentar-se (vr) **atsisésti** [atsʲɪ'sʲe:stʲɪ]

sentenciar (vt) **nuteĩsti** [nʊ'tʲɛɪstʲɪ]
sentir (~ perigo) **jaũsti** ['jɑʊstʲɪ]
ser diferente **skìrtis** ['skʲɪrtʲɪs]

ser indispensável **bū́ti reikalìngu** ['bu:tʲɪ rʲɛɪka'lʲɪngʊ]
ser necessário **bū́ti reikalìngu** ['bu:tʲɪ rʲɛɪka'lʲɪngʊ]
ser preservado **išsisáugoti** [ɪʃsʲɪ'sɑʊgotʲɪ]
ser, estar **bū́ti** ['bu:tʲɪ]

servir (restaurant, etc.) **aptarnáuti** [aptar'nɑʊtʲɪ]
servir (roupa) **tìkti** ['tʲɪktʲɪ]

significar (palavra, etc.) **réikšti** ['rʲɛɪkʃtʲɪ]
significar (vt) **réikšti** ['rʲɛɪkʃtʲɪ]
simplificar (vt) **leñgvinti** ['lʲɛŋgvʲɪntʲɪ]

sobrestimar (vt) **pérvertinti** ['pʲɛrvʲɛrtʲɪntʲɪ]
sofrer (vt) **kentė́ti** [kʲɛn'tʲe:tʲɪ]
sonhar (vi) **sapnúoti** [sap'nʊɑtʲɪ]
sonhar (vt) **svajóti** [sva'jɔtʲɪ]
soprar (vi) **pū̃sti** ['pu:stʲɪ]

sorrir (vi) **šypsótis** [ʃʲɪ:p'sotʲɪs]
subestimar (vt) **neįvértinti** [nʲɛɪ:'vʲɛrtʲɪntʲɪ]
sublinhar (vt) **pabrė́žti** [pa'brʲe:ʒtʲɪ]
sujar-se (vr) **išsipur̃vinti** [ɪʃsʲɪ'pʊrvʲɪntʲɪ]

supor (vt) **manýti** [ma'nʲi:tʲɪ]
suportar (as dores) **kę̃sti** ['kʲɛ:stʲɪ]
surpreender (vt) **stẽbinti** ['stʲæbʲɪntʲɪ]
surpreender-se (vr) **stebė́tis** [ste'bʲe:tʲɪs]
suspeitar (vt) **įtar̃ti** [i:'tartʲɪ]

suspirar (vi) **įkvė̃pti** [i:k'vʲe:ptʲɪ]
tentar (vt) **bandýti** [ban'dʲi:tʲɪ]
ter (vt) **turė́ti** [tʊ'rʲe:tʲɪ]
ter medo **bijóti** [bʲɪ'jɔtʲɪ]

terminar (vt) **pabaĩgti** [pa'bʌɪktʲɪ]
tirar (vt) **nuiminė́ti** [nʊimʲɪ'nʲe:tʲɪ]
tirar cópias **dáuginti** ['dɑʊgʲɪntʲɪ]
tirar uma conclusão **darýti ìšvadas** [da'rʲi:tʲɪ 'ɪʃvadas]

tocar (com as mãos) **liẽstis** ['lʲɛstʲɪs]
tomar emprestado **skõlintis** ['sko:lʲɪntʲɪs]
tomar nota **užrašinė́ti** [ʊʒraʃʲɪ'nʲe:tʲɪ]
tomar o pequeno-almoço **pùsryčiauti** ['pʊsrʲi:tʂʲɛʊtʲɪ]

tornar-se (ex. ~ conhecido) **tàpti** ['taptʲɪ]
trabalhar (vi) **dìrbti** ['dʲɪrptʲɪ]
traduzir (vt) **ver̃sti** ['vʲɛrstʲɪ]
transformar (vt) **transformúoti** [transfor'mʊɑtʲɪ]

tratar (a doença) **gýdyti** ['gʲi:dʲi:tʲɪ]
trazer (vt) **atvèžti** [at'vʲɛʒtʲɪ]
treinar (pessoa) **trenirúoti** [trʲɛnʲɪ'rʊɑtʲɪ]
treinar-se (vr) **trenirúotis** [trʲɛnʲɪ'rʊɑtʲɪs]
tremer (de frio) **drebė́ti** [dre'bʲe:tʲɪ]

trocar (vt) **keĩstis** ['kʲɛɪstʲɪs]
trocar, mudar (vt) **keĩsti** ['kʲɛɪstʲɪ]
usar (uma palavra, etc.) **naudóti** [nɑʊ'dotʲɪ]
utilizar (vt) **naudótis** [nɑʊ'dotʲɪs]
vacinar (vt) **skiẽpyti** ['skʲɛpʲi:tʲɪ]

vender (vt) **pardavinė́ti** [pardavʲɪ'nʲe:tʲɪ]
verter (encher) **pìlti** ['pʲɪlʲtʲɪ]
vingar (vt) **ker̃šyti** ['kʲɛrʃʲɪ:tʲɪ]

virar (ex. ~ à direita)	**sùkti**	['sʊktʲɪ]
virar (pedra, etc.)	**apver̃sti**	[ap'vʲɛrstʲɪ]
virar as costas	**nusisùkti**	[nʊsʲɪ'sʊktʲɪ]
viver (vi)	**egzistúoti**	[ɛgzʲɪs'tʊɑtʲɪ]
voar (vi)	**skraidýti**	[skrʌɪ'dʲi:tʲɪ]
voltar (vi)	**grį̃žti**	['grʲɪ:ʒtʲɪ]
votar (vi)	**balsúoti**	[balʲ'sʊɑtʲɪ]
zangar (vt)	**pýkdyti**	['pʲi:kdʲi:tʲɪ]
zangar-se com ...	**pỹkti añt ...**	['pʲi:ktʲɪ ant ...]
zombar (vt)	**týčiotis**	['tʲi:tʂʲotʲɪs]

www.ingramcontent.com/pod-product-compliance
Lightning Source LLC
Chambersburg PA
CBHW071328090426
42738CB00012B/2825

* 9 7 8 1 7 8 4 0 0 8 5 7 4 *